Comentários ao Código Civil

www.lumenjuris.com.br

Editores
João de Almeida
João Luiz da Silva Almeida

Livraria Cultural da Guanabara Ltda. - Centro
Rua da Assembléia, 10/20º andar/ SL. 2022 - CEP: 20.011-000 - Rio de Janeiro - RJ
Tel: (21) 3505-5888
Fax: (21) 3505-5865 - Fax Loja: (21) 3505-5872

Livraria Cultural da Guanabara Ltda - Centro
Rua da Assembléia, 10/Loja G/H
CEP: 20.011-000 - Rio de Janeiro - RJ
Tel: (21) 3505-5888/ 5854/ 5855/ 5856

Livraria Cultural da Guanabara Ltda - Barra
Av das Américas, 4200 Bloco 11 Loja E - Anexo ao Centro Empresarial BarraShopping
CEP:22.630-011 - Rio de Janeiro - RJ
Tel: (21) 3150-1892/3505-5894
Fax: (21) 3150-1888

Livraria e Editora Lumen Juris Ltda - RJ
Rua da Assembléia, 36/2º Andar/ SL. 201 à 204 - Centro
CEP: 20.011-000 - Rio de Janeiro - RJ
Tel: (21) 2508-6591/2509-5118
Site: www.lumenjuris.com.br

Depósito - Lumen Juris - RJ
Av. Londres. 491 - Bonsucesso
CEP: 21041-030 -Rio de Janeiro RJ
Tel: (21) 3216-5888 Fax: (21) 3216-5864
São Cristóvão 2580-2907

Menezes Cortes - Lumen Juris - RJ
Rua São José, nº 35/ 15º andar - Universidade Estácio de Sá
Campus Menezes Cortes
CEP: 20.010-020 - Rio de Janeiro - RJ
Tel: (21) 3505-5886

Madureira - Lumen Juris - RJ
Estrada do Portela, nº222, 6º andar
Universidade Estácio de Sá - Madureira
CEP: 21.351-900 - Rio de Janeiro, RJ
Tel: (21) 2488-1088

FESUDEPERJ - Lumen Juris - RJ
Av. Marechal Câmara, nº 314/ 4º andar - Centro
CEP: 20.020-080 - Rio de Janeiro - RJ

BSA Serviço de Divulgação Ltda.
Rua da Assembléia, nº 10/ Sala 2022 - Centro
CEP: 20.011-000 - Rio de Janeiro - RJ
Tel: (21) 3505-5888

Florianópolis - Lumen Juris - SC
Rua Santa Fé, nº 234 - Bairro: Ingleses
Florianópolis - SC - CEP: 88.058-345
Tel: (48) 3284-3114 (Fax) - (48) 3369-7624

Brasília - Lumen Juris - DF
SCLS Quadra 402 Bloco D - Loja 9 - Asa Sul
CEP: 70.235-540 - Brasília - DF
Tel/Fax: (61) 3225-8569 (8836) / (61) 3221-9146

Porto Alegre - Lumen Juris - RS
Rua Padre Chagas, 66 Loja 06
Moinhos de Vento
CEP: 90.570-080 - Porto Alegre - RS
Tel/Fax: (51) 3211-0700/3228-2183

São Paulo - Lumen Juris - SP
Rua Correa Vasques, nº48 - Vila Clementino
CEP: 04.038-010 - São Paulo, SP
Tel: (11) 5908-0240 / (11) 5081-7772

Belo Horizonte - Lumen Juris - MG
Rua Araguari, 359 Sala 53 - 2ª andar- Barro
CEP: 30.190-110 - Belo Horizonte - MG
Tel: (31) 3292-6371

Salvador - Lumen Juris - BA
Rua Dr. José Peroba nº 349 - Sala: 206
Costa Azul CEP: 41.770-235 - Salvador -
Tel: (71) 3341-3646/3012-6046

Vitória - Lumen Juris - ES
Rua Cloves Machado, nº 176 - Loja 02
Enseada do Suá
CEP: 29.050-590 - Vitória - ES
Tel: (27) 3345-8515/ Fax: (27) 3225-1659

Curitiba - Lumen Juris - PR
Rua Treze de Maio, 506 Conj. 03
São Francisco, CEP: 80510-030 - Curitiba -
Tel: (41) 3598-9092

Luis Carlos Alcoforado

Série
Comentários ao Código Civil

Tomo II

Editora Lumen Juris
Rio de Janeiro
2012

Categoria: Direito Civil

Produção Editorial
Livraria e Editora Lumen Juris Ltda.

Impresso no Brasil
Printed in Brazil

CIP-BRASIL. CATALOGAÇÃO-NA-FONTE
SINDICATO NACIONAL DOS EDITORES DE LIVROS, RJ

A331s

Alcoforado, Luis Carlos
Série comentários ao código civil, tomo II / Luis Carlos Alcoforado. - Rio de Janeiro : Lumen Juris, 2012./ 2ª tiragem
260p. : 23 cm

ISBN 978-85-375-0922-7

1. Brasil. [Código civil (2002)]. 2. Direito civil - Brasil. I. Título.

11-0943. CDU: 347(81)
18.02.12 21.02.12 024634

Sumário

PARTE GERAL

Livro III
Dos Fatos Jurídicos

Título I
Do Negócio Jurídico (arts. 104 a 184)

Logo, dispõe a boa-fé de dupla projeção: a) a jurídica; e b) a social, em cujos espaços se fincam a eticidade e a socialidade, como expressão indissociável de sua própria existência.

Por meio da boa-fé, sob o estímulo de seus elementos cognoscitivo e volitivo, carrega-se a crença e porta-se a certeza de que se age em conformidade com os padrões desenhados nos comandos das regras jurídicas e se comporta segundo a legitimidade do direito que se exerce, na perseguição obstativa a que se lesione a outrem e se confranja a lei.

Ora, se, na sociedade contemporânea conflagrada pela disputa, pela concorrência sem respeito aos valores mais caros que dignificam o homem, a consciência da legitimidade e da eticidade num contexto jurídico sofre processo de aguda asfixia, de tal maneira que se estimula a que as pessoas se refestelem em abusos e se seduzam pelo arrivismo, a opção feita pelo legislador, ao reforçar a boa-fé como indissociável princípio de interpretação e integração do negócio ou do ato jurídico, ressoa benfazeja.

A interpretação com base na boa-fé gera saudável heterodoxia jurídica, agradavelmente profilática e propedêutica, exigindo a reconstituição das bases em que se assentava, em nome da severidade que se impunha à supremacia da vontade, ainda que recida em manifesto desconforto, a intolerância exegética e valorização das circunstâncias ou condições que, ocultas ou desconhecidas, interfeririam, se reveladas, na composição da vontade do agente.

Exige-se dos protagonistas das relações jurídicas a boa-fé, que influencia, agora dogmática e decisivamente, o intérprete na compreensão da vontade e na definição da qualidade do negócio e do ato jurídicos.

Portanto, o recurso à boa-fé, como técnica e princípio de hermenêutica, tolhe a possibilidade de transformar o negócio ou o ato jurídico num meio de realização de necessidades que se legitimam sob o sinete da legalidade.

Usos do lugar – Também, quer o legislador que, no exercício da interpretação do negócio e do ato jurídicos, se relevem os usos do lugar em que fora produzido.

Respeitam-se os costumes e os usos, bases que identificam a idiossincrasia do agente que participou do ato ou do negócio jurídico, tornando, pois, a inter-

PARTE GERAL

Livro III
Dos Fatos Jurídicos

Título I
Do Negócio Jurídico (arts. 104 a 184)

Capítulo I
Disposições Gerais

Art. 104. A validade do negócio jurídico requer:
I - agente capaz;
II - objeto lícito, possível, determinado ou determinável;
III - forma prescrita ou não defesa em lei.

Fato Jurídico – Nada importa para o Direito, senão o homem e o fato, o fato jurídico.

Sem o homem e sem o fato, não há Direito.

Ocorre que nem todo fato tem o poder gerador, capaz de perfurar o sistema jurídico e ingressar no ambiente em que o Direito semeia as suas fontes.

Há fatos que, por sua própria natureza, se projetam apenas em órbita própria, sem expressão que chame a atenção do Direito, os quais se alheiam da esfera integrativa em que o homem demarca seus interesses.

Diz-se que são neutros e indiferentes à vida jurídica, haja vista que infecundos à capacidade de interligarem-se ao corpo ou à alma jurídica, em cujo sistema o homem semeia seus interesses, de multifárias naturezas, os quais passam a abrigar-se sob os princípios e preceitos legais.

Ocorre que, para o Direito, influente é o fato jurídico, objeto de sua interlocução, com cujos símbolos falam a mesma linguagem.

Ao ingressar ou ressoar na seara do Direito, o fato, trespassada a neutralidade ou a indiferença, transmuda-se de categoria e se apresenta com nova cognoscibilidade, sob o comando de outra regência fenomenológica, agora de natureza jurídica, que lhe contagia por inteiro.

Com o fenômeno em decorrência do qual se lhe agrega a qualidade jurídica, filia-se o fato ao sistema do Direito, ainda que não perca sua natureza ou característica anterior.

Saliente-se que o fato não perde a natureza, apenas se lhe anima com a propriedade do fato jurídico, que recebe força que lhe credencia a fecundar e tutelar os mais caros interesses que o homem bosqueja.

Portanto, define-se fato jurídico como todo fato que, por sedução do homem ou por inspiração da natureza, se transpõe para a área de influência do Direito, em cujo sistema produz efeitos.

Por último, ressalte-se que a transformação e ampliação dos valores e dos bens, em todas as vertentes variacionais, vem se capacitando a prestar papel afirmativo para, cada vez mais, alcançar fatos, até então sem importância para o Direito, envolvendo-lhe, pois, juridicamente.

Assim, pela ausência de limites do homem, na cobiça de sua curiosidade e necessidade, tende-se a ampliar, por consequência, a projeção de todos os fatos sobre a ordem jurídica.

Em outras palavras, quase todos os fatos passam à categoria de interesse do Direito, porque do interesse do homem.

Cabe ao homem definir o fato jurídico, encarregando-se o Direito, criação do engenho humano, de expressar-lhe qualidade que o credencia a dispor de tutela, direta ou indireta.

Se o Direito avança sobre os fatos, captura-se, também, o fenômeno que se encarrega, pela vontade do próprio homem, de esvaziar a natureza jurídica de certos fatos, que, até então, mereciam valoração legal.

Classificação dos Fatos Jurídicos – Malgrado a falta de cientificidade, mas pejada de didatismo, a classificação dos fatos jurídicos suporta as seguintes espécies, de acordo com: 1) **a causa**: a) fato jurídico voluntário; b) fato jurídico natural; 2) **a formação**: a) fato jurídico simples; e b) fato jurídico complexo; e 3) **a execução**: a) momentânea; e b) diferida; 3) **o efeito**: a) fato jurídico de efeito pretérito; b) fato jurídico de efeito imediato; e c) fato jurídico de efeito futuro.

A Classificação dos Fatos Jurídicos Segundo a Causa – Considera-se causa o fator deflagrador que produz o fato jurídico, o qual tem a propriedade de fonte em cuja espécie se lhe define a natureza.

O fato jurídico voluntário – ou humanal – gera-se pela produção do homem, em decorrência de atuação comissiva ou omissiva.

O homem é sempre o agente do fato jurídico voluntário ou humanal, cuja atuação positiva ou negativa, conforme se sublinhou, ingressa na ordem jurídica e sofre, conseguintemente, a incidência de seus comandos, de preceitos ou de princípios.

O fato jurídico natural emerge da influência ou da supremacia da natureza, que o produz, independentemente da vontade ou do interesse do homem, mas que, ao se transpor para o mundo jurídico, passa a lhe afetar pela consequência que causa sobre os bens, qualquer que seja a classe.

É possível que, excepcionalmente, concorram a vontade do homem e o concurso da natureza na produção de um fato jurídico, sem que se possa precisar ou mensurar a qualidade ou a quantidade da influência de um ou de outro, o que, porém, para o Direito, em determinadas situações, se apresenta relevante, especialmente para o apontamento da responsabilidade decorrente do efeito produzido na esfera jurídica de outrem.

No fato jurídico natural, a responsabilidade somente avulta na hipótese em que se haja como consagrada e alçada à condição de inquestionável, porque bem demonstrada ou provada, a premissa de que sua produção fenomenológica – nos tempos hodiernos é perfeitamente possível a interferência do homem na geração e no impedimento de fenômenos naturais – poderia ter sido evitada, neutralizada ou minimizada.

No fato jurídico voluntário, que resulta da atuação comissiva ou omissiva do homem, examina-se-lhe se a conduta se acha sob o abrigo da lei ou na periferia do sistema da insubordinação legal.

Daí é correto afirmar-se que os fatos voluntários, desenvolvidos pela disposição do homem, partem-se em atos jurídicos lícitos[1] – quando convivem harmonicamente com a ordem jurídica – e atos jurídicos ilícitos[2] – quando malferem o sistema legal.

---

1 Os atos jurídicos lícitos têm a aptidão para gerar os chamados direitos subjetivos ao agente, que passa a dispor de uma faculdade para tutela do direito produzido.

2 Os atos jurídicos ilícitos, a seu turno, sofrem o imediato processo de desfertilização pela ordem jurídica, com tamanha intensidade que, em momento algum, confere ao agente um direito, mas sempre uma obrigação, um encargo, por cuja satisfação responde.

A Classificação dos Fatos Jurídicos Segundo a Formação – Dispõe de extrema utilidade a classificação dos fatos jurídicos de acordo com a formação, haja vista que se definem, a um só tempo, a autoria e a materialidade, com projeção importante na esfera legal.

Considera-se fato jurídico simples aquele que acontece ou ocorre num evento singular, único, mas capaz de ingressar na ordem jurídica sob cujo comando passa a existir.

Portanto, uma só ação ou omissão, natural ou humanal, produz o fato jurídico simples, que se apresenta pronto, definido e qualificado para gerar efeitos regulares.

Diz-se fato jurídico complexo[3] aquele para cuja consumação se impõe o concurso de mais de um fato simples, que se processa simultânea ou sucessivamente, ciclo afinal do qual se acha apto a produzir os efeitos juridicamente válidos, que ainda não podiam ser colhidos na intercorrência das fases que se argolavam.

A Classificação dos Fatos Jurídicos Segundo a Execução – O fato jurídico pode ser de execução imediata ou de execução diferida (delongada ou retardada), segundo o seu enquadramento no tempo.

Fala-se em execução imediata quando há simultaneidade entre ocorrência e resultado; cuida-se de execução diferida, quando, porém, há procrastinação, eis que ocorrência e resultado estão sem sincronia.

---

3 Na doutrina administrativa, a classificação do ato quanto à composição da vontade não se apresenta uniforme, haja vista que nem todos os autores conhecem apenas o ato simples e o ato complexo. O ato simples decorre da revelação de um único órgão; o ato complexo, da conjugação de vontade e de competência de órgãos diferentes; o ato composto, da vontade única de apenas um órgão, mas "depende da verificação por porte de outro, para se tornar exeqüível" (Hely, Direito Administrativo Brasileiro, 24ª ed., Malheiros, p.154). Em determinadas situações, somos tentados a crer que o Direito Civil comporta, na classificação dos fatos jurídicos, pelo enfoque da formação (ou composição de vontade), a idéia de ato composto, juntamente com ato simples e ato complexo. Tome-se como exemplo a constituição de uma pessoa jurídica de direito privado, organizada na forma de sociedade de pessoa, com dois sócios. Cada ato ou fato em que um dos sócios subscrevesse o contrato social poderia ser considerado um ato ou fato simples. As duas vontades, ao se encontrarem, se compunham, gerando um contrato, decorrente, pois, de um fato composto. O fato composto, em si, não estaria apto a, pronta e regularmente, produzir os efeitos válidos, porquanto dependeria da inscrição do ato constitutivo no respectivo registro (art.45, CC). O fato complexo viria a ser o somatório dos fatos e etapas anteriores, sem as quais não se consumaria, principalmente se a existência legal da pessoa jurídica dependesse de autorização ou aprovação do Poder Executivo.

A Classificação dos Fatos Jurídicos Segundo o Efeito – Em relação ao efeito, os fatos jurídicos, consoante já se ressaltou, podem ser: a) pretérito; b) imediato; e c) futuro.

No efeito imediato, sobrevém o resultado na sequência do próprio fato, quase que em sincronia, tamanhos a proximidade e o imediatismo.

No efeito futuro, alcança-se o resultado com o transcurso do tempo, posto que a consequência não se verifica no momento em que ocorre o fato jurídico.

Enquanto o tempo não flui, o fato não produz resultado, porque o futuro é a condição de sua maturidade jurídica.[4]

No efeito pretérito, o fato tem o condão de projetar-se ao passado, para apanhar uma situação anterior.[5]

Negócio Jurídico e Ato Jurídico - Abraçou o Código Civil a corrente doutrinária que advogava a exposição dicotômica entre negócio jurídico e ato jurídico, numa diferenciação que se subsidia mais de opinião dos estudiosos do que da lei.

Duas providências adotou o Código Civil de 2002: a) nas disposições anteriores, quando ressuscitadas, em que constava a expressão ato jurídico, a substituiu por negócio jurídico, remoçando-as;[6] e b) criou um Título para atos jurídicos lícitos.

---

4 O fato em que se realiza a disposição e a vontade testamentária é típico fato de efeito futuro, porque, com o tempo e a morte do testador, gera o resultado, o efeito.

5 O reconhecimento de filho se apresenta como fato de efeito pretérito no plano jurídico, haja vista que a relação de paternidade não se achava tutelada juridicamente, conhecesse ou não o pai a realidade biológica. Outrossim, a ratificação pelas partes de negócio anulável, corrigindo o defeito para convalidá-lo (art 172, CC).

6 A simples substituição é visível em vários artigos. Para exemplificar, tomem-se emprestadas as seguintes disposição: Na definição dos **requisitos do negócio jurídico** (art.104 do Código Civil novo), correspondente ao art. 82 do Código anterior, que falava em ato jurídico; ao dispor-se sobre as **condições, termo e encargos do negócio jurídico** (art. 121 do Código novo), antigo art. 114; ao se referir às **condições que invalidam os negócios jurídicos** (art.123 do Código novo, art.116 do antigo); ao estabelecer a **exequibilidade imediata dos negócios jurídicos entre vivos** (art. 134 do novo Código, art. 127 do antigo); ao disciplinar os **defeitos do negócio jurídico – erro ou ignorância** (arts.138/144 do novo Código, arts. 86/91 do antigo), **dolo** (arts. 145/150 do novo Código, arts. 92/97), **coação** (arts.151/155 do novo Código, arts, 98/101 do velho), **estado de perigo** (art.156, sem correspondente); **lesão** (art. 157, sem equivalente); **fraude contra credores** (arts. 158/165, arts. 106/113, do Código anterior); ao falar da **invalidade do negócio jurídico**, alcançando o nulo e o anulável (arts. 166/184 do Código novo, arts. 145/158 do Código revogado).

O sistema jurídico brasileiro convive agora com o entendimento segundo o qual ato jurídico e negócio jurídico são institutos diferentes, malgrado a identidade que os persegue.

Assim, além da distinção agora positivada, tratou o Código Civil de sintonizar-se com a doutrina moderna e, esmagadoramente, majoritária, que haverá de comemorar a mudança com regozijo.

Incumbe, contudo, advertir que, a rigor, mais formal e organizadamente, a lei partiu a distinção entre negócio jurídico e ato jurídico, o que demonstra que a pretensão doutrinária fora satisfeita apenas parcialmente.

Como fizera opção pela diferenciação, deveria o legislador, no mínimo, tratar com mais aprofundamento, confeccionando o tema com mais corpo e raiz, ao invés de uma remissão simplista e aparentemente adequada, ao se limitar, no art.185, que "*aos atos jurídicos lícitos, que não sejam negócios jurídicos, aplicam-se, no que couber, as disposições do Título anterior*" – leia-se Título I (Do Negócio Jurídico).

Cumpre realçar, contudo, que a opção do legislador, ao reconhecer a distinção entre ato jurídico e negócio jurídico, se atualiza, eliminando, em definitivo, os embates doutrinários que processavam sobre o tema, mais de fundo conceitual.

Para a análise abreviada do presente trabalho, importa apenas precisar o entendimento de ato jurídico e negócio jurídico, com o propósito de demonstrar, também, que, na realidade, a distinção, em havendo, como querem os defensores da diferenciação, entre os dois institutos, é mais de conceito do que de essência.

No Código Civil de 2002, silenciou-se quanto à definição de ato jurídico, em contraste com o Código Civil de 1916, em cujo art. 81 se lhe colhia: "*Todo o ato lícito, que tenha por fim imediato adquirir, resguardar, transferir, modificar ou extinguir direitos, se denomina ato jurídico*".

As teorias mediante as quais se enfrentam os institutos do ato jurídico e do negócio jurídico se pluralizam num arqueamento que ainda se mostra insuficiente para estancar as controvérsias, pacificando-as e uniformizando-as.

Trata-se de um tema que tem merecido estudos doutrinários e provocações acadêmicas, que muitas vezes se esvaziam à falta de pragmatismo e utilitarismo que cedam força ao aperfeiçoamento do ato jurídico e do negócio jurídico.

Nem mesmo os conceitos rumam em busca de abrigo seguro em que se permite a exposição convincente, sem receio de ataques e desafios externos.

No entanto, em homenagem à didática, sumariza-se a questão partindo-se o ato jurídico (***lato sensu***) em duas espécies: a) ato jurídico (***stricto sensu***); e b) negócio jurídico.

Extrai-se, por conseguinte, pelo menos no plano pedagógico, a ilação de que ato jurídico (***stricto sensu***) e negócio jurídico são espécies do gênero ato jurídico (***lato sensu***).

Ato jurídico, como gênero, significa toda manifestação ou declaração de vontade engenhada com o objetivo de produzir efeitos jurídicos, recepcionados pela ordem jurídica, que acolhe o resultado querido ou não pelo agente.

Negócio jurídico[7] se define como a produção da vontade da pessoa natural ou pessoa jurídica, em decorrência da qual se geram efeitos jurídicos bosquejados pelo agente, que exerce poder normativo com regulação própria, sempre em conformidade com a ordem jurídica.

No negócio jurídico, estabelecem-se as normas sob cujo comando se alcançam os resultados pretendidos pelo agente, as quais se apresentam, obrigatoriamente, em harmonia com o sistema jurídico posto.[8]

No ato jurídico (***stricto sensu***),[9] os resultados ou efeitos jurídicos se apresentam, aprioristicamente, desenhados e definidos na ordem jurídica, que os aprisiona na sua própria vontade dispositiva, o que enfraquece o poder gerador da manifestação ou da declaração volitiva do agente.

Carece o agente, no ato jurídico (***stricto sensu***), da faculdade ou poder de estruturar as bases legais em que se assente a relação jurídica decorrente da

---

7 Exemplos clássicos de negócios jurídicos são os contratos nominados ou inominados.

8 Assente-se que o fortalecimento da tese do negócio jurídico, como fonte geradora e disciplinar das bases normativas de que se enfeixam resultados jurídicos pretendidos, na realização do desiderato da volição individual, resplandece no ideário da fortificação da ideologia que contaminou o Estado liberal, que bem traduzia a expressão máxima do individualismo, alçando à categoria de dogma a autonomia da vontade. Extremavam-se os ícones em que se agigantava a ideia da liberdade individual, que tracejava seus interesses revelados em negócios jurídicos, em cujas disposições enxergava Hans Kelsen as chamadas normas jurídicas individuais. No entanto, assiste-se, nos tempos atuais, ao encolhimento responsável e racional da supremacia da autonomia da vontade, mediante a intervenção legal do Estado nos negócios jurídicos, com tutelas explícitas em salvaguarda dos direitos do consumidor, enfraquecendo ou anulando, conforme o caso e a hipótese fática, a manifestação da vontade que impulsionou o contrato, verbal ou escrito, em decorrência do qual se uniram as partes. No Brasil, o Código de Proteção e Defesa do Consumidor (Lei 8.078, de 11 de setembro de 1990), norma, que atassalhou as vetustas disposições que grassavam em proteção extremada à autonomia da vontade, revolucionou as relações obrigacionais, com a introdução de novos princípios e conceitos, que incrementam mais requisitos à validade dos negócios jurídicos, inclusive mitigando-lhes, para acolher apenas as cláusulas que se harmonizam com o espírito protetoral que hoje vigora, refugando, por conseguinte, as demais, razão por que saudada com merecida efusão.

9 São atos jurídicos (stricto sensu), por exemplo: ato declaratório de reconhecimento da paternidade ou maternidade; o pagamento de uma obrigação simples; a constituição ou mudança de domicílio etc.

exteriorização da vontade, razão por que os efeitos se apresentam na esfera da previsibilidade, já emoldurados conforme o ordenamento jurídico, sem inovação ou redesenho legal-institucional.

Importa destacar que, no ato jurídico ou no negócio jurídico, avulta a presença da vontade do homem, com poder gerador de efeitos jurídicos, como tradução da força jurígena, que decorre do exercício de sua manifestação ou declaração, quando presentes os pressupostos ou requisitos que a lei exige como indispensáveis à sua validade.

Decorre, assim, que não basta a manifestação ou a declaração de vontade para a geração de efeitos jurídicos válidos, haja vista que se impõe a presença de requisitos que a lei reclama para reconhecer a validade do negócio jurídico ou do ato jurídico (***stricto sensu***).

O poder criador de resultados jurídicos que a ordem jurídica confia ao homem[10] – aliás, pela própria vontade humanal que a cria e a transforma – encontra abrigo quando manifestado em conformidade com os requisitos legais.[11]

Não se pode deixar de sublinhar, como se disse alhures, que é bem provável que ainda persistam debates acalorados sobre a diferenciação de ato jurídico e negócio jurídico, mesmo se sabendo que o legislador a reconheceu, ao reservar um Título a cada um: profuso para o primeiro, minguado para o segundo.

No entanto, supõe-se que o legislador teria demonstrado mais ânimo para encerrar a controvérsia se houvesse reservado ao ato jurídico a idéia da singularidade da vontade na produção dos efeitos perseguidos; ao negócio jurídico, o concurso da pluralidade de vontade na confecção dos resultados alvejados.

Requisitos do negócio jurídico – Ao introduzir-se o exame do ato jurídico (***lato sensu***), ressaltou-se que ele, num cenário esquemático e sumarizado, se divide em duas espécies: a) ato jurídico (***stricto sensu***); e b) negócio jurídico.

Restou, pois, a premissa de que ato jurídico (***stricto sensu)*** e negócio jurídico são espécies do gênero ato jurídico (***lato sensu***).

10 Assinale-se que, no mundo do direito, o homem, como expressão máxima da revelação das normas jurídicas, exercita o poder criador e propulsor em dois planos: 1) **plano político-jurídico** – que se processa nas esferas institucionais do Estado; e 2) **plano pessoal-jurídico** – que ocorre nas esferas pessoais que prescindem da presença ou do concurso do Estado.

11 Art. 104 do Código Civil estabelece que: "A validade do negócio jurídico requer: I – agente capaz; II – objeto lícito, possível, determinado ou determinável; III – forma prescrita ou não defesa em lei".

A produção ou engenho do negócio jurídico não se estrutura apenas na projeção da manifestação ou declaração da vontade da pessoa natural ou pessoa jurídica.

A vontade, sem tergiversar, constitui o elemento propulsor do negócio jurídico, mas cuja validade depende da presença de requisitos, de ordem objetiva ou subjetiva.

Cuidou o Código Civil de desenhar o modelo legal em que se insere o culto ideológico e formal à validade do negócio jurídico, numa moldura singular cuja compreensão se expressa sem a necessidade de recursos interpretativos, o que pode significar repetição positiva que se explica por si mesma.

A definição dos pressupostos em que se alicerça o negócio jurídico se insere na esfera de política legislativa, inspirada na ideologia que impregna a questão de valores axiológicos que se refletem numa técnica jurídica adotada, arcabouço do modelo final.

No novo Código Civil, o legislador repetiu os requisitos previstos na regra anterior,[13] assentando-se os pressupostos em três pilares: a) o sujeito; b) o objeto; e c) a forma.

Simplesmente, o legislador transportou para o texto novo a regra velha, sem inspiração de fundo, apenas com pequena inserção ampliativa do objeto, rejuvenescendo-o, reconheça-se, aí com melhora, ao acrescer-lhe outras qualidades – além de lícito (único predicativo exigido no Código anterior), o objeto há de ser possível, determinado ou determinável.

Para a validade do negócio jurídico,[14] impõem-se: a) agente capaz; b) objeto lícito, possível, determinado ou determinável; c) forma prescrita ou não defesa em lei.

Cumpre sublinhar que a presença simultânea e cumulativa dos três requisitos é condição indispensável à validade do negócio jurídico, razão por que, à falta de apenas um, sobrevém a ineficácia do ato jurídico (***latu sensu***), sob a influência da patologia da ilegalidade em decorrência da ausência de um dos pressupostos que a lei exige.

Estabelece-se, ainda, a assertiva de que inexiste primazia, supremacia ou hierarquia de um requisito sobre o outro, motivo pelo qual, para gerar-se a invalidade, basta que se verifique que um não fora convidado para compor o negócio jurídico.

A validade[12] do negócio jurídico subordina-se, por conseguinte, ao concurso dos requisitos relativos: a) à capacidade do agente; b) à licitude, possibilidade e determinação do objeto; c) à veiculação da manifestação da vontade.

Agente Capaz – Na produção do negócio jurídico, apto a perseguir efeitos válidos e eficazes, exige-se que o agente seja capaz,[13] a fim de que a manifestação ou declaração da vontade, quando projetada livre e conscientemente,[14] se revele incensurável à luz da ordem jurídica.

Colhe-se, em primeiro plano, a capacidade objetiva do agente, segundo o figurino desenhado na ordem jurídica que define, por critérios dogmáticos, as pessoas que são relativa e absolutamente incapazes[15] para produzir o negócio jurídico.

A capacidade é aptidão, reconhecida pela ordem jurídica, da qual dispõe o agente para exprimir, conscientemente, a sua vontade na produção de um ato jurídico (***latu sensu***).

Com a capacidade outorgada pela lei, faz-se presumir que o agente confeccionou o ato jurídico ou o negócio jurídico, em conformidade com a sua

---

12 Noutra borda, frise-se que a invalidade do negócio jurídico é gênero de que são espécies: a) a nulidade; e b) a anulabilidade. A invalidade do negócio jurídico, pois, decorre da nulidade (art. 166) ou da anulabilidade (art. 171). Diz que é nulo o negócio jurídico (art.166) quando: "I – celebrado por pessoa absolutamente incapaz; II – for ilícito, impossível ou indeterminável o seu objeto; III – o motivo determinante, comum a ambas as partes, for ilícito; IV – não revestir a forma prescrita em lei; V – for preterida alguma solenidade que a lei considere essencial para a sua validade; VI – tiver por objeto fraudar lei imperativa; VII – a lei taxativamente o declarar nulo, ou proibir-lhe a prática, sem cominar sanção". Considera-se anulável o negócio jurídico (art. 171): "I – por incapacidade relativa do agente; II – por vício resultante de erro, dolo, coação, estado de perigo, lesão ou fraude contra credores". Ora, se a existência de uma das hipóteses contempladas no texto legal gera a invalidade do negócio jurídico, nulo ou anulável, reforça-se a compreensão de que os requisitos de validade do negócio jurídico, por conseguinte, são mais amplos do que os previstos no art. 104 (agente capaz, objeto lícito, possível, determinado ou determinável, e forma prescrita ou não defesa em lei).

13 No direito privado, fala-se em capacidade do agente; no público, diz-se competência, requisito indispensável ao ato administrativo, sem qual o qual sobrevém a nulidade. No direito administrativo ou público, todos têm capacidade, mas nem todos dispõem de competência. Em tese, não há agente público ou político que não tenha, por conseguinte, capacidade de direito e de exercício.

14 A capacidade do agente, colhida apenas objetivamente, não autoriza, por si, a assertiva de validade do negócio jurídico, se a manifestação ou a declaração de vontade for emitida com vício que a contamine, situação em que a hipótese é de anulação.

15 Define o art. 4º do Código Civil os relativamente incapazes: os maiores de dezesseis e menores de dezoito anos; os ébrios habituais, os viciados em tóxicos, e os que, por deficiência mental, tenham o discernimento reduzido; os excepcionais, sem desenvolvimento mental completo; e os pródigos. Os absolutamente incapazes, segundo o art. 3º do Código Civil, são: os menores de dezesseis anos; os que, por enfermidade ou deficiência mental, não tiverem o necessário discernimento para a prática desses atos; e os que, mesmo por causa transitória, não puderem exprimir sua vontade.

vontade e a sua consciência, de maneira livre para alcançar o resultado e o efeito dela decorrentes.[16]

Somente as pessoas capazes podem editar manifestação ou declaração de vontade válida, sem recursos à representação[17] ou à assistência.[18]

Traduz a ordem jurídica a premissa de que as pessoas relativa ou absolutamente incapazes exprimem e manifestam a vontade sem o indispensável e apurado discernimento, apto a realizar a intelecção necessária à produção de efeito jurídico.[19]

Em tutela dos interesses dos agentes relativa ou absolutamente incapazes, a ordem jurídica, sem tergiversar, blinda a validade do negócio jurídico, reputando-o inválido (nulo ou anulável, segundo o grau da incapacidade[20]).

Decorre, assim, a conclusão de que abraçou o Código Civil o ***princípio da primazia da tutela do incapaz***, em reforço ao sistema que, aprioristicamente, reputa fragilizada a manifestação ou a declaração de vontade dos agentes portadores das incapacidades relativa e absoluta.

---

16 Assinale-se que a capacidade, como um dos requisitos indispensáveis do ato jurídico (***lato sensu***), oferece, em primeiro plano, a ilação de que o agente tem aptidão de direito e de exercício, razão por que por esse motivo o ato não pode ser nulo. No entanto, o ato pode ser reputado inválido, ainda que o agente tenha capacidade, quando houver vício que contamine a vontade e a consciência do agente, resultante de erro, dolo, coação, estado de perigo, lesão ou fraude contra credores, situação que enseja a anulação (art.171, II, do Código Civil). Assim, para que o ato não seja inválido, gênero da espécie anulável, não basta apenas que o agente tenha capacidade, mister se faz que a sua vontade e a sua consciência seja externadas livremente para alcançar o resultado e o efeito dela decorrentes.

17 Aos absolutamente incapazes se veda a participação direta no negócio jurídico, razão por que são representados pelos pais, tutores ou curadores, conforme o fenômeno que justifica a representação.

18 Aos relativamente incapazes se confere a participação direta no negócio jurídico, mas mediante o recurso da assistência, motivo por que se diz que a interdição é relativa a certos atos ou à maneira de exercê-los (art. 4º do Código Civil).

19 Conforme já se explicou, em se tratando de incapacidade absoluta, o agente não participa da confecção do ato jurídico (***lato sensu***), haja vista que é literalmente representado pelo seu representante legal que, o substituindo fisicamente, o produz em seu lugar; na incapacidade relativa, o agente participa, diretamente, da produção do ato jurídico (***lato sensu***), com a necessária assistência. Também se justifica a lembrança de que, no Código Civil anterior, havia disposição expressa (art. 82) segundo a qual "*as pessoas absolutamente incapazes seriam representadas pelos pais, tutores ou curadores em todos os ato jurídicos; os relativamente incapazes, pelas pessoas e nos casos que este Código determina*". Duas observações merecem espaço: uma, a regra não diferenciava representação e assistência, de tal maneira que se tinha a impressão de que, nos negócios jurídicos, os relativa e os absolutamente incapazes seriam representados, sem distinção, o que já soava impróprio; duas, o texto falava em ato jurídico, ao invés de negócio jurídico. Assim, reforce-se que os absolutamente incapazes são representados; os relativamente incapazes, assistidos. Por fim, sublinhe-se que o art. 82 do Código Civil anterior não fora renovado, ficando sem correspondente no Código Civil de 2002, nem mesmo nos Capítulos que tratam da tutela e curatela.

20 Impõe advertir que o negócio jurídico de cuja confecção participe o agente relativamente incapaz não será necessariamente nulo, mas anulável. A incapacidade relativa do agente justifica seja, por conseguinte, o negócio jurídico anulável (art. 171, Código Civil).

Observe-se, contudo, que, ao lado das incapacidades genéricas, com friso relativo ou absoluto, coexistem as chamadas incapacidades específicas ou especiais, por força das quais o agente, malgrado disponha de plena capacidade de exercício e de direito, sofre impedimento legal à manifestação ou a declaração de vontade em determinado negócio jurídico, haja vista que se lhe sobrecarrega uma qualidade jurídica que lha tolda circunstancialmente.[21]

No caso, a lei reputa e declara, taxativamente, nulo o ato jurídico (***latu sensu***), proibindo-lhe a prática, porquanto há impedimento de ordem moral e de natureza ética, segundo os quais se justifica que extraia do agente a capacidade para praticá-lo.[22]

Objeto lícito, possível, determinado ou determinável – No sistema anterior, contentava-se o Código Civil, para a validade do negócio jurídico, fosse o objeto lícito, como único predicativo.

No regime atual, o Código Civil, perfilhando modelo mais apropriado e mais técnico, exige que o objeto, além de lícito, seja possível, determinado ou determinável.

A regra arqueou as qualidades que o objeto deve ter, o que representou o aperfeiçoamento do instituto, pelo menos no que se presta a soterrar debate sobre a extensão que dispunha o adjetivo lícito na regra anterior.

Cabe assinalar, contudo, que a ideia de liceidade comporta, também, o entendimento de possibilidade e determinabilidade do objeto, de sorte que a inserção das palavras, no novo regime, serve mais de reforço.

Constitui objeto a razão de ser do ato jurídico ***(lato sensu)***, em decorrência do qual se explicita a finalidade, a causa ou o motivo, que se traduz no

---

21 A hipótese de impedimento circunstancial pode ser colhida, por exemplo, no caso de **tutor**, que, mesmo com autorização judicial, não pode, sob pena de nulidade: a) adquirir por si, ou por interposta pessoa, mediante contrato particular, bem móveis ou imóveis pertencentes ao menor; b) dispor dos bens do menor a título gratuito; c) constituir-se cessionário de crédito ou de direito, contra o menor (art. 1.749 do Código Civil). Outrossim, a vedação se estende ao curador, por força do art. 1.774, o qual manda que as disposições concernentes à tutela se lhe apliquem. Adicionem-se, ainda, outros casos de impedimento especial: a) os servidores públicos em geral não podem comprar, ainda que em hasta pública, bens ou direitos da pessoa jurídica a que servirem, ou que estejam sob sua administração direta ou indireta (art. 497, II, do Código Civil); b) os juízes, secretário de tribunais, arbitradores, peritos e outros serventuários ou auxiliares da justiça não podem compram os bens ou direitos sobre que se litigar em tribunal, juízo ou conselho, no lugar onde servirem, ou a que se estenderem a sua autoridade (art. 497, III, do Código Civil). E mais: os tutores, curadores, testamenteiros e administradores, outrossim, não podem comprar bens confiados à sua guarda ou administração, ainda que em hasta pública (art.497, I, do Código Civil).

22 Os exemplos da nota anterior se prestam a simplificar a questão dos impedimentos especiais, que geram a invalidade do ato (art.166, VII).

bem, de natureza corpórea ou incorpórea, a ser alcançado como resultado da manifestação ou declaração de vontade.

O objeto não é só o que tem corpo, mas tudo que tem aptidão para tornar-se realidade jurídica, tutelada pelo sistema legal.

Considera-se objeto lícito aquele que encontra abrigo na ordem jurídica, que dogmatiza os valores morais e éticos suscetíveis de inserção no sistema jurídico, segundo o juízo ideologizado pelo legislador.

A licitude do objeto pressupõe a influência da ética e da moral no negócio jurídico, porquanto seria intolerável que o sistema o acolhesse quando manifesta e flagrante a ausência de eticidade e moralidade.

Portanto, não se pacifica, como resposta ecoada da ordem jurídica hodierna, com os valores mais caros ao homem o negócio jurídico que se articule apenas atrelado à legalidade, com descaso para com a eticidade e moralidade.

O objeto há, ainda, de ser possível, que significa realizável, factível, exequível à capacidade e à engenhosidade verdadeira do homem, sem misticismos vulgares ou oportunismos impróprios à busca das equações sociais e econômicas possíveis.

Entenda-se como possibilidade do objeto o predicativo ou a qualidade que autoriza a ilação de que, material e juridicamente, a pretensão do negócio jurídico se apresenta com os elementos necessários à viabilidade e à permissibilidade.

Diz-se que, na possibilidade, não há delírio ou fantasia na composição do objeto, resultante de desajustes com a razoabilidade ou com a proporcionalidade.

O negócio jurídico não pode ter como objeto algo ficcional, impossível de ser produzido ou realizado, fruto de desvario da força criativa da invencionice ou da prospecção irresponsável do que se apresenta irrealizável.

O objeto possível é o que se mostra no limite do poder de ser factível, ainda que se tenha de refocilar a produção com a criatividade, engenhosidade ou capacidade de o homem transformar seus sonhos e desejos, valendo-se de artifícios ou de recursos naturais ou artificiais, mediante os quais se torna exeqüível, jurídica e fisicamente.

Assim, a possibilidade há de ser vista pela ótica jurídica e pela ótica física.

Hoje é correto afirmar-se que a possibilidade se expressa, também, na proporcionalidade, princípio que refuga a iniquidade, a *abusividade* e a *vantajosidade* exagerada, capazes de onerar excessivamente o agente.

Forma prescrita ou não defesa em lei – O terceiro e último requisito indispensável à validade do ato ou do negócio jurídico consiste na forma.

Reza o art. 104, III, do Código Civil, que o negócio jurídico deve ser produzido: a) segundo a forma exigida ou prescrita na lei; ou b) não defesa em lei.

Define-se como forma o meio mediante o qual se produz o ato jurídico (***lato sensu***), hábil a exteriorizar a declaração ou a manifestação de vontade do agente.

A forma é a maneira ou modo pelo qual flui o ato jurídico (***lato sensu***).[23]

Ressalte-se que se consagra no direito brasileiro o ***princípio da liberdade de forma***, segundo o qual se produzirá o ato jurídico ou o negócio jurídico de maneira livre, sem amarras formais, exceto se a lei a prescrever.[24]

Portanto, a forma – meio ou modo – é discricionária (livre, segundo o vontade do agente) ou vinculada (de acordo com a imposição da lei).

Na forma discricionária ou livre, compete ao agente o desenho legal em conformidade com o qual produz o ato ou o negócio jurídico em que se traduz a manifestação ou declaração de vontade, razão por que se alcançam os resultados sem receio da censura da lei.

Na forma vinculada ou prescrita, cerceia-se a liberdade do agente que, obrigatoriamente, deve observar a modelagem insculpida na lei, sob pena de invalidade do ato ou negócio jurídico.

Divide-se a forma em: a) escrita; e b) verbal.

A forma escrita comporta dois instrumentos: a) privado (particular); e b) público.[25]

---

23 A doutrina sempre se entusiasmou em registrar as formas ***ad solemnitatem*** ou ***ad substantiam*** - próprias e indispensáveis à perfeição do ato jurídico (***lato sensu***) – e ***ad probationem*** – meio de prova do ato jurídico (***lato sensu***). As primeira se reservam aos negócios jurídicos e atos jurídicos solenes, entre os quais se destacam: a) aqueles que visam à constituição, transferência, modificação ou renúncia de direitos reais sobre imóveis de valor superior a trinta vezes o maior salário mínimo vigente no País (art. 109 do Código Civil); b) disposições testamentárias: testamentos ordinários (público, cerrado e particular, art. 1.862, Código Civil) e testamentos especiais (marítimo, aeronáutico e militar, art. 1.886).

24 Reza o art. 107 do Código Civil: "*A validade da declaração de vontade não dependerá de forma especial, senão quando a lei expressamente a exigir*". Sublinhe-se que o princípio da liberdade da forma influencia e contamina, ainda, o instituto da prova, conforme se infere do art. 212: "*Salvo o negócio a que se impõe forma especial, o fato jurídico pode ser provado mediante: I – confissão; II – documento; III – testemunha; IV – presunção; V – perícia*".

25 Lembre-se de que a escritura pública, lavrada em notas de tabelião, é documento dotado de fé pública, fazendo plena prova (art. 215 do Código Civil).

No instrumento público, a produção se dá com a intervenção integrativa do Estado, por si ou por órgão que lhe representa ou lhe faz as vezes; no privado, ao contrário, dispensa-se a intervenção, que não é exigida.

Ressalve-se que, no instrumento público, o Estado não insere manifestação ou declaração de vontade no ato ou no negócio jurídico, razão por que participa de sua produção apenas na forma, sem influência no motivo ou na causa.

Art. 105. A incapacidade relativa de uma das partes não pode ser invocada pela outra em benefício próprio, nem aproveita aos co-interessados capazes, salvo se, neste caso, for indivisível o objeto do direito ou da obrigação comum.

A incapacidade relativa do agente no negócio jurídico – A regra em análise reforça a linha tutelar que se emprega na defesa dos interesses dos menores, abraçada no Código Civil.

Consoante já se constatou, a validade do negócio jurídico exige seja o agente capaz.[26]

A incapacidade do agente, segundo o grau, pode gerar, por conseguinte, a invalidade do negócio jurídico: a) nulo, quando o agente for absolutamente incapaz;[27] ou b) anulável, quando o agente for relativamente incapaz.[28]

A nulidade do negócio jurídico ocorre quando o agente for absolutamente incapaz, haja vista que sua vontade, se revelada, não se tonifica com a força de gerar efeito juridicamente válido.

A anulabilidade do negócio pode se dar quando o agente for relativamente incapaz.

Sucede que a incapacidade relativa do agente não gera, imediata e automaticamente, a invalidação do negócio jurídico de cuja feitura participe, situação em decorrência da qual os resultados produzidos somente perderão a eficácia se provocados ou suscitados, na esfera judicial, pelo representante legal do menor, ou por outrem que demonstre a qualidade de interessado.

---

26 Art. 104, I, do Código Civil.
27 Art. 166, I, do Código Civil.
28 Art. 171, I, do Código Civil.

Colhe-se, assim, que a anulabilidade do negócio jurídico – bem como a nulidade – depende de pronunciamento judicial, a partir de cujo trânsito em julgado se credencia a reconciliar-se com a legalidade.[29]

Advirta-se à parte que engenha negócio jurídico com agente relativamente incapaz se nega o direito de arguir o vício, quando for para lhe beneficiar, para tirar proveito ou vantagem, na invocação da deficiência.

No entanto, proíbe-se que o menor, entre dezesseis e dezoito anos, invoque, para eximir-se de uma obrigação, a sua idade, se dolosamente a ocultou, quando arguida pela outra parte, ou, ainda, se, no ato de obrigar-se, declarou-se maior.[30]

A incapacidade relativa de uma parte que figurou no negócio jurídico, também, não aproveita aos co-interessados capazes, exceto, evidentemente, na hipótese em que se tratar de indivisibilidade do objeto do direito ou da obrigação comum.[31]

Art. 106. *A impossibilidade inicial do objeto não invalida o negócio jurídico se for relativa, ou se cessar antes de realizada a condição a que ele estiver subordinado.*

Impossibilidade relativa do objeto no negócio jurídico – Na análise dos requisitos do negócio jurídico (agente, objeto e forma),[32] falou-se que o objeto, além de lícito, tem que se apresentar possível, determinado ou determinável.

No que se refere à possibilidade, o objeto deve ser possível física e juridicamente, a fim de que o negócio jurídico (ou ato jurídico) se guarneça na validade.

Exige-se, em tese, a presença cumulativa da possibilidade física e da possibilidade jurídica

---

29 As nulidades "*devem ser pronunciadas pelo juiz, quando conhecer do negócio jurídico ou de seus efeitos e as encontrar provadas, não lhe sendo permitido supri-las, ainda que a requerimento das partes*" (art. 168, parágrafo único, do Código Civil). A anulabilidade "*não tem efeito antes de julgada por sentença, nem se pronuncia de ofício, só os interessados a podem alegar, e aproveita exclusivamente aos que a alegarem, salvo o caso de solidariedade ou indivisibilidade*" (art. 177, do Código Civil).

30 Art. 180, do Código Civil.

31 Considera-se indivisível a obrigação "*quando a prestação tem por objeto uma coisa ou um fato não suscetíveis de divisão, por sua natureza, por motivo de ordem econômica, ou dada a razão determinante do negócio jurídico*" (art. 258, do Código Civil).

32 Art. 105, do Código Civil.

A possibilidade física ou jurídica se atesta com base na qualidade material ou legal (ética ou moral), autoriza a produção do objeto com aptidão para ser realizado, ao tempo do negócio jurídico, ainda que se implemente no futuro.

O importante, por conseguinte, é que inexista impossibilidade física ou jurídica a que o objeto a ser perseguido figure no negócio jurídico ou no ato jurídico.

Em comentário passado, sublinhou-se que o imprescindível é que o objeto tenha ou possa vir a ter condições físicas ou jurídicas de existir no tempo do ato.

Adite-se que a impossibilidade física pode decorrer da sua própria natureza, que a torna inexequível materialmente, ou resultar da natureza da pessoa, situação em que se diz relativa ou absoluta.

Na impossibilidade absoluta, nenhuma pessoa, natural ou jurídica, tem condições de implementar, executar ou realizar o objeto previsto no negócio jurídico.

Na impossibilidade relativa, há quem possa implementar, executar ou realizar o objeto, mas não é quem deva cumpri-lo.

Confunde-se a impossibilidade física com a impossibilidade absoluta, haja vista que o objeto, por mais qualificado que seja o conjunto de recursos materiais e pessoais, carece de realização, em face à condição de inexequibilidade.

Ao tratar da impossibilidade relativa, o Código Civil, no art. 105, dispõe que a "*impossibilidade inicial do objeto não invalida o negócio jurídico se for relativa, ou se cessar antes de realizada a condição a que ele estiver subordinado*".[33]

Tolera a regra a existência de objeto cuja execução se mostre, inicialmente, impossibilitada, mas com a característica de que se cuida de inviabilidade relativa – e não absoluta, física ou jurídica – ou se cessar antes de realizada a condição[34] a que ele estiver subordinado.

Assim, não ocorre a invalidação do negócio: a) se for relativa a impossibilidade inicial do objeto; ou b) se cessar antes de realizada a condição a que estiver subordinada.

Anote-se que a disposição legal fala em impossibilidade inicial do objeto, o que significa dizer que a sua persistência, se transformar em permanente, pode passar a ser absoluta, situação em decorrência da qual se impõe uma aná-

---

33 O dispositivo corresponde ao art. 1.091 do Código Civil de 1916, segundo o qual "*a impossibilidade da prestação não invalida o contrato, sendo relativa, ou cessando antes de realizada a condição*". Percebe-se que a regra jurídica foi remoçada na parte relativa às disposições gerais do negócio jurídico.

34 "*Considera-se condição a cláusula que, derivando exclusivamente da vontade das partes, subordina o efeito do negócio jurídico a evento futuro e incerto*", segundo o art. 121 do Código Civil.

lise mais pormenorizada com base no caso concreto, a fim de que se enrijeça a certeza quanto à consequência jurídica que o sistema oferecerá em face à ausência da correta execução bosquejada pelas partes.[35]

O regime jurídico excepciona,[36] conscientemente, a hipótese de impossibilidade relativa, extraindo-a do rol das causas que geram a nulidade do negócio jurídico.[37]

Insta assinalar que somente quando se tratar de impossibilidade relativa é que se supera a arguição de invalidação do negócio jurídico, porquanto, em sendo o caso de impossibilidade física, absoluta ou jurídica, escasseia-se, por completo, a produção de remédio que vença o mal que se lhe consumiu.

Ora, reforce-se que a impossibilidade física, absoluta ou jurídica é invencível, incapaz de superação, porque: a) a uma, não pode ser materialmente executada; b) a duas, o sistema jurídico veda-lhe a execução.

Art. 107. *A validade da declaração de vontade não dependerá de forma especial, senão quando a lei expressamente a exigir.*

A validade da declaração de vontade e a forma – A declaração de vontade compõe o pressuposto elementar do negócio jurídico, sem a qual se impossibilitam a produção e a captação de efeitos jurídicos.

À falta de manifestação ou declaração de vontade,[38] negócio jurídico algum será produzido (ou ato jurídico), seja com ou sem defeito.

---

35 Na hipótese de obrigação de dar coisa certa, se a coisa se perder, "*sem culpa do devedor, antes da tradição, ou pendente a condição suspensiva, fica resolvida a obrigação para ambas as partes; se a perda resultar de culpa do devedor, responderá este pelo equivalente e mais perdas e danos*" (art. 234 do Código Civil). E ainda: "*Deteriorada a coisa, não sendo o devedor culpado, poderá o credor resolver a obrigação, ou aceitar a coisa, abatido de seu preço o valor que perdeu*" (art. 235 do Código Civil). Na obrigação de restituir coisa certa, que, sem culpa do devedor se perder antes da tradição, sofrerá o credor a perda, e a obrigação se resolverá, ressalvados os seus direitos até o dia da perda (art.238 do Código Civil).

36 Nas obrigações de fazer, "*Se o fato puder ser executado por terceiro, será livre ao credor mandá-lo executar à custa do devedor, havendo recusa ou mora deste, sem prejuízo da indenização cabível*" (art.249 do Código Civil). No entanto, se a coisa "se perder por culpa do devedor, responderá este pelo equivalente, mas perdas e danos" (art. 239 do Código Civil). Se a coisa restituível "*se deteriorar sem culpa do devedor, recebe-la-a o credor, tal qual se ache, sem direito a indenização; se por culpa do devedor, observar-se-á o disposto no art.239*". (art.240 do Código Civil).

37 O art. 166 do Código Civil enumera as causas de nulidade do negócio jurídico.

38 Cabe ressaltar que o "*silêncio importa anuência, quando as circunstâncias ou os usos o autorizarem, e não for necessária a declaração de vontade expressa*" (art. 111 do Código Civil novo). A regra sobre o silêncio como forma de produção de vontade foi introduzida no Código Civil, sem correspondência

Entende-se como forma o meio mediante o qual se produz o ato jurídico **(*lato sensu*)**, hábil a exteriorizar a declaração ou a manifestação de vontade do agente.

Portanto, a forma é a maneira, modo, meio ou conduto pelo qual flui o ato jurídico **(*lato sensu*)**.

O Código Civil reconfortou o *princípio da liberdade de forma*, consagrado no direito brasileiro, em conformidade com o qual se produzirá o ato jurídico ou o negócio jurídico de maneira livre, sem amarras formais – maneira, modo ou conduto –, exceto se a lei a prescrever.[39]

Conclui-se que o Código Civil disponibiliza ao agente as formas – maneira, modo, meio ou conduto: a) discricionária (livre, segundo a vontade do agente); ou b) vinculada (conforme a exigência da lei).

A forma vinculada constitui a exceção, sendo a forma discricionária a regra, razão por que prepondera a liberdade de escolha do agente sobre o conduto por meio do qual emitirá a sua declaração de vontade, salvo quando a lei, expressamente, impuser forma especial à validade do ato jurídico ou negócio jurídico.

O modelo da forma do negócio jurídico articulado pelo Código Civil inspirou-se, por inteiro na regra passada,[40] que não envelheceu, mesmo na perspectiva da realidade dos tempos modernos em que o homem engenha forma de comunicação e exteriorização de seus desejos, cada vez mais sofisticada.

O importante da forma reside na conservação da declaração ou da manifestação de vontade do agente em determinados negócios jurídicos ou atos jurídicos, a qual se deve perenizar durante o considerável lapso de tempo, sob pena do sopitamento de seus efeitos.

A forma não tem forma, motivo pelo qual a ordem jurídica admite todo e qualquer meio capaz de processar e escoar a declaração ou a manifestação de vontade do agente.

---

do Código Civil de 1916, sendo que a doutrina e a jurisprudência já vinham construindo animadores entendimentos sobre a força do silêncio nos negócios jurídicos.

39 O art. 212 do Código Civil, ao dispor sobre a prova do negócio jurídico, diz: "*Salvo o negócio a que se impõe forma especial, o fato jurídico pode ser provado mediante: I – confissão; II – documento; III – testemunha; IV – presunção; V – perícia*".

40 O art. 129 do Código Civil de 1916 dispunha que: "*A validade das declarações de vontade não dependerá de forma especial, senão quando a lei expressamente a exigir*".

Na forma discricionária ou livre, o agente desfruta da liberdade de escolher o desenho legal em conformidade com o qual produz o ato ou o negócio jurídico em que se traduz a manifestação ou declaração de vontade, razão por que se alcançam os resultados sem receio da censura da lei.

Já na forma vinculada ou prescrita, tolda-se a liberdade do agente que, obrigatória e necessariamente, deve observar a modelagem insculpida na lei, sob pena de invalidade do ato ou negócio jurídico.

No silêncio da lei, acolhe-se a validade da declaração de vontade independentemente da forma ou do meio eleito pela parte para revelá-la, desde que se lhe possa captar o efeito jurídico pretendido pelo agente.

Até mesmo o silêncio, conforme será desenvolvido mais adiante, dispõe de força suficiente para, segundo as circunstâncias ou conforme se possa extrair do uso, produzir a vontade do agente, se, contudo, for despicienda a declaração de vontade expressa.[41]

Art. 108. Não dispondo a lei em contrário, a escritura pública é essencial à validade dos negócios jurídicos que visem à constituição, transferência, modificação ou renúncia de direitos reais sobre imóveis de valor superior a trinta vezes o maior salário mínimo vigente no País.

Escritura pública – Prescreve o Código Civil a obrigatoriedade da escritura pública[42] como requisito de validade do negócio jurídico com cujo objeto se pretenda constituir, transferir, modificar ou renunciar direito real sobre imóvel.

Portanto, impõe-se a forma escrita, pública e solene no negócio ou ato jurídico, subordinando-lhe a eficácia, desde que: a) o objeto vise à constituição,

41 Art. 111 do Código Civil.

42 No Código Civil anterior (art. 134), a escritura pública era da substância do ato: a) nos pactos antenupciais e nas adoções; b) nos contratos constitutivos ou translativos de direitos reais sobre imóveis de valor superior a cinqüenta mil cruzeiros, excetuado o penhor agrícola.

modificação ou renúncia de direito real[43] sobre imóvel; b) o valor do imóvel seja superior a trinta vezes o maior salário mínimo vigente no Brasil[44].

Ao tempo em que exige forma especial – escritura pública[45] –, a regra aceita que haja exceção, se a lei dispuser, específica e expressamente, sobre a sua dispensabilidade.[46]

Realce-se que o negócio jurídico ou o ato jurídico relativo a direito real sobre imóvel, de valor superior a trinta vezes o maior salário mínimo vigente no País, se for celebrado em inobservância ao estatuído na lei, será reputado nulo, porquanto deixou de se revestir da forma prescrita,[47] além de insuscetível de confirmação nem convalesce pelo decurso do tempo.

Art. 109. *No negócio jurídico celebrado com a cláusula de não valer sem instrumento público, este é da substância do ato.*[48]

Negócio jurídico celebrado com a cláusula de não valer sem instrumento público – A disposição do CC. Não deveria ter sido renovada, haja vista que cabe à lei definir o negócio jurídico a ser celebrado por instrumento público, na condição de substância do ato.

Consoante já se viu, o sistema jurídico define a forma ou não a define, na qual se revela a manifestação ou a declaração de vontade.

---

43 São direitos reais (art. 1.225): a) a propriedade; b) a superfície; c) a servidão; d) o usufruto; e) o uso; f) a habitação; g) o direito do promitente comprador do imóvel; h) o penhor; i) a hipoteca; j) a anticrese.

44 O dispositivo, ao falar do limite, permite a conclusão da existência de mais de um valor para o salário mínimo, como se fosse diferenciado, estadual ou regionalmente. A parte final do texto, decerto, ao ser concebida em época anterior à Constituição de 1988, não tem afinidade com a ordem jurídica constitucional. Com efeito, A Constituição de 1988, ao assegurar os direitos dos trabalhadores urbanos e rurais, garantiu-lhes o salário mínimo unificado, sem desigualdade: "salário mínimo, fixado em lei, nacionalmente unificado, capaz de atender às suas necessidades vitais e básicas e às de suas famílias com moradia, alimentação, educação, saúde, lazer, vestuário, higiene, transporte e previdência social, com reajustes periódicos que lhe preservem o poder aquisitivo, sendo vedada sua vinculação para qualquer fim" (art. 6º, IV, da Constituição Federal). A depender do alcance do salário mínimo, política social no Brasil não passa de idealismo legal...

45 A disciplina no Código Civil anterior sobre a escritura pública era mais pródiga do que a do atual, ao assinalar que se tratava de documento dotado de fé pública, cuja lavratura exigia-se um conjunto significativo de requisitos.

46 Nada obsta a que a lei trate de dispensar a escritura pública em negócio jurídico que envolva direito real sobre imóvel de valor inferior a trinta vezes o maior salário mínio vigente no País.

47 Art. 166, IV, do Código Civil.

48 O art. 109 do Código Civil novo corresponde ao art. 133 do Código revogado, que dizia: "*No contrato celebrado com cláusula de não valer sem instrumento público, este é da substância do ato*".

Ainda que a regra não imponha a forma especial, por se tratar de forma livre ou discricionária, lícito é que as partes resolvam solenizar o negócio jurídico de que sejam protagonistas, impondo-lhe o instrumento público, como pressuposto de sua substância, sem cuja observância sacrifica-se a validade.

Podem as partes disciplinar a forma, com o agravamento ostensivo da solenização do negócio jurídico, em cujo corpo se insculpa a cláusula de sua invalidação, caso se desprestigie o instrumento público.

Numa leitura singular do art. 109 do Código Civil, recolhe-se uma das duas hipóteses: a) celebra-se o negócio jurídico em instrumento particular, com a inserção da cláusula de que ele não produz efeitos sem que seja vertido para o instrumento público; ou b) produz-se o negócio jurídico já em instrumento público.

A segunda hipótese trama contra a inteligência prática da vida, haja vista seria pouco racional que, já celebrado o negócio jurídico em instrumento público, malgrado a lei não exigisse a forma cogitada no exemplo, as partes resolvessem inserir a cláusula condicionante de sua validade, sem, pois, necessidade.

A interpretação mais razoável, para não se dizer lógica, é a de que há antes uma pactuação em instrumento particular, subordinando-lhe a eficácia à conversão a instrumento público, solenidade que libertaria a produção de efeitos válidos decorrentes do negócio jurídico.

> **Art. 110.** ***A manifestação de vontade subsiste ainda que o seu autor haja feito a reserva mental de não querer o que manifestou, salvo se dela o destinatário tinha conhecimento.***

Manifestação de vontade e reserva mental – Na análise dos requisitos do ato jurídico (*latu sensu*), salientou-se, seguindo o modelo dogmático, que a sua validade requer: a) agente capaz; b) objeto lícito, possível, determinado ou determinável; e c) forma prescrita ou não defesa em lei.

Parecia que a manifestação ou a declaração da vontade, a prevalecer apenas a enumeração legal dos requisitos exigidos para a validade do ato ou do negócio jurídico, dispunha de papel secundário.

Porque sem manifestação ou declaração de vontade, inexiste ato ou negócio jurídico, conclui-se que a volição do agente se consagra como elemento gerador, insubstituível e imprescindível.

Não basta a existência da vontade do agente, faz-se necessário que a sua percepção seja colhida no mundo exterior, fora, pois, do mundo interior, em que se move apenas pelo sentimento psíquico, intimista, enclausurado na própria introspecção.

Enquanto prisioneira da confidência do próprio agente, a vontade não passa de um desejo sem estrutura jurídica, incapaz de traduzir-se pelos símbolos que lhe identificam a verdadeira e a real intenção, haja vista que, sem exteriorização, pertence ao mundo estranho ao direito.

Incubada no interior do agente, a vontade, como elemento essencial da composição e fabrico do ato e do negócio jurídicos, haverá de processar-se por meio de uma manifestação ou de uma declaração, situação em decorrência da qual alcança o mundo exterior, libertando-se definitivamente para gerar efeitos jurídicos.

Impõe-se, por conseguinte, a revelação ou a exteriorização da vontade, independentemente da forma – meio, modo, via –, para a produção do ato ou negócio jurídicos.

A vontade, com o seu extravasamento, se revela, permitindo a cognoscibilidade necessária para compreender-lhe a real intenção.

Há situações, contudo, em que se ostenta divergência ou conflito entre a vontade interna, que restou guardada na intimidade do autor, e a vontade externa, que rompeu o interior do agente por meio de manifestação ou de declaração.

Para superar a divergência entre a vontade que se revelou e a vontade que se guardou – reserva mental –, o Código Civil apresentou solução legal prescrevendo a prevalência da vontade que se exterioriza.

Relua-se o art 110 do Código Civil: "*A manifestação de vontade subsiste ainda que o seu autor haja feito a reserva mental de não querer o que manifestou, salvo se dela o destinatário tinha conhecimento*".

Extrai-se a vontade que se exteriorizou, por meio de uma manifestação ou declaração do agente, e não a que ficou abaçanada na mente do autor.

Prevalece, por conseguinte, a vontade que se formou além do mundo da fronteira do psíquico do agente, a qual se traduziu em registros anímicos que fizeram eclodir a intenção do sujeito.

Os desejos e as intenções, guardadas na casamata da mente, não têm aptidão para subsistir como manifestação ou declaração de vontade, germinando atos ou negócios jurídicos.

Quis o legislador que a vontade se liberte da intimidade do autor e enfrente o mundo exterior, porque, até para prevalecer a exceção da vontade albergada na reserva mental, se impõe que ela seja do conhecimento do destinatário.

Ora, para ser do conhecimento ou do domínio do destinatário, tem-se como impositivo que a vontade da intimidade – da reserva mental – deixe a clausura de sua própria introspecção.

A dificuldade nuclear reside, contudo, na produção da prova com que se demonstre que o autor não queria, na verdade, o que manifestou como sendo sua vontade.

Exige o dispositivo legal que, no caso, tenha o destinatário conhecimento da vontade objeto da reserva mental, aquela que difere da vontade manifestada.

Observe-se que incumbe o ônus da prova ao autor da vontade da reserva mental, de tal sorte que lhe sopesa o encargo de demonstrar que o destinatário ou beneficiário tinha, sim, conhecimento de que o que fora manifestado não era o que ele queria.

Em outras palavras, ao agente se impõe a obrigação de demonstrar que houve refalsamento na vontade externada, motivo por que manifestou algo diferente do que queria, e isso era do conhecimento do destinatário.

Portanto, dupla tarefa assalta o autor: a) demonstrar a divergência real entre a vontade da reserva mental e vontade manifestada; e b) provar que o destinatário tinha ciência do conflito entre a vontade interna e a vontade externa.

Percebe-se que a prova consiste no grande desafio que se impõe ao agente, pela dificuldade natural em materializar a assertiva de que o destinatário conhecia a verdadeira vontade, a qual poderá ser colhida, conforme a situação, por confissão ou testemunha.

O ônus da prova será, por conseguinte, do autor ou agente, cuja vontade revelada precisa ser substituída pela vontade represada na reserva mental, demonstrando que não queria o que manifestou ou declarou.

Art. 111. O silêncio importa anuência, quando as circunstâncias ou os usos o autorizarem, e não for necessária a declaração de vontade expressa.

O efeito jurídico do silêncio – O silêncio é a inexistência da palavra, escrita ou falada, que se acomoda no vazio.

Mas o silêncio existe, sem palavra escrita ou falada, com autoridade suficiente para ingressar no mundo jurídico produzindo efeitos e gerando atos ou negócios jurídicos.

O silêncio, nas relações das pessoas, traduz uma comunicação, positiva ou negativa, sob o aspecto de assentimento ou dissentimento, por força da qual se expressa uma vontade, que pode ter natureza jurídica.

A vontade do silêncio pode ser o próprio silêncio, como meio de revelar um consentimento, que se confunde com a anuência jurídica.

O silêncio é a vontade psíquica da concordância, em cenário de absenteísmo físico, mas com o ânimo de simbolizar uma disposição para produzir um ato ou um negócio jurídico.

O Código Civil inova ao alçar o silêncio à categoria de forma – meio, via, conduto por meio do qual se processa a vontade – que tem credencial para produzir ato ou negócio jurídico.

Porém, não é todo e qualquer silêncio que se apresenta apropriado a gerar efeito jurídico.

O silêncio significará anuência – forma de revelação de vontade – quando: a) as circunstâncias ou os usos autorizarem; e b) for dispensável a declaração de vontade expressa.

Os dois requisitos se fazem presentes simultaneamente, para que o silencio se comporte como instrumento de composição da formação de negócio ou ato jurídico.

A circunstância significa a qualificação dos elementos em que o silêncio ocorreu, notadamente se o cenário em que se processou o fato autorizava-o, como uma necessidade ou acidentalidade na produção do negócio jurídico ou do ato jurídico.

Diz-se circunstância a condição periférica, mas que passa a desfrutar de uma aptidão que lhe particulariza, com a importância necessária ou acidental que interage na resultante do fato de cuja formação participa.

Para se saber se a circunstâncias autorizam o silêncio como modo de geração de vontade, examinam-se as condições materiais e pessoais em que ele se registrou.

Permite a regra que o uso seja, também, parâmetro autorizativo a que o silêncio implique forma de produção de ato ou negócio jurídico.

O uso de que trata a norma é o costume, a prática, o hábito que se enfronha na vida negocial de pessoas, consoante a atividade econômica, financeira, social de cada um.

O uso, muitas vezes, funciona como regra costumeira, ordinária, que faz parte da cultura de comunidades econômicas ou sociais, que desenvolvem determinadas atividades em cujo envolvimento se insere o silêncio como recurso ou meio à consolidação de vontade, na formação dos negócios e atos jurídicos de que participam.

Se, para a produção do negócio ou ato jurídico, a lei exigir que a vontade seja expressa, o silêncio, por mais que queira gabaritar-se a sinalizar uma anuência, se mostra, aprioristicamente, descredenciado, sem força jurígena alguma.

No caso, prova alguma concorrerá para reforçar que do silêncio se extraía uma vontade, que o agente guardava, porque não se validará o negócio ou ato jurídico, à falta de atendimento de um de seus requisitos – forma prescrita.

> ***Art. 112. Nas declarações de vontade se atenderá mais à intenção nelas consubstanciada do que ao sentido literal da linguagem.***

Prevalência da intenção do agente sobre o sentido literal da linguagem – Já se registrou que a vontade, manifestada ou declarada, constitui-se em elemento essencial na geração do ato jurídico ou negócio jurídico.

Com a vontade, difunde-se a intenção do agente na produção do negócio ou do ato jurídico, na realização do alcance de seu desejo que tem uma finalidade certa e determinada, concebida antes da revelação formal e material.

Antes de difundir ou esparsar à vontade, o agente reflexiona, tecendo operação interna por meio de juízo que, na fase inicial, se lhe asila na consciência, para depois se intercambiar com o mundo exterior.

Revela-se a vontade por meio da escrita, da fala ou do gesto, na confiança de que ela será compreendida fiel e exatamente como a produziu o agente.

Pressupõe-se que a vontade se exteriorizou segundo a intenção do agente, independentemente do meio pelo qual ela se processou.

Na esfera jurídica, há a vontade simples (individual) – resultante de um agente – ou a vontade composta (coletiva) – decorrente de mais de um agente, por força do encontro de mais de uma vontade simples.

Simples ou composta, a declaração ou a manifestação de vontade nem sempre se apresenta condizente ou coerente em relação à verdadeira intenção do agente, quando individual, ou dos agentes, quando coletiva.

A tradução anímica, porque depende de processo de conversão, nem sempre se encontra clara e inteligível o suficiente, de tal sorte que se possa colher e compreender a verdadeira vontade do agente no ato jurídico ***lato sensu*** (ato e negócio jurídicos).

Às vezes, carece o agente do ofício ou da arte de exteriorizar corretamente a sua vontade pela linguagem, entendida como meio em que se processa a comunicação humanal, na produção de ideias, sentimentos e desejos (vontade).

Persegue o Código Civil a primazia da intenção, da verdadeira vontade, sobre o sentido literal da linguagem, ao reproduzir a regra existente no Código Civil revogado, segundo a qual "*Nas declarações de vontade se atenderá mais à intenção nelas consubstanciada do que ao sentido da linguagem*".

Por conseguinte, prestigia e salvaguarda o Código Civil, na tradição de nossa hermenêutica, a intenção do agente, como legítima expressão da sua vontade na produção do ato ou negócio jurídico.

Ressalte-se, todavia, que, em primeiro momento, prevalece o sentido literal da linguagem – entenda-se quando primar pela clareza e obviedade – no arranjo da captação da vontade do agente que engenhou o ato ou o negócio jurídico, o qual, porém, se esvazia e se enfraquece nos casos em que se apresente com defeitos ou vícios que lhe comprometam a percepção e a cognição correta do querer do agente.

Assim, é correto dizer-se que se trata de atoleimado equívoco supor que o sistema jurídico fomenta a supremacia da vontade subliminar ou inconfessada contra a obviedade do sentido da linguagem adotada para a revelação da intenção do agente em ato ou negócio jurídico, de cuja elaboração participara.

O trabalho do intérprete, decerto, será o de encontrar no meio da linguagem empregada a verdadeira vontade do agente que protagonizou o ato ou o negócio jurídico, socorrendo-se, para colmatar as lacunas e vencer os conflitos, dos princípios de hermenêutica.

Portanto, a linguagem – independentemente da modalidade – constitui-se na fonte primária e reveladora, por meio da qual se processa a vontade, já construída e gerada na intimidade psíquica, e na qual se vai garimpar a intenção do agente.

Não existe intenção fora da linguagem, pelo menos capaz de expressar-se com valor juridicamente producente, razão por que o intérprete não explora as zonas, às vezes cavilosas, do psique do agente na caça da sua real vontade.

A verdadeira intenção do agente pode estar imperfeita, incompleta ou mal traduzida na linguagem, situação em decorrência da qual se força o intérprete a persegui-la até encontrá-la pacificada com o meio em que ela fora produzida e revelada.

Portanto, a busca da real intenção se preambula no confinamento do meio em que expandiu a vontade do agente, razão por que a diagnose do intérprete se decompõe, para realizar o seu desiderato de conhecer o verdadeiro querer contido no ato ou no negócio jurídico, em dois cenários que, obrigatoriamente, se argolam: a) o cenário primário; e b) o cenário secundário.

O cenário primário representa o meio (linguagem) em que se consolidou a declaração ou a manifestação de vontade; o cenário secundário, o ambiente em que se formaram as condições econômicas, sociais e jurídicas, sob cuja influência o agente praticou o ato ou confeccionou o negócio jurídico.

Sublinhe-se que se pretender que uma suposta intenção se sobreleve à linguagem clara e inconfundível representaria exercício de alquimia, jamais de interpretação, caminho que confundiria a hermenêutica com sessão terapêutica de psicanálise, cevada, ainda, de fetiches traquinados em arbítrio e em casuísmo, com recurso ainda à sessão de regressão...

Aí o intérprete se transformaria em psicanalista, sem juridicidade, mas, é certo, com a alma confortada na subjetividade de sua própria percepção, alheia, porém, ao juízo das técnicas de hermenêutica.

E mais: recrudesceria a insegurança jurídica, porquanto os atos ou os negócios jurídicos estariam sujeitos à dubiedade da vontade revelada ou da vontade querida, uma ou outra arguida segundo o interesse daquele que lhe aprouvesse, situação em decorrência da qual os meios em que a linguagem foi produzida teriam valores, meramente, relativos e condicionados à ratificação no tempo e à renovação do agente.

Frise-se, pois, que se capta ou se atende mais à intenção quando o sentido literal da linguagem ensejar insegurança e incerteza na formação da compreensão da vontade do agente.

Assim, diz-se que, se, na linguagem utilizada, for entendida a vontade do autor, posto que translúcida e axiomática, não se justifica a interiorização do intérprete pela mente do agente, em busca de uma fantasiosa intenção, distinta daquela que foi, suficiente e claramente, revelada por meio da linguagem, em suas multifárias formas.

Essa premissa, ao contrário do que possa parecer, não significa culto à forma, como se amesquinhassem a qualidade e o conteúdo da vontade, mas representa a racionalização para tentar seduzir o intérprete pela assertiva de que não se teria sintonia com a lógica jurídica se pretendesse captar a intenção do agente totalmente apartada do meio (linguagem) usado para declarar ou manifestar a sua vontade.

Impõe-se reforçar, porém, que não se estimula o entendimento de restringir-se o complexo e desafiador exercício da interpretação da verdadeira vontade apenas ao meio em que ela foi vinculada ou externada.

Portanto, a intenção do agente, em regra, está na própria linguagem (meio) usada para exteriorizar-lhe a vontade, o que reforça a premissa de que, em momento algum, a norma jurídica pretendeu tornar secundário o sentido literal.

Não é menos certo, todavia, que, para auxiliar a interpretação, concorrem outros princípios de hermenêutica, como o da boa-fé e os dos usos do lugar em que o ato ou negócio jurídico fora semeado.

Por fim, realce-se a observação de que, malgrado tenha insculpido importantes princípios da hermenêutica (intenção da vontade, boa-fé, usos, interpretação restritiva dos negócios benéficos, etc.), o Código Civil absteve-se de particularizar e declinar regras de interpretação, deixando sob a responsabilidade de o intérprete tecer sua operação com base nos princípios lançados.

Art. 113. ***Os negócios jurídicos devem ser interpretados conforme a boa-fé e os usos do lugar de sua celebração.***

A influência da boa-fé e dos usos sobre o negócio jurídico e ato jurídico – O Código Civil abriu uma fronteira inovadora, ao valorizar a boa-fé e os usos do lugar como meio axiológico para a interpretação dos negócios jurídicos e atos jurídicos.

Ressalte-se, contudo, que a subjetividade histórica, sociológica e jurídica da boa-fé em multifários cenários sociais serviu para o enfraquecimento aplicativo do instituto, como instrumento indissociável da vida do homem.

Festeja-se mais a boa-fé como ideário do que como itinerário seguro por meio do qual o homem encontra a justiça social, tecida em searas privados ou públicos.

A rigor, toda pessoa deveria comportar-se com boa-fé, propriedade espiritual que o homem imagina ou finge ser capaz de alcançar na plenitude, razão por que o sistema jurídico se encarregou de exigi-la como condição de licitude e como meio de interpretação dos negócios e dos atos jurídicos.

Ao contrário do que se possa supor como fruto de uma visão individualista, a boa-fé não constitui um instrumento que deva se hospedar apenas nas relações jurídicas privadas, mas, fundamentalmente, nas públicas, quando o Estado opera a máquina institucional no exercício de suas funções de legislar, julgar e administrar.

Decerto a nova regra em que se acomoda o princípio da hermenêutica tem a finalidade de reforçar e reafirmar a indispensabilidade boa-fé, além de o espírito de encorajar o intérprete a desarticular a especiosa influência da esperteza, como virtude dos astutos sobre os ingênuos, nas relações jurídico-sociais.

Na interpretação do negócio jurídico ou, mesmo, do ato jurídico, a boa-fé e os usos do lugar foram alçados, por conseguinte, à categoria de princípio de hermenêutica.

A boa-fé consiste na pureza ética que legitima o espírito a emprestar à vontade o senso de justiça e legitimidade, empregado no ato ou no negócio jurídico, com transparência, franqueza e lealdade.

Na certa, a boa-fé significa o estágio sublime com que se comporta a pessoa na relação jurídica, a qual se apresenta na exata proporção em que os direitos e as obrigações se conjugam sob o domínio absoluto ou relativo das condições em decorrência das quais foram inscritos.

A credulidade do agente que se mostra fiel à verdade e obsequioso à realidade, sob cuja influência lançou a sua vontade, alcança, com a boa-fé, a ideia da reciprocidade.

Interessa sublinhar que o agente incorpora à sua consciência e à sua cognoscibilidade um cenário jurídico-factual que lhe traduz a aparência de que os elementos que compuseram o seu juízo para a emissão de sua volição existiam, fazendo-lhe crer que agia legal e legitimamente.

Por conseguinte, convence-se o agente de que todas as condições que lhe estimularam a emitir a sua vontade existiam ou estavam aptas a existir, produzindo os efeitos que perseguia, conforme a confiança que lhe inspirava a boa-fé.

Individualiza-se a boa-fé na consciência íntima do agente e, em seguida, se projeta na consciência social, com repercussão no sistema jurídico que lhe tutela, segundo o grau de objetividade ou de subjetividade que se envolvia na vontade do agente.

Não basta que a boa-fé se fortifique com o fermento individual, haja vista que se lhe requer o tônico jurídico-social, que lhe identifica na formação do juízo valorativo, conducente, inclusive, a graduar-lhe os efeitos jurídicos.

Faz-se necessário, conseguintemente, que a boa-fé, tecida na intimidade do agente, esteja apta a sobreviver-lhe exteriormente, devidamente recepcionada pela sociedade, sob o apadrinhamento da ordem jurídica.

Se sucumbir no trespasse do interior para o exterior do agente, a suposta boa-fé de transforma em má-fé, sob julgamento nada misericordioso da ordem jurídica, que lhe aponta o caminho da ilicitude, sem olvidar a repulsa da sociedade.

Apresenta-se a boa-fé com a função de princípio interpretativo e de princípio integrativo dos atos e negócios jurídicos.

Na função interpretativa, a boa-fé se sobressai como princípio de hermenêutica que concorre para embasar a análise e compreensão da vontade do agente nos atos e negócios jurídicos.

Manda a regra jurídica, pois, que os negócios jurídicos – e atos jurídicos, também – sejam interpretados conforme a boa-fé, comando que substancializará a qualidade da ética e legitimidade nas relações jurídicas, nos campos público ou privado.

Na função integrativa, a boa-fé se eleva à condição – ou requisito – de indispensabilidade à validade e eficácia dos negócios e atos jurídicos, concepção que prova a preocupação do legislador com a qualidade das relações jurídicas, transformando-a, ainda, em regra de conduta, de que as pessoas não se podem afastar.

Ressalta a regra jurídica que se impõe ao titular de um direito o seu exercício em consonância com os limites ditados pelo seu fim econômico ou social, pela boa-fé ou pelos bons costumes, sob pena reputar-se o ato ilícito.

Com a boa-fé, denota-se a superioridade do estágio evolucional do homem nas suas relações jurídicas e sociais, como requisito primacial na sedimentação construtiva de uma sociedade que bosqueja a eliminação de suas próprias patologias que se entranham nos atos e negócios jurídicos, confeccionados ou produzidos com alto grau de lesão à lealdade e prejuízo à patrimonialidade.

Logo, dispõe a boa-fé de dupla projeção: a) a jurídica; e b) a social, em cujos espaços se fincam a eticidade e a socialidade, como expressão indissociável de sua própria existência.

Por meio da boa-fé, sob o estímulo de seus elementos cognoscitivo e volitivo, carrega-se a crença e porta-se a certeza de que se age em conformidade com os padrões desenhados nos comandos das regras jurídicas e se comporta segundo a legitimidade do direito que se exerce, na perseguição obstativa a que se lesione a outrem e se confranja a lei.

Ora, se, na sociedade contemporânea conflagrada pela disputa, pela concorrência sem respeito aos valores mais caros que dignificam o homem, a consciência da legitimidade e da eticidade num contexto jurídico sofre processo de aguda asfixia, de tal maneira que se estimula a que as pessoas se refestelem em abusos e se seduzam pelo arrivismo, a opção feita pelo legislador, ao reforçar a boa-fé como indissociável princípio de interpretação e integração do negócio ou do ato jurídico, ressoa benfazeja.

A interpretação com base na boa-fé gera saudável heterodoxia jurídica, agradavelmente profilática e propedêutica, exigindo a reconstrução das bases em que se assentava, em nome da severidade que se impunha à supremacia da vontade, ainda que tecida em manifesto desconforto, a intolerância exegética à valorização das circunstâncias ou condições que, ocultas ou desconhecidas, interfeririam, se reveladas, na composição da vontade do agente.

Exige-se dos protagonistas das relações jurídicas a boa-fé, que influencia, agora dogmática e decisivamente, o intérprete na compreensão da vontade e da definição da qualidade do negócio e do ato jurídicos.

Portanto, o recurso à boa-fé, como técnica e princípio de hermenêutica, tem a singularidade de transformar o negócio ou o ato jurídico num meio de realização de necessidades que se legitimam sob o sinete da legalidade.

Usos do lugar – Também, quer o legislador que, no exercício da interpretação do negócio e do ato jurídicos, se relevem os usos do lugar em que fora produzido.

Respeitam-se os costumes e os usos, bases que identificam a idiossincrasia do agente que participou do ato ou do negócio jurídico, tornando, pois, a interpretação da vontade revelada mais autêntica e verossímil.

Usos do lugar significam os costumes, a cultura em cujas bases se ceva a pessoa, alimentando-se dos valores que lhe formaram a idiossincrasia.

Os usos do lugar permitem, por conseguinte, compreender o modo de proceder das pessoas, revelando-lhes hábitos e costumes.

Pretender exercitar-se a interpretação dos atos e negócios jurídicos, com alheamento aos usos do lugar onde fora confeccionado, confere ao intérprete total alienação, à falta de domínio da cultura, envolvendo hábitos e costumes.

Dominados os usos do lugar – o costume –, o intérprete se aproxima, com uma lupa jurídico-social, da vontade do agente, conforme fora desenhada no espectro de seu espaço pessoal e social, galgando o degrau que melhor lhe credencia a desvendar as particularidades que envolveram o ato ou o negócio jurídico.

Art. 114. Os negócios jurídicos benéficos e a renúncia interpretam-se estritamente.

A interpretação dos atos e negócios jurídicos – O Código Civil se entusiasmou em oferecer regras de interpretação dos atos e negócios jurídicos, as quais, se deixam a desejar, à insuficiência de aptidão para irrigar todas as necessidades do operador, se prestam, ao menos, a auxiliar o intérprete na árdua missão de capturar e captar a verdadeira vontade do agente.

Inexiste negócio ou ato jurídico sem a vontade, pressuposto aliás elementar, ainda que seja produzida por meio da linguagem do silêncio.

Relembre-se que já se identificaram as seguintes regras de hermenêutica: a) valorização da intenção da vontade em relação ao sentido literal da linguagem; b) a influência integrativa e interpretativa da boa-fé e dos usos do lugar, nos atos e negócios jurídicos.

Às regras acima elencadas se junta outro princípio de hermenêutica, segundo o qual os negócios jurídicos – também atos jurídicos – , quando benéficos, e a renúncia se interpretam estritamente.

Deduz-se, assim, que o Código, na Parte Geral (Livro III – Dos Fatos Jurídicos), traz importantes regras de hermenêutica que, se não são exaustivas, bem subsidiam o intérprete a buscar o aperfeiçoamento da vontade da parte no ato ou no negócio jurídico.

Os negócios e atos jurídicos benéficos – Manda a regra que o negócio jurídico benéfico – ou o ato jurídico – seja interpretado estrita e limitadamente, sem prospecção de sentido que cause a ampliação da vontade manifestada ou declarada.

Considera-se negócio jurídico – ou ato jurídico – benéfico aquele em que se sobrepõe a natureza da benevolência, da generosidade, da liberalidade, que traduz a disposição do agente em ofertar um direito ou um benefício em favor de outrem, sem contrapartida.

Quer o agente, voluntariamente, conferir, por conseguinte, a outrem uma vantagem que pode ser fruída juridicamente por quem passa a tê-la, na condição de titular de um direito, nascido em face à dádiva.

Aprisiona a lei a possibilidade de exercitar-se a interpretação, nos negócios jurídicos benéficos, estendendo-se a generosidade do direito ou da vantagem.

Justifica-se a opção legislativa em subordinar os negócios jurídicos – ou atos jurídicos – à regra da interpretação contida, haja vista que, à ampliação, se corre o risco de prejudicar o altruísmo do agente, onerando-lhe mais, em proveito excessivo do beneficiário.

A renúncia – Reputa-se renúncia o ato pelo qual se abdica, expressa ou tacitamente, de um direito por cujo exercício o titular, por vontade própria, deixa de exercer, à falta de interesse pessoal, econômico ou jurídico.

A renúncia constitui ato unilateral do titular do direito de cujo exercício ou fruição se abdica.

Com a renúncia, suporta o renunciante o desafio da perda do direito a que fazia jus, em curso do exercício ou em via do exercício.

A renúncia independe da prévia e expressa identificação do renunciatório, pessoa, em tese, em favor de quem ela ocorre.

O fato de renunciar-se a um direito não implica a premissa de que, de pronto, outrem o exerça, como se fosse o destinatário do ato, adredemente escolhido.

Ao ser interpretada nos casos em que a vontade e a extensão do ato se apresentarem turvadas, sem a correta e pacífica compreensão que a linguagem projetou, a renúncia será encarada com limitação, sem que se permita que a vontade bordeje, agravando-a para o renunciante e ampliando-a para o renunciatório.

Seria descompassado com a justiça que se impusesse àquele que, é certo que por sua própria vontade, perdeu um direito que lhe era próprio, mais ônus ou prejuízo.

CAPÍTULO II
Da Representação

115. Os poderes de representação conferem-se por lei ou pelo interessado.

A representação – O Código Civil dedicou um capítulo especial ao instituto da representação, escolha legislativa que demonstra, sem dúvida, uma inovação, considerando que, na lei anterior, o assunto não merecera tratamento destacado.

Ordinariamente, a pessoa, por si e em seu próprio nome, produz, pratica e engenha os atos que repercutem no mundo jurídico, com a força jurígena de adquirir, transferir, gerar, modificar, resguardar ou, ainda, extinguir direitos e obrigações.

Correto é sublinhar, por conseguinte, que, normalmente, cada um personifica o próprio agente que manifesta ou declara uma vontade, com projeção no mundo jurídico, desde que tenha capacidade de exercício.

Situações há, porém, em que a pessoa não pode ou não quer produzir ou participar, direta e pessoalmente, sem, pois, o concurso de outrem, da confecção do ato jurídico ou negócio jurídico, motivo pelo qual se lhe socorre o instituto da representação.

A representação consiste no meio jurídico com que o representante, investido de poderes havidos por força de lei ou força de convenção, se credencia e se habilita a praticar atos em nome e no interesse do representado.

Com a representação, se supera a deficiência ou a insuficiência da capacidade jurídica ou da capacidade material da pessoa representada, porquanto o representante obra em seu nome, seja ela legal ou convencional.

Diz-se, assim, que a representação é **legal** quando a própria lei alberga a investidura, ou **convencional,** quando as partes ajustam-lhe, por meio de um instrumento.

Vias por meio das quais se conferem os poderes de representação – Constata-se, assim, que o sistema jurídico comporta dois meios de representação a) o legal em que a própria lei a estabelece, em decorrência da qual nascem os poderes do representante; e b) o convencional em que próprio interessado a constitui, em conformidade com a qual se desenham os poderes.

Na legal ou na convencional, se credencia o representante a praticar os atos jurídicos em nome do representado.

Art. 116. ***A manifestação de vontade pelo representante, nos limites de seus poderes, produz efeitos em relação ao representado.***

Produção dos efeitos da vontade do representante em relação ao representado – Em análise anterior, assentou-se que o instituto da representação foi aquinhoada pelo Código Civil com um conjunto de regras mediante as quais se disciplina, ainda que perfunctoriamente, a relação entre representante e representado.

Outrossim, explicou-se que há duas modalidades de representação: a) **legal** (ou de ofício) e a **voluntária** (ou convencional).

Registrou-se que, de regra, a declaração ou a manifestação de vontade tem o engenho ou a produção do próprio agente, que protagoniza o ato ou negócio jurídico, razão pela qual, normalmente, cada um personifica o próprio agente que traduz a sua volição, com repercussão no mundo jurídico.

Em situações excepcionais, porém, ocorre que o verdadeiro protagonista, ou interessado no resultado ou no efeito, não intervém ou não participa, diretamente, da produção do ato jurídico ***lato sensu***, que passa à esfera jurídica pela interferência do representante, em nome de quem se depositam poderes de representação, por força da lei ou da convenção.

Dá-se a representação quando, por força da lei ou da convenção, se investe o representante de poderes em conformidade com os quais se qualifica, juridicamente, a praticar atos em nome e no interesse do representado.

Por tal razão diz a lei "*A manifestação de vontade pelo representante, nos limites de seus poderes, produz efeitos em relação ao representado*".

No exercício da representação, legal ou convencional, faz-se imperioso que o representante, ao manifestar ou declarar a vontade, se ponha com extremada fidelidade e respeito aos limites dos poderes de que fora investido.

Teoricamente, a vontade que o representante produz, se dentro do perímetro que demarca os seus poderes, é a do representado, em relação a quem se produzem os efeitos do ato ou do negócio jurídico, de que participou por meio da representação.

Ao exceder ou extrapolar os limites dos poderes, perde o representante a qualidade jurídica que confere à sua vontade manifestada ou revelada à aptidão para gerar efeitos em relação ao representado.

O exercício da representação com excesso ou com abuso de poder desonera o representado, razão por que os efeitos do ato ou do negócio jurídico tecido pelo representante se lhe esvaziam, restando-lhe, consequentemente, escasso de eficácia.

O ato ou o negócio jurídico construído pelo representante que exorbitou ou abusou pode até existir, produzir efeito, mas não em relação ao representado, a cujo patrimônio, moral ou material, o ordenamento jurídico blinda com a proteção da ineficácia.

Na representação, legal ou convencional, cumpre o desafio de identificar-se a qualidade e a extensão dos poderes de que se acha investido o representante, como indispensável cautela à proteção e à validade dos atos e negócios jurídicos, operados em nome e em proveito do representado, pessoa a que a lei visa proteger.

Na representação convencional, persegue-se a definição dos poderes de que dispõe o representante pelo contrato de mandato – vínculo jurídico em decorrência do qual nasce a representação voluntária –, o qual confere, em geral, ao mandatário, poderes de administração, sendo certo que, para alienar, hipotecar, transigir ou praticar outros atos que exorbitem da administração ordinária, se exigem poderes especiais e expressos.

Assim, os poderes recebidos pelo representante (mandatário), no geral, afloram expressamente, salvo quando o mandato for tácito ou verbal.

Na representação legal, busca-se a delimitação dos poderes de que se acha investido o representante no próprio corpo das normas que disciplinam a tutela e a curatela.

Art. 117. Salvo se o permitir a lei ou o representado, é anulável o negócio jurídico que o representante, no seu interesse ou por conta de outrem, celebrar consigo mesmo.

Parágrafo único. Para esse efeito, tem-se como celebrado pelo representante o negócio realizado por aquele em quem os poderes houverem sido subestabelecidos.

Celebração do negócio jurídico pelo representante consigo mesmo (autocontrato) – O sistema jurídico bem distingue as pessoas do representante e do representado, seja em regime de representação legal ou de representação voluntária.

O representante exerce o papel do representado, previamente desenhado no corpo da lei ou no instrumento do mandato.

Na relação jurídica, o representante, a rigor, ocupa o pólo que compete, legal e ordinariamente, ao representado, em nome de quem age, situação mediante a qual é lícito dizer-se que a fotografia que revelar ocupação jurídica diferente exige análise técnica com mais acuidade e perícia legal.

A regra, por conseguinte, é a de que se tolda a que o representante figure em duplicidade no negócio ou no ato jurídico, representando interesse seu ou de outrem e, simultaneamente, interesse do representado, ao celebrar a chamada *autocontratação.*

Assinale-se, porém, que, na sistemática do Código Civil, a vedação que o representante celebre negócio consigo mesmo se acha excetuada, razão por que se lhe admite quando a lei o permitir ou o representado consentir expressamente.

Sem dúvida, a *autocontratação* se insere no plano em que se hospedam as excepcionalidades, as quais, se vencem o bloqueio legal, devem superar os óbices éticos e morais, que, normalmente, desaconselham a duplicidade do papel a que se reserva o representante.

Será necessário que o intérprete, nos casos de *autocontratação,* se oriente, depois do convencimento legal, ainda pelas margens da boa-fé e da moralidade, indispensáveis à validação do negócio jurídico, em conformidade com as quais se chancela o negócio ou o ato jurídico.

Cabe observar, ainda, que o Código Civil adiciona, no parágrafo único do art. 117, à disciplina da *autocontratação*, a regra segundo a qual se considera celebrado pelo representante o negócio realizado pela pessoa a quem ele houver substabelecido os poderes de que se achava investido.

Pretende, assim, a lei inibir ou reduzir a possibilidade de traquinagem jurídica de que queira lançar mão o representante para escapar da restrição que se lhe impõe a norma, ao vedar-lhe a celebração de negócio com ele mesmo.

Portanto, em se tratando da representação voluntária, configura-se viciado o negócio jurídico de que o representante participe, representando interesse próprio e representando interesse do representado, ainda que se faça substituir, por meio de substabelecimento, por outra pessoa com o intuito de ilaquear a duplicidade da representação.

Art. 118. ***O representante é obrigado a provar às pessoas, com quem tratar em nome do representado, a sua qualidade e a extensão de seus poderes, sob pena de, não o fazendo, responder pelos atos que a estes excederem.***

Prova da Representação – Já se sublinhou que o instituto da representação recebeu especial tratamento pelo Código Civil, que, num só conjunto estabeleceu regras gerais sobre as representações legal e voluntária.

Constitui a representação importante meio de fomento das relações jurídicas, na realização de interesses econômicos e sociais, sem a qual determinados atos ou negócios jurídico sequer existiriam.

Confirma-se que a representação significa um instrumento jurídico necessário a que determinadas pessoas possam exercitar o conjunto de direitos e obrigações que compõe o patrimônio jurídico, seja de ordem material ou de ordem moral.

A vida sócio-econômica em cujo cenário prosperam as relações jurídicas tem comparecido para provar a indispensabilidade da representação na sua própria dinâmica.

Como representante e representado são pessoas diferentes, a ordem jurídica os segrega legalmente, com a finalidade de evitar que se confundam.

Ao tempo em que se lhes distingue, a lei estufa a preocupação de bem construir um modelo em que representante e representado sejam corretamente identificados, para que se possa, à suficiência, dispor de segurança nas relações jurídicas germinadas por meio da representação.

Impõe-se que a personificação jurídica da representação se faça acompanhar, além da sua qualidade, de meio capaz de demonstrar, suficiente e cabalmente, os poderes de que se acha investido o representante, de acordo com a vontade legal ou voluntária, conforme a hipótese.

O representante se comporta como heterônomo, ao exercer o papel do representado, definido e abrolhado na lei ou no mandato.

Em sendo assim, envolvido em preocupação, parteja o Código Civil a regra segundo a qual se obriga o representante a provar às pessoas, com quem tratar em nome do representado, a qualidade e a extensão de seus poderes, sob pena de, não o fazendo, responder pelos atos exorbitantes.

Exige a lei que, ao operar em nome do representado, o representante prove que se encontra em ação de representação, por força de um vínculo jurídico, sob cuja regência exerce os poderes que lhe foram confiados.

A prova da representação, obrigatoriamente, tem que se exteriorizar para que se conheçam os predicativos de que dispõe o representante, razão pela qual deixa de ressoar na esfera jurídica a condição quando se resume à interiorização da intimidade de sua vontade.

Sublinhe-se que, ao provar a condição, ao representante se impõe revelar: a) a qualidade; e b) a extensão dos poderes.

A qualidade – Ao exigir que se prove a qualidade da representação, pretende a Código Civil que o represente demonstre a condição ou a habilitação de cujos atributos é portador, achando-se, por conseguinte, credenciado por lei ou por convenção a representar o representado.

Enquanto perdurar a qualidade, o representante dispõe de habilitação para representar o representado, em nome de quem age.

A condição de representante pode ser inerente à atribuição de: a) tutor; b) curador; c) pai (e/ou mãe); e d) mandatário, conforme a hipótese em conformidade com a qual se erige a relação jurídica.

A qualidade, pois, é a existência jurídica de uma propriedade que credencia uma pessoa a dizer-se representante de outra, o representado, em nome de quem pratica atos e celebra negócios, por força de poderes conferidos pela lei ou pelo interessado.

Extensão dos poderes – Além da qualidade, o representante se obriga a demonstrar a extensão dos poderes de que se acha investido.

Entende-se por poder a competência jurídica em que se define a capacidade do representante para representar o representado, delimitando a esfera em que se concentra o exercício da capacidade da representação.

Como se salientou, quer a lei que o conteúdo dos poderes do representante seja provado à pessoa com que ele tratar em nome do representado, sob pena de, não o fazendo, responder pelos atos praticados à margem dos que lhe foram outorgados.

Ao apresentarem-se a extensão e o conteúdo dos poderes, precisa-se a competência do representante que não deve ser exercida com excesso ou exorbitância, sob pena desqualificar a eficácia do ato.

A prova da qualidade de representante e da extensão dos poderes – Impõe-se ao representante agir com fidelidade, na reprodução da vontade do representado, seguindo a disposição dos poderes havidos da lei ou do interessado.

A prova da qualidade de representante e da extensão dos poderes tem se apresentado como desafio a ser vencido pelo operador do direito, especialmente pela natureza que distingue a representação legal e a representação voluntária.

Na representação voluntária, a prova da qualidade de representante e a extensão dos poderes, de regra, se faz mediante a procuração, instrumento do mandato, em cujo corpo se inserem os poderes de que o mandatário se acha investido.

Ocorre, contudo, que, como o mandato pode ser expresso ou tácito, verbal ou escrito, o exercício da representação voluntária nem sempre ocorre argolada a uma procuração, situação em decorrência da qual se dificulta a captação do conhecimento dos poderes confiados ao representante.

Nas hipóteses de representação voluntária desprovida de instrumento formal (procuração), deve o intérprete se socorrer das regras e princípios que alicerçam a teoria sobre a prova.

Ressalte-se, porém, que, malgrado a regra segundo a qual qualquer que seja o valor do negócio jurídico, a prova testemunhal é admissível como subsidiária ou complementar da prova escrita, impõe-se a procuração com poderes especiais e expressos nos atos com que se aliene, se hipoteque, se transija, ou se exorbite da administração ordinária.

Na representação legal, à exceção do caso do exercício do poder familiar, em que se concentram na esfera de competência dos pais os poderes gerais e especiais, situação que alija a necessidade de prova dos poderes de que se acham investidos, devem os demais representantes (tutor ou curador) provar formalmente a condição e o conteúdo dos poderes para cuja execução se encontram habilitados.

A fonte que gera a representação legal do tutor ou do curador é, de regra, pública, sob o comando de um juiz e sob as condições emanadas da lei, situação que sugere que a prova a que está obrigado a fazer se faça com instrumento público, que pode se apresentar, por exemplo, em forma de traslado ou certidão.

> **Art. 119.** ***É anulável o negócio concluído pelo representante em conflito de interesses com o representado, se tal fato era ou devia ser do conhecimento de quem com aquele tratou.***
>
> ***Parágrafo único. É de cento e oitenta dias, a contar da conclusão do negócio ou da cessação da incapacidade, o prazo de decadência para pleitear-se a anulação prevista neste artigo.***

Conflito de interesse – Dúvida alguma subiste em relação à assertiva de que representante e representado são pessoas distintas, dê-se a representação sob o regime legal ou sob o regime voluntário.

Ao representante compete exercer a representação com zelo e em defesa do interesse do representado, de acordo com o comando que emerge da lei ou do mandato.

No entanto, ao desprestigiarem-se o princípio ético e o princípio legal, por força dos quais ao representante incumbe bem zelar pelo interesse do representado, enfraquece-se a qualidade dos efeitos jurídicos do ato ou do negócio jurídico, celebrado em regime da representação.

O Código Civil, ao reforçar a proteção ao interesse do representado, estabelece "*É anulável o negócio concluído pelo representante em conflito de interesses com o representado, de tal fato era ou devia ser do conhecimento de quem com aquele tratou*".

A anulação do negócio ou do ato jurídico se subordina à coexistência de: a) conflito de interesse; e b) domínio ou presunção do conhecimento do fato por aquele com quem o representante tratou.

Há conflito de interesses quando há dois interesses em oposição, o do representante e o do representado, cada um próprio que não se comunica nem na representação.

Constata-se o conflito de interesses quando, em detrimento ou prejuízo do patrimônio do representado, o representante, em benefício do seu exclusivo interesse, faz secundário ou relativo o interesse daquele por cujo patrimônio de ordem econômica ou moral deve zelar.

Trata-se de interesse jurídico que expressa uma utilidade econômico-financeira ou moral, razão por que, para a anulação do negócio ou do ato jurídico, se faz irrelevante a qualidade ou a propriedade do conflito, bem como a mensuração da vantagem ou da desvantagem.

Além da lesão em face ao conflito de interesse – rediga-se que, no caso de representação, havendo conflito de interesse, há lesão (econômica ou moral) –, a lei exige, para a anulação do negócio ou ato jurídico, que essa particularidade fosse ou devesse ser do conhecimento daquele com que o representante tratou, em nome do representado.

Cabe ao interessado, para a anulação do negócio ou do ato, provar a presença dos dois requisitos (o conflito de interesse e o seu conhecimento), mas nada obsta a que o juiz, com a prudência e munido de ferramental jurídico que melhor lhe aconselhe, promova a anulação, quando provocado, convencendo-se de sua inadequação legal, por ferir o interesse do representado, principalmente nas hipóteses de representação legal pelo tutor ou curador.

Prazo – Determinou a lei o prazo de decadência de cento e oitenta dias para pleitear-se a anulação do negócio ou do ato jurídico, quando produzido em decorrência de representação, com conflito de interesse entre representante e representado, a contar da: a) **conclusão do negócio jurídico ou da realização do ato**; ou b) **cessação da incapacidade.**

Procurou a norma melhor encordoar a proteção do representado, prescrevendo idênticos prazos decadenciais, mas iniciados sob fenômenos diferentes, para a representação legal e para a representação voluntária.

Ora, na representação voluntária o prazo se conta a partir da conclusão do negócio jurídico ou da realização do ato; na representação legal, quando cessar a incapacidade.

> ***Art. 120.** Os requisitos e os efeitos da representação legal são os estabelecidos nas normas respectivas; os da representação voluntária são os da Parte Especial deste Código.*

Requisitos e efeitos da representação legal e da representação convencional - Já se discorreu que se vasculham, na representação, legal ou convencional, a qualidade e a extensão dos poderes que o representado conferiu ao representante.

Na representação convencional, os poderes se acham cravados no contrato de mandato – vínculo jurídico em decorrência do qual nasce a representação voluntária –, o qual confere, em geral, ao mandatário, poderes de administração, sendo certo que, para alienar, hipotecar, transigir ou praticar outros atos que exorbitem da administração ordinária, se exigem poderes especiais e expressos.

Na representação legal, os poderes de que se acha investido o representante se catalogam no corpo das normas que tratam da tutela e a curatela.

Assim é que os requisitos e os efeitos da representação se comunicam com o contrato de mandato, em cujas cláusulas arrecadam-se as informações necessárias ao conhecimento dos poderes e dos seus respectivos limites, e com as normas específicas.

Capítulo III
Da Condição, do Termo e do Encargo

Art. 121. Considera-se condição a cláusula que, derivando exclusivamente da vontade das partes, subordina o efeito do negócio jurídico a evento futuro e incerto.

Autolimitação dos efeitos da vontade – Declarada ou manifestada, à vontade, como expressão geradora do ato ou negócio jurídico, produz, em meio normal, os efeitos jurídicos alvejados pelo agente.

Assim, ao prorromper a intimidade do agente e, em seguida, ingressar na esfera jurídica, à vontade, de logo, se credencia, colhida em ato ou negócio jurídico, a gerar efeitos.

Exteriorizada, a vontade se revela apta a gerar resultados jurídicos que repercutem, quase que instantaneamente, no patrimônio econômico ou moral do agente.

Quando declara ou manifesta uma vontade jurídica, o agente revela a intenção de alcançar um determinado resultado, construído para produzir efeito presente, ainda que alcance, pela sua natureza, o passado ou o futuro.

Ora, o sistema jurídico permite, perfeitamente, que a eficácia da vontade irradie seus efeitos no presente, albergando, contudo, acontecimentos naturais ou jurídicos que tenham ocorrido no passado ou que venham a ocorrer no futuro.

O agente libera a vontade, mas pode represar, condicionar ou impor os seus efeitos.

O homem subordinou o sistema jurídico à sua vontade e à sua necessidade.

Diz-se que o sistema jurídico existe para servir ao homem, que o idealizou e o construiu de acordo com o interesse capaz de organizar e disciplinar os valores que lhe importam.

Em geral, a vontade, editada segundo os princípios e preceitos legais, é livre e incondicionada, sem tutela que iniba ou subordine o efeito imediato de sua eficácia.

O sistema jurídico comporta, porém, que os efeitos da vontade somente sejam consumados e operados mediante uma **condição**, um **termo** ou um **encargo**, disposições subjacentes à vontade principal, fonte de sua existência, por força das quais o ato ou o negócio jurídico se subordina a uma circunstância ou acontecimento.

Diz-se, pois, que, somente com a sobrevinda da circunstância ou do acontecimento, se consumam os efeitos jurídicos que se achavam represados, restringidos ou obstados, porque a vontade do agente assim queria, ao confeccionar o ato ou o negócio jurídico.

A vontade do agente, ao tecer a autolimitação de seus próprios efeitos, persegue um objetivo, que apenas poderá ser alvejado mediante:[49] a) a ocorrência de uma eventualidade futura e incerta (condição); ou b) a consumação do tempo (termo); ou c) a implementação de uma restrição à coisa ou ao beneficiário (encargo).

Condição – Assomou à compreensão do intérprete a assertiva segundo a qual dispõe o agente do poder jurídico, em sendo de seu interesse, de retardar a colheita dos efeitos de sua vontade.

Pode o agente emitir uma vontade, mas represar-lhe os efeitos, condicionando-os à ocorrência de um fato eventual, futuro e incerto.

Chama-se condição a disposição decorrente exclusivamente da vontade do agente, mediante a qual se subordina o efeito do negócio ou ato jurídico a evento futuro e incerto.

49 A doutrina chama de modalidades de negócio jurídico: a) a condição; b) o temo; e c) o encargo.

Releva assinalar que não é a vontade que se limita, mas a vontade é que limita ou condiciona ou restringe o efeito da vontade já gerada e que ingressou no mundo jurídico.

Assim, tenha-se o entendimento de que não é a vontade subordinada, mas subordinante, já com eficácia, do seu próprio efeito, porque assim quer o agente.

Sem a vontade do agente, a condição inexistiria, o que demonstra que ela exerce a regência subordinante do efeito, sem domínio, contudo, sobre o evento que libera o resultado, haja vista que o acontecimento se acumplicia com o futuro e com a incerteza, fenômenos que se alheiam ao controle do protagonista do ato ou do negócio jurídico.[50]

A cláusula condicionante tem gênese no ânimo e, pois, deriva, exclusivamente, da vontade da parte, que quis estabelecer uma limitação ou dependência de cuja superação decorre a liberação dos efeitos do ato ou do negócio jurídico.

Mas o agente, malgrado desenhe a condição, revelando-a e definindo-a, não a produz previamente, nem mesmo o acaso a gera antecipadamente, haja vista que ela se hospeda no espaço em que as circunstâncias da incerteza exercem o governo de sua própria vontade.[51]

Portanto, planta-se, bem alicerçada, a premissa de que é medular, para se colher a presença da condição, que o evento a cuja realização se subordine o efeito da vontade se caracterize pela futuridade e incerteza.

Fixa-se a condição no tempo em que se produziu o ato ou o negócio jurídico, razão por que se impõe a simultaneidade entre a vontade e a disposição condicionada a evento futuro e incerto.

Nasce, por conseguinte, a condição na mesma vontade mediante a qual se gerou o ato ou o negócio.

50 Ora, se o protagonista dispusesse de pleno controle sobre o evento futuro, ele deixaria de ser incerto, predicativo indispensável, conforme exige a norma, para caracterizar a condição.

51 Advirta-se que aqui ainda não se está analisando a natureza das causas do acontecimento que libera os efeitos da condição, o que será feito quando se falar sobre as espécies de condições. No entanto, acolha-se que as condições, quanto à causa ou natureza do acontecimento, se projetam em: a) casual, nascente do acaso, do evento alheio à capacidade do agente produzi-lo; b) potestativa, o evento resulta do concurso do homem, de sua força de criá-lo; e c) mista, resultante das duas forças – natural e humanal.

A condição coexiste com a vontade, não dispondo, porém, de força jurídica liberatória para produzir efeito, salvo se ocorrer o evento de cuja realização dependa.

A condição resulta da vontade do agente e não de si mesma, motivo pelo qual se apresenta sempre dependente da vontade originária, seguindo-lhe, pois, a sorte.

Portanto, o vício[52] que venha a invalidar o ato ou o negócio jurídico, decerto, contamina a condição.

Requisitos – Consoante se examinou, a condição resulta, exclusivamente, da vontade humana, mas se governa por evento futuro e incerto, de cuja existência passa a depender.

Para que haja condição, se impõe a presença de requisitos que a lei reputa indispensáveis.

Com efeito, consideram-se requisitos, sem os quais inexiste condição: a) gênese exclusiva na vontade da pessoa (parte); b) futuridade e incerteza do evento; e d) licitude, moralidade, eticidade e viabilidade[53] de sua disposição.

Gênese exclusiva na vontade da pessoa – É imperativo que a condição que subordina o efeito do negócio jurídico a evento futuro e incerto seja derivada, exclusivamente, da vontade da pessoa (parte).

Trata-se de requisito elementar, que se apresenta com dupla característica: a) a condição significa que somente pode decorrer da vontade da pessoa, jamais da natureza, do acaso; e b) a condição somente pode resultar da vontade da pessoa (parte), que protagoniza o ato ou o negócio jurídico, nunca por terceiro.

Ressalte-se, como advertência e para evitar entendimento errôneo, que só há condição se definida ou projetada pela vontade da parte, embora sua

---

52 Seja a hipótese de nulidade ou anulabilidade, a vontade com vício repercute sobre a condição, que absorve a patologia, tornando-se, pois, doente do mesmo vírus. Traça o Código Civil os **casos de nulidade** do negócio ou ato jurídico (art. 166), quando: a) celebrado por pessoa absolutamente incapaz; b) for ilícito, impossível ou indeterminável o seu objeto; c) o motivo determinante, comum a ambas as partes, for ilícito; d) não revestir a forma prescrita em lei; e) for preterida alguma solenidade que a lei considerar essencial para a sua validade; f) tiver por objetivo fraudar lei imperativa; g) a lei taxativamente o declarar nulo, ou proibir-lhe a prática, sem cominar sanção. São **hipóteses de anulabilidade** (art.171), quando: a) por incapacidade relativa do agente; b) por vício resultante de erro, dolo, coação, estado de perigo, lesão ou fraude contra credores. Assinale-se que "*É nulo o negócio jurídico simulado, mas subsistirá o que se dissimulou, se válido for na substância e na forma*" (art. 167).

53 Viabilidade, de acordo com o que será desenvolvido, implica a exeqüibilidade física (possibilidade física), a compreensibilidade e a não contraditoriedade da condição.

ocorrência (materialização) possa depender de: a) fato casual; b) terceiro; ou c) própria parte.

Portanto, a condição é criação ou engenho da vontade da pessoa (parte), sendo, contudo, perfeitamente possível que a sua efetivação se lhe apresente ou não estranha à seu poder gerador.

Futuridade e incerteza do evento – O evento ou acontecimento, a cuja ocorrência se subordina o efeito do ato ou negócio jurídico, haverá de ser futuro e incerto.

Assim, grava-se o acontecimento, por cuja ocorrência se libera a eficácia do ato ou do negócio jurídico, com a característica da futuridade e da incerteza.

Considera-se acontecimento futuro o evento que, ao tempo da produção do ato ou negócio jurídico, ainda não existia, salvo se em fase geracional ou embrionária.[54]

Obrigatoriamente, a consumação do evento deve se posicionar no tempo após a declaração ou manifestação da vontade, razão por que, se for antecedente ou intercorrente, degenera a característica da condição.

Conclui-se que também se alijam a tipificação e a caracterização de condição se o evento a que se subordina a eficácia do ato acontecera antes da emissão da vontade, ainda que alheio ou ignorado.

Conseguintemente, o acontecimento pretérito, mesmo que desconhecido do público ou do privado (partes), não se credencia a desencadear a força jurídica necessária à liberação da eficácia subordinada do negócio jurídico.

Além da futuridade, exige a regra para a caracterização da condição que o evento seja incerto.

Trate-se com cautela o entendimento sobre o requisito da incerteza do evento, para superar-lhe a má compreensão.

54 Merece explicação a assertiva de que o acontecimento futuro pode se achar em fase geracional ou embrionária, ao tempo da produção do ato ou negócio jurídico, sem desnaturar a condição. No caso, o evento, embora apenas venha a se consumar no futuro – o que respeitaria o pressuposto da futuridade – pode ter, conforme o caso, a marca inconfundível da incerteza, Tome-se o exemplo do fenômeno da gravidez de par com o nascimento, como evento a que se subordinaria o efeito do negócio ou ato jurídico. O pai, futuro avô, diria à filha, já grávida, futura mãe: dar-lhe-ei um apartamento se me deres um neto. No caso, não é certo que a prenhez finde em sucesso, haja vista que pode ser frustrada ou abortada a consumação do nascimento com vida. Outrossim, muito menos é certo que o criança venha a ser do sexo masculino – descarte-se aqui o domínio sobre os modernos recursos de que dispõe a medicina na diagnose e revelação do sexo do feto

Ao estabelecer-se a condição, descreve-se, obrigatoriamente, o evento futuro e incerto a que se subordina o efeito do negócio ou ato jurídico.

Descrever significa determinar e precisar o acontecimento cuja ocorrência libera a eficácia do efeito do negócio ou ato jurídico.

Sabe-se, assim, qual acontecimento que, se ocorrer, terá a autoridade para deflagrar o efeito do negócio ou ato jurídico, haja vista que se lhe descreve objetiva e claramente.

Logo, o incerto de que fala o art. 121 do Código Civil não se confunde com o indeterminado, impreciso, vago ou desconhecido.

Evento incerto implica acontecimento duvidoso quanto à ocorrência, à existência futura, porquanto tem o caráter de contingência, imprevisibilidade ou eventualidade, que, pela natureza, escapa ao controle.

Conhece-se o evento, mas não se sabe se ele acontecerá, eis que não é certo que virá a existir.[55]

A única certeza de que se dispõe é a de que, no futuro, o evento pode ou não existir.

Em outras palavras: o evento é certo quanto à descrição – definição, mas incerto quanto à ocorrência.

Viabilidade (jurídica e física), moralidade, eticidade (boa-fé) de sua disposição – Rediga-se que a condição reclama a presença de requisitos de que se falou até o presente – a) derivação exclusiva da vontade do agente; e b) futuridade e incerteza do evento –, aos quais se soma o da viabilidade.

A disposição da condição haverá de apresentar o predicativo da viabilidade: a) jurídica e física; b) moral; e c) ética (boa-fé).

Ao estabelecer a cláusula a qual encerra a condição que represa o efeito do negócio ou do ato jurídico à ocorrência de evento futuro e incerto, à disposição se impõe a qualidade que: a) lhe torna possível jurídica e fisicamente; b) lhe faz moralmente aceita; e c) lhe atesta a eticidade (boa-fé).

---

55 Na verdade, coexistem no âmbito das relações jurídico-sociais espécies de incertezas que sofrem a influência da intensidade da probabilidade do fato e da graduação do tempo: a) o evento pode se concretizar, mas num futuro fora de qualquer baliza ou parâmetro – presentearei meu filho com um carro quando o preço da gasolina baixar; b) o fato, se ocorrer, acontecerá num futuro delimitado por um perímetro temporal – cederei, um mês após o encerramento do balanço, as ações da sociedade das quais sou titular se até o final do exercício do ano em curso,a empresa não reverter o prejuízo.

À condição se impõe que seja viável jurídica e fisicamente, significa que a disposição a qual se sujeita o efeito do negócio ou ato jurídico haverá de apresentar-se harmônica com a ordem jurídica vigente ao tempo em que fora estabelecida e exequível sob a ordem da natureza física.[56]

No entanto, além da possibilidade física e da possibilidade jurídica, faz-se indispensável, ainda, que a condição seja moral e eticamente correta.

Haverá a condição, por conseguinte, de mostrar-se, perfeitamente, sob o abrigo dos valores morais e éticos que se revelam na sociedade, bem como apta a traduzir a boa-fé,[57] como pressupostos da validade do negócio ou do ato jurídico.

Sublinhe-se que condição alguma resiste à falta de um dos requisitos ou pressupostos, seja de ordem legal, física, moral e ética.

Espécies das condições – Grassa na doutrina desarmônico sistema mediante o qual se pretende alcançar a classificação das condições, sem que se alberguem os critérios em seara comum.

Não se conseguiu um sistema que superasse as dificuldades de organizar-se a classificação das condições sob um mesmo critério, com o propósito de permitir o ingresso da cientificidade ao tema.

Aqui, tentar-se-á a mescla da classificação do sistema insculpido no Código Civil[58] e da classificação doutrinária.

Com as explicações sucintas, desenha-se a seguinte classificação das condições: 1) quanto à **licitude**: 1.1.condições lícitas; 1.2. condições defesas: 1.2.1. ilícitas; 1.2.2. imorais; 1.2.3. impossíveis; 1.2.4. incompreensíveis ou contraditórias. 2) quanto ao **modo de atuação**: 2.1. suspensivas; e 2.2. resolutivas. 3) quanto à **influência da vontade das partes**: 3.1. casuais; 3.2. potestativas; e 3.2.mistas.

As considerações sobre a classificação das condições sob o aspecto da licitude e do modo de atuação serão desenvolvidas nos comentários dos artigos apropriados.

---

56 À abordagem das espécies de condições, sobrevirá a análise das condições chamadas física e juridicamente impossíveis, além das ilícitas, incompreensíveis ou contraditórias e as imorais.

57 A boa-fé desfruta de dupla projeção na ordem jurídica: a) natureza interpretativa do negócio ou ato jurídico ("art. 113. *Os negócios jurídicos devem ser interpretados conforme a boa-fé e os usos do lugar de sua celebração*"); e b) natureza integrativa do negócio ou do ato jurídico ("art. 187. *Também comete ato ilícito o titular de um direito que, ao exercê-lo, excede manifestamente os limites impostos pelo seu fim econômico ou social, pela boa-fé ou pelos bons costumes*".

58 O Código Civil dispõe sobre condições: a) lícitas – as que não forem contrárias à lei, à ordem pública ou aos bons costumes (art.122); b) físicas e juridicamente impossíveis (art.123, I); c) as incompreensíveis ou contraditórias (art. 123, III); d) suspensivas e resolutivas.

Condição casual – Em relação à influência ou ao concurso da vontade na constituição ou implementação do acontecimento que a atrai, fala-se em condição casual, condição potestativa e condição mista.

Há condição casual quando o acontecimento alheia-se à influência da vontade humanal, o qual resulta de evento gerado por força natural, sem, pois, o concurso de um dos protagonistas do negócio jurídico.

O acaso, a casualidade e a fortuidade regem-lhe e dominam-lhe a produção, que se abriga longe da interferência direta do homem.

Na condição casual, o homem desenha e descreve o acontecimento futuro e incerto, mas não o produz, porquanto o evento dimana de fato natural, que, em seguida, transforma-se em fato jurídico, que influencia o negócio jurídico, liberando-lhes os efeitos ou extinguindo-lhes, na condição suspensiva[59] e na condição resolutiva,[60] respectivamente.

Condição potestativa – Dá-se a condição potestativa quando o acontecimento depende do concurso de uma das partes, cuja vontade infiltra-se na produção do evento.

A parte dirige a geração do acontecimento, porque depende de sua vontade, sem a qual não nasce e, por conseguinte, deixam-se de eclodir os efeitos do negócio ou ato jurídico.

Insta realçar que a condição potestativa parte-se em arbitrária ou discricionária, que se diferenciam na natureza e nos efeitos jurídicos.

A discricionária, também conhecida por *simplesmente potestativa*, é aquela que resulta, exclusivamente, da vontade do agente, que a concebe sem casuísmo e sem puro arbítrio, que lhe toldam a validade.

A arbitrária, também chamada por *puramente potestativa*, considera-se a que decorre, exclusivamente, da vontade do agente, que a produz imprestavelmente segundo o seu personalíssimo líbito, pejado de arbitrariedade, que lhe compromete a existência, haja vista que a qualidade de seu desejo escraviza e domestica a vontade da outra parte.

---

59 Na condição suspensiva, suspendem-se ou represam-se os efeitos do ato ou negócio jurídico, os quais apenas se libertam com a ocorrência do acontecimento futuro e incerto.

60 Na condição resolutiva, conforme já se falou, de imediato, o negócio jurídico ou o ato jurídico projeta efeitos e produz os resultados perseguidos, os quais se esgotam e cessam com o advento do acontecimento futuro e incerto.

Admite-se a condição discricionária, porquanto se trata de uma condição que se classifica como lícita.

No entanto, rejeita-se a condição arbitrária, eis que se sujeita ao puro arbítrio de uma das partes.

A condição arbitrária, por conseguinte, é considerada condição defesa,[61] sem validade e inapta para gerar efeito juridicamente eficaz.

Assim, tolera-se a condição discricionária, mas se veda a condição arbitrária.

Condição mista – Na condição mista, ocorre, simultaneamente, a composição dos eventos gerados por força natural e por volição da parte.

A condição mista enquadra-se na classificação das condições lícitas, mas, se acham sob o abrigo da ordem jurídica, são extremamente raras, eis que dependem do duplo concurso.

Forma das condições – Interessa relembrar que, sem a declaração ou a manifestação de vontade, inexiste negócio jurídico ou ato jurídico e, por conseguinte, inviabilizam-se a produção e a captação de efeitos jurídicos.

Considera-se forma o meio em que se processa o ato jurídico (***lato sensu***), capaz de exteriorizar a declaração ou a manifestação de vontade do agente.

Em outras palavras, a forma não passa da maneira, modo, meio ou conduto pelo qual flui o ato jurídico (***lato sensu***).

O sistema do Código Civil reafirmou o ***princípio da liberdade de forma***, tradicional no direito brasileiro, razão por que se confere ao agente a faculdade de produzir o ato jurídico ou o negócio jurídico de maneira livre, sem argola formal – maneira, modo ou conduto –, salvo quando a lei exigir diferentemente.[62]

Como regra geral, a validade do negócio ou do ato jurídico requer, sem olvidar o agente capaz e o objeto (lícito, possível, determinado ou determinável), forma prescrita ou não defesa em lei.[63]

Também se acomoda na regra a assertiva de que a validade da declaração de vontade não depende de forma especial, salvo quando a lei, expressamente, a exigir.

---

61 Reza o art. 122 do Código Civil que entre as condições defesas incluem- as que privarem de efeito o negócio jurídico, ou o sujeitarem ao puro arbítrio de uma das partes.

62 O art. 212 do Código Civil, ao dispor sobre a prova do negócio jurídico, diz: "*Salvo o negócio a que se impõe forma especial, o fato jurídico pode ser provado mediante: I – confissão; II – documento; III – testemunha; IV – presunção; V – perícia*".

63 Art. 104 do Código Civil.

Estabelece o art. 107 do Código Civil: "A *validade da declaração de vontade não dependerá de forma especial, senão quando a lei expressamente a exigir*"

Portanto, hospeda-se no art. 107 do Código Civil o ***princípio da liberdade de forma,*** que, contudo, pode ser excepcionado.

Com efeito, no nosso sistema jurídico, possibilita-se ao agente a confecção do ato ou do negócio em uma das seguintes formas: a) discricionária (livre, segundo a vontade do agente);[64] ou b) vinculada (conforme a exigência da lei).[65-66]

O Código Civil, ao tratar das condições suspensiva e resolutiva, deixou de trazer regra expressa que lhes discipline a forma com que alcancem a necessária validade.

No entanto, às condições suspensiva e resolutiva observar-se-á o mesmo modelo que a regra jurídica impõe ao negócio ou ao ato jurídico em que se inserem, subordinando-lhe o efeito.

Não seria razoável que a condição e o negócio jurídico se processassem por meios independentes e sob regimes jurídicos diferentes.

Portanto, a condição e o negócio jurídico devem, necessariamente, fluírem pela mesma forma, concentrando-se no próprio meio em que ambos foram engenhados, a fim de que se possam afiançar a segurança e a transparência das relações jurídicas e prestigiar a boa-fé.

Assim é que, se a lei exigir forma especial[67] à validade do negócio ou ato jurídico, a condição haverá de observar o mesmo modelo, sob pena de nulidade.

Não importa que a vontade na fabricação da condição dispense forma especial, se, porém, a lei exija que o negócio jurídico se solenize

---

64 Na forma discricionária ou livre, cabe ao agente a faculdade de escolher a forma segundo a qual produz o ato ou o negócio jurídico em que se traduz a manifestação ou declaração de vontade, com o objetivo de produzir os resultados sem receio da censura da lei.

65 Na forma vinculada ou prescrita, não se confere ao agente a liberdade de escolher a modelagem que, obrigatória e necessariamente, deve se obriga a seguir a vontade da lei, sob pena de invalidade do ato ou negócio jurídico.

66 A forma vinculada representa ;a exceção: a discricionária, a regra. Por isso, se disse anteriormente que prepondera a liberdade de escolha do agente sobre o conduto por meio do qual emitirá a sua declaração de vontade, salvo quando a lei, expressamente, impuser forma especial à validade do ato jurídico ou negócio jurídico.

67 *Reza o art 108 do Código Civil que "Não dispondo a lei em contrário, a escritura pública é essencial à validade dos negócios jurídicos que visem à constituição, transferência, modificação ou renúncia de direitos reais sobre imóveis de valor superior a trinta vezes o maior salário mínimo vigente no País". Ressalte-se que se exige a forma escrita, pública e solene no negócio ou ato jurídico,* subordinando-lhe a eficácia, desde que: a) o objeto vise à constituição, modificação ou renúncia de direito real sobre imóvel; b) o valor do imóvel seja superior a trinta vezes o maior salário mínimo vigente no Brasil.

Se, contudo, o objeto do negócio jurídico e a cláusula da condição, em tese, comportarem formas distintas, prevalecerá a mais solene, razão por que se descarta o meio menos despojado.

No caso, excepciona-se a primazia da forma do negócio jurídico em favor da supremacia da forma solene, se exigida para o objeto da condição, o que não desautoriza a premissa de que ambas devem se infiltrar no mesmo meio.

Prova do implemento ou da ocorrência da condição – O sistema do Código Civil concebeu que o fato jurídico pode ser provado mediante confissão, documento, testemunha, presunção e perícia, se o ato jurídico (lato sensu) não exigir forma especial.[68]

No entanto, em relação à condição, parece razoável que se tenha como assertiva lógica que o ônus da prova compete à parte a quem seu implemento favorece ou aproveita.

O curioso é que nem sempre a parte terá o encargo de provar apenas o implemento da condição, mas, também, a própria existência do negócio jurídico, cujo efeito se encontra represado.

Na situação especulada, ao interessado impõe-se, por conseguinte, a dupla prova: a) a existência do negócio jurídico, propriamente dito; e b) a ocorrência da condição.

A existência do negócio jurídico e a ocorrência da condição que lhe libera os efeitos sujeitam-se ao mesmo regime jurídico sob cujas regras se disciplina a prova.

> ***Art. 122. São lícitas, em geral, todas as condições não contrárias à lei, à ordem pública ou aos bons costumes; entre as condições defesas se incluem as que privarem de todo efeito o negócio jurídico, ou o sujeitarem ao puro arbítrio de uma das partes.***

Condições lícitas – Encarregou-se o Código Civil de definir as condições lícitas como todas as que não são contrárias à lei, à ordem pública ou aos bons costumes.

Seria incompossível com a ordem jurídica se lhe sobrevivesse uma condição em forma de disposição, resultante exclusivamente da vontade das partes,

68 Art. 212 do CC.

que lhe agredisse os comandos e os fundamentos, com a força de dispor de poder subordinante.

Exige o Código Civil que a condição bem se abrigue sob o comando da lei, de tal sorte que não a contrarie ou a agrida.

No entanto, é insuficiente que a condição alcance, para sua validade, apenas o predicativo da legalidade ou da licitude, haja vista que se lhe exige, ainda, a conformação e harmonia à ordem pública e aos bons costumes.

Considera-se ordem pública o estado de predominância da ordem jurídica, legitimada pela qualidade da disciplina e da obediência que a sociedade lhe devota em nome do supremo interesse de todos, para preservar e fomentar o pleno e normal funcionamento das instituições do Estado.

A ordem pública decorre da preservação da ordem jurídica em que encontra as bases e os fundamentos que lhe justificam o desenho jurídico-social.

Sublinhe-se, porém, que não é toda violação à lei que implica agressão à ordem pública, malgrado provocar desrespeito à ordem jurídica.

Há, assim, diferença entre condição contrária à lei e condição contrária à ordem pública, mas ambas se sujeitam à idêntica consequência: nulidade, porque são consideradas ilícitas.[69]

Importa assinalar que, na ordem pública, se delineia o parâmetro que lhe sopra a existência com base na ordem jurídica.

No entanto, inexiste ordem jurídica, com desordem pública; ordem pública, com desordem jurídica, embora em uma ou em outra bruxuleie a lei, como expressão tímida de sua vigência, mas por cuja eficácia não mais responde o Estado, que se agoniza, incapacitado de cumprir a ordem: pública e jurídica.

Bons costumes são comportamentos sociais, habituais e ordinários colhidas na aceitação que se projeta em sociedade, inspirados na moral.

Pelos bons costumes, expressão idealista mediante a qual se procura padronizar a qualidade do comportamento que alteia o homem, se arqueiam os valores morais que servem de base para identificar as normas de conduta, sem eficácia jurídica, mas altamente eficiente para mensurar o grau de reprovação.

Os bons costumes desfrutam de larga empregabilidade, porque têm identidade com o comportamento, com base nos princípios que lhe compõem a iden-

---

69 Entre as hipóteses de invalidação do ato ou do negócio jurídico, por nulidade, se acha a da ilicitude do objeto (art. 166, II, Código Civil).

tidade social, sob a influência dos valores morais, mediante os quais se roteiriza e se coordena a vida individual, familiar e social.

Condições defesas – Na sequência da análise das condições sob o critério da licitude, faz bordo à condição lícita a condição defesa, assim reputada por carregar na sua gênese jurídica uma ilicitude, uma imoralidade, uma impossibilidade, uma incompreensibilidade ou uma contradição, caracteres que lhe fulminam a existência.

Condições defesas são aquelas que se apresentam com uma nódoa que se lhe entranha definitiva e irremediavelmente, mediante a qual a ordem jurídica lhe refuga a validade, haja vista que não vencem um impedimento de natureza legal, moral, física ou intelectiva.

O impedimento é de: a) **natureza legal** quando o ordenamento jurídico considerar que a condição esbarra em obstáculo legal, satisfatoriamente tipificado e definido; b) **natureza moral**, quando a condição se apresentar desarmônica com os costumes professados socialmente, como símbolos dos valores comuns que vicejam em determinado corpo social; e c) **natureza física**, quando a condição se revelar materialmente irrealizável ou inexequível; de natureza intelectiva, quando portar na linguagem em que flui a vontade do agente uma disposição que seja incompreensível ou contraditória.

Observe-se, contudo, que, ao ser fecundada com o vício do impedimento – legal, moral, físico ou intelectivo –, a condição defesa sucumbe, mas, antes, contamina o negócio jurídico[70] ou ato jurídico dentro do qual fora ensaiada e produzida.

Art. 123. Invalidam os negócios jurídicos que lhes são subordinados:

I - as condições física ou juridicamente impossíveis, quando suspensivas;

II - as condições ilícitas, ou de fazer coisa ilícita;

III - as condições incompreensíveis ou contraditórias.

70 Se a condição for impossível, física ou juridicamente, reputa-se-lhe inexistente: a) quando resolutiva; e b) quando for a de não fazer coisa impossível (art. 124, CC).

Espécies de condições que invalidam o negócio jurídico– Constrói-se a premissa de que a condição defesa produz efeito, porquanto se presta a invalidar o negócio jurídico que se lhe sujeitava, em regime de subordinação.

Com efeito, o art. 123 do Código Civil dispõe que invalidam o negócio jurídico que lhe são subordinados: a) as condições física ou juridicamente impossíveis, quando suspensivas; b) as condições ilícitas, ou de fazer coisa ilícita; c) as condições incompreensíveis ou contraditórias invalidam os negócios jurídicos que lhe são subordinados.

Ressalte-se a exceção confeccionada pelo Código Civil, segundo a qual a condição física ou juridicamente impossível somente invalida o negócio jurídico que é subordinado quando suspensiva.[71]

Em sendo assim, consideram-se inexistentes as condições impossíveis, quando resolutivas, e as de não fazer coisa impossível, fenômeno em decorrência do qual se preserva o negócio jurídico, que se salva da capitulação, conforme o caso.

Em homenagem à sistematização, classificam-se as condições defesas em: a) ilícitas; b) imorais; c) impossíveis; d) incompreensíveis ou contraditórias.

Chama-se condição ilícita aquela cuja ocorrência implicaria violação à lei, que a refuga e a condena.

À condição ilícita, ou de fazer coisa ilícita, pela natureza agressiva à lei, responde a ordem jurídica com acerbidade, ao imputar inválido o negócio jurídico.

Por conseguinte, tem a condição ilícita a característica de transitar e penetrar na esfera jurídica, contra cujos princípios e preceitos investem, apenas para atassalhar o negócio jurídico que lhe era subordinado.

A condição ilícita, pelo viés da própria contrariedade à ordem jurídica, opera como um vírus letal, mas portador de autofagia: contamina de morte o negócio jurídico e, logo em seguida, fenece.

Fala-se em condição imoral quando a sua disposição ofusca os valores morais em torno dos quais a sociedade tece a comunhão de seus interesses comuns, que se qualificam homogeneamente.

A condição imoral ofende símbolos e valores morais, a qual faz o tráfico das disposições que a moral rejeita, porque não se acomodam bem socialmente, quando são externadas.

71 Art. 123, I.

Em situação ordinária, a condição imoral malfere a ordem pública ou os bons costumes,[72] além de portar uma carga vazia de eticidade.

Diz condição impossível a vontade que veicula uma disposição imprópria, inapta ou incapaz de realizar, seja jurídica ou seja física.

Portanto, há duas ordens de impossibilidade: a) a impossibilidade jurídica; e b) a impossibilidade física.

A impossibilidade jurídica se confunde na natureza e no efeito, com a condição ilícita, porque ambas a) são vedadas pelo direito; e b) invalidam o negócio jurídico.[73]

Na verdade, advirta-se que, se a condição impossível for resolutiva, a consequência apresentada pela lei se transmuda, porquanto não invalida o negócio jurídico.

No caso, têm-se como inexistente a condição dita impossível, quando resolutiva, e as de não fazer coisa impossível.[74]

Há razão lógica que, por conseguinte, justifica o desenho legal apresentado pelo legislador.[75]

A impossibilidade física se apresenta quando a condição de cuja existência depende a sorte do negócio jurídico encontra blindagem à sua execução material, ainda que se exceda na utilização de recursos ou meios para a sua concretização.

---

72 Já se viu que a lei entende por lícitas, em geral, todas as condições não contrárias à lei, à ordem pública ou aos bons costumes (art. 122, CC).

73 O art. 123 do Código Civil dispõe, quando trata da invalidação do negócio jurídico que lhes é subordinado, em: a) condições física ou juridicamente impossíveis, quando suspensivas; b) condições ilícitas, ou de fazer coisa ilícita; e c) condições incompreensíveis ou contraditórias. Perfilhou o legislador a doutrina que não confunde o ilícito com o ilegal, haja vista que diferenciou a condição juridicamente impossível da condição ilícita (ou de fazer coisa ilícita). Sem dúvida, o Código Civil apresentou soluções diferentes para a condição juridicamente impossível, quando suspensiva, e para a condição ilícita. Para o legislador, invalida o negócio jurídico a condição juridicamente impossível, desde que suspensiva; já na condição ilícita (ou de fazer coisa ilícita), qualquer que seja (suspensiva ou resolutiva), invalida-se o negócio jurídico. Conclui-se, pois, que, na condição resolutiva, juridicamente impossível, salva-se o negócio e invalida-se a condição; na condição ilícita, invalidam-se, simultaneamente, o negócio jurídico e a condição. Ressalte-se, por fim, que o ilegal é o que destoa e fere a lei; o ilícito, o que contravém à lei, fato ou ato de que resultam uma lesão e, por conseguinte, uma sanção, em forma de reparação civil ou penal.

74 Art. 124 do Código Civil.

75 Ora, careceria de razoabilidade que se conservasse um negócio jurídico dependente de uma condição que jamais poderia ocorrer (condição juridicamente impossível e suspensiva, art. 123, I, CC), notadamente pelo fato de que ele dependeria da implementação dela, o que, como se disse, seria inviável. Já na condição resolutiva, vigora o negócio jurídico enquanto ela não se realizar (art. 127), motivo por que, em se tratando de condição juridicamente impossível, mas resolutiva, o negócio não se reputa inválido.

Fala-se em condição incompreensível quando a disposição vagueia sem qualificação cognoscível mediante a qual se possa extrair, mesmo com exercício sofisticado de hermenêutica, juízo que lhe torne assimilável ou entendível.

Em outras palavras, a condição incompreensível é a que se desconecta da inteligibilidade, motivo pelo qual todo e qualquer esforço no sentido de descobrir-lhe o sentido resultará inócuo.

A incompreensibilidade que interessa é a de natureza intelectiva e cognoscitiva, razão por que, em sendo de outra ordem, deixa de ressoar juridicamente para alcançar o negócio jurídico, cassando-lhe a validade.

Reputa-se condição contraditória a que encerra premissas antagônicas em si mesmas ou beligerantes com o próprio conteúdo do negócio jurídico.

A, condição contraditória difere da condição incompreensível a medida que ela se confecciona com disposições inteligíveis, mas contraditórias, que se opõem no plano lógico-jurídico.

Já na condição incompreensível, as disposições são desconexas, podendo, ainda, ser contraditórias.

Registre-se que a condição incompreensível e a condição contraditória, além de defesas, provocam a invalidação do negócio jurídico.

Logo, a consequência jurídica que a lei empresta à hipótese de condição incompreensível e a condição contraditória é de mesma natureza.

Art. 124. Têm-se por inexistentes as condições impossíveis, quando resolutivas, e as de não fazer coisa impossível.

Como já se destacou, na condição impossível, a vontade projeta uma disposição imprópria, porquanto sofre o golpe da incapacidade de realizar, por força de impedimento jurídico ou físico.

Diz-se, por conseguinte, que habitam o sistema duas espécies de impossibilidade: a) a jurídica; e b) a física.

Na impossibilidade jurídica, verifica-se uma condição ilícita, porque ambas a) são vedadas pelo direito; e b) invalidam o negócio jurídico.[76]

---

76 O art. 123 do Código Civil fala, quando trata da invalidação do negócio jurídico que lhes é subordinado, em: a) condições física ou juridicamente impossíveis, quando suspensivas; b) condições ilícitas, ou de fazer coisa ilícita; e c) condições incompreensíveis ou contraditórias. Perfilhou o legislador a doutrina que não confunde o ilícito com o ilegal, haja vista que diferenciou a condição juridicamente impossível

Ocorre a impossibilidade física quando a condição de cuja existência depende a sorte do negócio jurídico é inviável materialmente, mesmo que se peleje sobremaneira para a sua execução ou realização.

Ressalte-se, contudo, que, em se tratando de condição resolutiva, o resultado é diferente, haja vista que se preserva o negócio jurídico.

Reputa-se inexistente a condição dita impossível, quando resolutiva, e as de não fazer coisa impossível.[77]

Há razão lógica que, por conseguinte, justifica desenho legal apresentado pelo legislador[78][31].

125. Subordinando-se a eficácia do negócio jurídico à condição suspensiva, enquanto esta se não verificar, não se terá adquirido o direito, a que ele visa.

Condição suspensiva – Em condições normais e ordinárias, ao manifestar ou declarar uma vontade, o agente intenta alcançar um resultado que lhe proporcione uma satisfação de natureza patrimonial ou moral, juridicamente tutelada, situação em decorrência da qual os efeitos do ato ou do negócio jurídico, imediatamente, concretizam-se.

No entanto, consente a lei que os efeitos do ato ou negócio jurídico se precipitam na esfera jurídica apenas com o advento de um acontecimento futuro e incerto.

Condicionam-se os efeitos que se acomodam sem liberarem, ainda, direitos e obrigações, posto que se acham suspensos.

---

da condição ilícita (ou de fazer coisa ilícita). Sem dúvida, o Código Civil apresentou soluções diferentes para a condição juridicamente impossível, quando suspensiva, e para a condição ilícita. Para o legislador, invalida o negócio jurídico a condição juridicamente impossível, desde que suspensiva; já na condição ilícita (ou de fazer coisa ilícita), qualquer que seja (suspensiva ou resolutiva), invalida-se o negócio jurídico. Conclui-se, pois, que, na condição resolutiva, juridicamente impossível, salva-se o negócio e invalida-se a condição; na condição ilícita, invalidam-se, simultaneamente, o negócio jurídico e a condição. Ressalte-se, por fim, que o ilegal é o que destoa e fere a lei; o ilícito, o que contravém à lei, fato ou ato de que resultam uma lesão e, por conseguinte, uma sanção, em forma de reparação civil ou penal.

77 Art. 124 do Código Civil.

78 Ora, careceria de razoabilidade que se conservasse um negócio jurídico dependente de uma condição que jamais poderia ocorrer (condição juridicamente impossível e suspensiva, art. 123, I, CC), notadamente pelo fato de que ele dependeria da implementação dela, o que, como se disse, seria inviável. Já na condição resolutiva, vigora o negócio jurídico enquanto ela não se realizar (art. 127), motivo por que, em se tratando de condição juridicamente impossível, mas resolutiva, o negócio não se reputa inválido.

Define-se, pois, por condição suspensiva aquela que dispõe da qualidade jurígena para obstar a que os efeitos do negócio ou o ato jurídico se habilitem, logo que engenhados, a irradiar eficácia.

Pela condição suspensiva, protrai-se o efeito do negócio ou ato jurídico, o qual somente se libera com a concretização ou a realização do acontecimento futuro e incerto.

O agente que confecciona a condição suspensiva emite uma vontade clara e compreensível, por força da qual impõe a procrastinação do efeito do negócio ou ato jurídico, submetendo-o à acomodação da paralisia, até que ocorra o evento que o põe em movimento.

Se a condição não ocorrer, se represa, definitivamente, o efeito do negócio jurídico.

Aqui não se trata de condição que se contaminou por um impedimento – de natureza legal, moral, física ou intelectiva –, e sim de acontecimento que poderia ter ocorrido, mas que não eclodiu na esfera fático-jurídica, simplesmente porque se cercava de futuridade e incerteza.

Veio o futuro, mas não veio o evento a cuja ocorrência se submetia o efeito do negócio ou ato jurídico.[79]

Infere-se, conseguintemente, que, na condição suspensiva, se faz dependente a eficácia do negócio jurídico, com os respectivos consectários, à implementação ou concretização do evento.

Colhem-se os efeitos desde que ocorra o evento, posto que a sua ocorrência é a condição para que se liberem as energias jurídicas retidas no ato ou no negócio jurídico.[80]

Insta assinalar que a consequência da inocorrência da condição suspensiva é a de não se adquirir o direito[81] que se achava no plano da expectativa, sob o aguardo de que o evento futuro e incerto ocorresse.

---

79 Conforme já se explicou, sobre o requisito da futuridade, anote-se: o acontecimento do futuro é aquele que virá depois no tempo, razão por que o evento do passado, ainda que alheio às partes que protagonizam o negócio jurídico, é inservível; sobre o requisito da incerteza, registre-se: o evento é, previamente, conhecido e sabido, motivo pelo qual incerteza não tem a ver com desconhecimento do tipo.

80 Conforme o art. 332 do Código Civil – antigo art. 953 –, as obrigações condicionais "*cumprem-se na data do implemento da condição, cabendo ao credor a prova de que teve ciência do ato o devedor*".

81 Antecipe-se a observação de que ao titular do direito eventual, seja resolutiva ou seja suspensiva a condição, se garante a faculdade de praticar atos destinados a conservá-lo, conforme regra do art. 130 do Código Civil, que tem o art. 121, do Código Civil revogado, como correspondente, em que se falava,

É nesse sentido que se extrai a compreensão do art. 125 do Código Civil, segundo o qual "*Subordinando-se a eficácia do negócio jurídico à condição suspensiva, enquanto esta se não verificar, não se terá adquirido o direito, a que ele visa*".

Art. 126. Se alguém dispuser de uma coisa sob condição suspensiva, e, pendente esta, fizer quanto àquela novas disposições, estas não terão valor, realizada a condição, se com ela forem incompatíveis.

Admite o Código Civil que a pessoa estabeleça, à par da existente, uma nova disposição sobre um bem, que se acha sob o regime de condição suspensiva.

Para que seja válida a nova disposição, impõe-se que a condição velha, agora realizada, se veja recepcionada pela condição nova.

Portanto, a nova disposição não terá valor se for incompatível com a condição velha concretizada e realizada, que tem a primazia e, pois, subsiste à derradeira, invalidando-a.

Anote-se, em derradeiro, que a incompatibilidade, que torna imprestável e inválida a disposição nova em face da condição existente, pode ser de ordem jurídica ou de ordem física.

Cabe aditar que se houver entre a condição anterior e a condição posterior incompreensibilidade e contradição, sobrevém a inferência incensurável de que a disposição nova sucumbe.

Por força da incompatibilidade, constatam-se, pois, a impossibilidade jurídica, a impossibilidade física, a incompreensibilidade ou a contradição, em decorrência das quais se invalida apenas o negócio jurídico[82] secundário, haja vista que o negócio jurídico primevo resiste incólume.

Art. 127. Se for resolutiva a condição, enquanto esta se não realizar, vigorará o negócio jurídico, podendo exercer-se desde a conclusão deste o direito por ele estabelecido.

---

porém, apenas "*no caso de condição suspensiva*", excluindo o direito de conservação ou preservação na hipótese de condição resolutiva, discriminação sem bom alicerce.

82 Art. 123, I, do Código Civil.

Condição resolutiva – Ao estudar-se a condição suspensiva, verificou-se que ela tem a força e natureza jurídicas especiais, mediante as quais se retardam os efeitos do negócio jurídico, condicionando-os à concretização de evento futuro e incerto.

Na condição suspensiva, os efeitos do negócio ou do ato jurídico se liberam a partir do momento em que o acontecimento de cuja ocorrência dependia sua implementação se realiza.

Na condição resolutiva, ao revés, o negócio jurídico ou o ato jurídico libera os efeitos e produz os resultados perseguidos, os quais se esgotam e cessam com o advento do acontecimento futuro e incerto, o que demonstra que a sua natureza jurídica difere da natureza jurídica da condição suspensiva.

Resolve-se o negócio ou o ato jurídico e exaurem-se os efeitos, que não mais se resfolegam.

Com a condição resolutiva, findam os efeitos do negócio ou ato jurídico, decorrentes da manifestação ou declaração da vontade com que se lhes faziam efetivos.

Na condição resolutiva, os direitos e os deveres hospedados no negócio ou no ato jurídico constituem realidades exercitáveis e exigíveis, posto que inexiste óbice capaz de sobrestar-lhe ou retardar-lhe a eficácia.

Enquanto não advier o acontecimento incerto e futuro, projetam-se na esfera jurídica os efeitos do negócio ou ato jurídico, razão pela qual se materializam os direitos albergados na relação jurídica.

Percebe-se, assim, que, contrariamente, ocorre na condição suspensiva, pela qual os efeitos do ato ou negócio jurídico ficam suspensos ou represados, somente sendo liberados com a ocorrência do acontecimento futuro e incerto.

Na pendência da condição resolutiva, os direitos enfeixados no negócio ou ato jurídico têm a natureza própria e, enquanto não se consumar o acontecimento futuro e incerto, independente.

Embora lhe sobrecarregue uma condição, o negócio ou ato jurídico se germina no curso da normalidade e fermentado na eficácia da vontade que o produziu, como se empeço algum lhe entravasse o desenvolvimento, em tantos ciclos quantos forem possíveis, os quais se esgotam com o consumação do acontecimento futuro e incerto.

No caso, válido o negócio ou ato jurídico, se exerce o direito albergado e alvejado, realidade que persiste até o momento em que se concretize o acontecimento futuro e incerto.

Portanto, se agrega à condição resolutiva a particularidade de que se adquirem e se exercem direitos, mas que, se houver o evento futuro e incerto, malgrado tenham decorrido no curso da eficácia e da vigência do negócio ou ato jurídico, se extinguem, como se fossem secundários e transitórios.

Ora, dispõe o art. 128 que "*Sobrevindo a condição resolutiva, extingue-se, para todos os efeitos, o direito a que ela se opõe; mas, se oposta a um negócio de execução continuada ou periódica, a sua realização, salvo dispondo em contrário, não tem eficácia quanto ao atos já praticados, desde que compatíveis com a natureza da condição pendente e conforme aos ditames da boa-fé*".

Sucede que o direito não se incorpora ao patrimônio da pessoa contra quem se operou a condição resolutiva.

> ***Art. 128 Sobrevindo a condição resolutiva, extingui-se, para todos os efeitos, o direito a que ela se opõe; mas, se aposta a um negócio de execução continuada ou periódica, a sua realização, salvo em disposição em contrário, não tem eficácia quanto aos atos já praticados, desde que compatíveis com a natureza da condição pendente e conforme aos ditames de boa-fé.***

Direitos e obrigações e retroatividade da condição – Há paralelismo jurídico entre as condições suspensiva e resolutiva, que se diferenciam pela natureza do estado de pendência que produz efeitos jurídicos inversos.

Já se assinalou que, com a condição suspensiva, se sobrestam os efeitos do negócio jurídico; com a condição resolutiva, cessam.

Enquanto na condição suspensiva os efeitos do negócio ou ato jurídico ficam aprisionados, pois se libertam apenas mediante o acontecimento futuro e incerto, na resolutiva, ao contrário, não sofrem asilamento do mundo jurídico.

Seja suspensiva, ou seja, resolutiva, a condição tem a característica de veicular uma vontade que subordina o efeito do negócio jurídico à ocorrência de evento futuro e incerto.

Insegurança alguma há em se precisar e em se constatar a ocorrência do evento futuro e incerto, com cuja consumação se libera o efeito do negócio jurídico, haja vista que se concretiza materialmente, ingressando na esfera real das relações jurídicas.

Há dificuldade, porém: a) na construção da modelagem em que se defina, precisamente, o regime jurídico sob cujas regras se hospede a disciplina dos direitos e obrigações existentes nas relações jurídicas condicionadas; e b) na precisão do momento exato em que os efeitos se concretizam.

O regramento sobre o exercício de direitos reais ou pessoais em negócio ou atos jurídicos sob condição suspensiva ou resolutiva se esconde na estrutura do Código Civil, sem método e com excessiva carga de complexidade, principalmente porque depende de circunstâncias em que se aliam personagens e bens.

Talvez aí tenha residido maior apuro do legislador em formular um modelo mais tenaz na peleja contra o caráter assistemático do desenho normativo proposto, que haverá de recorrer ao auxílio interpretativo da doutrina e da jurisprudência, sem o qual a tarefa se acumpliciará com o fracasso.

Mais certo é que, sem a situação fática definida e subsumida, quando houver, na norma específica, desaconselham-se especulações afoitas que se apresentam com a presunção da solução fácil.

A questão dos direitos e deveres sob condição, suspensiva ou resolutiva, pode ser enfocada pela ótica: 1) das pessoas (1.1. o titular do direito condicional; 1.2. o devedor da obrigação condicional; e 1.3. o terceiro); e 2) da natureza ou modalidade das obrigações (2.1. obrigação de dar – coisa certa ou incerta –; 2.2. obrigação de fazer; 2.3. obrigação de não fazer; 2.4. obrigação alternativa; 2.5.obrigação divisível; 2.6. obrigação indivisível; 2.7. obrigação solidária – ativa e passiva[83]).

A formulação de preceitos que disciplinem os direitos e deveres condicionados depende, essencialmente, do enfoque específico em relação às pessoas e à natureza da obrigação, a começar, inclusive, pela condição suspensiva e resolutiva.

Para explorar o tema, impõe-se, pois, o conhecimento prévio dos elementos que compõem a hipótese, tarefa que se desenvolve, em seguida, com o auxílio da lei e a influência da boa-fé.

---

83 Por uma opção metodológica, o enfrentamento da questão dos direitos e deveres sob condição, em relação à natureza das obrigações, à falta de uma abordagem sistêmica, far-se-á à medida em que o Direito das Obrigações consumir a nossa atenção. Não significa dizer, porém, que o tema deixará de ser explorado.

Ao titular do direito condicional, expectante de um evento futuro e incerto, cuja ocorrência lhe modifica a natureza, confere-se um conjunto de poderes, entre os quais se destacam: a) a confecção de atos destinados e necessários à conservação do direito condicional; e b) a transmissibilidade[84] do direito condicional, por ato *inter vivos* ou *causa mortis*.

Em situações normais, na pendência da condição, resguarda-se ao titular o direito de praticar atos ordinários que visem a conservá-lo[85], conforme já abordado.

Gerado ainda que sob a subordinação de uma condição, o negócio jurídico comporta a transmissibilidade do direito em razão do qual fora concebido, mas que se transporta e migra ao patrimônio de outrem com o caráter da condicionalidade que o persegue.

Ao transmitir o direito de que dispõe em situação condicional, o titular que protagoniza a nova relação jurídica, fragilizada pela dependência a um evento que venha, definitivamente, lhe libertar, permanece prisioneiro em cuja vontade reside a força da limitação que se agrega à construção do novo direito.

O fabrico do novo negócio jurídico, subordinado à condição da primitiva relação jurídica, se processa na linha de produção em que a vontade veicula o desejo de produzi-lo, sem a certeza de sua materialidade.

É importante perceber que tanto pode haver: a) ordinariamente, uma transmissão do direito condicionado, sem uma nova condição; ou b) extraordinariamente, uma transferência do direito condicionado, com uma nova condição.

Assegura-se ao transmitente ou cedente do direito condicionado o direito de objetivá-lo em um novo negócio, submetendo-lhe ou não a nova condição, haja vista que a ordem jurídica, em situação normal, não lhe refuga a transmissão.

Cumpre ressaltar, contudo, que, se frustrada a primeira condição que liberaria os efeitos do negócio primário, decerto se desconsidera a segunda condição que se restringe ao papel de ensaio que não se realiza.[86]

---

84 Em conformidade com o art. 286 do Código Civil, "*O credor pode ceder o seu crédito, se a isso não se opuser a natureza da obrigações, a lei, ou a convenção com o devedor; a cláusula proibitiva da cessão não poderá ser oposta ao cessionário de boa-fé, se não constar do instrumento da obrigação*".

85 Já se falou que os atos que visem à conservação do direito devem ser estribados na razoabilidade e proporcionalidade, sempre como expressão da moderação. O titular do direito eventual dispõe da faculdade de perseguir-lhe a cidadela material e formal, que comporta a intervenção no plano processual ou extraprocessual.

86 Vale observar que, independentemente do conhecimento da cessão pelo devedor, pode o cessionário exercer os atos conservatórios do direito cedido (art. 293, CC).

Por conseguinte, lícita é a ilação segundo a qual há o direito condicionado que se projeta em nova geração, sempre, porém, carregando o empecilho que lhe molda a existência.

Advirta-se que o fato de o direito condicional comportar tutela[87][40] não autoriza a ilação de que lhe ocorra integração ou incorporação ao patrimônio do sujeito que se titulará, definitivamente, apenas se houver o evento futuro e incerto.

Na verdade, a incorporação do direito condicionado ao patrimônio do titular somente se consuma no momento em que ocorre e se concretiza o evento, mediante o qual se desatam os efeitos.[88]

Impõe-se, todavia, que o evento cumpra o ciclo completo de sua existência, com ingresso na ordem jurídica realizado,[89] a fim de que os efeitos se liberem.

Sucede, contudo, que se estende a dificuldade, também, quanto à precisão do momento em que, implementada a condição, os efeitos do negócio jurídico se realizam.

Em tese, o problema serpenteia por premissas antagônicas: a) os efeitos se iniciam apenas no momento em que ocorrer o evento (irretroatividade da condição); ou b) os efeitos começam no momento em que se sacramentou o negócio jurídico (retroatividade da condição).

O momento a partir do qual se considera o ingresso dos efeitos na ordem jurídica é de interesse do titular, do devedor e do terceiro que, eventualmente, venha a ser alcançado por sua projeção.

Com o novo Código, a matéria da retroatividade ou da irretroatividade da condição se escondeu na timidez do legislador que preferiu renovar o modelo anterior, sem o encorajamento de tratar a questão com a disciplina técnica e inovadora.

Em sendo assim, inexiste espaço para a certeza que persiga ostensivamente a assertiva que queira enfrentar o problema com a lança da confiança que

---

87 "*Art. 130. Ao titular do direito eventual, nos casos de condição suspensiva ou resolutiva, é permitido praticar os atos destinados a conservá-lo*".

88 Atente-se para o aspecto de que, mesmo com a ocorrência da condição, somente se transfere a propriedade, em se tratando de: a) bem imóvel, mediante o registro do título translativo no Registro de Imóvel (art. 1.245, CC; e b) bem móvel, com a tradição (art. 1.267). E mais: "*Enquanto não se registrar o título translativo, o alienante continua a ser havido como dono do imóvel*" (§ 1º do art. 1.245, CC).

89 No art. 129, o Código Civil reputa verificada a condição, quantos aos efeitos jurídicos, quando o implemento for maliciosamente obstado pela parte a quem desfavorecer, e, ao contrário, não verificada, quando for maliciosamente levada a efeito por aquele a quem aproveita o seu implemento.

perfure o sistema e revele a intimidade do modelo jurídico, abraçando a retroatividade ou a irretroatividade da condição.

O sistema que veio no corpo do Código Civil[90] permite e convive tanto com a retroatividade quanto com a irretroatividade, segundo a natureza da obrigação condicionada[91].

Talvez pela complexidade das relações jurídicas, o desiderato de aperfeiçoar o sistema, se não fracassou, preferiu lançar a tarefa à responsabilidade dos que se debruçam sobre o caso concreto, conforme se salientou anteriormente.

Portanto, a questão não se simplifica ao antagonismo da retroatividade ou da irretroatividade da condição, a qual somente se supera com o auxílio da regra específica ao caso concreto, quando houver, e, também, com o recurso à boa-fé dos protagonistas da relação jurídica.

Mas, sobressai a premissa de que, no nosso sistema jurídico, a irretroatividade da condição constitui a regra; a retroatividade, a exceção.

Para que haja a retroatividade, faz-se necessário que: a) exista previsão do texto legal; ou b) manifestação de vontade da parte, desde que seja possível a retroação dos efeitos do negócio jurídico, sob o aspecto legal e material.[92]

> ***Art. 129. Reputa-se verificada, quanto aos efeitos jurídicos, a condição cujo implemento for maliciosamente obstado pela parte a quem desfavorecer, considerando-se, ao contrário, não verificada a condição maliciosamente levada a efeito por aquele a quem aproveita o seu implemento.***

---

90 A controvérsia quanto a retroatividade ou irretroatividade encontra espaço em duas ordens jurídicas: a) a francesa, que, conforme se comenta, abraça a retroatividade da condição ocorrida, fazendo-a alcançar o dia em que a obrigação fora tecida; e b) a alemã, que, de acordo com os comentaristas, nega projeção pretérita à condição. Em nenhum dos dois sistemas, porém, as linhas da equação jurídica se distanciam em paralelos sem confluência. Tanto é verdade que se comunicam o modelo francês e o modelo alemão, ao invalidarem os atos de natureza dispositiva que venham a se engenhar sob a pendência de condição. Parece, por conseguinte, que o problema da retroatividade ou da irretroatividade, no sistema francês, alemão ou brasileiro não se resolve com uma regra simplista, alheia à natureza do caso.

91 Leia-se o art. 1.359 do Código Civil: "*Resolvida a propriedade pelo implemento da condição ou pelo advento do termo, entendem-se também resolvidos os direitos reais concedidos na sua pendência, e o proprietário, em cujo favor se opera a resolução, pode reivindicar a coisa do poder de quem a possua ou detenha*". Eis uma disposição que revela que o modelo brasileiro é dual no que se refere à retroatividade ou irretroatividade da condição.

92 Mesmo que queiram as partes, nem sempre se mostra viável a retroação dos efeitos, embora possam abrigar-se à lei, sejam fisicamente impossíveis, principalmente em certas obrigações de fazer, que, feitas, não têm como mais serem eliminadas.

O implemento da condição obstada maliciosamente – Para que o negócio jurídico sujeito ao regime da condição libere os efeitos, faz-se necessário que se concretize e se realize o evento futuro e incerto.[93]

Pela condição, o efeito do negócio jurídico se subordina a evento futuro e incerto, porque assim exige a vontade do agente.

A condição confunde-se com o próprio fato jurídico, razão por que sua existência depende de sua ocorrência.

Não basta, porém, que a condição ocorra ou deixe de ocorrer, posto que a sua existência – em decorrência da qual se liberam os efeitos do negócio jurídico – ou a sua inexistência – em consequência da qual permanecem aprisionados os efeitos do negócio jurídico – somente se qualificam se apuradas em ambiente divorciado do comportamento ardiloso do agente, prejudicado ou beneficiado por seu ingresso no mundo jurídico.

Em duas situações opostas, a regra jurídica se sobrepõe à materialidade da ocorrência da condição, quando: a) o implemento da condição for, maliciosamente, obstado pela parte a quem desfavorecer; ou b) a concretização da condição for, maliciosamente, efetivada por aquele a quem se favorece.

Na primeira hipótese, a lei artificializa a ocorrência da condição, como se o evento que libera o efeito do negócio jurídico tivesse existido.

De outra forma: a lei protege a condição que, no seu processo de realização, sofreu embaraço especioso.

A condição, no caso, seria implementada, porque do processo de sua concreção inferir-se-ia que o acontecimento amadurecera suficientemente para se transformar em fato jurídico.

Mas o fato jurídico (condição ou evento) se frustrou por interferência arguciosa da parte que labutara para toldar-lhe o implemento, que a desfavorecia, comportamento que a lei rejeita e lhe impõe a consequência segundo o qual se reputa verificada a condição.

Na segunda hipótese, a lei, malgrado a condição tenha sido implementada, a considera não verificada, porquanto materializada pelo estímulo especioso da parte a quem o evento favoreceria pela libertação do efeito do negócio jurídico.

---

93 Art. 121 do Código Civil.

Na malícia, a consciência do agente se projeta na confecção do empecilho a que a condição se realize ou não se concretize, eis que ele alveja obstar ao evento ou produzi-lo, com traquinagens explícitas ou implícitas, conforme o ângulo em que se encontre na relação.

Quer pela constatação de que o implemento do evento fora, maliciosamente, obstado, quer pela apuração de que o acontecimento fora, ardilosamente, produzido, a lei não se importa com o meio pelo qual se processa o engenho ardiloso, haja vista que se mostra suficiente apenas a certeza de que a parte, beneficiada, obstaculizou ou cevou o implemento da condição, mediante artifícios incompatíveis com a vontade legal.

Importa sublinhar que, se a condição foi obstada por fato alheio ou sem o concurso de quem tenha interesse, tem-se como não ocorrido o evento.

Traga-se à memória que a norma jurídica: a) artificializa o implemento da condição, quando a parte a quem desfavorecer, maliciosamente, obstar a sua concretização; ou b) realiza a desconcretização da condição quando for, maliciosamente, efetivada por aquele a quem se favorece.

Opera a lei, nas duas hipóteses, em fingimento: faz realizado o não ocorrido e faz irrealizado o ocorrido, tudo porque o agente a quem a condição favorece ou desfavorece agiu com astúcia incompatível com a ética e a boa fé.

Na primeira situação, a lei, por ficção legal, reputa ocorrida a condição, situação em decorrência da qual se libera o efeito do negócio jurídico.

Pretende a norma salvaguardar a condição que, no seu curso geracional, fora abortada mediante o ardil do agente em cuja intimidade se acomodava o interesse pela não concretização do evento.

> **Art. 130.** ***Ao titular do direito eventual, nos casos de condição suspensiva ou resolutiva, é permitido praticar os atos destinados a conservá-lo.***

Tutela jurídica e conservação do direito sob condição – Assentou-se que, realizado o evento, nasce ou morre o direito a que se acha vinculado a condição.

Com a concretização do evento, até então futuro e incerto, agora presente e certo, floresce o direito, na condição suspensiva; desaparece, na resolutiva.

Sucede que, mesmo pendente a condição, o Código Civil consagra a regra que salvaguarda o titular do direito eventual, nos casos de condição resolutiva ou condição suspensiva, oferecendo-lhe a prerrogativa de praticar atos que alvejem conservá-lo e protegê-lo.[94]

Apresenta-se irrelevante para a tutela do direito a natureza da condição, suspensiva ou resolutiva, à qual se argola, já que o sistema jurídico concebe modelo mediante o qual se estimula a prática de atos que alvejem conservá-lo.

O espírito de conservação de um direito, ainda que sob condição, é próprio da natureza humana, com reflexo inevitável na estrutura jurídica.

Legitimam-se os atos que visem a conservar e a proteger o direito condicionado, desde que o exercício da prerrogativa conferida pela ordem jurídica ao seu titular se processe com razoabilidade e proporcionalidade.[95]

No exercício da proteção jurídica, faz-se imperioso, assim, que haja moderação[96] no uso dos meios de defesa do direito eventual sob o risco perecimento, seja material ou formal.

O agigantamento dos meios, em forma de atos, desarmônicos com a natureza moral ou patrimonial do direito a ser protegido, desqualifica-se e, pois, compromete a viabilidade jurídica da própria defesa.

Impõe-se assinalar que o dispositivo legal se omite em relação aos atos que o titular do direito que enfrenta e se subordina à condição pode ser praticar, bem como o alcance do raio de influência dentro do qual produzem efeitos, alcançando, inclusive, terceiros alheios ao negócio jurídico.

Identifica-se, contudo, a possibilidade de dupla ação na conservação do direito eventual: a) material; e b) formal.

---

94 A regra que conferia ao titular de direito eventual achava-se prevista no Código Civil anterior: "Art. 121. *Ao titular do direito eventual, no caso de condição suspensiva, é permitido exercer os atos destinados a conservá-lo*". Note-se que o dispositivo anterior omitira a tutela em caso de condição resolutiva.

95 Tome-se o exemplo do possuidor, turbado ou esbulhado, a quem a ordem jurídica assegura "*manter-se ou restituir-se por sua própria força, contanto que o faça logo*", desde que os atos de defesa, ou de desforço, não ultrapassem o indispensável à manutenção ou restituição da posse (§ 1º do art. 1.210)

96 Destaque-se que a questão do uso moderado dos meios necessários à proteção de direito sob ameaça encontra-se abrigada no direito penal na figura da legítima defesa, causa excludente de ilicitude (art. 23, II), de que fazem parte ainda: o estado de necessidade e o estrito cumprimento de dever legal ou o exercício regular de direito. Segundo o art. 25 do Código Penal, "*Entende-se em legítima defesa quem, usando moderadamente dos meios necessários, repele injusta agressão, atual ou iminente, a direito seu ou de outrem*".

A conservação material ocorre quando o titular do direito eventual, para evitar o perecimento ou deterioração do bem, móvel ou imóvel, aplica-lhe os meios com os quais o preserva fisicamente.

Pela material, evita-se a destruição, parcial ou total, do bem, conservando-lhe as aptidões e qualidades que justificam o exercício ou a extinção do direito no futuro, caso sobrevenha a condição suspensiva ou resolutiva.

A conservação formal decorre da utilização pelo titular do direito condicionado de atos jurídicos como recursos ou meios, no plano judicial ou extrajudicial, para protegê-lo juridicamente, com o propósito de poder exercitá-lo, se operada a condição a que se sujeita.

Confere-se ao titular do direito condicionado, expectante do evento futuro e incerto, a faculdade de manejar os instrumentos jurídicos necessários à sua conservação, tenham concretude na seara processual ou extraprocessual.

Destarte, pode o titular do direito sob condição, suspensiva ou resolutiva, se legitimar[97] a figurar em ações judiciais, em cuja pretensão aloje-se a perseguição de conservar o direito que, se sobrevier o evento, deixará de ser virtual para ser real.

Tem direito a proteger o direito do futuro, apenas desenhado e definido no presente ou no passado, mas ainda pendente, cujos efeitos encontram-se contidos, à falta do acontecimento que poderá ocorrer ou não.

Há, contudo, limitações no exercício da faculdade que a lei lhe garante para conservar o direito condicionado.

O titular do direito eventual ainda não é titular do direito incondicional, mas apenas do direito ao direito.

Como titular de um direito cercado e amarrado por condicionalidade, não se acha credenciado para a prática de todos os atos que sejam, exclusivamente, próprios e reservados apenas ao titular do direito.

Em havendo exceção em que se admita possa o sujeito titular de um direito condicionado praticar ato típico do titular do direito incondicional, o ato ingressa no mundo jurídico irradiando efeito subordinado e dependente.[98]

---

97 "*Para propor ou contestar ação é necessário ter interesse e legitimidade*" (art. 3º do CPC).

98 Exemplo clássico é o do alienante condicional, haja vista que, enquanto não se verificar a condição, sofre restrição quanto à extensão e à natureza dos atos que lhe competem, situação complexa que demanda o conhecimento da hipótese fática para lhes definir o alcance, especialmente em relação a terceiros.

Em regra, o titular do direito eventual pratica atos de administração ou gestão, mas podem transmitir, também sob condição, o direito condicionado.

Art. 131. ***O termo inicial suspende o exercício, mas não a aquisição do direito.***

Termo – No exame do instituto do termo, de extrema relevância para o direito, porque tem o componente jurídico de definir o momento em que se principia ou se extingue a eficácia de um negócio ou ato jurídico, infiltram-se, obrigatoriamente, o tempo e o prazo.

Tempo, termo e prazo triangulam e compõem a base do conhecimento mediante o qual se define a vida espacial dos direitos e das obrigações, que se capacitam a existir dentro de um período, balizado por um começo e por um fim.

O tempo pode ser: a) limitado, o jurídico; ou b) ilimitado, o natural.

No direito e para o direito, interessa o tempo limitado, que será sempre finito; o ilimitado, infinito.[99]

Ao limitar o tempo, o homem cria o prazo, tempo jurídico que ocorre num período de tempo, que se aprisiona no termo.

Termo, por conseguinte, constitui o momento, escalado no tempo, no qual nasce e fenece a produção do efeitos do negócio ou ato jurídico.

Diferença entre termo e condição – Para se compreender a diferença entre termo e condição, recorre-se ao binômio futuridade e certeza.

Art. 132. ***Salvo disposição legal ou convencional em contrário, computam-se os prazos, excluído o dia do começo, e incluído o do vencimento.***

§ 1º Se o dia do vencimento cair em feriado, considerar-se-á prorrogado o prazo até o seguinte dia útil.

§ 2º Meado considera-se, em qualquer mês, o seu décimo quinto dia.

99 Difere-se o tempo ilimitado do tempo incerto. O tempo ilimitado é o infinito, enquanto o tempo incerto não é infinito, mas apenas lhe falta determinação, porquanto não se lhe definem os estaqueamentos com que se demarca o momento do começo ou do fim do direito ou obrigação.

§ 3º Os prazos de meses e anos expiram no dia de igual número do de início, ou no imediato, se faltar exata correspondência.

§ 4º Os prazos fixados por hora contar-se-ão de minuto a minuto.

Art. 133. Nos testamentos, presume-se o prazo em favor do herdeiro, e, nos contratos, em proveito do devedor, salvo, quanto a esses, se do teor do instrumento, ou das circunstâncias, resultar que se estabeleceu a benefício do credor, ou de ambos os contratantes.

Art. 134. Os negócios jurídicos entre vivos, sem prazo, são exeqüíveis desde logo, salvo se a execução tiver de ser feita em lugar diverso ou depender de tempo.

Art. 135. Ao termo inicial e final aplicam-se, no que couber, as disposições relativas à condição suspensiva e resolutiva.

Prazo – Em conformidade com os estudos e análises anteriores, colheu-se a compreensão de que há relação estreita e necessária entre tempo, termo e prazo, segundo a qual se fotografa a vida espacial dos direitos e obrigações.

O tempo é a consumação perpétua que se eterniza pela própria expressão de seu poder, mas que aceita limitação para efeito jurídico.[100]

Submete-se, assim, o tempo a regime limitativo pela ingerência do homem que o demarca, entre outros, para fins jurídicos.

Interessa-se o direito pelo tempo limitado, tempo jurídico.

O homem limita o tempo jurídico, mediante a fixação do prazo, que se aprisiona no termo, dentro do qual se insere o momento em que se nasce ou se cessa a eficácia de um negócio ou ato jurídico.

Considera-se prazo o espaço de tempo dentro do qual nascem, prosperam e fenecem as relações jurídicas, de natureza processual ou material, em cujo corpo se aprazam direitos e obrigações.

Prazo é contagem de tempo para que um direito possa ser exercitado ou uma obrigação cumprida, na esfera de direito material ou na de direito processual.

---

100 Já se falou em tempo: a) limitado, o jurídico; ou b) ilimitado, o natural. No direito e para o direito, interessa o tempo limitado, que será sempre finito; o ilimitado, infinito

O prazo pode ser: a) legal, quando resulta de determinação inserida na lei; ou b) convencional, quando decorre da disposição das partes que protagonizam a relação jurídica.[101]

No prazo legal, a lei se encarrega de estabelecê-lo; no prazo convencional, as partes o deliberam.

No geral, o prazo legal não pode ser permutado ou substituído pelo prazo convencional, por vontade das partes.

Assim, salvo as hipóteses específicas previstas em lei, veda-se sejam os prazos legais dilatados ou prorrogados.[102]

O instituto jurídico do prazo, no Código Civil, permanece escasso de regras inteligentes e sistêmicas, o que demonstra que o legislador nem se inspirou na doutrina mais que centenária e renunciou ao poder criativo, ao industriar um modelo sem brilho.

Para a doutrina atual, resta, pois, o velho modelo apático e indiferente[103] à ordem sistemática.

Embora o Código Civil não defina, em sistema, os meios de contagem, legítima é a ilação de que se computam os prazos por unidade de: a) hora; b) dia; c) mês; e d) ano.

---

101 Na verdade, há vários tipos de prazos, entre os quais se destacam: a) prazo comum, que flui simultaneamente para as partes de uma relação processual ou material; b) prazo decadencial, período de tempo dentro do qual se impõe o exercício de determinado direito, sob pena de desaparecimento. Pela sistemática adotada pelo Código Civil, o prazo de decadência consiste em todo aquele que não for, taxativamente, discriminado na Parte Geral, Título IV, Capítulo I, conforme for estabelecido em cada caso; c) prazo contínuo, que corre sem interrupção, computando-se todos os dias, ainda que feriados ou domingos; d) prazo dilatório, que se amplia ou se prorroga; e) prazo fatal, que deve ser observado até uma data certa, sob pena de impedimento a que venha ser feito depois; f) prazo improrrogável, que não comporta dilatação; i) prazo peremptório, em cujo espaço de tempo deve ser executado ou praticado o ato, sob pena de impossibilitar-se a sua execução; j) prazo preclusivo, que, fixado em lei, reclama ou depende da precedência de outro, sob pena de impedir a sua realização ou execução; l) prazo prescricional, que faz sucumbir o direito à pretensão.

102 O Código de Processo Civil estabelece que: a) as partes, de comum acordo, podem reduzir ou prorrogar o prazo dilatório, desde que se requeira antes do vencimento do prazo e se funde em motivo legítimo (art.181, CPC); b) veda-se às partes, ainda que haja consenso, reduzir ou prorrogar os prazos peremptórios (art. 182, CPC). No entanto, confere-se ao juiz o poder de prorrogar quaisquer prazos, em comarcas onde for difícil o transporte. Na verdade, decorrido o prazo, se extingue, independentemente, de declaração judicial o direito de praticar o ato, mas é possível, contudo, em havendo justa causa, que à parte se renove o direito praticá-lo, se identificar o juiz que houve evento imprevisto, alheio à vontade da parte prejudicada (art. 183, § 1º).

103 Os artigos do Código Civil (arts. 132, 133 e 134) são quase reproduções fidedignas dos artigos do Código Civil anterior que tratavam do prazo (arts. 125, 126 e 127).

No prazo por hora, conta-se de minuto a minuto,[104] razão por que se apresenta de extrema relevância para a configuração de determinados fenômenos jurídicos mediante os quais se define o nascimento ou a morte de direitos.

No prazo por dia, diz a lei que ele se conta com a exclusão do dia do começo e com a inclusão do dia do vencimento, salvo disposição legal ou convencional em contrário.[105]

Determina a norma que, se o dia do vencimento cair em feriado, considerara-se prorrogado o prazo até o seguinte dia útil, regra que interdita a inscrição ou a imposição de dispositivo que antecipe o vencimento da obrigação, para resguardo do devedor.

Quando se estabelecem por quantidade de mês ou de ano, os prazos se expiram no dia de igual número do de início, ou no imediato, se faltar exata correspondência.[106]

Importa sublinhar, ainda, que: a) nos testamentos, presume-se o prazo em favor do herdeiro; e b) nos contratos, em proveito do devedor, salvo se do conteúdo do instrumento em que se aperfeiçoou a vontade das partes ou das circunstâncias resultar que se estabeleceu a benefício do credor, ou de ambos os contratantes.[107]

De regra, os negócios jurídicos entre vivos, sem assinalação de prazo, são exequíveis no momento em que ingressam na esfera jurídica, exceto se: a) a execução tiver de ser feita em lugar diverso; ou b) depender de tempo.[108]

Art. 136. ***O encargo não suspende a aquisição nem o exercício do direito, salvo quando expressamente imposto no negócio jurídico, pelo disponente, como condição suspensiva.***

Art. 137. ***Considera-se não escrito o encargo ilícito ou impossível, salvo se constituir o motivo determinante da liberalidade, caso em que se invalida o negócio jurídico.***

---

104 Art. 132, § 4º.

105 Art. 132 do Código Civil, que vem da reprodução do art. 125 do Código Civil revogado. O Código de Processo Civil dispõe que, salvo disposição em contrário, se computarão os prazos, excluindo o dia do começo e incluindo o do vencimento (art. 184).

106 A regra anterior mandava que o prazo fixado por unidade de mês fosse contado por unidade de trinta dias (art.125, § 3º, do Código Civil revogado).

107 Art. 133 do Código Civil, correspondente ao art. 127 do Código Civil revogado.

108 Art.134 do Código Civil.

Encargo – Considera-se encargo a restringência, em forma de gravame ou obrigação, anexada ao negócio jurídico, mediante a qual se acrescenta uma imposição ao beneficiado.

Ao instituir-se um encargo ou modo, a vontade que gerou o negócio jurídico molda, aprioristicamente, a vontade do beneficiado em relação à qual se projeta sem liberdade, sob pena de viciar o negócio.

O bem que compõe o negócio jurídico, independentemente de sua natureza, haverá de seguir o itinerário que a vontade do instituidor do encargo desenhou, razão por que, caso o aceite, o beneficiário da doação ou legado, não se desonera ou se desvencilha da obrigação a que está sujeito.

Destaque-se que o encargo não suspende a aquisição nem o exercício do direito, salvo se expressamente imposto no negócio jurídico pelo disponente – instituidor do ônus, como condição suspensiva.[109]

A ordem jurídica tem como não escrito o encargo ilícito ou impossível, mas refuga-o se constituiu causa determinante da liberalidade, patologia que alcança o negócio jurídico com a imposição de invalidade.[110]

Capítulo IV
Dos Defeitos do Negócio Jurídico

Defeitos do negócio jurídico – Ao examinarmos os requisitos necessários à validade do negócio jurídico ou do ato jurídico, ressaltamos que à sua confecção não basta o concurso da vontade.

A vontade, em si, isolada e apartada dos requisitos legais (agente capaz, objeto lícito, possível, determinado ou determinável, e forma prescrita ou não defesa em lei,[111] não tem qualidade para produzir ato ou negócio jurídico que se acomode sob o abrigo da lei.

Logo, a simples projeção da manifestação ou declaração da vontade da pessoa natural ou pessoa jurídica não se credencia a gerar e produzir negócio jurídico, se faltante requisito que a lei tem como pressuposto de sua validade.

109 Art. 136 do Código Civil.
110 Art 137 do Código Civil, sem precedente.
111 Art. 104 do Código Civil.

Diz-se que a vontade, irremediavelmente, representa o elemento anímico que propulsa o negócio jurídico, para cuja validade se exige, porém, a presença de requisitos de ordem objetiva ou subjetiva.

No exercício de política legislativa, encarregou-se o Código Civil de alicerçar e construir o modelo legal mediante o qual se diz válido o negócio jurídico.[112]

Impõe-se que a vontade represente a consciência livre do agente de par com o domínio das condições sob as quais se revela no mundo exterior, para alcançar o resultado perseguido pelo seu titular, em harmonia com o sistema ético-legal, em que milita, também, a boa-fé.

À vontade, que se fecunda na intimidade psíquica do agente, reclama, para o seu aperfeiçoamento, sintonia com o mundo exterior, com cognoscibilidade suficiente à realização do ânimo que lhe gerara.

É necessário que a vontade, ao ser produzida, se projete consonante com o mundo interior e o mundo exterior, com a propriedade de encontrar o resultado que fora bosquejado pelo agente, se processado e finalizado segundo a lei.

Se, na gênese, for vitimada por circunstância que lhe turba a consciência, a vontade sofre golpe certeiro que lhe abate o resultado, que, juridicamente, sofre a represália da lei.

A vontade, no caso, produz o negócio jurídico, mas com defeito, porque: a) emanada de erro substancial; b) resultante de dolo; c) gerada por coação; d) produzida em estado de perigo; e) construída em situação de lesão; ou f) fabricada em fraude.

Nessas situações, a vontade se expõe a estágio avançado de opacidade que, antes de mais nada, desafia a ética e a boa-fé, o que já há de merecer tratamento mais severo do ordenamento jurídico, que reputa o negócio jurídico (ou ato) daí resultante anulável.

Considerações introdutórias sobre os defeitos e as invalidades do negócio jurídico – Em capítulos diferentes,[113] o Código Civil tratou dos defeitos e da invalidade do negócio jurídico ou ato jurídico.

---

112 O desenho dos pressupostos em que se alicerça a validade do negócio jurídico resulta da vontade legislativa, sob o auspício da ideologia que domina o espectro da formulação legal, consoante a visão axiológica que permeia o legislador

113 O Código Civil, no Capítulo IV, do Título I (Do negócio jurídico), do Livro III (Dos fatos jurídicos), tratou dos defeitos do negócio jurídico (arts. 138 a 165); no Capítulo V, da invalidade do negócio jurídico (arts. 166 a 184).

São vícios que inoculam defeito no negócio jurídico: a) o erro ou ignorância (art. 138 a 144); b) o dolo (art.145 a 150); c) a coação (art. 151 a 155); d) o estado de perigo (art. 156); e) a lesão (art. 157); e f) fraude contra credores (art. 158 a 165).

Trata-se de patologias que contaminam a qualidade do negócio jurídico, sujeitando-o ao regime de anulabilidade, por expressa disposição legal.[114]

Logo, os negócios jurídicos (ou atos) assim engenhados são anuláveis.

Concorre para a composição do negócio ou ato jurídico: a) um vício de vontade inconsciente; ou b) um vício de vontade consciente.[115]

Há nulidade do negócio jurídico,[116] quando; a) celebrado por pessoa absolutamente incapaz; b) for ilícito, impossível ou indeterminável o seu objeto; c) o motivo determinante, comum a ambas as partes, for ilícito; d) não se revestir da forma prescrita em lei; e) for preterida alguma solenidade que a lei considere essencial para a sua validade; f) tiver por objetivo fraudar lei imperativa; g) a lei taxativamente o declarar nulo, ou proibir-lhe a prática, sem cominar sanção; e h) for simulado.[117]

Cuida-se de fenômenos que nulificam o negócio jurídico, subordinando-o ao regime de nulidade, por explícita prescrição legal.

Pelo aspecto sistêmico, o Código Civil merece censura por ter desperdiçado a oportunidade de melhor organizar a disciplina da nulidade e da anulabilidade dos negócios jurídicos.

Deveria o Código Civil haver, se fosse para segregar em capítulos diferentes, embora seguidos, os defeitos do negócio jurídico e a invalidade do negócio

---

114 Dispõe o art. 171 do Código Civil que é anulável o negócio jurídico: I – por incapacidade relativa do agente; e II – por vício resultante de erro, dolo, coação, estado de perigo, lesão ou fraude contra credores.

115 Ao invés de vício de consentimento ou vício social, conforme nomenclatura abrilhantada pela doutrina que se debruçou sobre as regras do Código Civil revogado, adotaremos as expressões ***vício de vontade inconsciente*** e ***vício de vontade consciente***, para retratar os casos em que se edificam os negócios ou atos jurídicos mediante a produção de um defeito com gênese na vontade do agente, o qual pode gerar-lhe a anulação.

116 Art. 166 do Código Civil.

117 Pelo Código Civil revogado, a simulação se incluía entre as causas que exprimiam defeito no negócio jurídico (ou ato jurídico), razão por que a sua presença gerava a anulabilidade. Com o novo Código Civil, porém, a simulação foi alçada à condição de patologia que mata o negócio jurídico com a injeção da nulidade, conforme de lê do art. 167: "*É nulo o negócio jurídico simulado, mas subsistirá o que se dissimulou, se válido for na substância e na forma*".

jurídico, perfilhado também o modelo organizacional de separação das causas de que decorrem a nulidade e a anulabilidade.

No Capítulo IV (dos defeitos do negócio jurídico), o Código Civil insere causas de anulabilidade do negócio jurídico – a) o erro ou ignorância, o dolo, a coação, o estado de perigo, a lesão e f) a fraude contra credores – como se fossem as únicas cuja presença geraria a anulação do negócio jurídico (ato jurídico).

No entanto, no Capítulo V (da invalidade do negócio jurídico), o Código Civil adiciona mais uma causa de anulabilidade[118] – por incapacidade relativa do agente – incluindo, pois, disposição que pode gerar a anulação, misturando-a com regras de nulidade do negócio jurídico.

Malgrado a nulidade e anulabilidade sejam graus distintos de agravamento da invalidade do negócio jurídico, insiste-se em reafirmar que maltratou o Código Civil a técnica e o didatismo.

Seção I
Do Erro ou Ignorância

Art. 138. São anuláveis os negócios jurídicos, quando as declarações de vontade emanarem de erro substancial que poderia ser percebido por pessoa de diligência normal, em face das circunstâncias do negócio.

Conceito de erro – Considera-se **erro** o engenho do juízo do conhecimento sobre um bem, uma pessoa ou uma lei,[119] o qual se apresenta ilaqueado, divergente ou conflitante com a realidade, que se encobre ou se esconde do agente.

Por força do erro, o sujeito colhe impressão inverossímil, deformada, ou embaçada do bem, da pessoa ou da lei, mediante a qual incorre em equívoco

118 Art. 171 do Código Civil.

119 O erro de direito, depois de protuberantes e incendidos debates doutrinários, ingressa no sistema legal brasileiro por força de disposição expressa do Código Civil, ao inseri-lo entre as espécies de erros substanciais (art. 139, III), reputando-o causa de anulabilidade do negócio jurídico (ou ato jurídico), desde que ele não implique recusa à aplicação da lei e for o motivo único ou principal do negócio jurídico, que, com a nova regra, pode, pois, ser anulado. Assim, o erro de direito tem o predicativo para, presentes os pressupostos legais, fecundar a ineficácia no negócio jurídico, impedindo-lhe, pois, que produza efeito.

que fecunda a formação da vontade produzida, com repercussão no mundo jurídico e com projeção de efeitos desarmônicos com o planejamento psíquico, traído porque alicerçado em outra realidade.

O erro fecunda na intimidade do agente um conhecimento sem a qualidade substancial da realidade em cujos limites se realiza o ato ou o negócio jurídico.

A vontade declarada ou manifestada pelo agente resulta de uma apropriação defectiva da realidade, fruto de erro ou ignorância, razão por que ingressa debilitada na esfera jurídica.

A vontade da pessoa se engenha com base numa realidade que lhe parecia conhecida, dominada e certificada, situação em decorrência da qual se acomoda no mundo jurídico com a confiança e a soberbia, mas que se desmoronam com a ultimação do negócio jurídico.

Produzido o negócio, descobre o agente que a sua vontade foi revelada com base em um logro, que impulsiona o resultado que adversa a validade do negócio jurídico.

O resultado que a vontade, gerada por falseamento, produziu rivaliza com o resultado que a vontade deveria ter produzido.

Advirta-se que não se trata da vantagem ou da desvantagem do resultado atingido, mas do erro que substancializou a produção da vontade.

Interessa-se pela qualidade do processo de geração da vontade, incólume ou refratário à influência de elementos que o contaminam patologicamente, e não pela expressão do benefício ou do prejuízo.

Governa-se o agente por premissa equívoca, que lhe desvia do caminho em cujas margens seguem a realidade e a verdade sobre os elementos que compõem o negócio jurídico.

Pessoa de diligência normal e circunstâncias do negócio – Ao perlustrar-se o art. 138 do Código Civil, colhe-se a assertiva de que o negócio jurídico sujeita-se ao regime de anulabilidade, quando construído por declaração de vontade emanada de erro substancial.

Ocorre que a regra jurídica condiciona o concurso da força do erro substancial, capaz de anular o negócio jurídico, a duas premissas: a) perceptibilidade por pessoa de diligência normal; e b) circunstâncias do negócio.

Exige, por conseguinte, a regra, para emprestar força à anulação do negócio jurídico gerado por manifestação de vontade prenha de erro substancial, que a colheita do vício seja factível à pessoa de diligência normal

Faz-se necessário que o erro substancial, independentemente de sua natureza, possa ser percebido por uma pessoa que tenha conduta zelosa, nos limites do ordinário e mediano, próprios do homem comum.

A ideia de pessoa de diligência normal compagina-se à compreensão de que a capacidade de percepção dispensa o recurso de meios ou instrumentos extravagantes, que lhe oferecem poder reforçado e extraordinário na marginalização do erro substancial, como causa de anulação do negócio jurídico.

Basta, pois, a diligência normal e natural, haja vista que a lei não exige seja a pessoa dotada de virtude pejada de heterodoxia.

No entanto, cabe enxergar as circunstâncias sob as quais se processou o negócio, bem como os personagens que lhe protagonizaram.

Circunstâncias são as particularidades que se agregam ao fato, contexto e suporte em que transcorre a produção da manifestação da vontade do negócio ou ato jurídico, as quais interferem na formação ou avaliação do juízo de diligência ou zelo com que se comportara a pessoa.

Ressalte-se que o dom da diligência regular ou normal de que dispõe a pessoa nem sempre se projeta igualmente em todos os cenários ou situações em que o agente se encontre, posto que as circunstâncias, às vezes acidentais, podem influenciá-lo ao ponto de realçá-la ou ocultá-la.

Assim, as circunstâncias, sob cujas particularidades material e pessoal se externa a vontade, exercem influência na diagnose do erro substancial que autoriza a anulação do negócio jurídico.

Espécies de erros – O Código Civil inovou e ampliou as espécies de erro, numa prova de que o legislador se mostrou sensível à mudança do instituto, especialmente ao introduzir, no nosso sistema legal, o erro de direito, até então reservado mais à discussão acadêmica, sem expressão firme no corpo da lei.

De acordo com o novo desenho, verificam-se: a) erro de fato; b) erro de direito; c) erro substancial; e d) erro acidental.

Considera-se **erro de fato** a construção da vontade seduzida por errôneo conhecimento sobre: a) a natureza do negócio; b) a qualidade do objeto; c) a identidade ou qualidade da pessoa; d) a quantidade do cálculo.

Reputa-se **erro de direito** a produção da vontade articulada com compreensão insuficiente sobre o efeito e o alcance de disposição encartada na lei, sem que se trate de recusa à sua aplicação e desde que constitua o motivo único ou principal do negócio jurídico.

Entende-se por **erro substancial (ou essencial)** o engenho da vontade assoalhado em uma compreensão errônea sobre a) a natureza do negócio; b) a qualidade do objeto; c) a identidade ou qualidade da pessoa; ou d) o efeito e o alcance de disposição encartada na lei.

Tem-se por **erro acidental** a produção da vontade baseada numa distorcida percepção sobre a qualidade secundária, sem influenciar a essencialidade, relativa ao bem ou à pessoa, incapaz de impulsionar a invalidação do negócio jurídico, em cujo núcleo não se acomoda.

No erro substancial, segundo a nova sistemática do Código Civil, incluem-se o erro de fato – à exceção do erro de cálculo, que não foi considerado erro essencial[120] – sem direito.

Portanto, o erro de direito e o erro de fato – relacionado à natureza do ato (***error in negotio***), à qualidade do objeto (***error in corpore***), à identidade ou qualidade da pessoa (***error in persona***) – compõem o erro substancial, que tem a energia jurídica para abater a validade do negócio ou do ato jurídico, consumados sob a sua influência.

Art. 139. ***O erro é substancial quando:***

I - interessa à natureza do negócio, ao objeto principal da declaração, ou a alguma das qualidades a ele essenciais;

II - concerne à identidade ou à qualidade essencial da pessoa a quem se refira a declaração de vontade, desde que tenha influído nesta de modo relevante;

III - sendo de direito e não implicando recusa à aplicação da lei, for o motivo único ou principal do negócio jurídico.

---

120 Diz o art. 143: "*O erro de cálculo apenas autoriza a retificação da declaração de vontade*". Cuida-se de uma disposição pioneira, desconhecida pelo Código Civil revogado.

Erro substancial – Considera-se **erro substancial**[121] **(ou essencial)** quando se produz a declaração de vontade com base numa percepção defectiva em que se substancializam: a) a natureza do negócio; b) a qualidade do objeto; c) a identidade ou qualidade da pessoa; ou d) o efeito e o alcance de disposição encartada na lei.

Somente o erro substancial tem o timbre que atassalha a qualidade da manifestação da vontade, reputando o negócio ou ato jurídico anulável.

Portanto, o erro acidental, por não ser considerável ou substancioso, carece de expressão capaz de gerar a anulação do negócio jurídico.

Erro substancial é aquele fundamental, considerável, vultoso, que qualifica nuclearmente a formação da vontade que haveria de ser diferente se o agente não tivesse sido enganado, voluntária ou involuntariamente, sobre a realidade em relação à qual dispunha de outra compreensão.

Caracteriza-se o erro substancial por interferir decisivamente na formação da vontade, com repercussão na formação e no resultado do negócio jurídico, fruto de um defeito, haja vista que traiu a intenção do agente, que perseguia consequência diferente daquela decorrente do vício.

Erro substancial sobre a natureza do negócio – Diz a regra que o erro é essencial quando interessa à natureza do negócio.

O erro sobre a natureza do negócio (***error in negotio***) é aquele segundo o qual o agente gera uma categoria ou um tipo de negócio jurídico diferente daquele a que alvejava.

Produz, por conseguinte, um resultado, jurídica e materialmente, diferente, com ampliação do hiato entre a vontade e o objeto.

Realce-se que não é a forma ou a nomenclatura do negócio jurídico que, essencialmente, importa para se averiguar que do erro resultou negócio jurídico de espécie distinta daquele que se presumia gerar.

---

121 Dispõe o art. 139 do Código Civil que: "*O erro é substancial quando: I – interessa à natureza do negócio, ao objeto principal da declaração, ou a alguma das qualidades a ele essenciais; II – concerne à identidade ou à qualidade essencial da pessoa a quem se refira a declaração de vontade, desde que tenha influído nesta de modo relevante; III – sendo de direito e não implicando recusa à aplicação da lei, for motivo único ou principal do negócio jurídico*".

Logo, o que mais interessa é o produto que o negócio jurídico originou, a sua natureza propriamente dita, que atinge o papel das partes no resultado, transmudando-o por força do resultado.

Por isso é que se fala em erro substancial que interessa à natureza do negócio e não ao nome do negócio jurídico (ou ato jurídico).

Erro substancial sobre o objeto do negócio jurídico – Também se classifica como erro substancial quando interessa ao objeto principal da declaração.

O erro sobre a qualidade do objeto é aquele segundo o qual o negócio jurídico resultante da vontade permanece com a mesma natureza, mas o predicativo do objeto que lhe justifica a existência difere daquele que imaginava o agente.

O erro pode ser em relação: a) ao objeto propriamente considerado; ou b) à qualidade do objeto.

Quando se trata de erro relacionado ao objeto propriamente considerado, ocorre a mudança na identidade do bem, situação em decorrência da qual se lhe cambia por outro, em desarmonia à vontade do agente.

Em outras palavras, incorre-se em erro quanto ao objeto, posto que deixou de ser aquele resultante da vontade do agente.

Um bem de outra espécie ou tipo fez parte – incorretamente – do negócio jurídico, sem que assim quisesse a vontade.

Quando se cuida de erro concernente à qualidade do objeto, o bem não tem o atributo, a aptidão, a função, a condição, ou a propriedade que deveria apresentar.

Ocorre em relação ao erro sobre a qualidade do objeto análise funcional ou material: a) o bem não atende à necessidade – à falta de funcionalidade – do agente, porque não se apresenta com o predicativo que aparentava ter quando se estruturou a vontade na projeção do negócio jurídico; ou b) o bem não pertencia à categoria – à falta de materialidade – imaginada pelo agente, ao editar a vontade na produção do negócio jurídico.

Por conseguinte, a qualidade que atrai a identificação do erro se apresenta intrínseca ou extrínseca, conforme a natureza do objeto.

Erro substancial sobre a identidade ou a qualidade essencial da pessoa – No tocante à pessoa, o erro pode ser sobre: a) identidade da pessoa; ou b) qualidade da pessoa.

Há erro sobre a identidade da pessoa quando se infiltra na declaração ou manifestação da vontade o nome de pessoa diferente daquela a quem se queria identificar, na condição de destinatário ou beneficiado.

Reporta-se, refere-se ou fala-se de outra pessoa, cujo nome ou identidade é, por erro, veiculado pelo meio em que fluiu a vontade.

O erro de identidade, no geral, ocorre em face à pessoa a quem se refere a declaração de vontade, razão por que, raramente, o vício tem endereço na pessoa que protagoniza o negócio, diferentemente do erro de qualidade (de predicativo sobre a pessoa).

Assim é que, no erro de identidade, há equívoco em relação à pessoa alcançada pela declaração ou manifestação da vontade, eis que se indica outra pessoa.

A pessoa errada não participa do negócio ou do ato jurídico, mas é atingida, por erro, haja vista que se alvejava outra pessoa.

Sublinhe-se que, acertadamente, o Código Civil,[122] em conservação à regra do passado,[123] somente reputa anulável o negócio jurídico resultante de erro quanto à identificação de pessoa a que se refere a declaração de vontade quando for insuperável a viabilidade de recognição da pessoa, verdadeiramente, cogitada.

Conseguintemente, o erro de indicação da pessoa capaz de anular o negócio ou ato jurídico haverá de substancial, mediante o qual não se possa identificar a pessoa correta.

Portanto, salva-se o negócio jurídico da contaminação do defeito que lhe sacrifica a validade, se, por seu contexto ou circunstâncias, se puder identificar a pessoa planejada.

A identificação da pessoa a quem deveria se referir a vontade se processa com auxílio do exercício da razoabilidade, segundo o contexto e as circunstâncias, o que desqualifica a revelação que se deixe seduzir por meio de especulação, despojada de seguros parâmetros que se fortificam com o recurso à boa-fé e ao bom senso, sem olvidar a presença censuradora da ética.

Para se identificar a pessoa correta a quem se deveria referir a declaração de vontade, desconsidera-se o roteiro aleatório e casuístico com que se pretende, por imaginação, subjetivar a busca da identidade real.

---

122 Art. 142 do Código Civil.
123 Art. 91 do Código Civil revogado.

Há erro sobre a qualidade essencial da pessoa quando a vontade é erigida na construção do negócio ou ato jurídico acreditando ser ela portadora de predicativos de natureza ética, moral, econômica, financeira, profissional ou legal. Diferentemente do erro de identidade da pessoa, no erro de qualidade da pessoa, não há equívoco quanto à pessoa, mas sim em face de sua qualidade.

A pessoa que figura no negócio ou ato jurídico não tem o predicativo, na qualidade ou na quantidade, que se fazia crer, o que vulnera o resultado perseguido pela vontade.

Pensa-se que a pessoa é um sujeito com certa e determinada qualidade, mas, na verdade, não possui qualidade que influiu de modo relevante na confecção da vontade.

Erro substancial de direito – O erro, consoante já analisado, constitui a cognição defectiva, equívoca ou viciada, sobre um bem, uma pessoa, ou uma lei, de tal sorte que o agente gera uma vontade agredida por realidade diferente, situação em decorrência da qual se produz um resultado indesejado.

Para que o erro justifique a anulação do negócio jurídico, faz-se necessário que se trate de erro substancial,[124] por força do qual a pessoa se apropria de um conhecimento construído com base numa dismorfia relacionada ao bem, à pessoa ou à lei, na geração da vontade que projeta um negócio ou ato jurídico cujos efeitos se apresentam sem assonia com o planejamento psíquico, embusteado porque calcado em outra realidade.

Em manifesta inovação e em sedutora coragem, o Código Civil introduziu o erro de direito (***error iuris***) como espécie de erro substancial,[125] irrigando o sistema legal, pois, com ideologia que materializa e alicerça novas bases para o enfrentamento dos vícios que inoculam defeito no negócio ou ato jurídico.

A inserção do erro de direito como causa de anulação do negócio jurídico (ou ato jurídico) rompe com o conservadorismo, que ficava refém do medo de se indispor contra a segurança dos negócios jurídicos, sob a justificativa da tutela do interesse público ou social.

---

124 Assim, o erro acidental, que consiste na produção da vontade baseada numa distorcida percepção sobre a qualidade secundária, sem influenciar a essencialidade relativa ao bem, à pessoa ou à lei, incapaz de impulsionar a invalidação do negócio jurídico, em cujo núcleo não se acomoda, não tem a força jurídica de confiscar a legalidade do negócio ou ato jurídico.

125 Incluem-se no erro substancial o erro de fato – à exceção do erro de cálculo, que não foi considerado erro essencial – e de direito.

Em nome do princípio da segurança social, inegavelmente caro à sociedade, torneava-se o sistema legal com a escultura formal capaz de resistir à penetração do erro de direito na ordem jurídica.

No entanto, o legislador se mostrou destemido e sintonizado com as necessárias mudanças que se faziam necessárias sobre o erro substancial que carecia da presença tônica do erro de direito, ao ofertar-nos o novo instituto, que haverá de amadurecer-se com gradualismo.

O erro de direito consiste num generoso instituto no aperfeiçoamento da validade do negócio jurídico, ao qual se juntam os ingredientes da boa-fé e da ética, combinação que, se bem dosada e explorada, impulsiona a sociedade a nível superior de civilidade.

Com a reafirmação e ampliação dos valores integrativos e interpretativos da boa-fé na vida dos negócios e atos jurídicos, viabiliza-se, mais ainda, a presença benfazeja do erro de direito na cena legal.

Trata-se de um instituto de relevância ímpar para uma sociedade que almeja valorizar a ética e a boa-fé, como princípios que embasam o homem justo e livre, ainda que no plano idealista.

O erro de direito, malgrado ingresse com timidez no sistema jurídico, já se credencia a transformar-se num instituto revolucionário, para cujas eficácias, efetividade e finalidade aguardam o concurso fecundo dos operadores de direito, a quem cabe manejá-lo com zelo, inteligência, prudência e, sobretudo, coragem, para que se possa colher-lhe a melhor qualidade.

Impõe-se a participação de todos na construção aplicativa do erro de direito, mas cabe dizer que sobre o Poder Judiciário – em cuja competência o instituto será dissecado diante do caso concreto – pesa a responsabilidade de emprestar ao instituto a compreensão e o alcance que o façam profícuo à construção de negócio ou ato jurídico, purificados e projetados segundo a vontade de seus protagonistas.

Chama-se **erro de direito** a produção da vontade articulada com compreensão insuficiente sobre o efeito e o alcance de disposição encartada na lei ou no contrato, sem que se trate de recusa à sua aplicação e desde que constitua o motivo único ou principal do negócio jurídico.

Releva sublinhar que o erro de direito, que consiste no erro de natureza legal, nasce em duas fontes, com origem: a) na lei; ou b) no contrato.

No erro de direito, se processa um equívoco na intelecção de um dispositivo legal ou contratual, o qual conduziu a vontade do agente, de boa-fé, a produzir um resultado indeliberado.

O agente, ao cometer o erro de direito, ativa a vontade geradora do negócio com absorção ou assimilação de uma interpretação errada em relação à regra legal ou contratual, cujos efeitos se precipitam sobre a realidade material.

O erro nasce do direito, mas se consome e se reflete no fato, porque a regra jurídica, da lei ou do contrato, gerou resultado, essencialmente, diferente daquele para cuja concretização o agente manifestou a vontade.

Advirta-se que não se trata de erro relativo ao descumprimento da lei, sob a alegação do seu desconhecimento

O erro de direito, que pode levar o negócio ou ato jurídico à anulação, por ser erro substancial, ao ingressar na ordem jurídica, não carrega a carga jurígena de enfraquecer o princípio da inescusabilidade do cumprimento da lei, que permanece rijo e necessário.[126]

No erro de direito, a premissa não é a de desconhecimento da lei, mas de sua compreensão inadequada ou insuficiente sobre o efeito e o alcance de disposição encartada na lei ou no contrato, a qual se prestou, inegavelmente, a viciar a construção da vontade do agente.

O erro fecunda na intimidade do agente um conhecimento sem a qualidade substancial da realidade da regra jurídica, por cuja compreensão se realizou o ato ou o negócio jurídico.

A vontade declarada ou manifestada pelo agente resulta de uma apropriação defectiva da realidade, fruto de erro ou ignorância, de natureza legal – de direito –, razão por que penetra, combalida, na esfera jurídica.

O resultado que a vontade gerada por falseamento produziu desiguala-se com o resultado que a vontade deveria ter produzido.

Para caracterizar-se erro de direito, há, além da obrigatória boa-fé do agente, duas premissas imprescindíveis: a) o erro não implique recusa à aplicação da lei; e b) o erro tenha sido motivo único ou principal do negócio jurídico.

Não tolera a regra que o erro de direito se confunda com descumprimento da lei – tenha-se extensivamente, também, do contrato.

---

126 "Ninguém se escusa de cumprir a lei, alegando que não a conhece" (art. 3º da Lei de Introdução do Código Civil – Decreto-lei 4.657, de 4 de dezembro de 1942).

No erro de direito, cumpre-se a lei de cuja compreensão resulta o vício, mas o agente supõe que a incidência de determinada disposição legal (ou contratual) produziria outro efeito ou outra consequência, que difere daquela que se gerou.

O produto da vontade manifestada contende com o resultado que o agente, segundo seu entendimento sobre a lei – ou contrato –, perseguia.

Não se margeia a lei – ou o contrato –, como se lhe sucumbissem a força ou a eficácia.

Sublinhe-se que a lei legítima e legalmente vigente não escuda o erro de direito.

O erro não é por ativação ou desativação de dispositivo legal, mas exatamente ao contrário, haja vista que ocorre por integração de sua compreensão na formação do juízo do agente, que interfere, por conseguinte, na produção da vontade.

Deve, ainda, o erro de direito constituir-se no motivo único ou principal do negócio jurídico.

No caso, exige-se, pois, que o erro domine e faça parte do núcleo do negócio jurídico (ou ato).

Art. 140. O falso motivo só vicia a declaração de vontade quando expresso como razão determinante.

Falso motivo – O Código Civil pretende garantir a qualidade da produção da vontade do agente, na geração do negócio jurídico, a fim de que o resultado seja a projeção autêntica e fidedigna do que fora, verdadeiramente, trabalhado no plano psíquico.

Em outras palavras, o sistema jurídico quer que o negócio jurídico (ou ato jurídico) signifique a tradução correta da vontade do agente, confeccionada com base na realidade.

A manifestação ou a declaração da vontade tem a função geradora do negócio ou ato jurídico, razão por que deve penetrar no mundo jurídico sem defeito.

Impõe-se que a vontade do agente seja, corretamente, colhida no mundo exterior, fora, pois, do mundo interior, em que se move apenas pelo sentimento psíquico, intimista, enclausurado na própria introspecção, consoante já se salientou.

Enquanto acanhada na esfera da intimidade do agente, a vontade simboliza apenas um desejo sem estrutura jurídica, desprovida de potência para que se possa identificar e conhecer a intenção verdadeira, porquanto, sem revelação ou exteriorização, pertence ao mundo estranho ao direito.

A vontade reservada, guardada, escondida desinteressa ao direito, razão pela qual subsiste e prevalece a que foi manifestada, ainda que "*o seu autor haja feito a reserva mental de não querer o que manifestou*".[127][80]

Assim, se divergentes ou conflitantes, subsiste a vontade externa, que rompeu o interior do agente por meio de manifestação ou de declaração, sobre a vontade interna, que restou armazenada na intimidade do autor.

Fortalece-se a vontade que, formada no interior do mundo psíquico do agente, eclode em registros anímicos mediante os quais se revela a intenção do sujeito.

Ora, se os desejos e as intenções, escondidos na casamata da mente, não têm, em condições ordinárias, aptidão para subsistir como manifestação ou declaração de vontade, germinando atos ou negócios jurídicos, muito menos dispõem, pois, de juridicidade para servirem como motivos viciadores.

É por isso que o art. 140 do Código Civil estabelece que o "*falso motivo só vicia a declaração de vontade quando expresso como razão determinante*".[128]

Diz-se motivo a razão nuclear pela qual se move a vontade do agente para a produção do negócio ou geração do ato jurídico.

O falso motivo, consequentemente, constitui na inferência errática sobre uma realidade, a qual representou a razão determinante e principal na produção do negócio ou geração do ato jurídico.

Depreende-se que o falso motivo significa o porquê do negócio jurídico, expressado como sua razão determinante.

Para que possa viciar a declaração de vontade, o falso motivo haverá de participar como a qualidade que arrazoou e justificou o negócio jurídico em que se insere explícita e expressamente.

---

127 No caso da reserva mental de que trata o art. 110 do Código Civil, somente prevalece a vontade enclausurada na hipótese em que se provar que o destinatário tinha conhecimento.

128 O Código Civil revogado revogava, ao invés do falso motivo – expressão adotada pelo Código Civil atual –, em falsa causa, conforme leitura saudosa do art. 90: "*Só vicia o ato a falsa causa quando expressa como razão determinante ou sob forma de condição*". Para a doutrina que advogava a diferença entre causa e motivo do negócio jurídico, a mudança operada tem caráter corretivo. No entanto, continuamos a acreditar que a discussão não mereça tanto fôlego doutrinário para alimentar debates, muitos dos quais sem qualquer pragmatismo.

É indispensável que o falso motivo faça parte do negócio de modo expresso, evidenciado, haja vista que não se lhe acolhe por dedução ou suposição, sob pena de descaracterizar a disposição legal.

O negócio jurídico nasce com o porquê, que o motiva.

O motivo, na fase inicial da geração do negócio jurídico, ainda não se sabe falso ou inverídico, embora já exista o fenômeno com que se incita o agente a manifestar a vontade.

Da premissa, decorre que apenas depois de produzido o negócio jurídico é que se constata que o motivo que seduzira o agente era falso ou infundado.

Em consequência, se o agente sabe ser falso o motivo antes de produzir o negócio jurídico, não se aquartela o direito de perseguir a anulação por vício na declaração de vontade.

Art. 141. ***A transmissão errônea da vontade por meios interpostos é anulável nos mesmos casos em que o é a declaração direta***

Transmissão errônea da vontade – Já no mundo exterior, a vontade pode ser transmitida: a) por meio direto; ou b) por meio indireto (ou interposto).

Por meio direto, a vontade do agente se transmite sem a intermediação de pessoa ou a interposição de meio (instrumento); por meio indireto, com a intermediação de pessoa ou a interposição de meio (instrumento).

Exige a lei que a vontade do emitente chegue com fidelidade ao destinatário, a fim de que se espante o vício do negócio jurídico, razão por que a transmissão errônea o torna anulável.

Assim, o art. 141 do Código Civil[129] se preocupa com a transmissão incorreta da vontade, por meios interpostos, já manifestada ou produzida, submetendo-a ao regime jurídico que disciplina a transmissão direta da vontade.

No caso, a vontade já se encontra no mundo exterior, mas precisa de um meio pelo qual se possa irradiar.

O meio que gera a interposição pode ser: a) de ordem instrumental; ou b) humanal.

---

129 O art. 141 se reproduziu do art. 89 do Código Civil revogado, segundo o qual "*A transmissão errônea da vontade por instrumento, ou por interposta pessoa, pode argüir-se de nulidade nos mesmos casos em que a declaração direta*".

Pela via instrumental, ocorre no próprio meio o defeito ou o erro com que se transmite a vontade; pela via humanal, o erro ou o defeito se processa pelo concurso da pessoa intermediária, a quem se confiou a transmissão da vontade do agente.

Para a lei, ambos, contudo, significam meios interpostos, razão pela qual, em havendo transmissão errônea da vontade, se sustenta a possibilidade de anular-se o negócio jurídico.

O destinatário da vontade transmitida por meios interpostos pode ser uma determinada ou indeterminada pessoa, individual ou coletivamente considerada, por grupo, categoria ou classe de pessoas.

Art. 142. ***O erro de indicação da pessoa ou da coisa, a que se referir a declaração de vontade, não viciará o negócio quando, por seu contexto e pelas circunstâncias, se puder identificar a coisa ou pessoa cogitada.***

Com inteligência, pretende o legislador salvar o negócio jurídico em que houver erro na indicação da pessoa ou da coisa, quando, pelo contexto e pelas circunstâncias, for possível identificar ou apontar um ou outro.

O erro que se corrige pelo contexto ou pela circunstância é aquele relacionado à identidade da pessoa ou da identificação da coisa, jamais aquele que diz respeito à qualidade da pessoa ou à qualidade do bem.

Conforme já discorrido, no erro sobre a identidade da pessoa há a declaração ou manifestação da vontade com o nome de pessoa diferente daquela a quem se queria identificar, na condição de destinatário ou beneficiado.

O negócio jurídico trata de pessoa errada, mas, mediante a influência das circunstâncias ou do contexto, consegue-se identificar a pessoa certa, cujo nome ou identidade deveria ser veiculado.

A possibilidade de recognição da pessoa verdadeiramente cogitada salva o negócio jurídico da consequência nefasta da anulabilidade.

Na tentativa de identificar a pessoa a quem deveria se referir a vontade, exige-se o concurso da razoabilidade, segundo o contexto e as circunstâncias, premissa que rejeita o processo de revelação que se deixe seduzir por meio de especulação, escassa de balizas idôneas que façam aliança com a boa-fé e o bom senso.

Também se sepulta, no exercício de identificação da pessoa correta, a análise casuística movida pela mera suposição ou imaginação.

Quando se trata de erro relacionado à identificação do objeto também a norma é tolerante com a possibilidade de preservar o negócio jurídico, desde que se somem esforços para a recuperação da verdadeira vontade das partes.

O trabalho do intérprete se redobra na tentativa de identificar a verdadeira coisa que deveria compor o negócio jurídico, segundo a vontade das partes.

Não se trata se rearranjo do objeto, numa busca cega pela substituição da coisa identificada erradamente no negócio jurídico, mas da inserção na relação jurídica do verdadeiro bem, que não altera o equilíbrio da equação econômico-financeira disposta pelas partes segundo o prisma da comutatividade.

Art. 143. O erro de cálculo apenas autoriza a retificação da declaração de vontade.

O erro de cálculo – Reputa-se erro de cálculo a operação aritmética ou matemática que se processou com engano, em decorrência do qual se produz um resultado incorreto.

Estabelece o art. 143 do Código Civil[130][83] que o erro de cálculo "*apenas autoriza a retificação da declaração de vontade*".

O erro de cálculo não se insere na categoria de erro substancial, motivo por que não conduz o negócio ou ato jurídico à anulação, mas comporta a correção da declaração de vontade, realinhando-lhe a qualidade.

Trata-se de uma exigência que rende homenagem à boa-fé e à justiça que devem presidir as relações jurídicas, para que se soterre a possibilidade de uma da partes saborear vantagem indevida com lesão ao patrimônio da contra-parte.

Pouco importa a proporção do erro de cálculo, pois, ainda que não atomize o equilíbrio econômico ou financeiro, confere à parte o direito de retificar a declaração de vontade.

Legitima- se a pessoa a retificar a declaração de vontade, por força do erro de cálculo, operação jurídica que pode se concentrar mediante simples comunicação corretiva dirigida a outra perofaconista da eficácia jurídica.

---

130 O art. 143 constitui inovação, haja vista que o erro de cálculo não recebeu disciplina jurídica no Código regovado.

Art. 144. ***O erro não prejudica a validade do negócio jurídico quando a pessoa, a quem a manifestação de vontade se dirige, se oferecer para executá-la na conformidade da vontade real do manifestante.***

Oferecimento espontâneo – Inovou o Código com a instituição da figura do oferecimento espontâneo, ao dizer que o erro "*não prejudica a validade do negócio jurídico quando a pessoa, a quem a manifestação de vontade se dirige, se oferecer para executá-la na conformidade da vontade real do manifestante*".[131]

Procura o Código Civil, calcado no fortalecimento da eticidade e da boa-fé, salvaguardar a verdadeira intenção da agente que confecciona, ainda que em erro, a vontade, ao validar o negócio jurídico se a pessoa a quem a manifestação de vontade se dirige, se oferece a executá-la.

Prestigia-se, assim, o fortalecimento da vontade real do manifestante, tomado por um erro, mas que se supera porque a outra parte tem o juízo ético de, conhecendo-o, implementar a verdadeira intenção do emitente.

É a própria boa-fé comandando os negócios jurídicos.

Seção II
Do Dolo

Art. 145. ***São os negócios jurídicos anuláveis por dolo, quando este for a sua causa.***

Dolo – O Código Civil empenha-se em salvaguardar a qualidade da produção da vontade do agente, na geração do negócio jurídico (ou ato jurídico), sob o abrigo de disposições legais mediante as quais se reprimem o comportamento e a intenção que se governam pelo embuste ou pela malícia, em desafio à ética e à boa-fé.

---

131 Art. 144, sem correspondência no Código velho. Já se viu que o Código Civil conservou a regra de que o erro de indicação da pessoa ou da coisa, a que se referir a declaração de vontade, não vicia o negócio jurídico quando, por seu contexto e pelas circunstâncias, se puder identificar a coisa ou a pessoa (art. 142 que corresponde ao art. 91 do Código Civil revogado).

O negócio jurídico (ou ato jurídico), longe de representar instrumento a serviço do logro e do benefício desmedido, colhido em cenário adoperado pela má-fé, significa a combinação de interesses perseguidos pelos protagonistas, os quais lhes geram vantagens justas.[132]

Na construção e manifestação da vontade, não se tolera que o agente seja embaido ou iludido, extraindo-se-lhe a capacidade de cognição por força de infiltração de manobras e ardis no campo em que se hospeda a boa-fé.

O sistema legal, além de exigir a presença da ética e da boa-fé no negócio jurídico (ou ato jurídico), incomoda-se com a tradução incorreta da vontade decorrente de vícios que lhe alteram a qualidade.

Entre os defeitos que contaminam o negócio jurídico se insere o dolo, cuja presença o encaminha à anulação, haja vista que vicia a conjugação da vontade do agente.

Define o dolo a conduta do agente, positiva ou negativa, que, consciente e maliciosamente, se comporta na produção do negócio jurídico (ou ato jurídico) com a intenção seduzida pelo espírito enganador, traquinado e ardiloso, com que persegue e consegue, em seu proveito ou de terceiro, o concurso da manifestação de vontade da contraparte, a quem se lesa.

Sublinhe-se que nem sempre o dolo decorre do comportamento da parte, eis que pode ser armado pelo representante legal ou por terceiro.

O dolo é o mal, o mal da esperteza, que se apossa da vontade do agente para trair a honestidade elementar, atributo indispensável à preservação das relações sociais e jurídicas, a qual deve se enfronhar no espírito do homem, como prova de sua capacidade de educar-se e superar os estágios da evolução, para mirar-se em valores que lhe são mais caros e necessários à vida em sociedade.

O dolo é o homem no processo de cobiça sem fronteiras, fraquejando-lhe a sociabilidade e alargando o individualismo compulsivo que o segrega à falta de compromisso com a ética e a boa-fé.

O homem se estupidifica com o dolo, porque consolida a desconfiança nas relações sociais e migra a insegurança para as relações jurídicas.

---

132 O Código Civil trouxe em seu corpo regra jurídica de revolucionária valoração para o aperfeiçoamento das relações jurídicas e evolução dos valores mais caros ao homem, ao assinalar que também "*comete ato ilícito o titular de um direito que, ao exercê-lo, excede manifestamente os limites impostos pelo seu fim econômico ou social, pela boa-fé e pelos bons costumes*" (art.187).

Na aparência, o dolo significa um mal individual, circunscrito à relação jurídica em que se enfronha, como se lesasse apenas a parte vítima do ardil, que manifestou a vontade com base na transfiguração da realidade.

No entanto, o dolo, se implica uma doença que contamina a relação jurídica definida por interesses pessoais de seus protagonistas, o que gera a ideia de que seus efeitos apenas se particularizam, constitui, outrossim, um mal que penetra na esfera do interesse coletivo, à medida que prejudica a sociedade, como um todo, com a deseducação dos valores morais e éticos.

Assim, o dolo deveria ter sido tratado com mais acerbidade pela legislação, com punição mais severa e pungente contra o agente que, intencionalmente, ludibria a boa-fé, valor de extrema importância para a sociedade.

Caracterização e pressupostos do dolo – O dolo[133] se caracteriza por uma ação ou omissão do agente que, intencional e maliciosamente, produz ou permite a geração de um engano no juízo da contraparte, com o escopo de oportunizar-lhe uma vantagem ou um benefício.

No dolo, há intuito, o propósito, o querer, o ânimo de enganar, fingir, esconder, mascarar, embair, adoperar a realidade a que se conecta o negócio jurídico de que faz parte a vítima.

A intenção do agente em industriar a ilusão, por conseguinte, constitui pressuposto essencial na caracterização do dolo.

Engenha-se o dolo para seduzir a parte a produzir o negócio jurídico, a qual fora contaminada pelo ardil, que lhe rouba o pleno conhecimento ou visível percepção de todas as condições de que depende a razão de sua vontade.

Perde a parte a qualidade substancial da realidade em cujo perímetro se processa o ato ou o negócio jurídico.

Vítima do engano ou do logro que lhe gera uma apropriação defectiva da realidade, a parte emite uma vontade quebrantada, sem escora que lhe mantenha firmemente estruturada no plano da validade.

Com o dolo, pretende a parte, para si ou para outrem, uma vantagem, um benefício ou um proveito, independentemente da natureza jurídica, ainda que não o venha a alcançar.

133 No direito penal, define-se dolo como a vontade consciente do agente que quis o resultado ou assumiu o risco de produzi-lo (v. art. 18, I, do CP). Há a vontade consciente de praticar conduta típica.

Portanto, irrelevante para caracterizar o dolo é a concreção do proveito a que pretendia o agente.

Devido ao dolo, o sujeito arrecada o conhecimento em engano, segundo o desenho ardiloso tecido pelo enganador doloso, que, ao deformar a realidade, o faz como cilada para atrair a vontade da vítima e, fundamentalmente, obter uma vantagem.

Pretende o agente do dolo produzir o negócio jurídico para obter uma vantagem, com maquiagem, cooptando a vontade da vítima, a qual se revela substanciada em um logro.

Como no erro essencial, o resultado que a vontade gerada por falseamento produziu rivaliza com o resultado que a vontade deveria ter produzido, com a diferença e a agravante de que, no dolo, um protagonista, intencionalmente, o arquitetou.

Destaque-se que o fator que diferencia o dolo do erro repousa na geração do defeito ou vício.

No dolo, o agente, intencionalmente, com artifícios ardilosos, produz as condições para induzir a vítima ao erro; no erro, o equívoco na captação da realidade pelo agente não tem sede na vontade da parte que, em tese, se beneficia.

No erro, o fenômeno é espontâneo, sem dolo; no dolo, o fenômeno é deliberado, com erro.

Há consciência no dolo; enquanto no erro, inconsciência.

Assim, o dolo, ao contrário do erro, sempre será induzido, provocado, instigado por quem persegue uma vantagem haurida num negócio jurídico (ato jurídico).

O comportamento doloso do sujeito que, sabidamente, pretende, ao enganar a outrem numa relação jurídica, obter um vantagem pode ser: a) positivo; b) negativo.

Diz-se dolo positivo o artifício ativado e industriado pelo agente que age e maquina, construtivamente, na produção do ardil, para gerar um conhecimento errático na vítima.

Considera-se dolo negativo (omissivo)[134] a abstenção silenciosa e deliberada do agente que, assim, sonega da vítima um fato ou uma qualidade pertinente a um dos elementos do negócio jurídico, nuclear à construção da vontade.

Destaque-se que o dolo positivo (comissivo) e o dolo negativo (omissivo), enquanto causa do negócio jurídico, produzem a mesma consequência jurídica, razão por que se afirma que inexiste diferença do resultado ardiloso.

Art. 146. ***O dolo acidental só obriga à satisfação das perdas e danos, e é acidental quando, a seu despeito, o negócio seria realizado, embora por outro modo.***

Dolo causal (essencial) e dolo acidental (incidental) – Em revista à sua conceituação, o dolo se define pela conduta do agente, positiva ou negativa, mediante a qual, com consciência e malícia, engana, no engenho do negócio jurídico (ou ato jurídico), a vítima, em cuja cognição incute um erro, para obter uma vantagem, que lhe aproveite ou a terceiro.

Diz-se, assim, que o dolo se caracteriza por uma ação ou omissão do agente que: a) intencional e ardilosamente fecunda um erro no juízo da contraparte; e b) persegue uma vantagem ou um benefício.

Insere-se na alma do agente o propósito de tecer uma operação de que o erro resulta como causa que seduz a vítima a manifestar ou declarar a vontade na produção do negócio jurídico, sempre para beneficiar-se com uma vantagem, ainda que não se consuma.

Faz-se necessário ressaltar que há diferença na qualidade, intensidade e influência do comportamento enganoso sobre o processo de formação da vontade, mediante o qual o agente golpeia a boa-fé da vítima, induzindo-a a erro.

Ao distinguir o grau do comportamento doloso, o Código Civil trata do dolo **causal (essencial)** e do dolo **acidental (incidental)**.

Na verdade, advirta-se que inexiste um tratamento que se possa considerar, tecnicamente, louvável, porque o Código Civil, se já não fosse censurável a conceituação, ao fazê-la, esbanjou discriminação.

---

134 Para o direito penal, a omissão, estabelece o § 2º do art. 13 do CP, é penalmente relevante quando o omitente devia e podia agir para evitar o resultado. O dever de agir, prossegue § 2º, do art. 13 do CP, incumbe a quem: a) tenha por lei obrigação de cuidado, proteção ou vigilância; b) de outra forma, assumiu a responsabilidade de impedir o resultado; c) com o comportamento anterior, criou o risco da ocorrência do resultado.

Para o dolo essencial, o Código Civil, no art. 145, reservou a seguinte oração: "*São os negócios jurídicos anuláveis por dolo, quando este for a sua causa*".[135]

Para o dolo acidental, o Código Civil, no art. 146, o define sem muita técnica: "*é acidental quando, a seu despeito, o negócio seria realizado, embora por outro modo*".

Conclui-se, assim, que o texto legal definiu apenas o dolo acidental, sem conceder o mesmo tratamento ao dolo essencial.

Para o legislador, considera-se como dolo principal (***dolus causam dans***) aquele que constitui a causa nuclear em decorrência da qual se gerou o negócio jurídico; o dolo acidental (***dolus incidens***), aquele que, com repercussão secundária no negócio jurídico que de toda sorte seria implementado, concorre para que a vítima o realize em condições menos vantajosas e mais onerosas.

Colhem-se consequências distintas para o dolo principal e para o dolo incidental.

Assim, além da diferenciação quanto à intensidade da causa determinante para o engenho do negócio jurídico, a presença do dolo principal ou do dolo acidental produz efeitos jurídicos dessemelhantes.

O dolo principal carrega o negócio jurídico à anulação; o dolo acidental, à satisfação das perdas e danos.

Com o dolo principal, o negócio jurídico pode perder a eficácia, ao declarar-se-lhe anulado.[136]

Com o dolo acidental, o negócio jurídico, ainda assim, se conserva, obrigando apenas à satisfação das perdas e danos.[137]

Pela influência do dolo principal, à vítima retira-se o domínio sobre a qualidade substancial da realidade a cujo núcleo se atrela o ato ou o negócio jurídico; no acidental, apenas um aspecto ou uma particularidade importante, mas sem caráter decisivo à celebração do negócio jurídico.

---

135 A redação do art. 92 do Código Civil revogado, praticamente, se repetiu - confira: "*Os atos jurídicos são anuláveis por dolo, quando este for a sua causa*".

136 O negócio jurídico, ainda que contaminado pelo dolo principal revelado, pode se sujeitar ao regime da ratificação pelas partes que o protagonizaram, salvo se manobram contra direito de terceiro, conforme assertiva do art. 172 do Código Civil: "*O negócio anulável pode ser confirmado pelas partes, salvo direito de terceiro*". Trata-se da relativização do dolo e do seu confinamento à esfera meramente privada, quando o instituto deveria ser lidado como expressão e comportamento que estimulam o crescimento da falta de ética e da escassez da boa-fé nas relações jurídicas.

137 Provado o dolo acidental

Em ambos, há o engano ou o logro mediante o qual se engenham as condições a que vítima absorva uma realidade defectiva.

O que difere, porém, é a relevância ou a qualidade de um ou de outro para o negócio jurídico, haja vista que, no principal, o dolo é a causa e, no acidental, uma circunstância.

Anulação e reparação do dano ou prejuízo no dolo principal ou no dolo acidental – Numa leitura avexada, o intérprete poderia ser conduzido a sedimentar premissa equívoca em relação à consequência da contaminação do negócio jurídico pelo dolo principal ou pelo dolo acidental.

Já se colheu a assertiva de que dolo principal e o dolo acidental ingressam na ordem jurídica sob a gestão de efeitos diferentes.

Relembre-se: para o dolo principal, prescreve a lei a anulação do negócio jurídico; para o dolo acidental, confere à vítima a pretensão das perdas e danos.

No que tange ao dolo acidental, inexiste dúvida: a sua presença somente justifica as perdas e danos, porquanto ao patrimônio da vítima não se junta a faculdade de postular, cumulativamente, a anulação do negócio jurídico.

Preserva-se o negócio jurídico, ainda que influenciado pelo dolo acidental.

No que concerne ao dolo principal, certamente o mais relevante, a sua presença, diz o legislador, faz o negócio jurídico anulável, como se fosse a única reserva jurídica de que dispusesse a vítima.

No entanto, inquietaria o senso de justiça se, vítima do dolo principal, a parte apenas pudesse postular a anulação e, por conseguinte, o simples desfazimento do negócio jurídico.

Não se deve resistir à premissa de que, no dolo causal ou principal, assiste à vítima o direito de bosquejar, em cumulação, a anulação do negócio jurídico e a reparação dos prejuízos experimentados, alcançando as perdas e danos.

Assim, sacrifica-se o negócio jurídico, com a restituição das partes ao estado anterior, sem enfraquecer o direito de a vítima prejudicada perseguir as perdas e os danos, causados pelo comportamento ardiloso da contraparte.

Ressalte-se que, ordinariamente, se sobrecarrega a vítima com ônus de provar o dolo e de demonstrar as perdas e danos, que abrangem o que ela efetivamente perdeu e o que razoavelmente deixou de lucrar.[138]

No entanto, em se tratando de negócio jurídico argolado à relação de consumo, o ônus da prova do dolo se inverte a favor do consumidor, "*quando, a critério do juiz, for verossímil a alegação ou quando for ele hipossuficiente, segundo as regras ordinárias de experiências*".[139][92]

Sublinhe-se que, em decorrência de expressa ressalva do Código Civil[140][93] (art. 403), as perdas e danos só comportam ou incluem, ainda que a inexecução resulte do dolo do devedor, os prejuízos efetivos e os lucros cessantes por efeito dela direto e imediato, sem prejuízo do disposto na lei processual.

A regra não limita a extensão dos prejuízos, mas apenas exige relação de causalidade entre a inexecução e os prejuízos experimentados pela vítima.

> ***Art. 147. Nos negócios jurídicos bilaterais, o silêncio intencional de uma das partes a respeito de fato ou qualidade que a outra parte haja ignorado, constitui omissão dolosa, provando-se que sem ela o negócio não se teria celebrado.***

Silêncio doloso – Já se registrou que o dolo pode ser positivo ou negativo (omissivo), para cuja concreção ocorre, respectivamente, uma ação ou uma omissão mal-intencionada do agente.

Tanto no positivo quanto no negativo, a vítima arrebanha o conhecimento em equívoco ou em erro, por força do ardil confeccionado pelo agente do dolo, que age para deformar ou sonegar a realidade, com o intuito de atrair e

---

138 Art. 402 do Código Civil: "*Salvo as exceções expressamente previstas em lei, as perdas e danos devidas ao credor abrangem, além do que ele efetivamente perdeu, o que razoavelmente deixou de lucrar*".

139 O Código de Defesa de Defesa do Consumidor (Lei 8.078/90) insere entre os direitos básicos do consumidor, relacionados ao ônus da prova: a) a facilitação da defesa de seus direitos, inclusive com a inversão do ônus da prova, a seu favor, no processo civil, quando, a critério do juiz, for verossímil a alegação ou quando for ele hipossuficiente, segundo as regras ordinárias de experiências (art. 6º, VIII); b) o ônus da prova da veracidade e correção da informação ou comunicação publicitária cabe a quem as patrocina (art. 38); e c) a consideração de abusiva a cláusula que estabeleça a inversão do ônus da prova em prejuízo do consumidor (art.51, VI).

140 O atual art. 402 do Código tem correlação com o art. 1060 do Código Civil revogado, com a diferença de que incluiu a expressão: "*sem prejuízo do disposto na lei processual*". A nova disposição legal abre importante fronteira à lei processual que poderá disciplinar matéria que, tradicionalmente, se reservava ao império da lei material.

granjear a vontade da vítima e, em sequência, locupletar-se com uma vantagem, em decorrência do negócio jurídico.

O dolo omissivo é aquele em que uma das partes, com ânimo de obter uma vantagem, silencia intencionalmente sobre um fato ou qualidade de que a contraparte deveria ter conhecimento, porque, se fosse de sua ciência, o negócio jurídico não se realizaria.[141]

O alheamento da parte, gerado pelo silêncio intencional daquele que persegue a vantagem, constitui omissão dolosa, deliberada na consciência do malfeitor, que sonega um fato ou uma qualidade que interferiria na vontade da vítima, a ponto de frustrar a confecção do negócio jurídico.

Há silêncio intencional de uma das partes, caracterizando-se omissão dolosa, sobre: a) um fato, juridicamente relevante à produção da vontade do negócio jurídico a que ele interessava; ou b) uma qualidade relativa: b.1.) ao negócio; b.2.) ao objeto; d) à identidade ou qualidade da pessoa; ou d) o efeito e o alcance de disposição encartada na lei ou no contrato.

Sonegar um fato significa esconder um acontecimento de relevância jurídica que, direta ou indiretamente, se conecta ao negócio jurídico, celebrado porque houve omissão dolosa.

Para caracterizar-se a omissão dolosa, o fato há de ter relação com o negócio jurídico aviltado, capaz de repercutir-lhe.

Impõe-se, também, que o fato seja do prévio e pleno conhecimento da parte que, pois, deliberadamente, o sonega.

O domínio parcial ou fracionado sobre o fato, sem a completude que lhe permita a exata compreensão, não tem a latitude jurídica capaz de confirmar a presença do pressuposto do silêncio intencional no negócio jurídico.

No entanto, o domínio imperfeito ou incompleto sobre o fato carece, apenas em tese, de força jurídica para assentar a premissa de que há omissão dolosa do agente, haja vista que, se o conhecimento de fragmentos já for o bastante para que o negócio deixe de ser realizado, se sustenta a arguição do vício.

---

141 Art. 147 do Código Civil: "*Nos negócios jurídicos bilaterais, o silêncio intencional de uma das partes a respeito de fato ou qualidade que a outra parte haja ignorado, constitui omissão dolosa, provando-se que sem ela o negócio não se teria celebrado*".

Logo, não importa a quantidade do conhecimento sobre o fato, mas a relação e a interferência que ele, ainda que fragmentado, exerceria sobre a construção da vontade.

O silêncio intencional de uma das partes pode ser, ao lado do fato, também sobre a qualidade, que pode representar qualquer particularidade ou circunstância relacionada: a) ao negócio; b) ao objeto; c) à pessoa; ou d) ao efeito e o alcance de disposição encartada na lei ou no contrato.[142]

O importante é que o agente do dolo, com o silêncio, produza o negócio jurídico para obter uma vantagem para si ou para outrem, cooptando a vontade da vítima, a qual se revela fruto de um logro, em face à sonegação de uma informação, de cuja ciência se privou a parte.

Silêncio intencional doloso e silêncio necessário legal por força de sigilo profissional – No sistema jurídico, há o silêncio intencional doloso e o silêncio necessário legal por força de sigilo profissional.

O silêncio intencional doloso constitui infração, razão por que deve ser evitado; o silêncio necessário legal por força de sigilo profissional implica obrigação, motivo pelo qual deve ser conservado.

Num, a parte deveria falar e não fala; noutro a parte não deveria revelar e não revela.

O silêncio intencional doloso arrasta o negócio jurídico à anulação; enquanto o silêncio necessário legal protege a relação jurídica.

Percebe-se, pois, que, no silêncio intencional, há obrigação de a parte transferir ao conhecimento da outra uma informação a respeito de fato ou de qualidade que se relaciona, de maneira relevante, com negócio jurídico; no silêncio necessário, veda-se.

O silêncio intencional e o silêncio necessário aforquilham-se, respectivamente, em dever de revelação ou em dever de guarda de um fato, com consequências jurídicas díspares.

---

142 Cada uma dessas situações foi analisada quando se examinou o erro essencial. É perfeitamente possível que a omissão dolosa se dê em relação a efeito ou alcance de determinada regra inserida na lei ou no contrato, sonegado intencionalmente por uma parte a quem caberia prestar a correta informação, como, por exemplo, nas relações jurídicas em que se conectam um profissional do direito e um cliente, situação em que o técnico tem o dever de esclarecer-lhe.

Aspecto relevante sobre o silêncio intencional se reserva aos casos em que há a obrigação do sigilo profissional, imposto àquele que deve guardar segredo colhido por força do exercício do ofício, ao tempo em participa de negócio jurídico.

Em outras palavras, como se supera o conflito entre o silêncio intencional e o silêncio necessário, quando ambos coexistem numa determinada situação jurídica de acordo com a qual o agente, ciente e conhecedor de um fato ou qualidade, não o revela, posto que colhido na seara do sigilo profissional.

A Constituição assegura a todos o acesso à informação e resguardo da fonte, quando necessário ao exercício profissional.[143]

Perscruta-se, por conseguinte, que o texto constitucional protege o sigilo profissional,[144] sem a pretensão, porém, de extremá-lo, de tal sorte que, em cotejo com outro princípio, se exige trabalho hermenêutico que se compatibilize com o bom senso e preserve a boa-fé.

Diz-se, pois, que a regra que impõe o dever do sigilo profissional não é absoluta, embora possa configurar crime,[145] situação em decorrência da qual comporta exceção, conforme preceitua o Código de Processo Civil,[146] em relação ao depoimento da parte sobre fatos nas ações de filiação, separação, divórcio e de anulação de casamento.

Sem dúvida, por manifesta inconciliabilidade entre o dever de revelar, pelo princípio da boa-fé, e o dever de guardar, pelo princípio do sigilo profissional, incompatibiliza-se o agente, como impedimento incontornável, a protagonizar o negócio jurídico em condições segundo as quais se exija a dupla obrigação, também de cunho ético.

No caso, se impõe ao agente que se abstenha de participar do negócio jurídico, como imperativo da boa-fé e da legalidade, preservando-se a qualidade das relações jurídicas.

---

143 Art. 5º, XIV, da Constituição Federal.

144 A propósito do sigilo profissional de determinadas categorias profissionais, confiram-se as seguintes: advogado (Lei 8.906/94 – Estatuto da Advocacia e da OAB; jornalista (Lei 5.250/67; servidor público (Lei 8.112/90; bancário (Lei Complementar 105/2001).

145 Art. 154 do Código Penal, prevendo pena de detenção, de 3 (três) meses a 1 (um) ano, ou multa diz que "*Revelar alguém, sem justa causa, segredo, de que tem ciência em razão de função, ministério, ofício ou profissão, e cuja revelação possa produzir danos a outrem*".

146 "Art. 347. *A parte não é obrigada a depor de fatos: I – criminosos ou torpes, que lhe forem imputados; II – a cujo respeito, por estado ou profissão, deva guardar sigilo. Parágrafo único. Esta disposição não se aplica às ações de filiação, de desquite e de anulação de casamento*".

Por fim, cumpre ressaltar que, quando rompe o limite da boa-fé, com ruptura grotesca, o sigilo profissional, que é dever-direito, não escuda o faltoso que esconde o fato com o intuito de colher vantagens e proveitos em prejuízo do lesado.

Art. 148. ***Pode também ser anulado o negócio jurídico por dolo de terceiro, se a parte a quem aproveite dele tivesse ou devesse ter conhecimento; em caso contrário, ainda que subsista o negócio jurídico, o terceiro responderá por todas as perdas e danos da parte a quem ludibriou.***

Dolo de terceiro – Pela definição de dolo, como conduta do agente que, na condição de parte, figura na produção do negócio jurídico, com o ânimo de, ardilosamente, enganar, para granjear, em seu proveito ou de terceiro, o concurso da manifestação de vontade da contraparte, a quem se lesa, da qual colhe uma vantagem ou benefício, verifica-se que o fenômeno que vicia a relação jurídica se processa, em caráter ordinário, entre os seus protagonistas diretos.

Incluem-se entre os pressupostos do dolo: a) o intuito de enganar com o objetivo de obter uma vantagem ou benefício; b) o concurso da vontade da parte lesada, forjado por força do engano (erro) a que fora atraída; e c) a geração por uma das partes contraentes do negócio jurídico.

Pressupõe-se que o dolo resulte, ordinariamente, de artifício ardiloso da parte que integra o negócio jurídico, engenhado porque a contraparte foi enganada.

No entanto, ao lado do dolo da parte, fala a lei em dolo do terceiro e dolo do representante legal ou do representante convencional.

O dolo de terceiro é aquele com gênese no comportamento ardiloso, construído por quem não integra o negócio jurídico, de cujos pólos não faz parte.

Terceiro expressa a pessoa estranha ao negócio jurídico (ato jurídico), de cuja construção não participou quer na condição de parte quer na de simples interveniente.

Portanto, terceiro é aquele que não protagoniza nem intervém no negócio jurídico (ato jurídico), de que participam apenas as partes que se argolam.

A parte que sorvera ou devesse sorver o conhecimento do dolo pode até ter, por meio direto ou indireto, uma relação ou um vínculo com o terceiro, desde que não seja de caráter ou de natureza que se traduza em representação legal ou representação convencional, haja vista que a hipótese seria de dolo do representante da parte, ao invés do dolo de terceiro, com consequências jurídicas distintas.[147]

Terceiro, portanto, necessariamente é aquela pessoa alheia ao negócio jurídico, contaminado pelo dolo, mas não, obrigatoriamente, indiferente à parte que se aproveito do vício.

Dispõe a lei[148] que: a) o negócio jurídico pode, também, ser anulado por dolo de terceiro, se a parte a quem aproveite dele tivesse ou devesse ter conhecimento; e b) em caso contrário, subsistindo o negócio jurídico, o terceiro responderá por todas as perdas e danos da parte a quem ludibriou.[149]

Para que o negócio jurídico possa ser anulado em decorrência do dolo de terceiro, exige-se que a parte tenha ou devesse ter ciência do ludíbrio, de que se aproveita em prejuízo da contraparte enganada.

Na hipótese, o dolo de terceiro se recepciona, sem se confundir, pelo dolo da própria parte que tinha ou devia ter conhecimento da manobra ardilosa do terceiro, situação mediante a qual, conscientemente, contribui para a projeção de um engano no juízo da contraparte, mesmo ciente do erro.

Certamente, o dolo da parte é, por conseguinte, ter conhecimento do dolo do terceiro e, mesmo assim, levar a cabo o negócio jurídico, cuja consumação causa lesão e prejuízo à vítima.

Subsiste na parte o propósito de conservar o engano sobre a realidade da qual tinha conhecimento, transformada pelo dolo de terceiro a que se conecta o negócio jurídico de que faz parte a vítima.

A intenção da parte não consiste em produzir outro engenho ilusório, mas apenas se aproveita do já gerado pelo terceiro, de cujo dolo tem conhecimento.

Em outra dicção: o agente (parte) não confecciona um dolo específico para seduzir a contraparte a gerar o negócio jurídico, haja vista que o ardil se estruturou na disposição do terceiro, mas apenas se põe em silêncio.

Essa característica sugere que, no dolo de terceiro, o dolo da parte que participa do negócio jurídico consiste na conduta que implica dolo omissivo,

---

147 Art. 149 do Código Civil trata do dolo do representa legal e do representante convencional, de acordo com o qual "*o dolo do representante legal de uma das partes só obriga o representado a responder civilmente até a importância do proveito que teve; se, porém, o dolo for do representante convencional, o representado responderá solidariamente com ele por perdas e danos*".

148 Art. 148 do Código Civil.

149 O art. 148 do Código Civil corresponde ao art. 95 do Código Civil revogado, que dizia: "*Pode também ser anulado o ato por dolo de terceiro, se uma das partes o soube*".

porquanto, conhecendo ou devendo conhecer o erro, ainda assim atrai a vontade do lesado, em logro.

Há um silêncio intencional da parte que se aproveita do dolo de terceiro. Logo, há omissão dolosa.

Destaque-se que o texto legal amplia a possibilidade de desqualificação do negócio jurídico por dolo do terceiro, já que também admite, para anulá-lo, a hipótese em que devesse a parte ter conhecimento do embuste.

Assim, para a lei, as duas premissas fáticas – a parte teve ou devesse ter conhecimento do dolo de terceiro – têm a mesma propriedade, razão por que arrastam o negócio jurídico à anulação.

A regra equipara a **certeza do saber** à **presunção do dever saber** do dolo, de tal sorte que os efeitos do *ter conhecimento* e do *dever ter conhecimento* confluem para o mesmo destino: anulação do negócio jurídico.

No ***ter conhecimento***, a parte tem ciência, domínio, do dolo de que se aproveita pelo silêncio, ao concretizar o negócio jurídico; no ***dever ter conhecimento***, ainda que a parte não tenha, deveria, porém, ter ciência, situação que lhe sobrecarrega, por força de uma culpa presumida, haja vista que, na sua conduta, há uma imprudência, uma negligência ou, mesmo, uma imperícia.

No ***ter conhecimento***, a parte conhece o dolo, sabe, ainda que fortuita ou despretensiosamente, que o terceiro ilaqueou a realidade, malgrado não tivesse a obrigação de sabê-lo; no *dever ter conhecimento*, a parte não conhecia o dolo, mas tinha a obrigação de saber de sua existência, necessária e essencialmente, em face de um dever preexistente.

O dever preexistente se afere pelas características ou particularidades do agente em cotejo com a realidade, de cujo resultado promana o juízo que dita o entendimento de que sobre ele pesava a obrigação de conhecer o dolo.

Não é necessário que o agente haja com má-fé, hipótese em que concorria com dolo próprio a que se juntaria o dolo de terceiro; basta, pois, que tenha se comportado com desleixo, sem empenho, sem cuidado, sem técnica.

Nem sempre o dever do conhecimento que se exige à parte decorre de uma obrigação legal, com suporte numa lei ou num contrato.

A regência sobre a obrigação de a parte ter conhecimento, por conseguinte, pode, também, resultar apenas de circunstâncias relacionadas à própria pessoa, por força das quais deveria estar anelada ao fato jurídico ou social, com a proximidade necessária e suficiente para exercer uma correta cognição.

Há evidências que autorizam a presunção de que a parte gozava, pelas condições e circunstâncias, de uma capacidade que lhe credenciava a ter conhecimento sobre o fato e, pois, o dolo.

Assim é que se a parte devesse ter tido, mas não teve, submete-se, porém, ao regime em que a equipara a parte que teve conhecimento do dolo de terceiro, desalojando o negócio jurídico do circuito da legalidade.

Para se superar as dificuldades relacionadas ao **dever ter conhecimento** do dolo, uma das premissas necessárias à anulação do negócio jurídico, ao lado do **ter conhecimento do dolo**, somente com a dissecação do caso concreto, descortinando os fatos e estudando as personagens envolvidas, o juiz haverá de editar uma decisão inteligente e justa.

Efeitos jurídicos do dolo de terceiro em face à parte que o desconhecia e nem tinha o dever de o conhecer – No novo Código Civil, há, como já se examinou, uma disciplina jurídica que, em relação ao dolo de terceiro, se enriquece.

Relembre-se que a regra anterior limitava-se a prescrever que a anulação do negócio jurídico – falava em ato jurídico – dar-se-ia, por dolo de terceiro, "*se uma das partes sabia*".[150]

O texto atual adornou a questão com tratamento jurídico enriquecedor, ao conceber dois desenhos relacionados ao conhecimento da parte sobre o dolo de terceiro, segundo os quais o negócio jurídico poderá ser anulado se: a) a parte tinha ciência do embuste; e b) a parte deveria ter ciência do ardil.

É assim que, nas duas hipóteses – **ter conhecimento** (a parte sabia do dolo, mas silencia) e **dever ter conhecimento** (a parte, conquanto não soubesse, tinha o dever de saber do dolo) –, a seiva do negócio jurídico não é de boa cepa, razão por que se lhe sujeita ao regime da anulação.

Há, ainda, uma outra conjectura legal, em conformidade com a qual a parte não tinha nem devia ter conhecimento do dolo de terceiro, situação que recebe tratamento jurídico diferente.

No caso em que desconhecia e nem tinha a obrigação de conhecer o dolo do terceiro, que repercute no negócio jurídico de cuja concretização se beneficia inconscientemente, a parte, ausente a má-fé, não concorre, por vontade própria, para o infortúnio da contraparte lesada, razão por que não sofre sanção jurídica.

---

150 Art. 95 do Código Civil revogado.

Malgrado haja vulneração na qualidade do negócio jurídico de que comparticipa, protege-se a parte que não conhecia ou não tinha o dever de conhecer o dolo de terceiro.

Não seria justo que a insciência da parte contratante, ao tempo em que poupasse o negócio jurídico e o terceiro que engendrou o dolo, desarmasse o direito da vítima lesada, sem que lhe conferisse tutela jurídica alguma.

Por conseguinte, se insciente a parte contratante, não se lhe imputa responsabilidade pelo dolo do terceiro, sobre quem sopesa a obrigação de suportar as perdas e danos da parte a quem ludibriou.

Conserva-se o negócio jurídico, mas se pune o terceiro que gerou o dolo, impondo-lhe a obrigação de responder por perdas e danos, sofridos pela parte a quem ludibriou.

A solução concebida pelo legislador, ao preservar o negócio jurídico e punir o terceiro, se pretende, pois, proteger a parte insciente do dolo, prestigia uma alternativa jurídica que visa a salvaguardar-lhe a boa-fé e custodiar a segurança das relações jurídicas.

No entanto, nem sempre a intangibilidade do negócio jurídico significará ou representará alternativa equidosa, ainda que se confira, consoante prescreve a lei, à parte lesada o direito de postular perdas e danos contra o terceiro que produziu o dolo.

A solução justa seria a de conferir à parte prejudicada pelo dolo de terceiro, mesmo quando alheio à parte beneficiada, a prerrogativa de postular, alternativamente: a) a anulação do negócio jurídico envolvendo o partícipe; ou b) as perdas e danos ao terceiro, conforme a solução que lhe fosse menos traumática ou prejudicial.

Ora, a vontade, tivesse a parte prejudicada juízo do dolo de terceiro, não seria manifestada ou declarada na condição em que se propagou o erro, então escondido, perspectiva pela qual se constata que o negócio jurídico surgiu debilitado, considerando que um de seus essenciais pressupostos sofrera a investida do vício de consentimento.

Prestigiar, com essa particularidade, o negócio jurídico na cidadela que o faz viçoso e inatacável, ainda que seja medida necessária a valorizar a segurança das relações jurídicas, sem abrir ao lesado a fronteira da anulação, como opção às perdas e danos, pode significar culto excessivo à forma, em prejuízo à verdadeira intenção, baluarte da regra de hermenêutica.

Assim, faz-se imperioso que o juiz realize uma construção inteligente, capaz de harmonizar os interesses cotejados, de tal sorte que examine, diante do caso concreto, se a parte, mesmo que insciente do dolo, de boa-fé, granjeou vantagens descomunais em prejuízo da parte lesada, a ponto de ser necessário que, ao invés das perdas e danos, lhe albergue a pretensão anulatória do negócio jurídico.

Trata-se de escolher o remédio jurídico que melhor preserve o princípio que, no caso materializado, tem a primazia na realização da justiça.

Art. 149. ***O dolo do representante legal de uma das partes só obriga o representado a responder civilmente até a importância do proveito que teve; se, porém, o dolo for do representante convencional, o representado responderá solidariamente com ele por perdas e danos.***

Dolo do representante legal e dolo do representante convencional – Trabalha o Código Civil, além do dolo da parte e do dolo de terceiro, com o dolo do representante legal ou do representante convencional.[151]

A norma concebe: a) o dolo do representante legal; b) o dolo do representante convencional.[152]

Considera-se dolo do representante legal ou convencional o comportamento do representante da parte, que, munido de um poder derivado da lei ou do contrato, intervém na produção do negócio jurídico, em nome do representado, com o intuito de, maliciosamente, enganar a contraparte, roubando-lhe a manifestação de vontade, em seu benefício ou da parte que representa ou de terceiro.

Nessa espécie, o próprio agente do dolo participa, sem ser parte, do negócio jurídico, na condição de representante da parte representada, por força da lei ou da convenção.

Portanto, difere do dolo de terceiro, porque: a) necessariamente há uma relação jurídica entre o representante e a parte, a quem representa no negócio

151 Art. 149 do Código Civil.

152 O Código Civil anterior desconhecia a distinção entre o dolo do representante legal e o dolo do representante convencional, limitando-se a prescrever: "*Art.96. O dolo do representante de uma das partes só obriga o representado a responder civilmente até a importância do proveito que teve*".

jurídico; b) há uma intervenção direta do representante no negócio jurídico, em nome do representado.

Com propriedade e inteligência, o texto atual, pelas inegáveis particularidades com que se distinguem a representação legal e a representação convencional,[153] seccionou-lhes os efeitos jurídicos, tratando-as diferentemente.

Em caso de dolo do representante legal, o representado responde civilmente até a importância do proveito que teve; na hipótese de dolo do representante convencional, o representado responde solidariamente com ele por perdas e danos.[154]

O tratamento diferenciado se justifica, haja vista que: a) a representação legal tem fonte na disposição da lei, sem o concurso da vontade do representado, a quem não se transfere o poder de escolher o representante; e b) a representação convencional tem origem na disposição da vontade da parte, com o concurso do representado, a quem se confere a faculdade de constituir o representante, a seu nuto.

Trata-se de duas situações bem diferentes no nascimento jurídico, razão pela qual merecem tratamentos díspares.

Gradua-se a punição conforme o grau da qualidade da privação por que passa o representado na escolha do representante: a) na legal, diminui-se a sanção; e b) na convencional, aumenta-se a sanção.

Destaque-se, contudo, que ambas conduzem o negócio jurídico à anulação, assistindo, ainda, à parte lesada, o direito de ressarcir-se de todos os prejuízos que experimentou: a) na legal, contra o representante e o representado, que responde apenas até o limite do proveito que teve; b) na convencional, contra o representante e o representado, que respondem, solidariamente, por perdas e danos.

Art. 150. Se ambas as partes procederem com dolo, nenhuma pode alegá-lo para anular o negócio, ou reclamar indenização.

153 A representação consiste no meio jurídico com que o representante, investido de poderes havidos por força de lei ou porforça de convenção, se credencia e se habilita a praticar atos em nome e no interesse do representado. O nosso sistema jurídico comporta dois meios de representação: a) o legal, em que a própria lei a estabelece, em decorrência da qual nascem os poderes do representante; e b) o convencional, em que próprio interessado a constitui, em conformidade com a qual se desenham os poderes.

154 Art. 149 do Código Civil.

Dolo recíproco – Considera-se dolo recíproco a mutualidade do comportamento das partes, mediante o qual cada uma se vitima do engano ou do logro da outra, fenômeno que causa uma apropriação defectiva da realidade que se projeta sobre as vontades adoentadas com que se confecciona o negócio jurídico.

No dolo recíproco ou mutual, as partes do negócio jurídico procedem com embuste e pretendem, para si ou para outrem, uma vantagem ou um proveito.

A regra jurídica pune as partes do dolo recíproco: a) ao conservar o negócio jurídico, já que interdita que uma delas alegue o vício para anulá-lo; e b) ao toldar o direito a reclamar indenização.

Cuida-se de uma solução muito particular, imaginada pelo viés privado e seduzida pela ideia de que dolo recíproco deve ser tratado, por não ser um comportamento socialmente relevante, na esfera da intimidade das partes envolvidas.

No entanto, a lei poderia ter instilado a regra que conferisse ao ministério público, conforme a gravidade e a relevância do dolo recíproco, que constitui, sim, um comportamento social que exige combate firme, como meio de erradicação da má-fé nas relações sociais e jurídicas, poder para postular a anulação do negócio jurídico.

Seção III
Da Coação

Art. 151. A coação, para viciar a declaração da vontade, há de ser tal que incuta ao paciente fundado temor de dano iminente e considerável à sua pessoa, à sua família, ou aos seus bens.

Parágrafo único. Se disser respeito a pessoa não pertencente à família do paciente, o juiz, com base nas circunstâncias, decidirá se houve coação.

Coação – A qualidade da manifestação ou declaração de vontade constitui requisito seminal à validade do negócio jurídico (ou ato jurídico), razão por que o Código Civil forcejou a construção de um modelo legal mediante o qual se rejeita que se infiltrem vícios ou defeitos no processo de sua geração, capazes de comprometer a verdadeira intenção do agente.

Repugna ao sistema legal que o negócio jurídico seja erigido por inspiração de uma vontade doente, contaminada por vícios internos ou externos que ingressam no sistema de geração do agente.

Protege-se o processo mediante o qual o agente obra a sua vontade na confecção de um negócio jurídico (ou ato jurídico).

Impõe-se que as condições e as circunstâncias em que o agente realiza a construção da sua vontade se revelem normais e regulares, sem a influência de fatores que a viciam, projetando, por conseguinte, resultado diferente daquele perseguido.

A vontade apta a gerar negócio jurídico válido reclama a eliminação das patologias que o influenciam na projeção no mundo jurídico.

Entre as doenças que sugilam a validade do negócio jurídico se acha a coação, como constrangimento que intimida, sob ameaça, o agente, de cuja intimidade se arranca, coercitiva e antijuridicamente, uma vontade.

A coação se insere entre as causas que geram a anulação do negócio jurídico, porque vicia a declaração de vontade, extraída do agente mediante ameaça ou intimidação.[155]

A coação consiste no comportamento que exprime uma violência moral (*vis compulsiva*) ou física (*vis absoluta*), por força da qual se subtrai da vítima a condição de emitir uma manifestação de vontade livre e, porque lhe incute fundado temor de dano iminente e considerável, capaz de lesionar-lhe ou à sua família ou aos seus bens, lhe arranca, pois, o assentimento para a produção de um negócio jurídico (ou ato jurídico).

Portanto, com a coação, o coator extrai do coacto uma vontade violentada, fruto de um constrangimento, de uma ameaça, suficiente a causar medo de dano ou lesão apreciável ao paciente (vítima), à família, ou aos seus bens, com a finalidade de produzir o negócio jurídico (ou ato jurídico).

Na coação, o agente tem ciência de que, ao emitir uma vontade constrangida, produzirá um negócio jurídico, cujo resultado lhe é prejudicial.

Tem o agente discernimento de que a emissão de sua vontade lhe ocasionará um prejuízo decorrente do negócio jurídico, emanado de um processo que o coage física ou psicologicamente.

155 Ao lado da coação, os seguintes vícios de consentimento empurram o negócio jurídico (ou ato jurídico) à anulação: erro, dolo, estado de perigo, lesão ou fraude.

Mas, assim mesmo, prefere produzi-lo a que venha sofrer um dano, segundo seu juízo colhido no plano íntimo, encavernado na cognição que, ao promover o cortejo entre a lesão resultante do negócio jurídico e a decorrente do ato extorquido, projeta a escolha, que faz eclodir o vício da coação.

O curioso é que o coator, mesmo cônscio de que o negócio jurídico (ou ato jurídico) produzido sob a influência da coação se sujeita, quando provada, ao regime legal da anulação, dispõe-se a assaltar a vontade do coacto, mediante o artifício da ameaça.

Diferentemente do negócio jurídico germinado em ambiente de erro – em que o agente incorre em equívoco quanto à correta compreensão sobre os elementos essenciais à formação de sua vontade – ou do dolo – em que se seduz o agente, com recursos ardilosos que infiltram enganos na produção de sua vontade –, na coação, o agente tem plena cognição da realidade, mas carece de liberdade.

Em outras palavras, das duas uma: a) emite a vontade defeituosa e, por conseguinte, gera, em seu prejuízo, o negócio jurídico que interessa ao coator; ou b) submete-se ao risco, fundado, de dano iminente e considerável à sua pessoa, à sua família, ou aos seus bens.[156]

Há coação quando o agente delibera e resolve liberar a manifestação ou declaração de vontade para produzir o negócio ou ato jurídico, preservando-se de um dano iminente e considerável à sua pessoa, à sua família, ou aos seus bens.

Evidencia-se que, se o agente resiste à ameaça e desarticula a produção do negócio jurídico, inexiste a coação.

Mas, frustrada a coação, pelo fato de o coacto ter vencido a intimidação, subsiste razão para que a vítima, ainda que não se consuma ou se concretize o dano, moral ou patrimonial, conforme pregava a ameaça, exerça pretensão de reparação de perdas e danos sofridos, segundo a natureza do sofrimento por que passou, causado pelo coator.[157]

---

156 Dispõe o art. 151 do Código Civil: "A *coação, para viciar a declaração da vontade, há de ser tal que incuta ao paciente fundado temor de dano iminente e considerável à sua pessoa, à sua família, ou aos seus bens*". No Código Civil revogado, a disposição encontra correspondência no art. 98, que assim dizia: "A *coação, para viciar a manifestação da vontade, há de ser tal, que incuta ao paciente fundado temor de dano à sua pessoa, á sua família, ou a seus bens, iminente e igual, pelo menos, ao receável do ato extorquido*". Num confronto das duas disposições, percebe-se que a mudança não se fez com aprofundada inovação, salvo pelo fato de que o dano que causa temor ao paciente, além de ser iminente, há de ser, agora, considerável, ao contrário da legislação velha que o queria igual, pelo menos, ao receável do ato extorquido. Persiste a subjetividade na formação do juízo de proporcionalidade.

157 Ato ilícito art. 186 do CC.

Logo, a tentativa da coação malograda produz efeitos jurídicos no plano civil, encasando-a na regra que autoriza a pretensão reparadora em face ao ato ilícito praticado por quem ameaçou, coagiu para arrancar um consentimento espúrio que, por resistência do coagido, não se concretizou.

Coação física e coação moral – A validade do negócio jurídico (ou ato jurídico) depende da qualidade da manifestação ou declaração de vontade, que deve ser livre, consciente e ciente.[158]

A produção do negócio jurídico pode se processar: a) com o consentimento da parte, em conformidade com a sua verdadeira vontade; ou b) com o consentimento da parte, mas contra a sua verdadeira vontade.

Quando o negócio jurídico se produz com o consentimento da parte, mas contra a sua vontade, arrancada mediante violência, há coação.[159]

Pela coação que se expressa numa violência física ou moral, persegue-se um consentimento para a feitura do negócio ou ato jurídico, sempre contra a vontade que, em situação de normalidade, seria manifestada de maneira repulsiva ou diferente.

A vítima não declara nem releva a sua verdadeira e própria vontade, apenas exprime, forçosamente, um consentimento que produz um negócio jurídico (ou ato jurídico) que atrai a anulabilidade.

A violência pode ser: a) **física**, que atua duplamente no campo físico e psicológico do paciente; ou b) **moral**, que opera apenas no campo psíquico.

A coação física se apresenta como: a) absoluta (total); e b) relativa (parcial).

Considera-se **coação física absoluta** o ato do coator em conformidade com o qual se emprega uma força que obsta completamente a que a vítima possa emitir consentimento.

Reputa-se **coação física relativa** a conduta do coator que se utiliza de uma força para extrair um consentimento do coacto contra a sua vontade.

---

158 Não basta que a vontade seja livre e consciente. Impõe-se, também, que seja ciente. No erro e no dolo, o agente revela uma vontade livre e consciente, mas sem a plena ciência, por força do equívoco espontâneo ou provocado.

159 Estabelece o art. 151 do Código Civil que: "*A coação, para viciar a declaração de vontade, há de ser tal que incuta ao paciente fundado temor de dano iminente e considerável à sua pessoa, à sua família, ou aos seus bens*".

Diz **coação moral** o procedimento do coator que infunde no espírito do coacto fundado temor de dano iminente e considerável à sua pessoa, à sua família, ou aos seus bens.

Na **coação física absoluta**, o sistema anímico da vítima sofre total inibição, incapacitado a projetar consentimento e inviabilizado a traduzir vontade, ainda que bruxuleante.

Trata-se da autêntica ***vis absoluta***, totalmente infecunda a gerar vontade, por cuja inexistência se impossibilita o nascimento de negócio jurídico.

Na ***vis absoluta***, o sêmen volitivo jamais ingressa em processo gerador, seja no campo interior ou seja no espaço exterior, razão por que inexiste negócio ou ato jurídico.

O negócio jurídico não se produz e, se na absurda hipótese em que se materializasse, seria atingido pela nulidade absoluta, em decorrência da qual todos os efeitos estariam esvaziados de valor jurídico.

Na **coação física relativa,** a vítima processa uma decisão e, porque submetida à violência de natureza material, emite um consentimento, mas fruto de uma vontade colhida por força do constrangimento, do medo ou do receio de que se expanda o ato coator, que já se apresenta com concreção, mas ainda pendente de agravação lesiva à pessoa do coacto, à sua família, ou aos seus bens.

Por conseguinte, há apenas o ato da ameaça que tem cunho físico, posto que pendente o ato da lesão.

No caso da violência física relativa, o ato da coação é concreto, na forma de ameaça; o dano, iminente, mas ainda carente de efetivação.

A violência, por ser relativa, não paralisa o sistema anímico da vítima que tem capacidade, ainda que coarctada, para emitir um consentimento, decorrente, porém, de uma vontade viciada.

No entanto, é possível que, na coação física relativa, a violência deixe de ser simples ameaça e ensaia o roteiro da concreção, com o risco de agravamento extremado, quase se configurando em coação absoluta.

Se a ação se inicia em conformidade com o desenho de coação relativa, em que cabe espaço à decisão, mas, ao se processar, se agrava e, pois, dizima ou inibe a produção do consentimento, porque o processo de articulação da vontade se acha, totalmente, obstaculizado, a violência física relativa se transforma em violência física absoluta.

Impõe-se, assim, a análise de todo o ciclo da coação, da gênese à cessação, a fim de que se tenha domínio de sua natureza jurídica, com base na sua materialização.

Anote-se, contudo, que, diferentemente da violência física absoluta, ainda é possível, na violência física relativa, que a vítima emita um consentimento, com que decide sucumbir à imposição do coator, preferindo o nascimento do negócio ou ato jurídico à execução do dano, escolha extraída pela força contra a sua vontade.

Diz-se, assim, violência relativa, porque permite à vítima o exercício de uma escolha, ainda que dramática ou traumática.

Na hipótese, há a opção entre o mal que o negócio jurídico produzirá e o mal que a ameaça causará.

Na coação moral, inexiste o recurso à utilização imediata da força física ou de outro meio que se preste a gerar a lesão, mas apenas a ameaça do desenho da modalidade da violência na mente da vítima, a qual poderá ser perpetrada, caso se recuse a vítima a lançar seu consentimento.

Na coação moral, se abandona o trajeto da simples ameaça e aderna para a violência física, consumativa de uso de recurso material para agravar o temor à vítima, se transforma em coação física relativa ou coação física absoluta, segundo o estágio em que se extrema a faculdade da emissão da vontade do coacto.

Tenha-se, portanto, a compreensão de que a coação pode se escalonar ou se graduar, conforme a atuação do caso concreto, mas deverá ser, obrigatoriamente, sempre considerável e suficiente para incutir na vítima o temor, que justifica a produção do negócio jurídico ou ato jurídico.

O certo, porém, é que, em havendo condições de exprimir consentimento, processado por uma vontade oprimida, a hipótese será de coação física relativa ou moral, definição que se garimpa mediante o exame sobre o tipo ou o modo do recurso de que lançou mão o coator.

No caso, se a violência foi apenas moral, limitada ao campo da ameaça, sem que se utilize a força, será coação moral; se for física, será coação física relativa.

Como na coação física relativa e na coação moral confere-se à vítima uma faculdade que permite a escolha de uma entre duas opções nefandas, diz-se ***vis compulsiva***.

Portanto, o que caracteriza a ***vis compulsiva*** é a possibilidade de a vítima ainda emitir um consentimento, sucessor da vontade coagida, para gerar um negócio jurídico (ou ato jurídico), sujeito à anulação.

Enquanto não anulado, o negócio jurídico (ou ato jurídico) decorrente da ***vis compulsiva*** – violência física relativa ou da violência moral – penetra na seara de validade, produzindo efeitos válidos, que cessam quando sobrevier decisão judicial, lhes extraindo, temporária ou definitivamente, a juridicidade.

Consequência jurídica da coação física relativa e da coação física absoluta – Na análise da coação física, demonstrou-se que há duas espécies de violência – a) absoluta (total) e b) relativa (parcial) –, que se caracterizam pela intensidade do ato do coator em face à impossibilidade ou possibilidade de o coacto emitir consentimento.

Na **coação física absoluta,** priva-se, totalmente, a vítima de emitir consentimento, tamanha atuação da força sobre a sua vontade; na **coação física relativa,** vulnera-se a vontade, mas a violência empregada ainda permite a extração do consentimento, sem, porém, traduzir a vontade verdadeira da vítima.

Diferem as consequências jurídicas que decorrem da coação física absoluta e da coação física relativa, porque há graus de inibição à geração da vontade.

O grau de privação da vontade na coação física absoluta é total; na coação física relativa, parcial.

À falta de operação do sistema volitivo, o agente, vítima da coação física absoluta, não produz ato ou negócio jurídico algum.

Logo, o negócio jurídico ou o ato jurídico, na coação física absoluta, inexiste no espectro legal, malgrado, excepcionalmente, se materialize como simples projeção de um acontecimento físico, sem expressão e estéril.

Daí dizer-se a autêntica ***vis absoluta***, mediante a qual a vontade jurídica jamais existe, fato que obsta a que ocorra o nascimento de negócio jurídico.

Já na coação física relativa o sistema anímico da vítima, ainda que constringido, opera com limitação, mas produz um consentimento com a liberdade toldada, o que, contudo, permite ao agente fazer uma escolha, por exclusão, entre dois males.

Pela escolha, finda por produzir um negócio jurídico (ou ato jurídico) que nasce expelido por um consentimento arrancado à vítima, devido à coação.

Assim, na coação física relativa, há negócio ou ato jurídico, porém viciado e carente de juridicidade, razão por que sujeito à anulação.[160]

Pressupostos e elementos da coação – A coação, como atitude ou comportamento que se mostra incompatível com a geração sadia do negócio (ou ato jurídico), posto que interfere diretamente sobre o aparelho em que se produz a vontade, tem características próprias que lhe revelam a especificidade.

Constata-se a coação mediante o concurso de seus elementos que exprimem o fenômeno segundo o qual, por força da ameaça, física ou moral, se extraiu da vítima do constrangimento um consentimento para a realização de um negócio jurídico (ou ato jurídico).

Constituem pressupostos ou elementos da coação: a) ***relação de causalidade***; b) ***gravidade da ameaça***; c) ***relação de proporcionalidade entre o dano e o ato extorquido***; d) ***iminência do dano***; e) ***fundado temor de dano***; f) ***pessoalidade***; e g) ***antijuridicidade***.

Relação de causalidade – Para que haja a coação, faz-se necessário que o ato do consentimento decorra da violência a que se sujeita a vítima, por força da qual se gerou o negócio ou ato jurídico.

Não fora a violência, física ou moral, a vítima não teria produzido a vontade e, se a produzisse, a realizaria de outra maneira e com outro propósito.

Em outras palavras, a causa do negócio jurídico (ou ato jurídico) repousa na violência, em decorrência da qual foi possível arrancar o consentimento.

Percebe-se, assim, que é necessário que se tenha concretizado o negócio jurídico, sob a influência da coação.

Importa que à ameaça sucumba a vítima com o consentimento de que nasce o negócio jurídico (ou ato jurídico), consectário da violência empregada pelo coator.

Somente vicia ou desgoverna a vontade do agente a coação que tenha predicados ameaçadores, cuja força seja capaz de romper o sistema de defesa da vítima, que passa a ficar desguarnecido ao ponto de perder a resistência, que deixa de responder aos estímulos que encorajam a rejeição da ameaça.

160 Art. 171, II, do Código Civil, dispõe que é anulável o negócio jurídico por vício resultante, entre outros, de coação.

A força da coação, ao penetrar no sistema volitivo parcialmente desarmado, incute na vítima um temor, agora já fundado na convicção de que haverá um grave e iminente dano à sua pessoa, à sua família, ou aos seus bens.

Exige-se que a ameaça, ao invés de ter apenas a aparência de ser temível, invista contra a pessoa da vítima mediante a persuasão física ou moral irresistível.

No caso, a ameaça rompe a simples especulação sobre a plausibilidade e se aferra à iminência de sua concreção, porque a vítima assim a sente, percebe-lhe a aproximação inexorável e, temente, crer-lhe inevitável e dolorosa, salvo se anuir com o desejo do coator em arrancar-lhe um consentimento para produzir o negócio jurídico, em seu gáudio.

Presente a ameaça, mensura-se, pois, a gravidade da ameaça que explica e justifica a capitulação.

Gravidade da ameaça – As disposições sobre a caracterização da gravidade da ameaça alinhadas no Código Civil se apresentam com forte intensidade subjetiva, voltada para o protagonista principal da violência, de cuja particularidade ou intimidade se extraem as bases que servem de parâmetro para a formação do juízo de julgamento sobre a tipicidade da coação.

O Código Civil insistiu em ministrar fórmula que se inspira na subjetividade para caracterizar a gravidade da ameaça, como condição que justifica a sucumbência da vítima à vontade do coator.

No entanto, é consentânea com o espírito do Código Civil a premissa de que há, também, parâmetro estimulado pela objetividade na tipificação da coação: a indispensável existência da violência.

Ora, sem violência física ou moral inexiste coação.

Logo, no exame da coação, em primeiro lugar, se verifica, objetivamente, a existência da ameaça, para, em segundo lugar, se avaliar o grau da gravidade, com base em parâmetros que o Código também relaciona: o sexo, a idade, a condição, a saúde, o temperamento do paciente e todas as demais circunstâncias que possam influir na gravidade da violência.[161]

A enumeração retratada no corpo do dispositivo legal comporta ampliação, na hipótese em que se imponha a apreciação de um outro fator que con-

161 Diz o art. 152: "*No apreciar a coação, ter-se-ão em conta o sexo, a idade, a condição, a saúde, o temperamento do paciente e todas as demais circunstâncias que possam influir na gravidade dela*".

correra para influir no processo de geração da vontade da vítima e para caracterizar a gravidade da ameaça.

Logo, a regra do art. 152 do Código Civil não restringe a apreciação da gravidade da coação à consideração apenas do fator sexo, idade, condição, saúde e temperamento do paciente.

Na verdade, a idiossincrasia da vítima exerce papel de destaque na apreciação da coação.

Na consideração da coação, o fator sexo não se confunde, necessariamente, com a virilidade, mas com a natureza e com as características da vítima posta em determinada situação.

O sexo, em si e isoladamente, não representa, por conseguintemente, fator destoante, capaz de espelhar uma situação que possa tipificar a gravidade da coação.

A idade da vítima pode ser de ordem biológica ou psicológica (mental) – desde que não se confunda com deficiência mental, posto que aí a hipótese se trataria de: a) ausência do necessário discernimento (caso de incapacidade absoluta[162]); ou b) discernimento reduzido (caso de incapacidade relativa[163]).

O importante é que se analise a idade do paciente conjugada com o contexto, haja vista que ela, embora possa sugerir, nem sempre revela, objetivamente, a predisposição da vítima, quer pela fortaleza quer pela fraqueza, a resistir à investida da violência levada a efeito pelo coator.

Em relação à condição, pluralizam-se as variantes, alcançando fatores econômicos, financeiros, sociais e, até mesmo, físico-materiais, em conformidade com o momento e o meio em que fora desferida a coação.

Trata-se, pois, da condição em que se achava a vítima, no tempo da ação coativa.

O temperamento do agente consiste na avaliação, quando possível, de seu gênio, caráter, personalidade, combinando elementos de profunda subjetividade, que podem, contudo, ser diagnosticados, sem o necessário recurso a métodos de muita sofisticação científica.

Computa-se o refinamento ou rudeza do perfil da vítima, como metrificação personalíssima de seu espírito, domesticado ou rebelde à natureza da violência.

---

162 Art. 3º, II, do Código Civil.
163 Art. 4º, II, do Código Civil.

O paciente é a vítima e as suas circunstâncias, o que prova que a sua idiossincrasia e as condições sobre cuja base erigira a decisão se particularizam, ao ponto de refugar comparações superficiais e arquétipas.

O padrão que define a irresistibilidade colhe inspiração em multifárias condições pessoais e em circunstâncias pelas quais se influencia, suficientemente, a vítima da coação.

Relação de proporcionalidade entre o dano e o ato extorquido – Recapitule-se que a coação pressupõe o nexo de causalidade, de tal sorte que o ato de consentimento resulta, diretamente, da ameaça física ou moral lançada contra a vítima, responsável pela produção do negócio ou ato jurídico.

Além do nexo de causalidade, exige-se, ainda, a relação de proporcionalidade[164] entre a lesão que a ameaça, concretizada, causará e o dano que decorrerá do negócio jurídico, contraído contra a vontade da vítima.

Cotejam-se as consequências que poderão advir da concreção: a) da ameaça; e b) do negócio jurídico.

Mesmo sob a ameaça, à vítima resta, ainda, a oportunidade de escolher.

No entanto, na coação, pela considerável lesividade que a violência pronuncia, o paciente fraqueja e resolve ceder o consentimento, acometido de contrariedade.

A vítima não resiste, porque a força da coação, por ser mais forte, impõe mais temor.

Na relação de equivalência, o temor do dano que se infiltra na alma da vítima incorpora o papel de maior relevância, porque mais grave e mais sério.

A vítima, comprimida, teme mais o dano iminente e considerável à sua pessoa, à sua família, ou aos seus bens, do que o resultado que advém do negócio jurídico (ou ato jurídico).

Atemoriza a vítima a consequência ou o resultado da violência moral ou física, porque se apresenta mais eficiente a produzir dano mais grave.

A fórmula de correlação entre os dois danos – o decorrente da ameaça e o resultante do negócio jurídico –, presente na nova disposição legal, se inspira

164 No Código Civil revogado (art.98), dizia-se que o fundado temor de dano iminente deveria ser, pelo menos, igual ao "*receável do ato extorquido*". No texto atual (art. 151), aboliu-se a fórmula da correlação pela igualdade, prevista na legislação anterior, entre o dano iminente e o dano decorrente do ato extorquido, a qual foi substituída pelo parâmetro da considerabilidade.

na considerabilidade da lesão, segundo o juízo de valor processado pela vítima, sob o parâmetro da proporcionalidade e da razoabilidade, objetivas.

Logo, considerabilidade representa a relevância da ameaça na aferição do defeito na geração da vontade da vítima.

Ao processar a decisão, a vítima é atraída à reflexão valorativa que não se pauta, exclusivamente, pela subjetividade de sua idiossincrasia, haja vista que se refuga a individualização do conceito da considerabilidade do dano, se alheio ao contexto em que se exercita o julgamento e se opera a decisão, pautados em valores que bem dimensionam a proporcionalidade e a razoabilidade.

Sem dúvida, toda considerabilidade, enquanto fator de dimensão e escolha é, inevitavelmente, subjetiva, mas, como critério de aferição da gravidade da ameaça, se reforça de objetividade, porque persegue o padrão ou perfil de uma pessoa que se assemelha ao da vítima e na condição em que se achava ao tempo em que houve a coação.

Relevam-se, sempre, as particularidades e as circunstancialidades presentes quando a vítima foi forçada a optar pela formalização do negócio jurídico, o que prova que a sua idiossincrasia e as condições sobre cuja base erigira a decisão, somente aí, se particularizam, sem que, porém, se permitam comparações superficiais e arquétipas.

Por fim, se não há um padrão que afira, com precisão, a considerabilidade, como qualidade preponderante na deliberação do coacto, o caso concreto, com base nas particularidades e circunstâncias, haverá de inspirar o juiz a prospectar a verdadeira influência da coação sobre vítima.

Juntam-se à análise, em reforço, o sexo, a idade, a condição (econômica, financeira, social), a saúde, o temperamento ou outros predicativos.

Iminência do dano – Ao falar em dano iminente, a regra insere na análise da coação elemento relativo ao tempo.

O fator tempo representa requisito indispensável à caracterização da coação.

O tempo aqui não se traduz pela contagem quantitativa das horas ou de suas frações, mas expressa, necessariamente, o espaço temporal que separa dois fatos: a) a ameaça; e b) a lesão.

Lançada a ameaça, física ou moral, se aproxima a lesão, cujo curso somente cessaria com a produção do consentimento da vítima.

A iminência se define pelo espaço de tempo que separa a geração da ameaça e a pendência da concretude da lesão.

A iminência consiste na probabilidade que o tempo de fluência diminuta e reduzida transforma em certeza.

Com a simples ameaça, o dano já se torna propínquo, eis que em macha para consumar-se e, pois, gerar o prejuízo de cuja ocorrência teme a vítima.

Há apenas um intervalo ínfimo de tempo entre a ameaça e o dano, dentro do qual deve agir, com rapidez, a vítima, a fim de que a lesão impendente seja eliminada.

O dano há de ser intercorrente à relação que coator e coacto travam, como expressão de sua atualidade, haja vista que se incompatibiliza com o instituto da coação o caráter remoto, bem distante no tempo.

No entanto, ressalte-se que a iminência de que trata a regra não significa que se exige seja o dano instantâneo ou imediato, mas sim inevitável no intervalo de tempo que medeia a ameaça e a concretude.

O dano não pode depender de acontecimento futuro, certo ou incerto, já que o requisito da iminência desaparecia.

A inevitabilidade se apura pela impossibilidade temporal que obsta a que a vítima vença a violência, física ou moral, que lhe fora perpetrada pelo coactor, a qual se transformará em dano.

Por mais que houvesse recursos múltiplos e eficientes para combater a concretização da ameaça, o tempo trama contra a reação, que se inviabiliza.

Em condições normais ou ordinárias, o esforço a ser despendido pela vítima, ainda que faça com celeridade, não tem a presteza ou a eficiência para sobrestar o dano.

A questão não é de ritmo da fugacidade da reação, mas da sua viabilidade devido à intransponibilidade.

Assim, a inevitabilidade, no caso da iminência, somente se constata pela qualidade da intransponibilidade temporal da ameaça.

O dano, se evitável no transcurso do tempo, pelo qual a vítima aparelha seu sistema defensivo, com ou sem intervenção estatal, decerto rivaliza com o pressuposto da iminência, de tal sorte que se descaracteriza a coação.

A iminência é, por conseguinte, o predicativo da inevitabilidade, se a vítima não capitular à vontade da coator.

Fundado temor – Na coação, além dos requisitos da iminência e da considerabilidade, há, ainda, de ser fundado o temor do dano, de tal sorte que a vítima acredite, certamente, na sua ocorrência.

Fundado temor significa, pois, que há motivos, causas ou razões consistentes que autorizam o juízo da vítima a crer no dano e a temê-lo.

Existem evidências e certezas que já desassossegam e inquietam a vítima, porque há mais do que plausibilidade na concreção do dano.

Sobre ser fundado, o temor, por conseguinte, apresenta-se forte e real, identificado no plano da verossimilhança e da racionalidade.

A autenticidade do fundado temor ultrapassa a possibilidade ou a probabilidade, haja vista que tem o contorno da concretização, ainda em curso.

Apenas no plano da realidade se pode colher o fundado temor, motivo pelo qual as manifestações psíquicas, quando processadas em cenários fantasiosos, ficcionais ou patológicos, não têm autoridade para respaldar a subjetividade da vítima que se diz acreditar na possibilidade da existência do dano.

As doenças da alma, expostas em fobias, apenas concorrem para gerar conhecimentos acometidos de defeitos ou vícios, agudizando a fragilidade da vítima, que se atemoriza mais irracionalmente.

Logo, o fundado temor de dano resulta de estado de lucidez psicológica, como prova de que sua percepção se deu mediante o domínio da razão.

Pessoalidade (sujeitos ativo e passivo da coação) – No primeiro plano, protagonizam a coação duas personagens: a) o coator (ou terceiro),[165] pessoa que, mediante a ameaça física ou moral, arranca a manifestação da vontade do coacto que gera, com defeito, o negócio ou ato jurídico; e b) o coacto, a pessoa que, por força do constrangimento físico ou moral, consente com a produção do negócio ou ato jurídico.

O coator é o sujeito ativo da coação; o coacto, o passivo.

Coator e coacto são as figuras do negócio jurídico resultante da coação, salvo se a coação decorreu de terceiro, que apenas coage.

165 Prevê o Código Civil (art.154) a coação exercida por terceiro, que opera a coação, sem protagonizar o negócio jurídico.

A coação se exerce comprimindo a vontade do coacto, em cujo juízo se incute fundado temor de dano iminente e considerável a ele, à sua família ou aos seus bens.

O coacto se confunde na pessoa a quem se coage, porque é o paciente, diretamente, coagido, ainda que não venha a sofrer, pessoalmente, as consequências do dano; o efeito da ameaça, o dano, é que pode, contudo, se estender além de sua pessoa, atingindo, pois, a sua família ou aos seus bens.

Em outras palavras, ameaça-se o coacto com a consumação de um dano ou lesão, de natureza física ou moral, que atingirá: a) o próprio coacto; b) pessoa de sua família; e c) os seus bens.

É exatamente pelo fato de o coacto temer, fundadamente, a concretização do dano iminente e considerável que se identifica a presença da coação.

A coação consiste no temor de dano, de cuja concreção se lesa o coacto, a sua família, ou os seus bens.

Frise-se que se exerce a violência contra pessoa familiarmente ligada ao coacto, a qual pode experimentar o dano, mas não a coação que se impõe contra a pessoa que sucumbe à vontade do coactor.

O coacto, pela ameaça física ou moral, teme o dano iminente, que se abate sobre si próprio, sua família ou seus bens.

Assim é que sempre quem é coagido é o coacto, mas o dano poderá, ao invés de atingir-lhe diretamente, se dirigir contra a sua família ou contra os seus bens.

Portanto, há as seguintes hipóteses na relação em que se configura a angulação entre o coacto e o dano, na coação: a) o coacto é, ao mesmo tempo, paciente da coação e vítima do dano; b) o coacto é paciente da coação e a sua família vítima do dano; c) o coacto é paciente da coação e os seus bens objeto do dano.

Antijuridicidade – A coação, porque desgoverna a formação da vontade do paciente, mediante o recurso da ameaça física ou moral, contamina a qualidade do negócio jurídico (ou ato jurídico), que se enfraquece pelo vírus da anulabilidade.

A coação é incompossível com a produção de negócio jurídico de cujo efeito se possa colher a ceifa da legitimidade, porquanto se extrema de incivilidade a ameaça da parte para desencavilhar um consentimento construído pela imposição, traduzida numa violência física ou moral.

Penetra o coator no aparelho em que a vítima produz a vontade, desvigorando-o, por força da ameaça.

A ameaça, na coação, constrange a vítima de maneira injusta, injurídica ou ilegítima, porque, ao usar meios ilegais, heterodoxos, vexatórios, ignominiosos, violentos, descomedidos ou imoderados, mina o exercício da plena liberdade da vítima.

Ocorre, contudo, que nem toda ameaça significa coação, constrangimento injusto, injurídico ou ilegítimo.

A ameaça pode se processar, moral ou legalmente, mediante: a) conduta inidônea; ou b) conduta idônea.

Quando se processa mediante o recurso de meios inidôneos, moral ou legalmente, a ameaça se confunde com a coação.

Na presença da violência física ou moral, a ameaça e coação amalgamam-se, situação em decorrência da qual se extrai da vítima um consentimento por força de constrangimento inidôneo.

No caso, a antijuricidade da ameaça é a própria coação, posto que é um de seus elementos.

Quando, porém, se processa mediante a utilização de meios idôneos, a ameaça desassocia-se da imagem da coação, e granjeia as qualidades jurídicas que a acomodam sob a proteção de um direito exercido regularmente.

Na ausência da violência física ou moral, a ameaça, enquanto instrumento de persuasão para realizar, legítima e legalmente, um direito por cujo implemento responde o ameaçado, difere da coação, constrangimento que vitupera a lei, haja vista que permanece incólume o sistema de deliberação que processa a vontade, livre, mas, suficiente e necessariamente, pressionada.

No caso, o próprio sistema jurídico disponibiliza meios legais a fim de que o titular do direito inadimplido possa exigir que o devedor satisfaça a obrigação, por cujo cumprimento responde.

Portanto, a ameaça, em si, não significa necessariamente coação, comportamento que agride o direito e infiltra vício no negócio jurídico.

É por isso que a lei ressalva que não se considera coação: a) a ameaça do exercício normal de um direito; b) o simples temor reverencial.[166]

---

166 Art. 153: "*Não se considera coação a ameaça do exercício normal de um direito, nem o simples temor referencial*".

O significado da família na caracterização da coação – O texto legal admite que o fundado temor de dano ocorra em relação à família do coacto, conforme já abordado anteriormente.

O substantivo família inserido no texto comporta dupla natureza: a) jurídica; e b) sociológica.

Sob a acepção jurídica, família exprime o agrupamento de pessoas ligadas por parentesco natural,[167] parentesco civil[168] ou parentesco por afinidade,[169] de cuja composição participam os cônjuges, os ascendente, os descendente e os colaterais e os transversais até o quarto grau.[170]

Juridicamente, a família se identifica em sentido: a) estrito; e b) lato.

No sentido estrito, família compreende apenas o grupo de pessoas que compõe o núcleo familiar, composto de pai, mãe e filhos, sob cuja unidade perseguem valores morais e materiais de interesse comum.

No sentido lato, família constitui o grupo de pessoas interligadas por parentesco natural, parentesco civil ou parentesco por afinidade, as quais se projetam além do núcleo familiar e se identificam e se argolam até o quarto grau.

Família, na acepção sociológica é todo agrupamento de pessoas que se ligam por laços jurídicos ou laços afetivos, as quais se relacionam sob o comando de uma identidade sentimental comum, em decorrência da qual têm vínculos naturais, civis ou afins.

A compreensão sobre o alcance da riquíssima palavra família exige o exercício interpretativo sempre com o objetivo de ampliá-lo, a fim de que os interesse legítimos das pessoas possam ser tutelados na hipótese de coação, que envolva alguém ligado ao coacto.

---

167 Conforme o art. 1.593 do Código Civil, "*o parentesco é natural ou civil, conforme resulte de consangüinidade ou de outra orige*".

168 Art. 1.593 do Código Civil.

169 Atente-se para a regra do art. 1.595 do Código Civil: "*Cada cônjuge ou companheiro é aliado aos parentes do outro pelo vínculo de afinidade. § 1º. O parentesco por afinidade limita-se aos ascendentes , aos descendentes e aos irmãos do cônjuge ou companheiro. §2º. Na linha reta, a afinidade não se extingue com a dissolução do casamento ou da união estável*".

170 Dispõe o art. 1.592: "*São parentes em linha colateral ou transversal, até o quarto grau, as pessoa proveniente de um só tronco, sem descenderem uma das outras*". Lembre-se de que os graus de parentesco se contam, na linha reta e na colateral, pelo número de gerações, subindo de um dos parentes até ao descendente comum, e descendo até encontrar o outro parente (art. 1.594 do Código Civil).

Os tempos atuais rejeitam que se queira encurtar o verdadeiro alcance da regra relacionada à coação em relação às pessoas que tenham vínculo de afeto, de tal sorte que se faça um exercício hermenêutico tendencioso à inibição de seu arqueamento.

Se não teve a coragem explícita de abrigar sob o comando da regra as situações jurídicas de pessoas do mesmo sexo que vivem unidas sob valores e interesses comuns, o legislador, ao enfrentar a questão, ofertou ao juiz o poder de tutelar-lhes.

Ora, dispõe o parágrafo único do art. 151 que "*Se disser respeito a pessoa não pertencente à família do paciente, o juiz, com base nas circunstâncias, decidirá se houve coação*".

Assim é que caso venha a prevalecer a regra clássica e conservadora do significado de família, com a exclusão das pessoas do mesmo sexo, subsiste, porém, a disposição que franqueia ao juiz o poder de decidir com base no caso concreto, situação em que a acepção sociológica de família, com mais fidalguia, lhes socorre se houver a coação.

Portanto, a intenção do legislador, na certa, foi de permitir que, diante de um caso concreto, analisadas a condições, circunstâncias e personagens envolvidas, dispusesse o juiz de recursos para arquear o alcance da palavra família, sem interpretações preconceituosas excudentes, independentemente da natureza.

Por fim, registre-se que, em qualquer situação, o que importa é se há, entre o coacto e a pessoa, laços de afeto que justificam a provocação e a ativação do temor de dano.

Observe-se, contudo, que não se justifica que o dano possa ser evitável com maior sacrifício da vítima, razão por que irrelevante, no caso, o fator do tempo.

Art. 152. No apreciar a coação, ter-se-ão em conta o sexo, a idade, a condição, a saúde, o temperamento do paciente e todas as demais circunstâncias que possam influir na gravidade dela.

Para fugir de avaliação meramente subjetiva quanto à força e à influência da ameaça na geração da vontade arrancada para a formação do negócio jurídico, o legislador manda que o intérprete trabalhe com dados que sirvam de balizas mais objetivas.

É lógico que o primeiro desafio do analista é em relação à ação que implique força física ou moral para enfraquecer o poder de resistência da pessoa obrigada a emitir vontade adoentada.

No segundo plano, vasculha-se o grau da gravidade da ameaça, segundo o sexo, a idade, a condição, a saúde, o temperamento do paciente e outras circunstâncias concretas que possam revelar a relação de força física ou moral entre o coacto e o coactor.[171]

Deve-se tolerar que se amplie a presença de outros elementos que tenham concorrido para o enfraquecimento da vontade da vítima da coação para caracterizar a gravidade da ameaça.

Consoante se disse, a idiossincrasia da vítima é fundamental para a compreensão do processo de concretização do ato de coação.

Não prevalece visão dicotômica quanto ao fator sexo, como se mostrasse insuperável, necessariamente, a compreensão da fragilidade do sexo feminino em face do masculino, como juízo de valores sociais contaminados pelo culto ao machismo.

A virilidade não é escala de valor na consideração da coação, porque o fator sexo deve ser conjugado segundo os agentes envolvidos na construção da vontade mediante coação.

Assim é que se sublinhou que o sexo, em si e isoladamente, pode levar o analista reducionista e sectário a enxergar a questão de maneira errada, artificializando a gravidade da coação.

Também a idade da vítima deve ser estudada segundo seu perfil e o contexto em que se processou a coação.

No que diz respeito à condição, somam-se os cenários de avaliação, envolvendo fatores econômicos, financeiros, sociais, de acordo com o momento e o meio em que houve a coação.

Estudam-se as condições existentes, no tempo da ação coativa.

Em relação ao temperamento do agente, avaliam-se o gênio, caráter, personalidade, combinando elementos de profunda subjetividade, que podem, contudo, ser diagnosticados, sem o necessário recurso a métodos de muita sofisticação científica.

---

171 Diz o art. 152: "*No apreciar a coação, ter-se-ão em conta o sexo, a idade, a condição, a saúde, o temperamento do paciente e todas as demais circunstâncias que possam influir na gravidade dela*".

Importa conhecer o perfil da vítima, como metrificação personalíssima de seu espírito, domesticado ou rebelde à natureza da violência.

Art. 153. Não se considera coação a ameaça do exercício normal de um direito, nem o simples temor reverencial.

Exercício normal de um direito – A tutela jurídica de um direito exige que o seu titular se renda à obrigação de exercê-lo em conformidade com a ordem jurídica e em consonância com o seu fim econômico e social, ativado pela boa-fé e harmônico com os bons costumes.

Não basta, por conseguinte, que o direito se exerça apenas em conformidade com a regra jurídica.

Em outra dicção, ainda que a conduta do agente não contravenha à ordem jurídica, há ilícito se o titular de um direito descumpre a obrigação de exercê-lo com moderação e harmonia com o seu fim econômico e social, sempre sob o escudo da boa-fé e sintonia com os bons costumes.[172]

Exercer normal e regularmente o direito é, também, cuidar de preservar a moderação dos meios[173] e dos fins, sob pena de transformá-lo em abuso.

O abuso constitui o exercício anormal de um direito, considerando-se o uso de meios descomunais e a busca de resultados desproporcionais, pejados de vantagens injustas.

O direito positivo brasileiro se apresenta numa linha evolutiva, ao tipificar o exercício abusivo de um direito, seja na eleição dos meios seja na realização dos resultados.

A coibição de práticas abusivas no exercício de direitos tem demonstrado a preocupação do legislador em proteger o cidadão e o consumidor contra a investida, em forma de coação, dos credores em face dos devedores.

A propósito, já é regra incorporada ao sistema jurídico que, na cobrança de débitos, se veda que o devedor inadimplente seja exposto ao ridículo ou submetido a qualquer tipo de constrangimento ou ameaça.[174]

---

172 O Código Civil insere entre os atos ilícitos o exercício de um direito que excede manifestamente os limites impostos pelo seu fim econômico ou social, pela boa-fé ou pelos bons costumes (art.187).

173 O princípio da menor onerosidade se acha consagrado no Código de Processo Civil, em cujo art. 620 se encontra a determinação para que, "*quando por vários meios o credor puder promover a execução, o juiz mandará que se faça pelo modo menos gravoso para o devedor*".

174 Art. 42 do Código de Defesa do Consumidor (Lei 8.078/90).

Importa colher, contudo, uma interpretação razoável sobre a natureza da ameaça a que se refere o legislador.

A ameaça proibida é aquela que se confunde com a coação, física ou moral, que se diferencia, pois, daquela que ocorre com apoiada em meios idôneos, ligadas ao exercício normal e legítimo do direito.

Por isso, consolida-se o entendimento de que, ao lançar uma ameaça, sem o propósito de coagir, com temperamentos e parcimônias, o agente abriga sob a cidadela da legalidade o direito.

Ao dizer-se que se adotarão as vias legais, disponibilizadas ao credor pelo sistema jurídico, a ameaça não significa coação.

Assim, ao realizar ou efetivar um direito, seja pela via material ou pela via processual, o agente, se o faz segundo os parâmetros da eticidade jurídica, maneja o exercício legítimo e legal de uma pretensão.

Logo, fadiga a tentativa de inserir a ameaça, quando simples exercício da pretensão lhe alberga a consistência jurídica, no imaginário da coação.

Temor reverencial – Também não expressa coação o temor reverencial, que consiste num sentimento de respeito que se devota a alguém, por força de um cultivo da hierarquização, com base na moral, de origem familiar ou social.

A veneração ou o respeito profundo, embora possa sugerir um processo da geração de vontade, obsequioso ou servil à favor da pessoa a quem se admira, não se contamina pela ideia de coação, à falta do elemento violência, que comprime a vítima.

Na verdade, no temor reverencial, falta o requisito da intenção objetiva do coator em extrair um consentimento do coacto.

O assentimento da pessoa se ocorre por força do temor reverencial, alimenta-se de uma subjetividade intimista, baseada num sentimento moral, incapaz de ingressar na esfera jurídica como fenômeno apto a viciar o negócio jurídico (ou ato jurídico).

Nada obsta, contudo, a que, no seio de uma relação em que se faz presente a veneração ou o respeito profundo, a pessoa venerada se aproveite da subordinação moral para impor à pessoa veneradora uma vontade, mas com o recurso à violência moral ou física, situação em decorrência da qual o temor reverencial se transforma, de fato e de direito, em coação.

Art. 154. Vicia o negócio jurídico a coação exercida por terceiro, se dela tivesse ou devesse ter conhecimento a parte a que aproveite, e esta responderá solidariamente com aquele por perdas e danos.

Coação de terceiro – O Código Civil, também, previu, ao lado do dolo de terceiro,[175] a coação de terceiro.

A disciplina jurídica empregada pelo Código Civil ao dolo e à coação de terceiro se inspira na harmonização do tratamento aos dois institutos, com base na cognoscibilidade da parte sobre a conduta viciada daquele que não participa do negócio jurídico.

Considera-se terceiro, no dolo ou na coação, a pessoa alheia ao negócio jurídico (ato jurídico), de cuja integração não figura na condição de parte-componente.

Noutra dicção, terceiro, por conseguinte, é aquele que, embora não protagonize o negócio jurídico (ato jurídico), arranca do paciente um consentimento em proveito de uma parte, obtido pela coação.

Na coação de terceiro, a parte beneficiada não opera materialmente a coação – ainda que tivesse ou devesse ter conhecimento da violência física ou moral –, haja vista que o terceiro é quem incute no paciente fundado temor de dano iminente e considerável à sua pessoa, à sua família, ou aos seus bens.

O terceiro age; a parte se beneficia com a coação.

O terceiro age movido por um interesse em cumprimento de uma deliberação própria, de cujo resultado a parte, consciente ou inconsciente da coação, se beneficia.

Terceiro, portanto, necessariamente, é aquela pessoa que não faz parte do negócio jurídico, celebrado pela influência de sua coação, mas não, obrigatoriamente, indiferente à parte que se aproveitou do vício.

A missão coativa do terceiro pode ser: a) alheia, isolada do conhecimento da parte que se aproveita da coação; ou b) conhecida, do domínio da parte que se beneficia da coação.

---

175 O dolo de terceiro é aquele com gênese no comportamento ardiloso, construído por quem não integra o negócio jurídico, de cujos pólos não faz parte.

Como se ressaltou, o sistema jurídico articula regência própria para cuidar da coação de terceiro, de acordo com o conhecimento ou da presunção do conhecimento da parte beneficiada sobre a existência do vício.

A disciplina se apóia em dual situação: a) **a parte teve ou deveria ter conhecimento da condução coativa do terceiro**; b) **a parte não teve nem deveria ter conhecimento do comportamento ativante da coação perpetrada por terceiro.**

> **Art. 155.** ***Subsistirá o negócio jurídico, se a coação decorrer de terceiro, sem que a parte a que aproveite dela tivesse ou devesse ter conhecimento; mas o autor da coação responderá por todas as perdas e danos que houver causado ao coacto.***

Efeitos jurídicos da coação de terceiro quando a parte a conhecia ou tinha o dever de conhecê-la – Na coação de terceiro, quando a parte a quem aproveita teve ou devesse ter conhecimento da violência física ou moral, há dupla consequência: a) contamina-se o negócio jurídico de vício, que gera a anulação; e b) constrói-se a responsabilidade solidária entre a parte e o terceiro, aos quais cabe responder por perdas e danos.

Assim, a anulação do negócio jurídico, por força da coação de terceiro, ocorrerá se a parte teve ou devesse ter ciência do vício, que contagiou a vontade da contraparte coagida.

No caso, além da inibição à medrança do negócio jurídico, ocorre, também, a conjugação da responsabilidade do terceiro com a parte que desfrutou da coação.

Cuida-se de obrigação solidária que decorre da lei,[176] que impõe à parte e ao terceiro coator a responsabilidade por perdas e danos,[177] com o objetivo de ressarcir os prejuízos morais ou materiais sofridos pelo coacto.

Trata-se de uma solidariedade passiva que atrai o concurso da responsabilidade da parte e do terceiro que coagiu a vítima, a quem se confere o direito de

---

176 Art. 265 do Código Civil:"*A solidariedade não se presume; resulta da lei ou da vontade das partes*".

177 Perdas e danos devidas ao credor, salvo as exceções expressamente previstas em lei, abrangem, além do que ele efetivamente perdeu, o que ele razoavelmente deixou de lucrar (art. 402, CC).

exigir as perdas e danos de um ou dos dois, que passam à condição de devedores solidários.[178]

Para descredenciar o negócio jurídico por força da coação de terceiro, admite a lei uma das seguintes premissas fáticas: a) a parte teve conhecimento do fato; ou b) a parte deveria ter tido conhecimento do fato.

A regra jurídica equipara as duas premissas fáticas – a parte teve ou devesse ter conhecimento do dolo de terceiro – como se ambas apresentassem a mesma propriedade e o mesmo efeito (anulação do negócio jurídico).

Como fizera no tratamento ao dolo de terceiro, o legislador ousou[179] ao traçar a mesma consequência jurídica a duas situações distintas, segundo a qual a **certeza do saber** se equivale à **presunção do dever do saber** da coação.

Para a lei, os efeitos do *ter conhecimento* e do *dever ter conhecimento* desembocam o negócio jurídico no estuário da anulação.

No ***ter conhecimento***, a parte sabe que houve coação levada a efeito pelo terceiro, mas se aproveita para celebrar o negócio jurídico, em detrimento da vítima.

No ***dever ter conhecimento***, a parte ignorava a coação, mas, deveria ter ciência, obrigação que lhe atrai a responsabilidade, por força de uma culpa presumida, porque, na sua insciência, há uma imprudência, uma negligência ou, mesmo, uma imperícia.

No ***ter conhecimento***, a parte soube que houve coação, embora não tivesse a obrigação de conhecê-lo; no ***dever ter conhecimento***, a parte não soube que houve a coação, mas tinha a obrigação de saber de sua existência, em decorrência de um dever preexistente, que pode ser de qualquer natureza, razão por que não é, necessariamente, de natureza jurídica.[180]

Portanto, é irrelevante a natureza do dever, basta que prevaleça a presunção.

Presume-se, por conseguinte, que a parte soube da coação, com base na identidade das características ou particularidades que lhes são próprias, con-

178 Art. 275 do Código Civil. Assinale-se, ainda, que não importa renúncia da solidariedade a propositura de ação pelo credor contra um ou alguns dos devedores, conforme estabelece o parágrafo único do art. 275 do Código Civil.

179 O Código Civil revogado contemplava apenas a hipótese segundo a qual a coação exercida por terceiro era do conhecimento prévio da parte a quem o vício aproveitava (art.101, § 1º).

180 Já se disse, quando se examinou o dolo de terceiro, que "nem sempre o dever de conhecimento que exige à parte decorre de uma obrigação legal, com suporte numa lei ou num contrato".

forme a realidade das circunstâncias, combinação que forma um juízo que tem alto grau de verossimilhança.[181]

No caso em que devesse ter tido, mas não teve conhecimento da coação, a parte se sujeita, porém, ao regime em que a equipara à parte que teve conhecimento da coação de terceiro, minando a legalidade do negócio jurídico.

Efeitos jurídicos da coação de terceiro quando a parte a desconhecia e nem tinha o dever de a conhecer – Na coação de terceiro, quando a parte a quem aproveita não teve nem devesse ter conhecimento da violência física ou moral, muda-se o tratamento jurídico.

No caso em que a parte desconhecia e nem tinha a obrigação de conhecer a coação do terceiro, ocorrem os seguintes efeitos jurídicos: a) conserva-se o negócio jurídico, cuja validade resiste; e b) pune-se apenas o terceiro, autor da coação, com perdas e danos em favor do coacto.

Porque não contribuiu, volitiva e conscientemente, para causar prejuízo ao coacto afetado pela coação de terceiro, à parte não se aplica sanção alguma.

Assim é que, se insciente a parte contratante, não se lhe impõe responsabilidade pela coação do terceiro, de quem a parte lesada pode exigir as perdas e danos.

E, ausente a má-fé, subsiste o negócio jurídico, mesmo com a fissura de sua qualidade.

Já se disse que o modelo tecido pelo legislador, ao conservar o negócio jurídico, punir o terceiro e proteger a parte insciente da coação, celebra proteção à boa-fé, custodiando a segurança das relações jurídicas.

Seção IV
Do Estado de Perigo

Art. 156. Configura-se o estado de perigo quando alguém, premido da necessidade de salvar-se, ou a pessoa de sua família, de grave dano conhecido pela outra parte, assume obrigação excessivamente onerosa.

181 V. nossos comentários à coação de terceiro.

Parágrafo único. Tratando-se de pessoa não pertencente à família do declarante, o juiz decidirá segundo as circunstâncias.

Estado de perigo – Na essência, a vontade constitui o elemento anímico que alicerça a construção do negócio jurídico ou ato jurídico.

Certamente, a vontade é o elemento propulsor do negócio jurídico ou ato jurídico.

Para a produção do negócio jurídico, exige-se uma vontade fruto duma consciência livre, concebida sob o pleno domínio das condições interiores e exteriores, de tal sorte que se credencie a implementar um resultado alvejado pelo agente.

A vontade, como sêmen do negócio jurídico, há de ser construída e expressada, sob o abrigo da lei, em ambiente de liberdade, contagiada apenas pelo desejo jurídico do agente, incólume à influência de fatores que lhe comprometam a qualidade.

Consoante já se expôs, a ordem jurídica rejeita o negócio jurídico concebido por uma vontade: a) decorrente de erro substancial; b) resultante de dolo; c) gerada por coação; d) produzida em estado de perigo; e) construída em situação de lesão; ou f) fabricada em fraude.

Portanto, há um conjunto de situações que revela a imperfeição ou a inadequação do processo gerador da vontade.

Entre as situações em que se esvazia a qualidade da vontade, pinça-se o estado de perigo,[182] esculpido positivamente no sistema jurídico brasileiro, por iniciativa do Código Civil de 2002.

O Código Civil incorporou ao direito positivo o estado de perigo, novel instituto com que procurou ampliar o sistema de defesa da qualidade do processo de produção da vontade.

Ao desenhar o estado de perigo, o sistema arqueia os vícios que instilam defeitos no negócio jurídico, abatendo-os com a sanção da anulação.

182 O Código Penal brasileiro inclui entre as causas de exclusão de antijuridicidade o estado de necessidade, a legítima defesa e o estrito cumprimento de dever legal ou no exercício regular de um direito (art.23). Ao definir o estado de necessidade, o art. 24 do Código Penal dispõe: "*Considera-se em estado de necessidade quem pratica o fato para salvar de perigo atual, que não provocou por sua vontade, nem podia de outro modo evitar, direito próprio ou alheio, cujo sacrifício, nas circunstâncias, não era razoável exigir-se*".

Recheie-se o legislador de elogio pela iniciativa de disciplinar o fato jurídico de contumaz presença nas relações sócio-jurídicas, até então sem a devida tutela capaz de salvaguardar as pessoas que assumiam obrigações excessivamente onerosas, premidas por necessidades vitais.

O ordenamento jurídico se mostrava, à falta de uma regra que, objetivamente, traduzisse o estado de perigo, insensível à realidade de pessoas que, desprotegidas, produzissem uma vontade, de cuja consequência se gerava uma obrigação desequilibrada e dispendiosa.

Assim, a opção do legislador merece ser recepcionada com alvissareiro entusiasmo, ao enxergar um vício no negócio jurídico, concebido sob o estado de perigo.

Conceito e configuração de estado de perigo – O Código Civil enfrentou o novo instituto definindo-o: "*Considera-se estado de perigo quando alguém, premido da necessidade de salvar-se, ou a pessoa de sua família, de grave dano conhecido pela outra parte, assume obrigação excessivamente onerosa*".[183]

Ao conceituar o estado de perigo como um fato jurídico, o legislador fincou as bases que lhe caracterizam e os requisitos que lhe sustentam.

O estado de perigo se projeta numa situação que exige um provimento de uma pessoa sobre quem pesa o imperativo jurídico-natural de salvar-se, ou a pessoa de sua família, porque um grave dano, do conhecimento da parte a favor de quem assume obrigação excessivamente onerosa, se acha na iminência de ocorrer.

O estado de perigo é a situação real e já presente no momento em que a integridade ou a existência da pessoa – ou de sua família – se encontra, gravemente, ameaçada.

Por força do estado de perigo, sobrevém uma necessidade vital ou capital que exige uma providência impostergável e salvadora, como o único meio ou recurso para salvaguardar-se de grave dano.

A necessidade vital já existe, porque está em curso, e precisa ser suprida imediatamente, sob pena de um grave dano se abater sobre a pessoa ou a pessoa de sua família.

183 Art. 156 do Código Civil.

Sabe a pessoa – ou acredita – que, se a providência deixar de ser adotada, o grave dano, inevitavelmente, ocorrerá.

Cuida-se, decerto, de dano impendente, mas pronto e armado para acontecer e, em consequência, atingir à pessoa ou à pessoa de sua família.

Logo, há mais do que um fundado temor de dano iminente, como no caso da coação.[184]

Para tentar salvar-se do perigo, submete-se a um socorro de uma pessoa – aqui natural ou jurídica – a quem cabe o provimento salvador, na forma de acudimento, amparo, auxílio, assistência ou proteção, mediante uma obrigação excessivamente onerosa.

No estado de perigo, a pessoa, premida da necessidade de vencer o perigo, depende, sempre, de outrem, haja vista que não dispõe de meios ou recursos próprios para transpor o obstáculo e evitar o grave dano.

Ressalte-se, contudo, que não é pelo fato de que a pessoa, para salvar-se do perigo, dependa de outrem que se configura o estado de perigo.

Noutra dicção, não é o socorro e a ajuda, em si, por mais imprescindíveis e salvadores que sejam, dos quais dependa a pessoa da vítima ou pessoa de sua família, que caracteriza o estado de perigo.

Impõe-se que coexistam: a) o perigo; b) a premência de salvar-se do perigo; c) o grave dano; d) o conhecimento; e) assunção de obrigação excessivamente onerosa.

Sem que a parte tenha assumido obrigação excessivamente onerosa, não há, certamente, estado de perigo.

Portanto, o que, também, caracteriza o estado de perigo é a presença de obrigação excessivamente onerosa, por cujo implemento responde a parte – ou pessoa de sua família – em situação de perigo.

Cabe ressaltar que a presença de uma obrigação excessivamente onerosa no negócio jurídico, em si, também não revela o estado de perigo.

Ora, uma obrigação excessivamente onerosa pode ser contraída – conquanto não seja provável – sem que a pessoa esteja em estado de perigo, de tal sorte que a sua participação no negócio jurídico encontre justificativa noutro motivo.

---

184 Lembre-se de que, na coação, se vicia a declaração de vontade, porque a ameaça tem uma natureza capaz de incutir ao paciente fundado temor de dano iminente e considerável à sua pessoa, à sua família, ou aos seus bens (art. 151, Código Civil).

Assim, o binômio necessidade de salvar/onerosidade excessiva da obrigação tem presença indispensável na configuração do estado de perigo.

Requisitos de estado de perigo – O estado de perigo constitui uma situação singular, mediante a qual se combinam elementos objetivos e subjetivos.

Como se disse, o ordenamento jurídico reconheceu e caracterizou o estado de perigo, sem, todavia, lhe aprisionar dentro de um desenho normativo que prescinda da análise e da observação dos fundamentos fáticos em que se processa o fenômeno em decorrência do qual a pessoa, por necessitar de um salvamento – ou crer que necessita –, para si ou para pessoa de sua família, para escapar de grave dano, assume obrigação excessivamente onerosa.

A parte assume uma obrigação proposital, mas acintosa e grotescamente custosa, que lhe sobrecarrega com anormalidade, fora dos parâmetros usuais e costumeiros, em nome de uma providência salvadora da contraparte, que lhe explora o estado de necessidade.

Majora-se, no estado de perigo, o valor justo, econômico, financeiro e ético da prestação ou obrigação, malgrado a providência tenha uma importância vital.

Não é a providência que é excessivamente onerosa, mas a obrigação.

Noutra compreensão: no estado de perigo, não se trata de ter menos por mais.

Assim, no estado de perigo, ao contrário da lesão,[185] a equação de cujo resultado se infere a excessiva onerosidade não se resolve mediante o cotejo da obrigação assumida com a providência necessária, conforme se verá mais adiante.

A compreensão correta do instituto do estado de perigo exige que o intérprete incursione na intimidade dos seus requisitos, sempre, contudo, de par com a hipótese fática.

Sem embargo da controvérsia, alinham-se os seguintes requisitos que caracterizam o estado de perigo: a) a pessoa natural; b) a situação de perigo; c) a necessidade vital; d) o grave dano; e) a cognoscibilidade sobre a premência da necessidade; f) a urgencialidade e a emergencialidade; e g) obrigação excessivamente onerosa.

---

185 *"Art.157. Ocorre a lesão quando uma pessoa, sob premente necessidade, ou por inesperiência, se obriga a prestação manifestamente desproporcional ao valor da prestação oposta".*

A pessoa natural – No estado de perigo, há uma relação jurídica sinalagmática, composta de: a)sujeito ativo; e b) o sujeito passivo.

O sujeito passivo é a pessoa natural que, na condição de devedor, assume a obrigação excessivamente onerosa, para salvar-se, ou a pessoa de sua família, de grave dano.

O sujeito ativo é a pessoa natural ou jurídica a quem cabe, na condição de credor, a providência salvadora, em troca do direito manifestamente vantajoso.

O sujeito passivo do estado de perigo será sempre pessoa natural, que, apremida da necessidade de safar-se – ou a pessoa de sua família (ou de uma cepa, conforme as circunstâncias) – do perigo, se vincula ao negócio jurídico, na condição de protagonista que assume o encargo excessivamente oneroso.

Quem assume a obrigação manifestamente excessiva, por conseguinte, é a pessoa natural, intérprete do estado de perigo de cuja presença precisa se livrar ou livrar pessoa de sua família.

No estado de perigo, o sujeito passivo representa a pessoa natural que tem a necessidade de salvar-se, ou a pessoa de sua família (ou não, segundo as circunstâncias), de grave dano, razão por que se lhe considera o necessitado, sobre quem pesa a responsabilidade de assumir a obrigação excessivamente onerosa.

Percebe-se que nem sempre quem se acha em situação de perigo é a pessoa que participa do negócio jurídico, na condição de parte, do qual decorre a obrigação excessivamente onerosa, por cujo implemento responde.

No estado de perigo, admite-se, pois, que não coincidam a pessoa que assume a obrigação e a pessoa refém do perigo.

Mas, caso não se confundam, exige a lei: a) ordinariamente, que exista um laço familiar entre a pessoa que assume obrigação excessivamente onerosa e a vítima do perigo; ou b) extraordinariamente, que entre ambos haja uma relação que justifique, conforme as circunstâncias analisadas pelo juiz, o sacrifício da pessoa que assume uma obrigação excessivamente onerosa para salvar pessoa que não seja de sua família, no sentido jurídico ou sociológico.

Relembre-se que, como também na coação, harmoniza-se, perfeitamente, com o espírito dos tempos novos, a ideia de que a família compreende dupla natureza: a) jurídica;[186] e b) sociológica.[187]

Cumpre ao intérprete expurgar a sovinice na busca da verdadeira extensão da expressão "*não pertencente à família*", esculpida no parágrafo único do art. 156 do Código Civil, em conformidade com o caso concreto de cuja existência se extraem as circunstâncias materiais e espirituais que exprimem sentimentos e necessidades, compartilhados pelas pessoas que, mesmo de famílias diferentes, se anelam.

O posicionamento de alguém como membro de uma família se opera na valorização da realidade das pessoas envolvidas, como cenário verdadeiro em que se dá o tráfico dos sentimentos mais caros e nobres do ser humano, divididos por sujeitos que se socorrem na mutualidade dos desejos de ajuda, que se constroem em ambientes diversificados.

Não é necessário que as pessoas convivam apenas em ambiente familiar, para que se caracterize o estado de perigo e se reforce o sentimento que justificaria a assunção de uma obrigação extremamente onerosa, em troca de um salvamento.

A nobreza do comportamento de quem assume uma obrigação excessivamente onerosa, não para se salvar, mas para salvar outra pessoa, há de merecer um tratamento excepcional, de tal sorte que a construção do processo de interpretação das circunstâncias se assente sempre em condições que lhe sejam mais benéficas e tutorais.

O gesto de solidariedade, pejado de humanismo, traduz grandeza de espírito, razão por que merece que o juiz, ao analisar as circunstâncias e coletar as provas, se incline a valorizar o exemplo dado por quem, ao lutar para salvar uma pessoa, assumiu uma obrigação excessivamente onerosa.

---

186 Sob o sentido jurídico, a família se constitui do agrupamento de pessoas ligadas por parentesco natural, parentesco civil, ou parentesco por afinidade, de cuja composição participam os cônjuges, os ascendente, os descendente e os colaterais e os transversais até o quarto grau. Juridicamente, a família se identifica em sentido: a) estrito (o grupo de pessoas que compõe o núcleo familiar, composto de pai, mãe e filhos, sob cuja unidade perseguem valores morais e materiais de interesse comum); e b) lato (o grupo de pessoas interligadas por parentesco natural, parentesco civil ou parentesco por afinidade, as quais se projetam além do núcleo familiar e se identificam e se argolam até o quarto grau).

187 Família na acepção sociológica é todo agrupamento de pessoas que se ligam por laços jurídicos ou laços afetivos, as quais se relacionam sob o comando de uma identidade sentimental comum, em decorrência da qual têm vínculos naturais, civis ou afins.

O sujeito ativo do estado de perigo, como se disse, será pessoa natural ou pessoa jurídica.

A providência salvadora pode ser prestada, por conseguinte, tanto por uma pessoa natural quanto por uma pessoa jurídica, na pessoa, evidentemente, de quem lhe representa.

A pessoa jurídica pode aparecer na condição de parte em favor da qual a obrigação excessivamente onerosa, assumida pela parte que se achava necessitada de salvar-se, ou a pessoa de sua família, deve ser implementada.

Assim, admite-se figure a pessoa jurídica como parte do negócio jurídico, em que se inseriu a obrigação excessivamente onerosa, na hipótese em que disponha dos meios ou recursos para superar o estado de perigo em que a contraparte, ou alguém de sua família, encontrava-se.

A situação de perigo – Na sequência da análise dos requisitos que caracterizam o estado de perigo, sobrevém à situação propriamente dita do perigo.

Tenha-se como estado a condição, de natureza física ou psicológica, em decorrência da qual a pessoa natural se suscetibiliza e sofre a influência da situação em que se acha.

Compreende-se como perigo a situação circunstancial sob que a pessoa natural se encontra, da qual resulta a possibilidade de lesão à sua integridade ou extinção de sua existência, ou alguém de sua família.[188]

Portanto, o estado de perigo consiste numa situação em que a pessoa, ou alguém de sua família – ou não, conforme a hipótese do grau de relacionamento ou intimidade –, se encontra sob a condição de risco de sofrer um grave dano, que lhe comprometa a integridade ou lhe abata a existência, razão por que, fortemente suscetibilizada, enfraquecida e influenciada, assume obrigação excessivamente onerosa.

A vontade que emite não passa de uma necessidade extremada, como único meio para impedir a ocorrência do grave dano.

Na verdade, a manifestação de vontade revela apenas o desespero do agente, numa atmosfera sem alternativa, em decorrência da condição em que se encontra.

---

188 Aceita o parágrafo único do art. 156 do Código Civil a hipótese em que a necessidade de salvar se estenda à pessoa não pertencente à família da parte que assume obrigação excessivamente onerosa.

Ou se assume a obrigação ou ocorre o grave dano, porque o perigo já lhe faz aceno, com intensidade exasperante.

A parte se obriga porque o estado em que se encontra é de asfixia e de premência, que reclama um socorro pronto e eficiente, naquele instante capital, sem o qual o grave dano ocorrerá.

Necessita, assim, de socorro, em forma de providência que somente outra pessoa pode lhe prestar.

Em condição ordinária, o negócio jurídico em que despontou a obrigação excessivamente onerosa haveria de ser refugado.

Sublinhe-se que o estado de perigo pode ter gênese em: a) fenômeno natural; ou b) ação humanal.

Na natural, o estado de perigo desponta por razão alheia à interferência do homem; na humanal, a causa decorre da ação comissiva ou omissiva do homem.

Tem relevância a observação sobre o estado de perigo de origem na ação humana, a fim de diferenciá-lo da coação.

É fato que a coação e o estado de perigo, dois vícios na formação da vontade, produzem a mesma consequência jurídica – a anulação do negócio jurídico – , mas se traduzem em institutos diferentes.

Rediga-se que: a) na coação, o perigo é sempre produzido pela pessoa – parte do negócio ou terceiro – , nunca, pois, pela natureza; b) no estado de perigo, o perigo decorre da ação natural ou da ação humanal.

Infere-se, de pronto, que, se o perigo ameaçador resulta apenas da natureza, a hipótese será, presentes os demais pressupostos, de estado de perigo, por força do qual alguém emite uma vontade para livrar-se do grave dano – fruto, no caso, de uma ação não humanal –, atraindo uma obrigação excessivamente onerosa.

Logo, se a natureza produz a situação de perigo, não se pode falar em coação, violência, física ou moral, que, necessariamente, tem gênese no comportamento do homem.

No entanto, se o perigo, em forma de ameaça, decorre do comportamento humanal, cumpre investigar se se trata de coação ou de estado de perigo.

Não se configura estado de perigo quando aquele que se beneficia da obrigação excessivamente onerosa, assumida por quem se acha premido da necessidade de salvar-se, ou a outra pessoa com quem tem ligação, produz a situação perigosa.

O estado de perigo é incompatível com a situação criada por quem o produz ou o gera e, ainda, se faz parte do negócio jurídico de que aufere vantagem excessiva.

No estado de perigo, por conseguinte, refuga-se a duplicidade do papel protagonizado pela mesma pessoa, na produção do perigo e na figuração de parte no negócio jurídico, haja vista que a hipótese se assemelha mais à coação.

De fato, na coação, o perigo, em forma de ameaça física ou moral, que contamina e influencia a vítima na tradução de sua vontade, brota da produção do agente que persegue uma vantagem e participa do negócio jurídico, salvo quando se tratar de coação de terceiro.

Se a situação de perigo decorre da ação voluntária, com o concurso da vontade da pessoa para gerar especificamente uma ameaça, visando, pelo implemento da violência ou da força, a arrancar de alguém um consentimento na geração do negócio jurídico, a hipótese será de coação, não de estado de perigo.

No entanto, se a situação de perigo provém de ação involuntária, sem o concurso da vontade da pessoa para germinar propriamente uma ameaça e sem o desiderato de obter um consentimento que propulsione o negócio jurídico, a hipótese será de estado de perigo, não de coação.

No estado de perigo, aquele a quem incumbe o provimento salvador não gera a situação de apuro.

A situação de perigo se concretiza por causa, de ordem natural ou humanal, que não se origina na vontade daquele de quem se espera o salvamento.

Decorre a situação de perigo de um estado real ou putativo.

O estado de perigo que aflige aquele que assume a obrigação excessivamente onerosa, como circunstância de um momento que reclama uma providência salvadora, pode resultar de um situação real ou putativa.

No perigo resultante de uma situação real, experimenta-se o apuro concreto e verdadeiro, como estado indiscutível por força do qual, inapelavelmente, a pessoa sofrerá um grave dano.

Em outras palavras, a situação é realmente de perigo, segundo o juízo associado à análise concreta, apurável no momento em que se processa.

No perigo real, o estado da parte não lhe influencia a formar um juízo errôneo da verdadeira premência da necessidade de salvar-se, ou a alguém de sua família ou de sua relação.

Existe, realmente, a situação de perigo, independentemente da capacidade de plena compreensão da parte que assume a obrigação.

No perigo decorrente de uma situação putativa, a percepção psicológica suscetibiliza e influencia, decisivamente, a pessoa que colhe a convicção de que o grave dano haverá de ocorrer, caso a providência salvadora não se ultime.

No momento em que assume a obrigação excessivamente onerosa, acreditava a parte que havia uma situação de perigo de cuja projeção sofreria – ou outrem – um grave dano.

A situação lhe fazia crer que havia um perigo, porque tecia, pelas circunstâncias físicas e psicológicas, um juízo que lhe induzia em erro.

Analisou, compreendeu ou dimensionou mal o fato, por influência de equívoco no seu processamento psíquico, tomado de fantasia (ficção) ou sem comedimento ou tempero na dosimetria da situação que lhe sugeria a sobrevinda do grave dano exageradamente.

No caso de perigo putativo, o estado de perigo se diferencia do erro, pelo fato de que há, necessária e obrigatoriamente, a assunção de uma obrigação manifestamente onerosa.

O que importa, para caracterizar o estado de perigo, em outra dicção, é a confirmação de que a parte assumiu obrigação excessivamente onerosa, em nome de uma providência que tinha a finalidade de salvar-lhe ou a alguém de sua família ou a alguém com que mantenha vínculo que justifique o sacrifício.

Assim, se a percepção de perigo colhida se inspirara em diagnose real ou putativa, segundo o juízo daquele que assume a obrigação excessivamente onerosa, configura-se o estado de perigo.

Basta que se assuma a obrigação premido da necessidade de um salvamento, mesmo que se descubra que a providência era despicienda, resultara, pois, de uma cognoscidade errônea do devedor que participou do negócio jurídico, concebido sob a influência de uma vontade adoentada.

A necessidade vital, a emergência e a urgência – O estado de perigo, consoante se sublinhou, resulta de uma situação de natureza física ou psicológica, por força da qual a pessoa, diante da necessidade de salvar-se, ou a pessoa de sua família, do perigo real ou putativo, toma a obrigação excessivamente onerosa.

No estado de perigo, há uma situação circunstancial ou incircunstancial, mas que aprisiona a pessoa a decidir naquele instante, no momento em que se apresenta a necessidade premente e urgente, íntima da sobrevivência ou parceira da preservação.

Assim, a situação de perigo não decorre, necessariamente, de uma acidentalidade, como se fosse apenas circunstancial ou emergencial, própria de um instante.

O mal capaz de caracterizar o estado de perigo e de extremar o apuro e transformá-lo em grave dano comporta o estado latente ou patente.

No estado latente, o mal poderia estar ainda velado, numa fase embrionária, sem a plenitude da força producente de um grave dano à pessoa.

As condições em relação as quais se formou, definitivamente, a situação de perigo já poderiam coexistir.

Em outro arrimo, o mal poderia estar oculto, dissimulado, mascarado, mas já presente.

Não surgiu ou eclodiu repentina ou instaneamente, haja vista que já vinha se manifestando em processo de lento agravamento, a ponto de exigir um socorro.

O mal, em processo de agravamento ou consumação do perigo, pode ser anterior ao instante em que a pessoa resolve se obrigar para encontrar a salvação de que se precisa.

Portanto, acomoda-se, sem sobressalto, na estrutura e no desenho jurídico do estado de perigo a situação de latência do mal, em processo de consumação, até se confundir com o perigo que exige salvamento.

No estado patente, o mal se manifesta numa eclosão vesuviana, atraindo, abruptamente, o perigo, que põe em risco a pessoa.

O mal e o perigo, ao aflorarem no mesmo instante, se lançam contra a pessoa, que é colhida por uma fatalidade ou uma emergência, em decorrência da qual surge uma premente necessidade de salvamento.

Seja mal latente ou patente, o importante é que a necessidade de salvamento, pressurosa, se apresente improrrogável e se confunda com a urgência, porque atingiu o ponto em que se faz imprescindível uma solução rápida.

Diz-se também, para caracterizar o estado de perigo, que a necessidade deve ser vital.

E a necessidade é vital porque a pessoa se sente impelida, pelo espírito da preservação ou da sobrevivência, a submeter-se a uma providência salvadora, em troca da qual atrai uma obrigação anormalmente onerosa.

O mal, consoante se analisou, pode até já existir, como numa fase latente, mas o verdadeiro estado de perigo somente ocorre mediante o surgimento da premência da necessidade vital ou capital, mesmo quando for putativa, a demandar uma providência indispensável e salvadora, a única solução para contornar o grave dano.

Considera-se vital a necessidade que se conecta ao estado de preservação ou de sobrevivência da pessoa.

A integridade da pessoa se apresenta ameaçada, sob o risco de sofrer grave lesão, o que justifica a assunção da obrigação excessivamente onerosa, conduzida por uma vontade que se engenha com base numa realidade ou numa ficção sobre o perigo.

No caso, a necessidade comanda a decisão, enfraquecida pela imprescindibilidade, e seduz a vontade a aceitar a obrigação que, noutra circunstância, seria rejeitada pela parte.

Assim, somente a necessidade vital tem o predicativo de justificar a razão por que a parte confeccionou o negócio jurídico de cujo núcleo se destaca a obrigação excessivamente onerosa.

A gravidade do dano – Ao lado da necessidade vital que, obrigatoriamente, desperta e provoca o espírito de preservação ou de sobrevivência da parte, há o grave dano.

Se já não é toda necessidade que embasa a configuração do estado de perigo, também o simples dano, ainda que lesivo, não porta a eficácia jurídica que justifica a pessoa a assumir uma obrigação excessivamente onerosa.

Necessidade vital e grave dano exprimem, por conseguinte, uma relação de causalidade ou sequencialidade com que se constrói o estado de perigo.

A necessidade somente é vital porque há um grave dano a ser experimentado pela pessoa, o qual lhe compromete a integridade ou a existência.

E, se há um grave dano a acontecer, se confirma a necessidade vital, que reclama uma urgente e pronta providência.

O grave dano põe em risco, conforme se disse, a pessoa, podendo sepultar-lhe ou agravar-lhe a existência.

Embora se apresenta individualizado ou particularizado, segundo a pessoa e a circunstância, o grave dano, mesmo quando fruto de uma apropriação putativa, congraça-se com a objetividade da sua intensidade ou lesividade.

Suportar o grave dano implicaria exercício de imolação, razão por que a parte tem motivo para buscar a salvação.

Cognoscibilidade – Determina o art. 156 do Código Civil que o dano, além de grave, haverá de ser conhecido pela parte a quem cabe a providência salvadora e que aufere a vantagem.

O conhecimento, como requisito indispensável à configuração do estado de perigo, se basta na simples notícia que se tem sobre o dano, razão por que não se confunde com a compreensão ou o entendimento técnico.

Não exige a regra jurídica, pois, que a parte domine o conhecimento técnico do dano, no que diga respeito às condições e aos efeitos, haja vista que não se constituem atributos necessários para a configuração do estado de perigo.

Onerosidade excessiva – Para a caracterização do estado de perigo, a parte, pela situação de perigo, assume obrigação excessivamente onerosa.

Inexiste estado de perigo sem a presença de obrigação excessivamente onerosa, assumida pela parte que estava premida da necessidade de salvar-se, ou a pessoa de sua família.

Considera-se excessivamente onerosa a obrigação que sobrecarrega o devedor com encargo superfaturado ou superestimado, em flagrante distorção que destoa dos padrões normais, consentâneos com os paradigmas adotados ou referenciáveis, seja em situações ordinárias ou extraordinárias.

Há um abuso oportunista, vulgar e flagrante, incapaz de justificar-se, ainda que o provimento salvador tenha se mostrado de uma importância ímpar.

A radicalização da análise pelo relevamento do resultado produzido pelo beneficiário constitui fator indesejável na apreciação da obrigação excessivamente onerosa.

O beneficiário explora a situação de perigo em que se encontra a parte, para inflar a obrigação, que, em contexto diferente, ganharia outra dimensão.

Ao aproveitar-se da situação de perigo, o beneficiário abusa ao submeter a parte à satisfação de uma obrigação artificializada e manipulada, numa atmosfera em que prospera o oportunismo.

Não se trata de uma obrigação simplesmente cara, mas irreal e incompatível com os elementos objetivos e subjetivos que lhe agregam.

Uma obrigação cara, necessariamente, não é onerosa, posto que dependeria de uma relação de proporcionalidade e de reciprocidade dos encargos que tocam aos protagonistas da relação jurídica, o que não se investiga no estado de perigo.

Nem tudo que é caro se considera excessivo.

Logo, o caro, em si, não espelha obrigação excessivamente onerosa.

No caso do estado de perigo, conforme se examinou, a relação de proporcionalidade e de reciprocidade entre as obrigações, ainda que se possa traçá-la, não tem, em si, a autoridade para diagnosticar e atestar a onerosidade excessiva.

Cabe ressaltar que a presença de uma obrigação excessivamente onerosa no negócio jurídico, em si, também não revela o estado de perigo.

Ora, uma obrigação excessivamente onerosa pode ser contraída – conquanto não seja provável – sem que a pessoa esteja em estado de perigo, de tal sorte a sua participação no negócio jurídico encontre justificativa noutro motivo.

Assim, o binômio necessidade de salvar/onerosidade excessiva da obrigação tem presença indispensável na configuração do estado de perigo.

Sublinhe-se que, ainda que se possa comparar a obrigação assumida pelo necessitado com a prestação de salvamento, operação de que resulte a constatação de desproporcionalidade, no estado de perigo a relação de cotejo é dispensável, ao contrário da lesão, em que se faz imprescindível.

Seção V
Da Lesão

Art. 157. Ocorre a lesão quando uma pessoa, sob premente necessidade, ou por inexperiência, se obriga a prestação manifestamente desproporcional ao valor da prestação oposta.

§ 1º Aprecia-se a desproporção das prestações segundo os valores vigentes ao tempo em que foi celebrado o negócio jurídico.

§ 2º Não se decretará a anulação do negócio, se for oferecido suplemento suficiente, ou se a parte favorecida concordar com a redução do proveito.

A lesão – A qualidade da vontade constitui o pressuposto seminal à vida e à qualidade do negócio jurídico.

O negócio jurídico há de ser concebido numa atmosfera em que prospera uma vontade consciente e livre, resultante da cognoscibilidade das condições que interferem no resultado bosquejado pelo agente.

Submete-se o negócio jurídico ao desenho legal que estabelece as condições de sua validade, sob o enfoque formal e material.

No arranjo institucional das figuras que projetam uma vontade defeituosa, comprometida e distante do espírito da liberdade de escolha, inseriu-se no corpo do Código Civil o instituto da lesão.

A introdução da lesão pelo Código Civil, ao contrário do estado de perigo, não significou a apresentação de um instituto novo, embora remoçado, como se fosse desconhecido do sistema jurídico e do direito positivo brasileiro.

A lesão, já prevista nas Ordenações Filipinas,[189] foi amputada do ordenamento jurídico brasileiro, razão por que esquecida pelo Código Civil de 1916, sob a influência carrancuda do individualismo que, insensível, exaltava a supremacia da validade do negócio jurídico, como expressão da autonomia da vontade, ainda que colhida em adversidade e em avassaladora desvantagem das partes que o protagonizavam.

Em resgate do primado da equipolência das obrigações recíprocas e proporcionais, o qual, necessariamente, canaliza a energia para a transmissão de vontade que viabiliza os negócios jurídicos de que se irradiam efeitos justos e éticos, o ordenamento jurídico brasileiro rompeu com os postulados que extremavam o individualismo na vida dos contratos.

Assim, o sistema jurídico brasileiro não resistiu, por conseguinte, ao fetichismo da supremacia da vontade, como símbolo dos valores que substancializavam o direito individual, encimado em compreensões filosóficas que desautorizavam as incisões jurídicas, mediante as quais se pretendia corrigir as mazelas que o individualismo e o contratualismo produziam no tecido social.

Sob a égide do Estado Novo, ingressa na ordem jurídica do Brasil a Lei de Proteção à Economia Popular (Decreto-Lei 869, de 18 de novembro de 1938), em conformidade com a qual se fincavam as bases jurídicas de defesa dos inte-

189 Livro 4, Título 13, pelo qual se podia desfazer a venda, se o vendedor foi enganado em mais da metade do justo preço.

resses relacionados ao consumidor, personagem que, com o processo de transformação sócio-econômica do País, passa a freqüentar o cenário das relações jurídicas de consumo, ainda que de maneira embrionária e tímida.

Por força da Lei 1.521, de 26 de dezembro de 1951, que substituiu o Decreto-Lei 869/39, a ordem jurídica brasileira redisse e reforçou o compromisso com os princípios e preceitos legais mais humanizados, com forte caráter social, na formação de um perímetro de tutela da economia popular, semente do moderno e eficiente modelo que o Brasil adotaria mais tarde na defesa do direito do consumidor.

O nítido caráter penal da Lei de Proteção à Economia Popular, de acordo com os tipos desenhados na figura dos crimes lá previstos, desqualificava as proposições mesquinhas que se acomodavam confortavelmente no individualismo e no contratualismo ensimesmados.

Com a Lei de Proteção à Economia Popular, o princípio da equivalência, da proporcionalidade, do justo, regressa à ordem jurídica, depois de longo período de ostracismo, por força da ideologia de que se nutria o Código Civil de 1916.

É certo que o princípio da equivalência é resgatado como expressão de tipo penal, caracterizado como crime de usura pecuniária, conforme definido na aliena *b* do art. 4º da Lei 1.521, de 26 de dezembro de 1951: "*obter, ou estipular, em qualquer contrato, abusando da premente necessidade, inexperiência ou leviandade de outra parte, lucro patrimonial que exceda o quinto do valor correspondente ou justo da prestação feita ou prometida*".[190]

Mas a tipificação de crime se mostrava suficiente para projetar efeitos na esfera das relações civis, haja vista que a lesão, na condição de ilícito, atraía a nulidade para o negócio jurídico,[191] engenhado sob a influência da exploração da premente necessidade ou da inexperiência da parte, que experimentava manifesto prejuízo pela ausência de proporcionalidade das obrigações recíprocas.

No entanto, o certo é que, no plano das relações jurídico-econômicas, o Brasil, mesmo dispondo de regra legal que coibia a lesão, foi incapaz de superar a cultura do individualismo e do contratualismo excessivos, que até hoje grassa

---

190 Pena prevista para o caso de usura pecuniária ou real: "*detenção, de 6 (seis) meses a 2 (dois) anos, e multa, de cinco mil a vinte mil cruzeiros*". A multa sofreu alteração por força da Lei 7.209, de 11 de julho de 1984.

191 O Código Civil revogado estabelecia que o ato jurídico é nulo: quando for ilícito, ou impossível, o seu objeto (art.145, II).

no nosso sistema social, fortemente aparelhado para a promoção do enriquecimento fácil de uns e o empobrecimento da maioria.

O grave de tudo é que a inopiosa realidade se revela no seio de negócios jurídicos, que se abastecem da chancela da legalidade formal para projetar iniquidades, à falta de consciência e de cultura sociais que rejeitem modelos que capitalizam abusos.

O Poder Judiciário pouco respondeu e quase nunca reagiu, com a firmeza e a intensidade necessárias, para derrotar os excessos cometidos na obtenção de vantagens abusivas e de lucros exorbitantes, hauridos em negócios jurídicos em que se escancaram a desproporcionalidade, a ausência da boa-fé e o desprezo à ética.

Não se deve esquecer que, com o advento do Código de Defesa do Consumidor, o cenário de quase indiferença passa a sofrer mudanças, por força das quais se reacende o otimismo, pelo menos no campo das relações de consumo, o qual sugere tempos novos no enfrentamento da questão das relações jurídicas abastadas de injustiças, em face de práticas abusivas e de desproporcionalidade das obrigações.

O legislador, mais uma vez, insiste em pôr à disposição da sociedade a lesão, instituto poderoso a exercer a profilaxia do individualismo vulgar, banalizado como símbolo da eficiência dos que se apropriam da riqueza explorando as vicissitudes das pessoas, para colher condições artificialmente mais vantajosas, esbanjando desprezo pela sorte alheia.

Incumbe a todos o papel de agarrar-se à nova oportunidade ofertada pelo direito positivo, com o propósito de reforçar os meios legais na resistência ao abuso nos negócios jurídicos.

O instituto da lesão, ao ser incorporado ao Código Civil, traduz o compromisso do legislador com a regência do princípio da boa-fé, assistido pela equidade e da ética nos negócios jurídicos.

A reintrodução do novo instituto, na verdade, consistiu no aperfeiçoamento e na construção de sua definição, mediante a qual o legislador estaqueou as bases sobre as quais se assenta a sua caracterização.

Em outras palavras, o Código ousou ao definir o vício de consentimento resultante da lesão, ao tempo em que providencia, também, a configuração da situação em que ocorre.

Remoçado, o instituto se acha assim definido no art. 157 do Código Civil: "*Ocorre a lesão quando uma pessoa, sob premente necessidade, ou por inexperiência, se obriga a prestação manifestamente desproporcional ao valor da prestação oposta*".

Preocupa-se o legislador, como no estado de perigo, em proteger a parte que se sente compelida a emitir uma vontade, de cuja consumação resulta um negócio jurídico que lhe impõe uma obrigação, manifestamente, desproporcional e, pois, injusta.

Trata-se de um instituto de extrema relevância para aperfeiçoar o sistema de defesa dos valores éticos e da boa-fé.

A lesão, instituto que guarda afinidade com o estado de perigo, consoante será examinado mais adiante, inocula o vírus da anulação no negócio jurídico, considerando-se que o processo gerador da vontade sofre a nefasta influência da premente necessidade ou da inexperiência da parte, para cujo patrimônio se transfere a responsabilidade de prestar obrigação manifestamente desproporcional ao valor da prestação oposta.

Ao ressuscitar a figura da lesão e bem acomodá-la no plano do direito civil, o legislador, mesmo moroso, merece aplauso pela proposição de disciplinar a situação jurídica que vitima as pessoas que, comprimidas por premente necessidade ou traídas pela inexperiência, se desprotegiam em negócios jurídicos que lhes infelicitavam.

O curioso é que a situação de iniquidade granjeava tutela favorável, por força de regra jurídica que a inibisse e de inapetência de parte dos juízes que a combatesse, porque presos à doença crônica do legalismo.

A construção de tese que tutelasse a vítima da lesão pouco se fez com êxito nas decisões judiciais, que se incapacitavam a enfrentar a questão em que uma das partes se obrigava a prestação manifestamente desproporcional ao valor da prestação oposta.

Em tese, a coação moral (***vis compulsiva***) era quase que o único recurso de que a parte se valia para arremessar contra o negócio jurídico a acusação de vício, porque o tecera em estado de premente necessidade ou em parceria com a sua inexperiência.

No entanto, pouco prosperou a construção da coação moral em substituição à lesão.

Logo, o enriquecimento ilícito era quase lícito.

Conceito e configuração da lesão – Lesão, na acepção jurídica, revela sentido de ofensa ou dano a um direito, em decorrência do qual se sofre um prejuízo, que se traduz numa perda de natureza física[192] ou de ordem econômico-financeira.

Aprisionada ao campo do direito civil, a lesão exprime a ideia de prejuízo, decorrente, necessariamente, de um negócio jurídico, impulsionado por um estado de premente necessidade ou fruto de uma inexperiência, por força do qual se rompe a equipolência das prestações recíprocas que argolam as partes.

O prejuízo se confunde com o dano material, valorável ou aferível pecuniariamente, capaz de quantificar-se em representação de uma equação de cuja operação se extrai a desigualdade entre as duas obrigações que se expressam em bens ou em números.

Afere-se o prejuízo da pessoa mediante o cotejo da prestação por cuja execução responde e da prestação que recebe.

O negócio jurídico, ao exibir as prestações que tocam às partes, revela a lesão, em conformidade com a qual se desgoverna o princípio justo da proporcionalidade e da comutatividade.

No direito civil, há a lesão que se confunde no dano, no prejuízo propriamente dito, e a lesão que retrata o vício de consentimento, como instituto que traduz a ocorrência de uma situação jurídica, em que a pessoa, sob premente necessidade, ou por inexperiência, se obriga a prestação manifestamente desproporcional ao valor da prestação oposta, conforme o desenho jurídico que lhe fez o art. 157 do Código Civil.

Na lesão, a pessoa, refém de uma necessidade que lhe exige uma solução urgente, ou vítima da inexperiência, se compromete com uma prestação evidentemente desproporcional ao valor da prestação a que faz jus.

Decorre a lesão de uma situação real em que há a concretude de um dos dois pressupostos ou causas: a) a existência de uma premente necessidade; ou b) a presença da inexperiência.

A parte somente assume a prestação sem equanimidade, porque pressionada por uma necessidade que lhe confrange a vontade ou influenciada pela inexperiência que lhe prejudica o juízo.

---

192 No direito penal, a lesão, crime de lesão corporal, expressa a ideia de todo e qualquer dano gerado que moleste a normalidade funcional do corpo humano, seja sob o aspecto anatômico, fisiológico ou psicológico, o qual se acha disciplinado no art.129 e parágrafos, do Código Penal.

Na lesão, há uma necessidade verdadeira, real, autêntica, que reclama do necessitado uma providência, que ocorre pela intermediação do negócio jurídico por cuja celebração surge a solução de que precisa a parte.

Resolve-se a necessidade, mas se atrai uma obrigação manifestamente lesiva, que arruína a equidade, eis que sem relação de justa proporcionalidade com a prestação recebida.

Na lesão resultante da inexperiência, a parte assume uma prestação cabalmente desproporcional ao valor da prestação oposta, à falta de seu amadurecimento que revela amadorismo, sem maturidade técnica para depreender, com domínio e conhecimentos essenciais, as relações de desconexões entre as obrigações que surgem como consequência do negócio jurídico.

No caso, o fator inexperiência concorre decisivamente para que a parte se obrigue a prestação manifestamente desproporcional ao valor da prestação oposta, o qual não decorre de erro.

Assinale-se que a inexperiência da parte não se alimenta do erro, resultante da apropriação defectiva dos elementos ou condições substanciais que se agregam ao negócio jurídico de que nasce a prestação injusta por cujo adimplemento responde.

Se havia, a necessidade não era premente, mas ordinária sem a impetuosidade que avassala a vontade da parte, que, por inexperiência, se obrigou mais do que deveria.

Em outro dizer, é possível que a causa da assunção da responsabilidade pela prestação manifestamente desproporcional se assente apenas na inexperiência da vítima, sem, pois, a presença de uma premente necessidade.

Também, admite-se que coexistam a premente necessidade e a inexperiência como causas determinantes pelas quais a parte se obrigou a prestação manifestamente desproporcional.

O certo é que, na lesão, há sempre uma necessidade a ser resolvida e vencida pela parte, a qual se traduz em graus de intensidade e justifica a manifestação de vontade na geração do negócio jurídico em que emerge a prestação .

Na lesão, a necessidade de que carece a pessoa há de ser equacionada, haja vista que subsiste a possibilidade de sofrer um prejuízo, pouco lhe importa a natureza.

A necessidade é que move a vontade da parte em perseguição de uma solução que a resolva.

Diferentemente no estado de perigo, a necessidade na lesão não se confunde no remédio ou na providência eficaz para salvar a pessoa de grave dano que lhe ponha em risco a integridade física ou existência.

Colha-se, por conseguinte, que, na lesão, a necessidade que justificou o negócio jurídico não se extrema a ponto de transformá-la em condição ímpar de sobrevivência ou integridade da pessoa, como se significasse a única solução para salvaguardar-lhe a existência.

Requisitos da lesão – Na lesão, instituto cuja ocorrência pode gerar a anulação do negócio jurídico, há a presença de requisitos que se apresentam como pressupostos de sua configuração.

Conjugados os requisitos sob operação da ocorrência do fenômeno fático, o instituto da lesão, se o intérprete se esforçar em combiná-los, se revela com simples percepção, posto que os pressupostos formais se acham bem definidos pelo legislador.

Analisados os requisitos, verificar-se-á que lesão e estado de perigo representam institutos afins, que guardam semelhanças, mas que se rivalizam na identidade específica de cada um.

Embora tenham repercussão no patrimônio da vítima, o estado de perigo se volta mais para a integridade ou a existência de alguém, enquanto a lesão se preocupa mais com a situação econômico-financeira da pessoa, que pode ser física ou jurídica.

Constata-se que tanto no estado de perigo quanto na lesão há o exercício de um flagrante oportunismo de uma parte que explora a situação de necessidade da vítima.

No estado de perigo, a obrigação é excessivamente onerosa; na lesão, manifestamente desproporcional.

Em ambos institutos, infla-se o valor da prestação ou da obrigação que a vítima assume, sem reação da parte cuja vontade se debilita, conforme o grau da necessidade a ser suprida.

São os seguintes requisitos que caracterizam a lesão: a) a pessoa natural ou jurídica; b) a situação de premente necessidade ou a inexperiência; c) a cognoscibilidade e a exploração do estado de premente necessidade ou da inexperiência; d) a urgência; e f) prestação manifestamente desproporcional.

Pessoalidade (pessoa natural ou jurídica) – Recapitulada a definição de lesão, extrai-se o entendimento de que há dois protagonistas na relação de que resulta a assunção de uma obrigação manifestamente desproporcional ao valor da prestação oposta.

Uma pessoa, sob premente necessidade ou por inexperiência, assume uma prestação manifestamente desproporcional, de que outra pessoa se beneficia, em comutação de uma obrigação de valor desequilibrado.

Argolam-se, na relação jurídica sinalagmática, o sujeito ativo e o sujeito passivo.

Considera-se sujeito passivo a pessoa natural ou jurídica, que, sob a condição de premente necessidade ou por inexperiência, atrai a prestação manifestamente desproporcional.

Reputa-se sujeito ativo a pessoa natural ou jurídica que explora a premente necessidade a inexperiência da contraparte e oportuniza, em seu benefício, a vantagem haurida na desproporcionalidade das prestações.

Ao contrário do estado de perigo, em que a pessoa que assume a obrigação excessivamente onerosa é, sempre, pessoa natural, o sujeito passivo na lesão se faz representar por pessoa física ou jurídica sobre cujo patrimônio incide o ônus da prestação manifestamente desproporcional.

Na lesão, assume, por conseguinte, a prestação manifestamente desproporcional, a pessoa natural ou a pessoa jurídica.

Já o sujeito ativo, tanto na lesão quanto no estado de perigo, pode ser pessoa natural ou pessoa jurídica.

Leia-se pessoa jurídica de direito público interno ou de direito privado.

Uma pessoa jurídica de direito público interno pode, perfeitamente, protagonizar um negócio jurídico em que haja uma prestação excessivamente onerosa ou manifestamente desproporcional, razão por que, por não se achar indene, sujeita ao regime de anulação.

O fato de uma pessoa jurídica de direito público interno participar de uma relação jurídica não significa, aprioristicamente, que o negócio jurídico dispõe de uma garantia de segurança, como se blindado estivesse quanto à contaminação por abuso de direito.

Na lesão, não se segregam as pessoas pela sua natureza jurídica, haja vista que o sistema não tolera que uma pessoa natural ou jurídica explore e aproveite a situação de premente necessidade ou de inexperiência da contraparte para lhe extrair uma vantagem desmedida.

Diferentemente do que se passa no estado de perigo, em que, a nem sempre, quem se acha em situação de perigo é a pessoa que participa do negócio jurídico, na condição de parte, do qual decorre a obrigação excessivamente onerosa, na lesão há uma só pessoa que, sob premente necessidade ou por inexperiência, se obriga a prestação manifestamente desproporcional.

Na lesão, rejeita-se que a pessoa se obrigue a prestação manifestamente desproporcional para suprir uma premente necessidade de outrem, ainda que se trate de pessoa de sua família.

A razão da assunção da prestação manifestamente desproporcional ao valor da prestação oposta é pessoal, restrita ao patrimônio ou à inexperiência da parte.

Logo, na lesão, ao contrário do que ocorre no estado de perigo, é defeso que a pessoa, sob a justificativa de premente necessidade alheia, pretenda a anulação do negócio jurídico por cuja execução experimentaria um grave prejuízo, por força da prestação desproporcional que assumiu.

A situação de premente necessidade ou a inexperiência – A parte assume uma prestação manifestamente desproporcional ao valor da prestação oposta devido a um dos dois motivos: a) premente necessidade; ou b) inexperiência.

Considera-se premente necessidade a situação por força da qual a parte, comprimida e aflita, precisa vencê-la mediante solução eficiente e rápida.

Há uma situação que gera à parte um tormento, que lhe confrange e lhe angustia, com a evidência de agravar o estado de necessidade, em decorrência da saliência da lesão.

Se no estado de perigo a parte bosqueja salvaguardar a sua existência ou a sua integridade, ou a de pessoa de sua família, na lesão o patrimônio a ser custodiado não é o da vida, enquanto condição oposta à morte, embora o possa ser da subsistência material da pessoa que atrai a prestação manifestamente desproporcional.

Avulta que a necessidade, na lesão, não se amalgama no remédio ou na providência indispensável para salvar a pessoa de grave dano, capaz de sucumbir-lhe a existência ou de comprometer-lhe a integridade física.

A necessidade que motiva a assunção da prestação manifestamente desproporcional não é da ordem ou da natureza que faça par com a existência ou integridade da pessoa, embora possa se prestar a auxiliá-la, indiretamente, na sua superação.

O certo é que há uma carência de natureza material ou espiritual que exige da pessoa uma urgente satisfação, que lhe domina o ânimo em prospecção de uma solução, que justifica a prestação manifestamente desproporcional, pela qual se obriga, ao valor da obrigação oposta.

Em tese, ao engenhar o negócio jurídico, a parte vence a premente necessidade que o acossava, porque recebe os meios para equacioná-la ou satisfazê-la, mas se sobrecarrega com uma obrigação inquestionavelmente desproporcional ao valor da prestação oposta.

Quando o negócio jurídico é gerado por inexperiência da pessoa que se obriga a prestação manifestamente desproporcional ao valor da prestação oposta, há também lesão.

A inexperiência é um caráter que acusa a falta de perícia da pessoa em relação às condições essenciais que se entranham no negócio jurídico.

Consiste a inexperiência na falta de um predicativo técnico de que se ressente a parte, haja vista que não tem maturescência no domínio sobre a coisa que se relaciona ao ofício, à arte, à profissão a que se vinculam os elementos cardeais que dizem respeito ao negócio jurídico.

Há uma infantilidade ou um amadorismo que se confunde numa inabilidade, facilmente seduzida.

Inexperiência não se confunde com o erro ou a ignorância da parte que se apropria de um juízo impróprio sobre a natureza, condições, qualidades, elementos ou protagonistas do negócio jurídico.

Na verdade, a parte acarreta uma prestação inquestionavelmente desproporcional ao valor da prestação oposta, decerto, porque tem conhecimento infantilizado, ainda atrofiado para descortinar as relações de desconexões das prestações.

Anote-se que a inexperiência não se avalia ou se julga pela idade biológica da parte, embora se possa crer que uma pessoa jovem tenha menos experiência do que uma pessoa adulta.

Perquire-se a inexperiência com base em elementos objetivos e subjetivos, que, conforme as circunstâncias em que o negócio jurídico fora concebido, transferem ao exercício da análise paradigmas para a identificação da inabilidade da parte, incapacitada de prevem os efeitos do negócio jurídico que patrocinou em condições adversas e injustas.

A inexperiência, cumpre ressaltar, não constitui um atributo geral de uma pessoa, eis que pode ser especial, restrita, reduzida à determinada particularidade, especificidade ou especialidade.

Para a lei, o que importa é que, naquele negócio jurídico de que resultou a prestação manifestamente desproporcional, a parte carecia de experiência específica, malgrado esbanjasse conhecimentos técnicos e habilidades em outras áreas do conhecimento humano.

Portanto, por falta de experiência específica, a vontade é formada com defectividade, colhida em circunstância que vulnera o seu vigor, a qual gera um negócio jurídico desequilibrado, desproporcional nas prestações comutadas.

Tudo, pois, fruto da inexperiência da parte.

A cognoscibilidade e exploração do estado de premente necessidade ou da inexperiência – Em paralelismo, identificam-se afinidades que plasmam o estado de perigo e a lesão, embora sejam, conforme já acentuado, institutos com especificidades próprias, mediante as quais cada um apresenta sua natureza jurídica inconfundível.

Em ambos, inflaciona-se a importância da obrigação que se excede em onerosidade (estado de perigo) ou o valor da prestação que se revela em desproporcionalidade manifesta (lesão).

Realce-se, ainda, que, no estado de perigo e na lesão, se agudiza o oportunismo de uma parte que investe contra uma situação de fragilidade, que debilita a vontade da vítima que experimenta o prejuízo.

Na lesão, a parte aceita a prestação manifestamente desproporcional ao valor da prestação oposta porque padece de uma premente necessidade ou sofre de inexperiência.

O beneficiário (parte lesante), ao descobrir que há uma premente necessidade ou uma inexperiência, explora a situação por que passa a vítima, de quem lhe extrai uma vontade que gera um negócio jurídico lesivo.

Logo, pressupõe-se que a parte lesante conhece o estado de necessidade ou de inexperiência da parte lesada, situações que a enfraquecem.

Como na lesão a parte lesante se aproveita da situação de premente necessidade ou da inexperiência da contraparte, presume-se, por conseguinte, que conhece a vicissitude da parte lesada, razão por que se sente estimulada ao abuso ou à exploração, ao auferir vantagem desproporcional resultante do cotejo das prestações recíprocas que fazem parte do negócio jurídico.

No estado de perigo, o texto é expresso ao falar sobre o conhecimento da parte em relação à necessidade da contraparte, ou de pessoa de sua família, de salvar-se de grave dano.

Na lesão, o texto legal, ao contrário, é omisso quanto ao pressuposto do conhecimento, mas, pela descrição do instituto, se colhe a compreensão de que há sim uma ciência prévia da pessoa que identifica a vulneração da vítima, ainda que não constitua ônus da prova da parte lesada.

Ora, a pessoa, para inserir uma prestação que a avantaja em prejuízo da contraparte, se vale do oportunismo que pressupõe o conhecimento da fraqueza alheia, convertida numa premente necessidade ou traduzida numa inexperiência.

O certo, porém, é que a parte vítima da exploração, ao postular a anulação do negócio jurídico sob a justificativa da lesão, se sobrecarrega apenas com o ônus de provar a premente necessidade ou a inexperiência, causas da desproporcionalidade das prestações, razão por que se acha dispensada de demonstrar o conhecimento da parte lesante.

Mais do que o conhecimento da situação, o importante é que a parte lesante explore o estado de premente necessidade ou da inexperiência da parte lesada, a fim de que se configure a lesão.

Assim sendo, a prova do conhecimento quanto ao estado de premente necessidade ou de inexperiência da parte lesada não constitui requisito para a anulação do negócio jurídico de que resultou a desproporcionalidade das prestações, malgrado represente um pressuposto.

A urgência – Na lesão, consoante se disse, exige-se a premente necessidade ou a inexperiência, como causas viciadoras da construção da vontade que se debilita, as quais justificam a desproporcionalidade das prestações.

O fato de a pessoa obrigar-se pela inexperiência não significa, necessariamente, que havia urgência ou emergência na confecção do negócio jurídico.

Logo, no negócio jurídico fruto da inexperiência inexiste o fator urgência, motivo pelo qual não se considera a causa que flexiona a vontade da parte lesada.

No caso, a parte lesante logra um resultado econômico-financeiro desproporcional por força da inexperiência, e não da urgência, que acossava a parte lesada em suprir a necessidade.

Relembre-se que, na inexperiência, há uma necessidade, mas que pode não ser premente.

Na premente necessidade, evidencia-se a presença da urgência, haja vista que a parte carente precisa vencê-la imediatamente.

Ora, por ser premente, a necessidade reclama solução rápida.

Também como no estado de perigo, não importa se a necessidade nasce de uma contingência ou de uma incontingência.

O que importa é que, no momento em que a parte lesada assumiu a prestação manifestamente desequilibrada, havia uma premente necessidade.

Assim, a necessidade pode resultar de um processo de estruturação de condições que se formam gradualmente ou de uma eclosão inesperada que se confunde numa emergência ou fatalidade.

A prestação manifestamente desproporcional – Porque há uma premente necessidade ou uma inexperiência, a parte se obriga a prestação manifestamente desproporcional, pressupostos que autorizam a anulação do negócio jurídico.

Trata-se de requisitos que instilam defeito no negócio jurídico, sem os quais não se caracteriza a lesão.

Não tem cabimento se falar em lesão sem o concurso da iniquidade, fruto de uma situação de premente necessidade ou resultado de uma inexperiência que acomete a parte lesada, a qual compromete o justo equilíbrio das relações jurídicas.

Diz-se de prestação manifestamente desproporcional a obrigação que expressa, numa relação de reciprocidade e comparabilidade, flagrante e injusto desequilíbrio, em prejuízo da parte necessitada ou inexperiente, de cujo resultado se beneficia a parte lesante, a quem cabe a vantagem econômica ou financeira sem idoneidade.

Na lesão, ao revés do que ocorre no estado de perigo, cotejam-se as obrigações ou prestações, operação de cujo desfecho se constata, objetivamente, que avulta a desproporcionalidade dos encargos recíprocos, empobrecendo uma parte e enriquecendo outra.

A parte lesante infla a obrigação de que passa a ser credor, ao explorar a situação de premente necessidade ou de inexperiência da parte lesada.

Move-se a parte lesante pelo sentimento mesquinho e oportunista para extrair um proveito desarrazoado, colhido em confessado abuso em face das circunstâncias que vulneram e enfraquecem a parte lesada.

A vantagem de que se apropria a parte lesante comporta aferição, apuração, medição, quantificação, pela simples confrontação entre os valores que se expressam nas obrigações das partes, na relação de comutatividade.

Logo, também se conhece o prejuízo que se abate sobre a parte lesada, o qual se revela em valores, o que demonstra a desproporcionalidade, incompatível com a ética e a equidade, porque escancara o enriquecimento faustoso da parte lesante.

Ressalte-se que se apura a desproporcionalidade das prestações "*segundo os valores vigentes ao tempo em que foi celebrado o negócio jurídico*".[193]

Portanto, fenômenos posteriores à data em que o negócio jurídico fora engenhado não se prestam a equalizar a desproporcionalidade das prestações.

Valorizações ou desvalorizações futuras de bens de qualquer natureza não têm predicativo jurídico para desconstruir a lógica da desproporcionalidade, que se forma, conforme diz o texto legal, com base na realidade em que o negócio jurídico foi celebrado.

Hipóteses segundo as quais se preserva o negócio jurídico: a) oferta de suplemento suficiente e b) anuência da parte favorecida em redução do proveito – O legislador, ao invés da radicalização, preferiu oportunizar às partes a faculdade de preservar o negócio jurídico, construído sob o instituto da lesão, ao franquear-lhes as seguintes alternativas: a) oferta de suplemento suficiente para corrigir a desproporcionalidade; ou b) redução do proveito.

Para conservar o negócio jurídico, à parte que aufere uma vantagem desproporcional se confere a alternativa de corrigi-la, oferecendo ao prejudicado o suplemento capaz de equalizar o desequilíbrio entre as prestações.

Também, pode a parte favorecida promover a redução do proveito havido.

Nas duas hipóteses, somente se preserva o negócio jurídico mediante o assentimento da parte lesada, salvo se a recusa se apoiar em motivo sem qualidade jurídica, segundo o entendimento do juiz.

193 Parágrafo primeiro do art. 157 do Código Civil.

Seção VI
Da Fraude Contra Credores

Art. 158. ***Os negócios de transmissão gratuita de bens ou remissão de dívida, se os praticar o devedor já insolvente, ou por eles reduzido à insolvência, ainda quando o ignore, poderão ser anulados pelos credores quirografários, como lesivos dos seus direitos.***

§ 1º Igual direito assiste aos credores cuja garantia se tornar insuficiente.

§ 2º Só os credores que já o eram ao tempo daqueles atos podem pleitear a anulação deles.

Conceito da fraude contra credores – O sistema jurídico brasileiro acolhe o princípio da liberdade limitada de disposição dos bens.

Cuida-se de uma faculdade confiada às pessoas naturais e jurídicas, a qual decorre de um dos predicativos do direito de propriedade.

As pessoas são livres para traçar o destino de seu patrimônio, salvo nas hipóteses em que o regime jurídico se convence de toldar a liberdade, situação em que interfere na intimidade dos agentes que protagonizam as relações jurídicas, com carga de coerção para desqualificar o negócio jurídico ou o ato jurídico por cujo fluxo trafeguem os bens.

A intervenção da ordem jurídica nem sempre se limita ao negócio ou ato jurídico, posto que se investe da autoridade para penetrar no próprio processo de geração da vontade do agente, para minar a validade.

Portanto, diz-se que a ordem jurídica, em relação ao exercício do direito de propriedade, atua em dois planos: a) na gênese da construção da vontade do agente; ou b) no efeito gerado pela vontade do agente.

Ao agir na gênese da construção da vontade do agente, a ordem jurídica lhe veda a intenção ou o desejo de movimentar a sua propriedade, dando-lhe destinação que o quiser, eis que existe regra jurídica que proíbe o deslocamento patrimonial dos seus bens, em determinadas situações ou circunstâncias.

Ao operar no efeito gerado pela vontade do agente, a ordem jurídica desqualifica o negócio ou o ato jurídico pelo qual se processou o movimento do direito de propriedade, posto que reputa desajustado o seu exercício, sob o aspecto legal ou ético.

O direito de propriedade, enfeixado nas premissas do individualismo, sofre restrição e, por conseguinte, se submete a regime jurídico em que prevalece a ideologia, pelo menos formal, que lhe condiciona o exercício à função social.[194]

O direito de dispor do patrimônio não se absolutiza, razão por que se acha condicionado e limitado à esfera dentro da qual o seu exercício não molesta a ordem jurídica.

Veda-se o exercício do direito de propriedade que se estimula pelo abuso ou se desvia da finalidade.

O sistema jurídico, ainda que com muito acanhamento, estrutura a disciplina sobre o exercício do direito de propriedade.

A disposição dos bens que compõem o patrimônio sofre mitigação, numa demonstração de que o direito brasileiro relativiza a natureza do direito de propriedade, em determinadas situações, com nítido propósito de toldar-lhe o abuso e o desvio de finalidade de seu exercício.

O exercício do direito de propriedade submete-se a duplo controle: a) legal; e b) ético.

Na verdade, trata-se de um controle ético-legal, porque se exige que o exercício do direito de propriedade se ajuste, simultaneamente, à ética e à legalidade.

Não basta, pois, ser legal se for aético; não é suficiente que seja ético, se for ilegal.

Ao titular do direito de propriedade se impõe respeitar os limites legais e éticos dentro dos quais pode dispor de seus bens.[195]

Na linha de defesa da ética e da boa-fé nas relações jurídica, o legislador reforça os meios mediante os quais procura imunizar a qualidade dos negócios e atos jurídicos.

---

194 Constituição Federal art. 5º, XIII, e art. 170, III.

195 Em muitas hipóteses, a lei restringe o exercício do direito de propriedade. Em exemplos mais marcantes, tomem-se os seguintes: a) venda de ascendente a descendente, sem o expresso consentimento dos outros descendentes e dos cônjuge (art. 496, CC); b) a compra pelos tutores, curadores, testamenteiros e administradores dos bens confiados à sua guarda ou administração (art. 497, I, CC); c) a compra pelos servidores públicos, em geral, de bens ou direito da pessoa jurídica a que servirem, ou que estejam sob a sua administração direta ou indireta (art. 497, II, CC); d) a compra pelos juízes, secretários de tribunais, arbitradores, peritos e outros serventuários ou auxiliares da justiça, de bens ou direitos sobre que se litigar em tribunal, juízo ou conselho, no lugar onde servirem, ou a que se estender a sua autoridade; e) a compra pelo leiloeiro e seus prepostos de bens de cuja venda estejam encarregados; f) a doação de todos os bens sem reserva de parte, ou renda suficiente para a subsistência do doador (art. 548, CC).

Ao redesenhar o instituto da fraude contra credores, ainda que com enxertos de poucas novidades, o sistema jurídico policia as pessoas, a fim de que se lhe desestimule o comportamento fraudulento.

Pretende a regra que as pessoas, naturais ou jurídicas, se desanimem a *despatrimonializar*, mediante o artifício do ludíbrio, segundo o qual os bens se descolam do domínio, para prejudicar os credores.

Portanto, considera-se fraude contra credores o fenômeno jurídico em que a pessoa, natural ou jurídica, na condição de devedor e em estado de insolvência, ou em zona limítrofe, obra a desconstituição de seu patrimônio, com a finalidade de desarticular o sistema de segurança de que dispunha o credor como garantia da satisfação de seu direito, já exercitável.

Prejudica-se o credor, com o ânimo consciente e explícito que se projeta no agir do devedor.

A fraude consiste num ardil que se opera em aparente conformidade com lei, mas em flagrante intento de lesar o credor.

O negócio jurídico em si, aquele por meio do qual se processa o deslocamento do bem de um patrimônio para outro, considerado no isolamento de sua individualidade, não apresenta defeito, haja vista que, em tese, se trata de uma operação jurídica sem mácula ou vício ostensivo.

Objetivamente, o negócio jurídico se harmoniza com a lei, se examinados apenas os requisitos de sua validade, dos quais fala o art. 104 do Código Civil: a) os personagens são capazes; b) o objeto é lícito, possível e determinado ou determinável; e c) por último, realizado na forma prescrita ou não defesa em lei.

Subjetivamente, o negócio jurídico, contudo, granjeia a rejeição da lei, se descortinados os motivos pelos quais fora confeccionado, posto que inspirado pelo sentimento de que se apossa a pessoa de fraudar, de causar prejuízo, de lesar o credor.

Elementos da fraude contra credores – A partir da definição ou do conceito de fraude contra credor, amplia-se a capacidade de conhecer-se melhor o instituto, que, ao limitar a expansão do exercício do direito de propriedade, pretende salvaguardar o credor contra a investida ardilosa e fraudulenta do devedor.

Destaque-se que o credor prejudicado ou enganado é pessoa alheia ao negócio ou ao ato por cuja efetivação sofre as consequências danosas ao seu direito.

Articula o devedor um meio para prejudicar o credor, que consiste no empobrecimento intencional de seu patrimônio, mediante o engenho de um outro negócio ou ato jurídico, operação de que emergem dois elementos que tipificam a fraude contra credor.

Assim é que, na fraude contra credor, se apresentam dois elementos essenciais que lhe impregnam o caráter de vício que alcança o negócio jurídico: a) o esvaziamento ou o enfraquecimento patrimonial (***eventus donmi***), com consequência prejudicial ao credor ; e b) a intenção específica e deliberada de causar, dolosamente, ao credor, um prejuízo (***consilium fraudis***).

O enfraquecimento ou esvaziamento patrimonial consiste num artifício de que lança mão o devedor, sob o espírito e o domínio da insolvência, para afastar seus bens do alcance do credor, mediante um dos seguintes meios: a) transmissão gratuita de bens; b) remissão de dívida; c) alienação de bens; d) garantia de dívida; e) pagamento de dívida não vencida a credor quirografário.

A intenção deliberada de, conscientemente, causar prejuízo ao credor significa o motivo por que o devedor resolve incrementar os negócios jurídicos com traquinagem, pelos quais se debilita irremediavelmente o seu patrimônio e, por via de consequência, se esvai a possibilidade de solver as obrigações existentes.

Transmissão gratuita de bens – A fraude consiste numa operação jurídica em manifesto logro, armada com o objetivo de lesar o credor.

Como já se salientou, na fraude, a produção da vontade do agente é guiada pelo desejo de engenhar uma manobra jurídica eficiente a subtrair ao credor a consistência patrimonial existente, da qual resulta o esmaecimento do sistema de garantia em que se albergava a segurança da satisfação do crédito.

Há uma vontade consciente do devedor, construída sem a contaminação do erro, sem a influência do dolo, sem o peso da coação, sem a exigência de uma premente necessidade e sem o domínio da inexperiência, mas animada exclusivamente para atingir o credor.

A vontade se estrutura sem vício, mas se inspira, conscientemente, na realização de uma ação prejudicial a outrem, contra cujo interesse opera.

O defraudador age imbuído do desejo de desconectar o credor do sistema de segurança, mediante operação de enfraquecimento de seu próprio patrimônio, na forma de transmissão de bens, gratuita ou onerosa, ou remissão de dívida.

Pretende o devedor, mediante artifício, causar prejuízo ao credor com redução maliciosa de seu patrimônio, que se desfalca com relevância.

O devedor se alia ao projeto jurídico de atingir a salvaguarda patrimonial de que depende o credor para recompor lesão ao seu crédito, inadimplido ou na iminência de inadimplemento.

Traquina o devedor, com ardil, para inviabilizar as garantias patrimoniais ainda existentes, em detrimento do interesse do credor.

Na verdade, o devedor quer mesmo fraudar o credor, ao levar a efeito manobras jurídicas que se disfarçam em negócios jurídicos aparentemente legais, sem máculas.

Mas, ilaqueado pela forma, que esconde, numa análise aligeirada, o desvio comportamental do devedor, alimentado pela má-fé e pela improbidade, porque se move com o intuito único de causar dano ou de lesar o credor, alheio ao negócio jurídico pelo qual se dá o esvaziamento patrimonial.

Uma das espécies de fraude a credor consiste na consumação de negócio jurídico por força da qual se dê a transmissão gratuita de bens.

Transmissão gratuita se traduz no transporte ou da transferência, com o ânimo definitivo, de bens de um patrimônio jurídico de uma pessoa ao de outra.

Ocorre o enfraquecimento de um e, conseguintemente, o fortalecimento do patrimônio de outrem.

Somente o transmissor devedor suporta uma perda, haja vista que o donatário recebe um ganho.

Ora, numa sociedade capitalista que individualiza a sua riqueza e segrega o seu patrimônio, prevalece a lógica de que a posse e o domínio dos bens migram, em regra geral, de uma pessoa para outra por força de uma transmissão onerosa, à base de uma permuta que identifica nos dois pólos valores recíprocos.

A transferência patrimonial ocorre, salvo as exceções legais, por meio de negócios jurídicos onerosos, comutativos e sinalagmáticos, em decorrência dos quais sobrevem obrigações ou prestações recíprocas a que se sujeitam as partes.

Os bens somente se transportam patrimonialmente movimentação de interesse, de natureza econômica, financeira ou moral.

Assim, homens e bens são movidos por interesses!

Não se margeia, porém, a assertiva de que o sistema jurídico comporta, ao lado da transmissão onerosa, a transmissão gratuita de bens.

Admite-se, pois, que ocorra a transmissão gratuita de bens, transportando-se-lhes de um patrimônio para outro, por liberalidade do titular.[196]

Mas rejeita a ordem jurídica que a pessoa, na condição de devedora, promova, em estado de insolvência, a transmissão gratuita de seus bens, *despatrimonializando-se*.

Sob a rejeição da regra se enquadra, também, a transmissão gratuita de bens da pessoa devedora, a qual lhe venha fomentar ou fermentar a insolvência.

Portanto, há dois desenhos fáticos em que a transmissão gratuita de bens consiste em fraude à execução.

Na primeira situação, o devedor já era insolvente, mas dispunha de bens, transmitidos gratuitamente a outrem; na segunda hipótese, o devedor ainda não era insolvente, mas com a transmissão gratuita de bens fora reduzido à insolvência.

Para a lei, equiparam-se as duas situações pelas quais se anula o negócio jurídico de transmissão gratuita de bens.

Se o devedor já era insolvente, a transferência graciosa de bens somente se presta a agravar-lhe a situação, arruinando-o, resultado que prejudica o credor, mesmo vazio do intuito de lesá-lo.

Se o devedor ainda não era insolvente, a transferência gratuita de bens pode produzir o efeito de piorar-lhe a situação, reduzindo-o à insolvência, em prejuízo ao credor, ainda que não tenha sido o seu desejo.

A transmissão gratuita de bens é incompatível com a situação de quem se acha em estado de insolvência ou de quem, pela transferência patrimonial, pode ser reduzido à insolvência e ainda tem dívida a ser adimplida.

Trata-se de uma medida estranha, ainda que fertilizada pelo espírito do desprendimento patrimonial, o que gera, pois, a presunção de ilegitimidade.

Por se tratar de uma medida extraordinária, pouco usual numa sociedade contaminada pelo individualismo e patrimonialismo, a transmissão gratuita de bens se apresenta sob a desconfiança e censura legal, quando se processa num ambiente jurídico em que o transmissor, com a saúde patrimonial debilitada

---

196 O contrato de doação (art. 538, do Código Civil) pelo qual a pessoa, por liberalidade, transfere do seu patrimônio bens ou vantagens para o de outro. Há limite, porém, porque ao doador, sob pena de nulidade, se veda a doação de todos os bens sem reserva de parte, ou renda suficiente para a subsistência do doador (art. 548, do Código Civil). Também é nula a doação "*quanto à parte que exceder à de que o doador, no momento da liberalidade, poderia dispor em testamento*" (art. 549, do Código Civil).

e desequilibrada, se confunde mais com devedor do que com doador, tomado pelo espírito da liberalidade.

Presume a lei que, num negócio jurídico mediante o qual se promove a transmissão gratuita de bens, protagonizado por devedor insolvente ou reduzido à insolvência em decorrência da transferência patrimonial, há fraude contra credor, motivo por que se sujeita ao regime da anulação.

O desfazimento patrimonial somente se justificaria como recurso ou meio pelo qual se engenharia a busca de equilíbrio da realidade econômico-financeira do transmissor dos bens, o que não seria alcançado, porém, com o ato de simples transferência do patrimônio sem contrapartida.[197]

Assim é que, na transmissão gratuita de bens de devedor sem solvência, se avulta o caráter extravagante, posto que se afeiçoa à heterodoxia o fato de uma pessoa vulnerada na sua capacidade de honrar compromissos ainda esbanje voluntarismo patrimonial, com gestos de liberalidade que se excede do perdularismo vulgar.

No caso, a transferência gratuita de bens, no mínimo, tem a nódoa da irresponsabilidade, porquanto a pessoa que não honra as dívidas não tem o direito de mutilar o seu patrimônio, com prejuízo para o credor.

Primeiro se impõe adimplir as dívidas, para, em seguida, explorar a liberalidade, mediante a transferência gratuita de bens.

Cuida-se de um comportamento ético, subsidiado pela boa-fé, a primazia de, antes, cumprir o dever e, depois, exercer o direito.

Remissão de dívida – Como a transmissão gratuita de bens, a remissão de dívida pode, também, caracterizar um comportamento jurídico adotado para prejudicar o credor.

Remitir uma dívida significa considerá-la paga ou satisfeita, perdoando, por conseguinte, o devedor.

O devedor é desobrigado pelo credor a cumprir a obrigação por cujo adimplemento responde, num ato de extremada liberalidade.

---

197 É preciso anotar que, mesmo onerosa, a transferência poderia ser anulável, conforme a dicção do art. 159 do Código Civil: "*Serão igualmente anuláveis os contratos do devedor insolvente, quando a insolvência for notória, ou houver motivo para ser reconhecida do outro contratante*".

Demonstra o credor generosidade ímpar, numa exibição de disposição farta em espontaneidade e gratuidade.

Ressalte-se que a remissão de dívida, quando se achar sob a cidadela da legalidade e da legitimidade, com caráter altruísta, apenas com o objetivo de favorecer a pessoa aquinhoada com o perdão, sem que sobrevenha contraprestação e sem que prejudique terceiros, se transpõe para o albergue da intangibilidade e irrepreensibilidade.

Por conseguinte, nem todo ato remitente de dívida se considera atentatório ao direito ou ao interesse do credor.

Para que a remissão de dívida atraia o caráter de fraude contra credor, faz-se necessário que, já devedor, o remitente: a) se encontre em estado de insolvência; ou b) venha a tornar-se insolvente por força da remissão.

Fere o bom senso o comportamento de uma pessoa, na condição de devedora, mediante o qual se entusiasma em remir dívida de que seja credora, estando em estado de insolvência ou na iminência de alcançá-lo pelo excesso de altruísmo.

Reafirme-se que, em condições normais, a ordem jurídica tolera que o credor perdoe dívida, se não romper em auto flagelo patrimonial; mas, em situações atípicas, a remissão se confunde em extravagante licenciosidade, especialmente quando o perdoador abusou da faculdade, eis que insolvente ou reduzido à insolvência, por provocação da prodigalidade.

Como na transmissão gratuita de bens, na remissão de dívida que caracteriza a fraude, anima-se o agente a produzir uma vontade que industrie artimanha voltada a solapar a estrutura em que se apóiam os fundamentos da garantia patrimonial do credor, embora seja menos relevante a subjetividade de seu intento e mais expressivo o esvaziamento do patrimônio, gerado com a liberalidade.

E, com a nova disciplina jurídica,[198] ainda que se ausente o ânimo de lesar e presente a ignorância da insolvência ou da sua iminência, o devedor não se desvencilha dos efeitos decorrentes da fraude contra credor.

198 O art. 158 do novo Código Civil, diferentemente de seu correspondente no Código velho (art.106), inseriu a expressão "ainda quando o ignore", o que representou, em tese, a tentativa de superar a controvérsia sobre a influência do elemento psicológico ou do fator da cognoscibilidade do estado de insolvência do devedor ou de sua concretização. Tem-se, pois, como irrelevante, na caracterização da fraude, o conhecimento ou o desconhecimento do devedor em relação ao seu estado econômico ou financeiro. Em outras palavras, pouco influi a subjetividade de seu propósito, haja vista que o sistema se preocupa é com o risco do esfarelamento do patrimônio do devedor.

Com o perdão da dívida, deixa-se de irrigar o patrimônio com bem jurídica e economicamente importante, cujo ingresso construiria ou produziria reforço da garantia patrimonial, ampliando-se, certamente, a confiança na satisfatoriedade do credor, caso sobreviesse o inadimplemento do devedor.

Também na remissão de dívida, a vontade não se abastece de vício decorrente do processo gerador, capaz de ser visualizado, haja vista que ingressa na esfera jurídica sem mácula formal.

O defeito se aloja na consciência e na intenção em que se inspira o agente para produzir negócio jurídico com que enfraquece o sistema de garantia patrimonial, em prejuízo ao credor, sem embargo de que, com as novas premissas legais, se mostra desimportante que o devedor tenha ciência sobre o seu próprio estado.

Ao remir a dívida, o agente, ao tempo em que fragiliza e desabastece o próprio patrimônio, inflige ao credor, ainda que pela via oblíqua e mesmo sem domínio sobre o seu estado econômico e financeiro, uma derrota injusta e maliciosa, porque desqualifica as chances de satisfação forçada do crédito.

O desabastecimento patrimonial onera o próprio devedor licencioso, o que desguarnece a razoabilidade do seu comportamento e a licitude de sua ação, considerando-se que a sua situação econômico-financeira já estava edificada sob o estado de insolvência ou, com a generosidade incomum, credenciada a torná-lo insolvente.

O devedor sofre a sequela de sua própria improbidade, canalizada para atingir, também, o credor.

Ressalte-se que a licenciosidade do devedor, no caso de remissão de dívida, somente interessa à lei enquanto aparelhada para alcançar a segurança do credor, molestando o sistema de garantia, em que se baseia o regime de responsabilidade patrimonial, assecuratório do cumprimento da obrigação por cuja satisfação responde o devedor.

Antes de punir a malícia de que lançou mão o devedor, o sistema se preocupa em garantir ao credor o direito à tutela da anulabilidade do negócio jurídico por cujo meio se processou a remissão de dívida (ou a transmissão gratuita de bens).

Trabalha a regra para estreitar as chances de o devedor esfarelar o seu patrimônio, pensando, contudo, no credor.

Assim é que se diz que o credor consiste na razão tutelar do instituto para o qual o sistema labora.

Também na remissão de dívida, equivalem-se as duas situações: a) o devedor já era insolvente, mas anistia; b) o devedor ainda não era insolvente, mas, com o perdão, fora reduzido à insolvência.

Portanto, em ambas hipóteses, ocorrendo a remissão da dívida, o negócio jurídico é anulável.[199]

Já insolvente o devedor, a remissão de dívida, gesto gracioso e voluntarioso, contribui apenas para mais arruinar-lhe, com consequência que se projeta sobre o credor, ainda que desprovido da intenção de prejudicá-lo.

No entanto, se o devedor ainda não era insolvente, a remissão de dívida concorre para desabastecer-lhe o patrimônio e, pois, agravar-lhe o estado econômico-financeiro, levando-o à insolvência, em prejuízo ao credor, mesmo que não tenha sido o seu desiderato.

Portanto, como se dá na transmissão gratuita de bens, a remissão de dívida se mostra incompossível com a situação de quem se encontra em estado de insolvência ou de quem, pelo perdão, pode ser reduzido à insolvência e ainda tem dívida a ser honrada.

Uma pessoa sensata e proba, movida pela boa-fé e aliciada pela eticidade, dificilmente haveria de agasalhar medida de anistia de dívida, em se achando em situação periclitante sob o aspecto econômico ou financeiro.

Nem o mais despojado dos espíritos se seduziria a perdoar o devedor, se devedor já sem solvência ou com o risco de insolvência, caso se concretize a magnanimidade, pois se trata de medida fortemente marcada por abnegação ilegítima, que contrasta com a natureza do compromisso ético e moral, em cujos comandos se inspira.

Com propriedade, o regime legal reputa que o negócio jurídico por força do qual se opera a remissão de dívida, capitaneada por devedor insolvente ou reduzido à insolvência com o perdão, se enfronha de fraude, razão pela qual se confere ao credor prejudicado o direito de perseguir a anulação.

Intencionalidade e cognoscibilidade do devedor – Na acepção geral, a fraude é todo ato ardiloso, enganoso, produzido com o escopo de lesar ou ludibriar outrem.

---

199 Art. 171 do Código Civil.

A fraude é, pois, disposição, intenção, vontade, ânimo de prejudicar, com ludíbrio, outrem.

A fraude traduz-se num ardil que se aparelha em obediência aos requisitos formais que a lei exige, mas atrás do qual se esconde o desiderato de lesar.

Toda fraude tem um objetivo, que se encontra na gênese do processo de produção do negócio jurídico, sob o comando do agente em cuja vontade se define a intenção.

Não há fraude inocente, fruto, pois, da inconsciência, como se resultasse da casualidade ou fortuitidade, sem a deliberação do agente.

Na fraude contra credores, como operação jurídica por meio da qual a pessoa, natural ou jurídica, na condição de devedor insolvente, ou reduzido à insolvência, esvazia ou desqualifica o seu patrimônio, o propósito de lesar o credor, como elemento intencional, perde, contudo, a importância essencial.

Sob o abrigo das regras civis, o sistema legal brasileiro não condiciona a caracterização da fraude contra credor ao desejo ou à vontade do devedor de lesar ou causar prejuízo ao credor, embora, no geral, estejam associadas a intenção dolosa e a lesão.

Logo, não é imprescindível, na configuração da fraude contra credor, que o devedor se anime pela vontade consciente de lesar, razão por que não se perquire o ***animus nocendi***.

Ao descartar a investigação sobre a intenção do agente que promove o negócio jurídico, contenta-se o direito civil com a simples conexão entre o esvaziamento ou empobrecimento do patrimônio do devedor e o enfraquecimento da garantia patrimonial de que dispunha o credor, mediante operações jurídicas pelas quais ocorram: a) transmissão gratuita de bens; b) remissão de dívida; c) alienação de bens; d) garantia de dívida; e) pagamento de dívida não vencida a credor quirografário.

Renove-se, contudo, o entendimento já posto, segundo o qual, na fraude, o devedor prejudica o credor, com o ânimo consciente e explícito ou implícito, como pressuposto da intenção de causar dano, mas que não se apresenta como requisito para a anulação do negócio jurídico por cujo instrumento se operou a inconsistência patrimonial.

Assim, para anulação do negócio, o sistema é que se flexibiliza em aliança com a objetividade, colhida entre o ato do devedor e a consequência lesiva ao credor, ao desconsiderar a necessidade de demonstrar-se a presença do fator intencional na fraude contra credor.

Na verdade, para efeito de anulação do negócio jurídico, a fraude ocorre: a) se houver o intuito de lesar os credores; ou b) sem existir o propósito de gerar prejuízo aos credores.

Pode o devedor tornar diminuto, inexpressivo ou inexistente o seu patrimônio, com manobra proposital para atingir o credor, situação em que se apresenta a intencionalidade, como elemento subjetivo da ação, que se abriga na zona psíquica do agente.

Em relação à intencionalidade, cabem duas situações: a) se aloja na intimidade do agente, sem que se projete para o espaço fora da sua cognoscibilidade, situação em que o mundo exterior desconhece o propósito do devedor em gerar lesão ao credor; b) se prorrompe do interior do agente, se lançando ao domínio do conhecimento exterior, hipótese em que se sabe que o ânimo do devedor fora o de gerar prejuízo ao credor.

No entanto, como a presença do fator intencional, para a anulação do negócio jurídico, não se constitui requisito indispensável, não se investigam a qualidade e o grau da intencionalidade do devedor em lesar o credor.

Pode o devedor mutilar, enfraquecer ou destruir o seu próprio patrimônio, mediante comportamento sem o espírito armado para alcançar o credor, situação em que se ausenta a intencionalidade, como fator subjetivo da ação, desprovida de disposição ímproba do agente.

No caso, é possível, porém, que se processe a anulação do negócio jurídico, quando o devedor mesmo desanimado lesa o credor.

Ao credor prejudicado pelo devedor, inconsciente da consequência de seu ato, assiste o direito de perseguir a anulação do negócio jurídico, sem que se veja obrigado a provar a intencionalidade lesiva, bastando a exibição da conexão do esvaziamento patrimonial e o enfraquecimento ou a ruína da garantia, em que sem crédito se apoiava.

Também, apresenta-se a fraude: a) se o devedor tiver ciência do seu estado de insolvência ou do risco de ser reduzido à insolvência; ou b) se o devedor ignorar a insolvência ou a possibilidade de se ver reduzido à condição de insolvente.

À lei, mostra-se irrelevante que o devedor tenha ou não conhecimento do próprio estado econômico-financeiro ou do seu desdobramento, caso promova negócios jurídicos que ensejem a ruína ou agravamento patrimonial.

Para que a transmissão de bens ou remissão de dívida se revista de caráter de fraude contra credor, não se exige que o devedor tenha ciência ou desconfie de que o resultado do negócio possa lhe reduzir à insolvência.

Portanto, a invocação da ignorância sobre a sua situação patrimonial não socorre o devedor, haja vista que é indiferente para a lei, que se contenta com a prova do negócio jurídico prejudicial ao credor, devido ao desabastecimento do patrimônio.

A intencionalidade danosa e a cognoscibilidade do devedor, consoante se realçou, não constituem requisitos exigidos para a anulação dos negócios jurídicos lesivos ao direito do credor.

Insuficiência da garantia – O patrimônio, como um conjunto de direitos e obrigações, aferíveis por valores econômicos ou traduzíveis por expressões pecuniárias, sujeita-se à mudança, por força da iniciativa do seu titular ou sem o concurso de seu titular.

O patrimônio pode se transformar, ampliando ou reduzindo os direitos e as obrigações.

As mutações patrimoniais, positivas ou negativas inserem-se na realidade das pessoas, como fenômeno ordinário e quotidiano.

Interessam, na fraude contra credores, as alterações negativas, mediante as quais o patrimônio sofre redução significativa, a ponto de se tornar inexpressivo ou deficitário, insuficiente para garantir as obrigações assumidas pelo seu titular.

Nem sempre movimentos patrimoniais negativos resultam, porém, em insolvência ou risco de insolvência do seu titular, situação que justificaria a anulação de negócios jurídicos, como meios pelos quais o patrimônio definhara.

Confere a lei aos credores a prerrogativa de anulação de negócios jurídicos por meio dos quais a garantia patrimonial do devedor sofra retraimento, sem que esteja insolvente ou possa ser reduzido à insolvência.

Assim é que negócio jurídico que torne insuficiente a garantia patrimonial autoriza o credor a lhe pleitear a anulação, para que se recomponha e reforce o patrimônio que existia, dissipado ou destonificado pelo devedor.

No caso, prescinde-se, como se destacou, o estado de insolvente do devedor ou a ameaça de insolvência.

Mira-se apenas na constatação de que o patrimônio deixou de ter a qualidade para responder pela dívida do devedor, se sobrevier a inadimplência, posto que demonstra uma relação de insuficiência em relação ao crédito ou direito do credor.

O nível ou grau da relação de insuficiência se mensura mediante a operação de: a) confronto entre o direito do credor e a realidade patrimonial do devedor; ou b) análise de densidade do patrimônio do devedor em face dos direitos de todos os seus credores.

Na relação direito do credor e patrimônio do devedor, a operação é simples, posto que basta o cortejo direto para se obter o saldo da insuficiência.

Na análise que envolve o patrimônio do devedor em comparação aos direitos dos credores, a operação depende do somatório de todos os créditos por cujo adimplemento responde, resultado a ser abatido do valor patrimonial para se diagnosticar a insuficiência.

O certo é que ambas as hipóteses comportam a pretensão do credor prejudicado por negócios jurídicos que, malgrado não tenham tornado o devedor insolvente ou reduzido à insolvência, provocaram a insuficiência da garantia patrimonial.

Art. 159. Serão igualmente anuláveis os contratos onerosos do devedor insolvente, quando a insolvência for notória, ou houver motivo para ser conhecida do outro contratante.

Negócios jurídicos onerosos – A fraude contra credores pode resultar de: a) negócios jurídicos graciosos – transmissão gratuita de bens e remissão de dívida; ou b) negócios jurídicos onerosos.

Destacou-se que, nos negócios jurídicos graciosos ou voluntariosos, a prova da intencionalidade em lesar o credor e a cognoscibilidade do estado de insolvência do devedor não figuravam como requisitos à anulação de atos de transmissão gratuita de bens ou de remissão de dívida.

Nos negócios jurídicos onerosos, dispensa-se, também, a intencionalidade do devedor, mas se exige que: a) a insolvência seja notória; ou b) no mínimo, haja motivo para ser conhecida do outro contratante.

Assim, nos negócios jurídicos onerosos, o requisito da cognoscibilidade sobre o estado de insolvência do devedor se encontra em dois planos: a) geral (público); e b) especial (privado).

No plano do conhecimento geral, fala-se em notoriedade da insolvência, de tal sorte que ingressou no domínio público o fato verdadeiro de que o devedor era insolvente, ao tempo em que celebrou contrato oneroso, por força do qual comprometera, ainda mais, o seu patrimônio, já depauperado.

No plano do conhecimento especial, diz-se que era da intimidade da contraparte contratante ou havia motivo para ser do seu conhecimento a insolvência do devedor, quando o contrato oneroso foi obrado, de que resultou a debilitação patrimonial.

Ao ser notória a insolvência, evidencia-se que, pelo seu caráter manifesto, o próprio devedor também conhece o seu estado de insolvente.

Logo, o devedor sabe, mais do que ninguém, que se acha insolvente, posto que seria incrível que estivesse alheio à situação econômico-financeira de domínio público.

O caráter da notoriedade da insolvência, mesmo que indiferente ao devedor, o que é pouco provável, se apresenta como requisito a que o negócio jurídico oneroso possa ser anulado pelo credor prejudicado, pelo desabastecimento patrimonial havido.

A notoriedade da insolvência ou a notabilidade do insolvente significa situação conhecida e consabida, de tal sorte que, numa comunidade, se expresse como fato sob o domínio das pessoas.

Em outras palavras, é do domínio público que a pessoa devedora, protagonista do negócio jurídico oneroso, ostenta os atributos do insolvente.

Pouco importa se o devedor ignore ou finge ignorar o próprio estado de insolvência, porquanto é suficiente, para a anulação do negócio jurídico, o domínio público, o que, se reconheça, não é pouco.

Mas, se a insolvência não for notória – do conhecimento do público –, a lei admite, como fundamento para a anulação do negócio jurídico oneroso celebrado pelo devedor insolvente, a premissa da suposição ou presunção sobre a situação econômico-financeira, caracterizada pelo motivo que a faria conhecida do outro contratante.

Trabalha a lei com a possibilidade de que a insolvência, à falta de notoriedade, seja, contudo, conhecida do outro contratante com que o devedor insolvente celebra o negócio jurídico oneroso, por cujo desfazimento se guiará o credor prejudicado.

Na verdade, o negócio jurídico oneroso se torna anulável se a insolvência for ou houver motivo para ser do conhecimento da pessoa com quem o devedor contratou.

Trata-se, inicialmente, de uma presunção ou suposição da lei no sentido de que a pessoa com que o devedor contratou conhecia ou tinha motivo para conhecer a insolvência.

No caso, a contraparte com quem o devedor insolvente contratou tinha: a) conhecimento da insolvência, se notória; ou b) motivo para conhecer a insolvência, se não notória.

Fato notório, em tese, prescinde de prova[200][154], razão por que o credor estaria desonerado de provar a notoriedade da insolvência do devedor, se alegada na ação de anulação do negócio jurídico.

No entanto, faz-se necessário que se atribua à notoriedade uma característica ímpar, que desqualifique o esforço da prova em contrário, pela evidência do seu caráter de indesmentível publicidade, pelo menos dentro dos limites e cercanias em que se projetaria ou se estenderia a capacidade cognoscível das partes, perímetro que se demarca por interesses econômicos, sociais e jurídicos, conforme a hipótese.

O motivo do conhecimento da insolvência é colhido no conjunto das circunstâncias em que se realizou o negócio jurídico oneroso.

Saliente-se que ao credor que persegue a anulação do negócio jurídico não se impõe o dever de provar que a parte com quem o devedor contratou conhecia-lhe a insolvência.

Cuidar-se-ia de um desafio, dificilmente, vencível pelo credor, haja vista que a prova do conhecimento do estado de insolvência do devedor se aloja, no geral, nas zonas tectônicas do psíquico da pessoa, a cuja intimidade o acesso é interditado pela via direta.

Ressalte-se que nada impede que o credor tenha colhido a prova por via direta, mediante confissão da própria parte que juntamente com o devedor protagonizou o negócio jurídico lesivo, ou por via indireta, mediante o esforço de processo investigatório simples ou complexo, em decorrência do qual se extrai a premissa de que precisava para engenhar a presunção do conhecimento.

Tem, todavia, o credor a obrigação de colacionar a prova do motivo mediante o qual a insolvência do devedor se fazia conhecida ou se deveria fazer conhecida da parte que concorreu para o enfraquecimento da garantia patrimonial.

200 Art. 334, I, do CPC, estabelece que não dependem de prova, entre outras hipóteses, o fato notório.

O motivo consiste no fato que autoriza a presunção de que a parte sabia ou deveria saber da situação de insolvência da contraparte.

Circunstâncias objetivas, perfeitamente provadas, permitem a presunção de que havia motivo ou causa para que a parte dividisse ou partilhasse com o devedor atmosfera social ou pessoal que acusava uma relação que justificaria o conhecimento sobre o estado de insolvência.

Sublinhe-se que não basta apenas especular com a presunção, porquanto é impositivo o encargo de provar as circunstâncias que a motivam, operação de que resulta a transformação da suposição na evidência de que o a relação entre as partes, pela natureza e característica, impossibilitava o desconhecimento sobre a insolvência do devedor.

O conhecimento notório da insolvência do devedor presume-se factual; o conhecimento presumido da parte considera-se notório, quando revelada a relação sob cuja natureza se envolvem o devedor e a parte com quem contrata.

Se notório, ninguém, em condição normal, pode alegar o desconhecimento do estado de insolvência do devedor, razão por que se presume sabido e, consoante se disse, provado.

Se presumido, transforma-se em notório, eis que se torna evidente e provado, tão manifesto que enseja a rendição da validade do negócio jurídico, quando pretendida.

Portanto, aquele que contrata com devedor insolvente se sujeita à disciplina jurídica que lhe exige cautela, posto que, notória ou presumida a insolvência, o negócio jurídico pode ser arrastado para a desconstituição.

É evidente que a boa-fé do terceiro – a parte que contrata com devedor insolvente – opera como princípio que blinda o negócio jurídico contra a investida do credor que se julga lesado.

Mas, a alegação da boa-fé não tem força nem expressão nas hipóteses em que se comprovar o conhecimento factual ou presumido do terceiro sobre o estado de insolvência do devedor.

O certo é que a superação do problema da prova dependerá do correto e justo manejo dos princípios e das regras subministradas pelo sistema jurídico, irrigado, necessariamente, pela ingerência da boa-fé, como princípio interpretativo da vontade das partes e integrativo do negócio jurídico alvejado.

Relação de proporcionalidade entre os bens comutados no negócio jurídico oneroso – Numa leitura apressada do art. 159 do Código Civil,[201] o intérprete açodado pode colher o entendimento segundo o qual todo os contratos onerosos do devedor insolvente, quando a insolvência for notória, ou houver motivo para ser conhecida do outro contratante, se sujeita à disciplina da anulação.

Assim, no afogadilho da análise, abrolharia a ilação de que bastaria o estado de devedor insolvente – se fosse notória a insolvência ou se houvesse motivo para conhecer a insolvência pelo contratante – para que o negócio jurídico pudesse ser anulável.

No entanto, a regra descarta a construção radical, árida ou desértica de inteligência, haja vista que não repousa no fato da simples insolvência do devedor a autorização imediata para que o credor persiga a pretensão de desconstituir o negócio jurídico.

Não se constitui premissa inexorável a afirmação de que o devedor insolvente, ao protagonizar negócio jurídico oneroso, gera lesão ao direito do credor.

Se fosse verdade apriorística, ao devedor insolvente se reservaria a inaptidão para participar de negócio jurídico oneroso, como se estivesse, extraordinariamente, incapacitado, devido ao estado de insolvência.

Seria o caso de uma incapacidade relativa, que perduraria enquanto se conservasse o estado de insolvência, percepção que contrasta, substancialmente, o espírito do legislador, razão por que se deve abortar a idéia preconceituosa que possibilitaria a construção insincera à correta exegese legal.

Estaria o legislador a esviscerar todo devedor insolvente, incapacitando-o à prática de negócios jurídicos onerosos.

Portanto, diga-se logo que não é todo negócio jurídico oneroso de que participe devedor insolvente que se sujeita à modelagem legal que o torna anulável.

É axiomático que nem todo negócio jurídico oneroso de devedor insolvente tem o sinete de lesivo ou prejudicial ao credor.

Para que se possa assentar a premissa do prejuízo ao credor, faz-se necessário que se investigue o negócio jurídico que vincula o devedor e a contraparte, com interesse focado no objeto segundo a relação de comutatividade dos bens.

---

201 O art 159 do Código Civil corresponde ao art. 107 do Código revogado, diferindo apenas na troca do substantivo contraente, usado pelo sistema velho, pelo de contratante, adotado pela regra nova.

Por se tratar de contrato oneroso, ao contrário do contrato gratuito, há permuta de bens entre as parte figurantes da relação jurídica, por força do qual os patrimônios do devedor e da contraparte sofrem mutação.

Há uma migração recíproca de bens de um patrimônio para o outro.

Em outras palavras, sai um bem e ingressa outro bem no patrimônio do devedor, numa relação de reciprocidade, indispensável aos negócios jurídicos onerosos.

É inconcusso que, para se alvejar a anulação do negócio jurídico oneroso do devedor insolvente, no caso em que a insolvência for notória ou houver motivo para ser conhecida pelo outro contratante, se impõe a demonstração de que houve prejuízo ao credor, por força da realidade patrimonial que adveio da confecção do contrato.

Congeminam-se critérios que se prestam a diagnosticar se o negócio jurídico oneroso patrocinado pelo devedor causou prejuízo ao credor, a ponto de justificar a pretensão anulatória, por lhe ter minuído a garantia patrimonial.

O primeiro critério é o da relação de proporcionalidade entre os bens comutados no negócio jurídico, a qual demonstre equivalência de valor econômico ou financeiro.

Cumpre investigar se os bens permutados proporcionam valores equivalentes, justos e verdadeiros, sem que do negócio jurídico resulte o enfraquecimento patrimonial do devedor.

Negócio jurídico oneroso em que os bens cambiados carecem de proporcionalidade, à falta de eqüipolência econômica ou financeira, sob o patrocínio de devedor insolvente, se candidata a anulação, porque desfalca a garantia patrimonial em prejuízo do credor.

Impõe-se que o negócio jurídico tenha objetos que demonstrem propriedades com grandezas simétricas ou proporcionais, sob a análise econômica ou financeira.

Ora, se o patrimônio do devedor, em consequência do negócio jurídico oneroso, é abastecido com bem de grandeza inferior ao bem deslocado do seu ativo, afiança-se a assertiva de que se vulnerou a garantia patrimonial de que dispunha o credor.

O segundo critério é o da natureza jurídica dos bens comutados, de acordo com o grau de consistência da garantia, aferida pela mobilidade ou volatilidade patrimonial, sob o prisma da fungibilidade, divisibilidade e singularidade.

Ao credor interessa que o patrimônio do devedor se ache ativado com bens que ofereçam segurança e estabilidade, de tal sorte que se dificultem as traquinagens e as fugas patrimoniais, por rotas sem vestígios.

Nem sempre o escambo de bem imóvel por bem móvel ou fungível, que venha a ingressar no patrimônio do devedor, por meio de negócio jurídico oneroso, haverá de melhor acomodar o direito do credor, sob o aspecto da garantia do crédito.

Aqui, a vantagem da liquidez do bem que compõe ou venha a compor o patrimônio do devedor, em decorrência do negócio jurídico oneroso, para a satisfação do crédito nem sempre seduzirá mais o credor,[202] pela facilidade com que pode ser volatilizar, sem deixar traço.

Deve-se, assim, examinar, afora a relação de proporcionalidade, a potencialidade da garantia que o bem que ingressou no patrimônio do devedor, em decorrência do negócio jurídico, oferece ao credor.

A projeção do problema sugere que, antes da formação do juízo sobre a prejudicialidade, apenas porque o devedor insolvente celebrou negócio jurídico oneroso, que se invoquem os dois critérios: a) o da proporcionalidade, para se prospectar a equivalência de valor econômico ou financeiro entre os bens trocados; e b) o da potencialidade, para se identificar se o bem que ingressa no patrimônio do devedor oferece segurança ao credor.

O critério da proporcionalidade dos bens é importante para demonstrar que houve equanimidade na troca dos bens objeto do negócio jurídico oneroso, o que afastaria, em tese, a assertiva de lesividade.

Vê-se que o critério da proporcionalidade dos bens comutados opera com inevitável prevalência sobre o critério da potencialidade dos bens, haja vista que, em havendo, sob o prima econômico ou financeiro, uma troca desvantajosa ao devedor, sofre o credor.

Provada a proporcionalidade, examinar-se-á a potencialidade, como o segundo meio de aferição sobre a segurança patrimonial que interessa ao credor, em decorrência da permuta dos bens.

---

202 Ressalte-se que, na execução por quantia certa contra devedor solvente, a qual alveja expropriar bens do devedor a fim de satisfazer o direito do credor, a lógica do sistema pressupõe uma ordem de gradação legal a que se sujeita a parte para a nomeação de bens à penhora (art. 655, CPC): dinheiro; pedras e metais preciosos; títulos da dívida pública da União ou dos Estados; títulos de crédito, que tenham cotação em bolsa; móveis; veículos; semoventes; imóveis; navios e aeronaves; e direitos e ações. Lembra-se que há decisões judiciais advogando a tese de que a ordem legal fixada para a nomeação de bens à penhora pode ser flexibilizada.

Assim, o negócio jurídico oneroso haverá de vencer o duplo desafio, pelo critério da proporcionalidade e da potencialidade dos bens, se quiser prosperar e resistir às investidas do credor insatisfeito.

Art. 160. Se o adquirente dos bens do devedor insolvente ainda não tiver pago o preço e este for, aproximadamente, o corrente, desobrigar-se-á depositando-o em juízo, com a citação de todos os interessados.

Parágrafo único. Se inferior, o adquirente, para conservar os bens, poderá depositar o preço que lhes corresponda ao valor real.

A desarticulação processual da configuração da fraude – Examinou-se que os negócios jurídicos onerosos patrocinados por devedor insolvente também são anuláveis, quando: a) a insolvência for notória; ou b) houver motivo para ser conhecida do outro contratante.[203]

A regra jurídica, contudo, disponibilizou mecanismo processual àquele que contrata com devedor insolvente, ao conferir-lhe a prerrogativa de promover a elisão da configuração da fraude contra credores.

Permite o art. 160 do Código Civil que a parte que adquiriu bem do devedor insolvente, ainda pendente de pagamento, deposite em juízo o preço, se for, aproximadamente, o corrente, provocando os interessados para compor a lide, situação em decorrência da qual, em tese, se desobriga e, por conseguinte, se desfigura a fraude contra credores.

A faculdade que se confere ao adquirente de bens do devedor insolvente, para desmobilizar a premissa configuradora da fraude contra credores, somente se exercita à presença dos seguintes requisitos: a) pendência de pagamento; b) depósito equivalente ao valor de mercado ou depósito complementar; c) via processual.

Se já pago o valor do bem, inviabiliza-se a alternativa de elisão da fraude, haja vista que, concluído o negócio jurídico oneroso, se esvai, em tese, a possibilidade de o adquirente renovar o pagamento, mediante depósito judicial, sob pena de imolar duplamente o seu patrimônio, salvo se for para complementar, em juízo, a importância, quando a aquisição ocorrer por valor inferior.

---

203 Art. 159 do Código Civil.

Ora, o pagamento e, em seguida, o depósito em juízo comportariam a idéia de que se tratava de adquirente aparvalhado ou de negócio suspeito, porquanto, em condição ordinária, uma pessoa normal não pagaria duas vezes pelo mesmo bem.

Obriga-se o adquirente a promover o depósito em juízo em valor que guarde consonância com o preço do mercado, para afastar a ilação de que se trata de negócio cunhado para fraudar credor.

Em busca da equipolência entre a quantia depositada e o bem adquirido, deve-se cotejar o preço de mercado ou corrente com o valor consignado em juízo.

A lei exige que a equivalência seja aproximada, mas estimada segundo parâmetros de aferição seguros.

Para que possa superar os pressupostos de admissibilidade da pretensão mediante a qual se realizará o depósito, compete ao adquirente apresentar elemento de prova, previamente constituído com base em estudo técnico, avaliação ou orçamento, em conformidade com a natureza do bem.

A iniciativa do adquirente, contudo, não lhe garante a segurança jurídica necessária para afastar a caracterização da fraude, haja vista que o depósito, em si, não exaure a relação processual, que poderá ser conflagrada após o ingresso na lide dos credores interessados, a quem cabe o direito de contestar a simetria entre o preço e o valor correto do bem adquirido, com base em provas que esgueirem a alegação do autor.

Concretizado o depósito do valor do bem, conserva-se incólume o negócio jurídico celebrado entre o adquirente e o devedor insolvente, salvo se sobrevier decisão judicial em tutela definitiva que o declare anulado ou provisória que lhe suspenda os efeitos.

Em inovação ao texto anterior, o Código Civil, corretivamente, inovou ao conferir ao adquirente a complementação do valor correspondente do bem, na hipótese em que o tenha adquirido por valor inferior ao real.

No caso, no plano material se acusa que o bem fora adquirido por valor inferior, em prejuízo do devedor insolvente e de seus credores.

Para que o negócio não seja sacrificado pela injunção da fraude contra credores, a lei investe o adquirente da faculdade de realizar o depósito da importância com que se recompõe o verdadeiro valor do bem.

Exige-se do adquirente, para conservar o bem adquirido, que faça depósito complementar, valor que corresponda à diferença entre a importância da aquisição e o preço considerado real, corrente.

Como se vê, o preço foi pago, mas em clara inadequação com o valor real do bem.

Impõe-se ao adquirente colacionar ao depósito complementar a prova do pagamento realizado, juntamente com a demonstração do valor que se supõe real, a fim de que se possa desabrigar a querela da fraude contra credores, haja vista que, em tese, se afasta o ***eventus domni***.

Ressalte-se que o adquirente do bem de devedor insolvente dispõe de duas vias processuais para o depósito da importância com que se mitiga a tese de desfalque patrimonial: a) a própria ação revocatória (pauliana), promovida pelo credor prejudicado; ou b) a ação própria,[204]{, proposta pelo adquirente.

No corpo da ação revocatória ou da ação própria, o adquirente persegue o mesmo objetivo: afastar a alegação de desfalque patrimonial, supostamente sofrido pelo devedor insolvente, em prejuízo do credor.

O certo é que a via processual, em se apresentando saliente a controvérsia sobre a aquisição de bem de devedor insolvente, consiste em meio eficaz para o debate da fraude.

Mudam-se os papéis processuais que podem ser exercidos pelo adquirente: a) na ação revocatória, figura no pólo passivo, na condição de réu, juntamente como devedor insolvente;[205] b) na ação própria, consta do pólo ativo, na condição de autor.

---

204 A ação a ser proposta pelo adquirente não se confunde na ação de depósito de que trata o Código de Processo Civil (arts. 901/906), cuja finalidade consiste em exigir a restituição da coisa depositada. Na ação de depósito, o autor pede a citação do réu para: a) entregar a coisa, depositá-la em juízo ou consignar-lhe o equivalente em dinheiro; ou b) contestar a ação. Já na ação proposta pelo adquirente, em cujo processo faz o depósito ou complementa, o valor do bem objeto do negócio jurídico, o autor bosqueja, com a declaração judicial de que inexistiu desfalque patrimonial, a conservação do negócio jurídico e, por conseguinte, a ratificação do domínio da coisa adquirida.

205 O adquirente e o devedor insolvente devem figurar, obrigatoriamente, no pólo passivo da ação pauliana, porquanto se trata de litisconsórcio necessário e unitário. Ora, o desfazimento do negócio jurídico alvejado pelo credor prejudicado atinge, também, o adquirente. Na hipótese, o juiz haverá de decidir a lide de maneira uniforme em relação ao adquirente e ao devedor insolvente. Logo, a sua presença se impõe na ação revocatória, sob pena de nulidade. Caso o autor-credor se esquive em compor a lide com a presença do adquirente, cumpre ao juiz ordenar-lhe que promova a citação, sob pena de extinção do processo.

Pagamento de dívida não vencida – Outra hipótese que configura fraude contra credores é aquela segundo a qual o credor quirografário recebe do devedor insolvente o pagamento de dívida não vencida, numa manifesta generosidade.

Cuida o Código Civil, no art. 162, da situação em que há relação jurídica em decorrência da qual o devedor insolvente privilegia o credor quirografário com a antecipação do pagamento, quando a dívida, conseguintemente, ainda não venceu.

Comporta-se, assim, o devedor insolvente com licenciosidade, imprópria às condições existentes, haja vista que fere direito de outros credores quirografários.

Considera-se quirografário o credor desprovido de garantia ou preferência em relação ao acervo patrimonial do devedor, a cujos bens os créditos sob a custódia de garantia real se vinculam, privilégio de que desfruta o credor garantido (privilegiado).

Sublinhe-se que a disciplina legal se volta ao negócio jurídico em que há a definição da data em que a obrigação deve ser adimplida pelo devedor de credor quirografário.

Assim, um crédito, aquartelado sob a garantia real – hipoteca, penhor ou anticrese –, que venha a ser objeto de pagamento antecipado, se acha fora da tutela jurídica, por força da qual o credor quirografário fica obrigado a repor, em proveito do acervo sobre que se tenha de efetuar o concurso de credores, aquilo que recebeu.

Ora, para o credor quirografário, já desafortunado de segurança, à falta de privilégio e preferência de seu crédito, interessa que o devedor promova o adimplemento das obrigações arrimadas em garantia real, posto que se desonera o patrimônio do devedor, até então indisponível à sua investida.

Em situação jurídica ordinária, o pagamento, que constitui uma das formas de extinção da obrigação, há de ser implementado no prazo assinalado pela lei ou pela vontade das partes.

Compete ao devedor cumprir a obrigação por cuja realização responde, no prazo ajustado, sob pena de incorrer em mora.

Lembre-se que, no silêncio da lei ou das partes sobre a data em que a obrigação deve ser cumprida, se atrai a regra de que o credor pode exigir imediatamente o pagamento.

Enquanto o prazo não vencer, carece o credor de direito para exigir o cumprimento da obrigação e ao devedor não se impõe o dever de antecipá-lo.

A antecipação do pagamento a credor quirografário, por conseguinte, configura flagrante munificência do devedor insolvente, suscetível de anulação judicial.

Portanto, estabelece a norma que o credor quirografário se obriga a repor a importância desembolsada antecipadamente pelo devedor insolvente, em benefício do acervo sobre que se tenha de efetuar o concurso de credores.

Claro que, ao tempo em que determina a reposição do pagamento indevido, a decisão judicial não desconstitui o negócio jurídico de que se originou o crédito, salvo se contaminado por invalidade.

Art. 163. Presumem-se fraudatórias dos direitos dos outros credores as garantias de dívidas que o devedor insolvente tiver dado a algum credor.

Garantia de dívida – Sob a mesma inspiração anterior, o Código Civil renova a regra segundo a qual se presumem fraudatórias dos direitos dos outros credores "*as garantias de dívidas que o devedor insolvente tiver dado a algum credor*".

Para o Código Civil, alcança a categoria de premissa de fraude, que, pois, atenta contra o direito de um credor, o comportamento do devedor insolvente que resolve oferecer garantia a outro credor.

Na caracterização da fraude, basta que o devedor, já insolvente, resolva privilegiar um de seus credores, mediante a constituição de garantia da dívida existente ou venha a ser contraída.

O tratamento discriminatório e privilegiado sofre censura da lei, para cujo comando se mostra irrelevante a razão que justificaria o afago desprendido pelo devedor insolvente a um credor.

No caso, quebra o devedor insolvente a necessária imparcialidade ou neutralidade na relação com o universo de credores, que alveja a satisfação do crédito pendente de solução.

Os direitos dos credores, na suposição de que pertençam à mesma classe e categoria, se submetem a regime jurídico em que inexiste espaço para manobras legais, em decorrência das quais um credor se beneficie em detrimento do conjunto.

O que pretende a norma é que o devedor, já insolvente, se contenha na busca de artifícios com que possa um credor granjear vantagem, em sacrifício dos demais.

Ao adicionar-se uma garantia ao direito do credor, o devedor insolvente o privilegia e discrimina, casuisticamente, os credores restantes, que se frustram na expectativa de solução dos respectivos direitos.

Destaque-se que a pessoa que deu a garantia, cuja anulação se justifica, além de insolvente, era devedora de mais de um credor, da mesma categoria.

A lei veda a fuga patrimonial do acervo do devedor insolvente para um escolhido credor, quando já há concurso de credores, mediante o artifício da garantia real, que vincula o direito a um bem específico, que ficaria intangível aos demais que deixaram de ser escalados para desfrutar do privilégio.

A pretensão anulatória a ser manejada pelo credor que se reputar prejudicado com a constituição da garantia haverá de ser articulada sem muito compromisso com a exploração da prova da fraude.

Cumpre, pois, ao credor (ou credores) o ônus de provar: a) a sua qualidade jurídica; b) a existência de mais de um credor; c) o estado insolvência do devedor astucioso; e d) a constituição da garantia da dívida com que um credor foi beneficiado.

Assim, reunidos os requisitos acima enumerados, consuma-se a fraude que fomenta o desfazimento da garantia dada pelo devedor insolvente a um dos credores, razão por que o credor que se considerar lesado não atrai o ônus de provar o *consilium fraudis* e o *eventus damni*.

Realce que um ou todos os credores podem ajuizar a pretensão anulatória da garantia implementada pelo devedor insolvente, sendo que a decisão, se acolhida a anulação, beneficia[206] a todos os credores, como se fosse a hipótese de litisconsórcio unitário.[207]

Há, também, espaço para a assistência[208] de um dos credores que demonstre que tenha interesse jurídico em que a decisão seja favorável ao credor que perseguia a anulação da garantia dada pelo devedor insolvente.

---

206 O benefício é apenas indireto, haja vista que se conhecem os limites subjetivos da coisa julgada (art. 472, CPC), por força dos quais terceiros não são alcançados pela decisão. Mas, no caso, a anulação da garantia significa a desconstituição de ato jurídico, que deixa de existir legalmente na esfera do direito. Ora, a anulação da garantia pela fraude produz efeitos erga omnes.

207 Diz unitário o litisconsórcio por força do qual a sentença haverá de ser uniforme para as partes que compõem o pólo ativo ou o pólo passivo da relação processual. De regra, o litisconsórcio unitário é necessário.

208 Conforme o Código de Processo Civil, a assistência tem lugar em qualquer dos tipos de procedimento e em todos os graus de jurisdição (art. 50, parágrafo único). Se interpretado literalmente o art. 10 da Lei 9.099/95, que instituiu os juizados especiais cíveis e criminais, considerar-se-ia inadmissível a

Anote-se que, no polo ativo da ação revocatória, figuram os credores ou o credor que se sentirem lesados com a constituição da garantia; no pólo passivo, o devedor insolvente e o credor contemplado com a garantia.

Sabe-se que, ordinariamente, o negócio jurídico, ao ser engenhado, nasce sob a proteção de uma garantia, pessoal ou real, segundo a sua natureza e o desejo de seus protagonistas.

Assim é que, em condições normais, se exige ao devedor a apresentação da garantia, por conseguinte, simultaneamente à constituição da obrigação, por cujo implemento responde o devedor.

No entanto, nada obsta a que, no curso da relação jurídica, se acomode a necessidade de oferecimento de garantia ou de reforço de garantia, em havendo o concurso de devedor e credor.

Refuga-se, todavia, que o devedor, sob a constituição de estado de insolvência, resolva, num universo de credores, pinçar um e contemplá-lo com garantia de dívida, haja vista que se comprime o princípio da isonomia, muito caro ao sistema jurídica que prima pela boa-fé e pela eticidade.

A vedação à oferta de garantia alcança tanto os negócios existentes quanto os negócios a serem tecidos, se o devedor for insolvente e se houver colégio de credores.

Sublinhe-se que a garantia que a lei proíbe é a de natureza real, aquela que se funda em bem específico do patrimônio do devedor, sobre o qual incide a satisfação do crédito inadimplido.

A regra não incide, por conseguinte, sobre a situação jurídica em que se venha constituir garantia fidejussória (pessoal), eis que, no caso, ocorre fenômeno diferente, sem força para causar efeito sobre o patrimônio do devedor insolvente.

Na garantia fidejussória, transfere-se a responsabilidade pelo adimplemento do crédito a outra pessoa, situação mediante a qual não se há de falar em desabastecimento patrimonial do devedor, um dos requisitos da caracterização da fraude contra credores.

---

assistência nos processos em curso em Juizado Especial, segundo se infere do texto: "*Não se admitirá, no processo, qualquer forma de intervenção de terceiro nem de assistência. Admitir-se-á o litisconsórcio*". Parece, contudo, que há cabimento, pelo menos, da assistência litisconsorcial de trata o art.54 do CPC. O credor assistente, em sendo acolhida a assistência, pela prova de que ele dispõe de interesse jurídico para intervir a bem do credor assistido (art. 51, CPC), atuará como auxiliar da parte principal (o credor que pretende a anulação da garantia da dívida dada pelo devedor insolvente – réu) exercerá os mesmos poderes e sujeitar-se-á aos mesmos ônus processuais que o assistido (art.52, CPC).

Caso o devedor insolvente frustre o pagamento da dívida, atrai-se a responsabilidade do garantidor pessoal, sobre cujo patrimônio passa a incidir o exercício do direito creditório.

O então garantidor pessoal, ao pagar a dívida inadimplida, assume o papel de credor do devedor insolvente, por força de sub-rogação legal.[209]

Ao transformar-se em credor daquele cuja dívida pagou, compõe a mesma categoria a que pertencia o então credor do devedor insolvente.

Portanto, assume o papel de credor meramente quirografário, sem privilégio ou preferência, porque, com a sub-rogação, somente se transferem ao novo credor direitos, ações, privilégios e garantias primitivas.[210]

Cumpre, contudo, conforme o caso em consideração, investigar-se se a garantia pessoal garimpada pelo devedor insolvente a um determinado credor não esconde vício jurídico.

Em certas situações, justifica-se que se examine se a constituição de garantia se processou com o propósito de armar, com simulação ou dolo, operação jurídica pela qual se transferiria patrimônio do devedor ao credor escolhido, por meio do garantidor.

Ou ainda: gerar preferência no pagamento ao credor, que passou a dispor de uma garantia pessoal, com interferência do avalista ou do fiador.

Gera-se, por dissimulação, a figura do garantidor, que, na verdade, se confunde, malgrado sejam pessoas distintas, na pessoa do devedor, a fim de que, acionado para solver a obrigação, promova o pagamento – com recursos ocultados pelo próprio devedor –, em sub-rogação, sem atrair, pois, a ira dos credores prejudicados, que, no caso, disporiam de menos fundamento para argüir a anulação da garantia e, por fim, do próprio pagamento.

Assim, o sub-rogado, aquele que satisfez a dívida por cuja execução respondia o devedor insolvente, assume o papel do credor, a quem substitui na condição de novo titular do direito, ciente de que, também partícipe do ludíbrio, serviu apenas para viabilizar o papel de transmissor indireto do direito, sem alvejar o recebimento de crédito algum.

---

209 A sub-rogação legal ou de pleno direito tem disciplina jurídica no art. 346 do Código Civil (correspondente ao art. 985 do texto revogado), a qual se opera em favor: a) do credor que paga a dívida do devedor; b) do adquirente do imóvel hipotecado, que paga a credor hipotecário, bem como do terceiro que efetiva o pagamento para não ser privado de direito sobre imóvel; e c) do terceiro interessado, que paga a dívida pela qual era ou podia ser obrigado, no todo ou em parte.

210 V. art.349 do Código Civil.

Art. 164. Presumem-se, porém, de boa-fé e valem os negócios ordinários indispensáveis à manutenção de estabelecimento mercantil, rural, ou industrial, ou à subsistência do devedor e de sua família.

Negócios ordinários e indispensáveis – Nem tudo trama contra o devedor insolvente, posto que o Código Civil tutela os negócios jurídicos ordinários levados a efeito por ele, desde que "***indispensáveis à manutenção de estabelecimento mercantil, rural, ou industrial, ou à sua subsistência e de sua família***[211][165]", de acordo com a redação do art. 164.

Nessas circunstâncias, o Código Civil presume de boa-fé e, pois, eficazes os negócios jurídicos protagonizados pelo devedor insolvente, situação em decorrência da qual carece o credor de motivo para postular a anulação, salvo se houver prova com que se demonstre defeito que os vicie.

Os requisitos para a conservação dos negócios jurídicos praticados pelo devedor insolvente são: a) a natureza ordinária; e b) indispensabilidade ou a necessidade à manutenção de estabelecimento mercantil, rural, ou industrial, ou, ainda, à sua subsistência e/ou de sua família.

Consoante se disse, o primeiro requisito é o da natureza ordinária, cuja presença se faz imprescindível à tutela do negócio jurídico produzido por devedor insolvente.

Impõe-se, de logo, o desafio que consiste na correta compreensão do que venha a ser negócio jurídico ordinário, que pode ser praticado pelo devedor insolvente sem ser censurado ou molestado.

Os negócios jurídicos ordinários se enquadram no universo das relações jurídicas que se ordenam em torno do comum, corrente, costumeiro, habitual, normal, usual, e exprimem um caráter típico que justifica a sua realização, como meio necessário à conservação da normalidade de atividade empresarial, pessoal ou familiar.

O negócio jurídico ordinário, além de normal, deve ser necessário, haja vista que interessa mesmo à manutenção de empresa, da pessoa ou da família.

---

211 No texto atual incluiu-se a expressão "e de sua família", não prevista no anterior (art.112 do Código revogado), adição com que se ampliam as hipóteses em que se conservam os negócios jurídicos praticados pelo devedor insolvente. O acréscimo foi saudável, haja vista a imperiosidade da subsistência familiar.

Traduz-se o caráter ordinário do negócio jurídico, também, pela influência da natureza do objeto, cuja presença identifica a necessariedade e a normalidade.

Distinguido o objeto, constata-se se realmente o negócio jurídico se fazia necessário, nas condições em que fora produzido, à manutenção de estabelecimento mercantil, rural, ou industrial, ou à subsistência do devedor e/ou de sua família.

Advirta-se que, para a distinção do caráter ordinário, não se exige avaliação ou julgamento com base, sempre e exclusivamente, na contumácia do tipo específico do negócio jurídico ou na usualidade do objeto.

Na hipótese, a natureza ordinária não se confunde com a freqüência, como repetição amiudada do fato, apurada pelo número de vezes em que já ocorreu anteriormente.

O fato de o tipo de negócio jurídico não ter frequentado a vida empresarial, pessoal ou familiar do devedor não induz a assertiva de que se trata de extraordinário ou extravagante.

Nem todo negócio jurídico novo se singulariza pela afirmação de lhe faltam atributos de ordinário, razão por que não se deve invejar a tese de que somente o que já foi produzido é que se amolda à hipótese do art. 164 do Código Civil.

A caracterização do negócio jurídico ordinário comporta parâmetro exterior, de tal sorte que a identificação pode ocorrer segundo situações extraídas fora da vida cotidiana ou costumeira do devedor.

O que importa, conseguintemente, é que o negócio jurídico possa ser também considerado ordinário com base em paradigma geral, colhido na vida empresarial, pessoal ou familiar.

Assim, não se mostra impeditivo à presunção da boa-fé que o tipo de negócio jurídico, em sendo contingente, tenha, conforme as circunstâncias, natureza ordinária.

Portanto, é perfeitamente possível e lícito que se reconheça a natureza ordinária do negócio jurídico, ainda que estreante, desde que tenha o caráter de fato comum na vida de uma empresa, de uma pessoa ou de uma família.

Rejeita-se, porém, a presunção de boa-fé do negócio jurídico, se inusitado ou insólito, seja por parâmetro geral ou específico da vida empresarial, pessoal ou familiar do devedor.

Reconhecida a natureza ordinária, sobrevém o requisito segundo o qual o negócio jurídico constitui numa necessidade que precisa ser suprida, porquanto indispensável à manutenção da empresa, da pessoa ou da família.

Para a lei, nada influi que o negócio jurídico ordinário seja praticado no cenário ou âmbito empresarial, pessoal ou familiar, eis que o que importa é que se revele indispensável e necessário.

Preocupa-se o legislador em conservar a manutenção da atividade empresarial ou preservar a subsistência do devedor e/ou de sua família, razão por que autoriza que o negócio seja praticado, sem ambições de anulação.

Não se discrimina, pois, a natureza jurídica do negócio aviado pelo devedor insolvente, se estiver chancelado pelo ordinário e pela necessidade, desde que a serviço da manutenção de estabelecimento mercantil, rural, ou industrial, ou, ainda, à subsistência do devedor e/ou de sua família.

Se é certo que inexiste discriminação legal, urge, contudo, que se trate de negócio jurídico oneroso, mediante o qual há migração de bens que compõem o patrimônio do devedor.

Não se enquadram na tolerância legal os negócios jurídicos caracterizados por comportamento gracioso do devedor, pelos quais se transferem bens e dos quais resulta desabastecimento patrimonial, até porque, por mais caridosos, não cumprem a finalidade que interessa verdadeiramente ao comando da lei.

Instigação que se impõe se faz na busca de compreender-se o verdadeiro significado e alcance da expressão "*estabelecimento mercantil, rural, ou industrial*", a fim de que se possam definir os negócios ordinários que superam a perseguição anulatória, posto que necessários e de boa-fé.

A expressão é praticamente reprodução do texto anterior, período em que não raro se confundia estabelecimento com empresa, como se fossem o mesmo instituto.

Na verdade, a confusão de dava muito mais do campo conhecimento vulgar, sem inspiração técnica, pouco afeita ao domínio do povo.

Ocorre que estabelecimento e empresa significam institutos diferentes.

Como empresa e pessoa jurídica, organizada na forma de sociedade – independentemente da natureza ou do tipo –, são institutos diferentes, malgrado interligados, necessariamente.

Empresa é o universo de recursos materiais e imateriais que se compõe em unidade articulada, estruturada e administrada para fomentar a produção de bens e serviços, sob a instituição de uma pessoa jurídica, por meio da qual se organiza e exerce a personalidade.

Estabelecimento[212] é "*todo complexo de bens organizado, para exercício da empresa, por empresário, ou por sociedade empresária*",[213] o qual pode "*ser objeto unitário de direitos e de negócios jurídicos, translativos ou constitutivos, que sejam compatíveis com a sua natureza*".[214]

A empresa é o todo; estabelecimento, parte do todo.

Uma empresa desenvolve sua atividade de produção de bens ou serviços em um ou mais estabelecimentos.

Recolhe-se, assim, a assertiva de que empresa representa algo mais abrangente do que estabelecimento.

Em outra dicção: a empresa contém o estabelecimento.

Logo, o estabelecimento faz parte da empresa e, pois, da pessoa jurídica, não podendo ser considerada uma instituição independente, mas se aceita que seja objeto unitário de direitos e de negócios jurídicos.

Feitas as considerações acima, revela-se que, se o vocábulo estabelecimento significasse, tecnicamente, o estabelecimento[215] na acepção correta, a aplicação do comando do art. 164 seria, rigorosamente, restritiva, limitada ao perímetro jurídico sem alcançar, totalmente, a empresa.

Decerto, a intenção do legislador não fora a de reduzir o perímetro dentro do qual os negócios jurídicos podem ser praticados, demarcado apenas pelo estabelecimento.

Assim, leia-se que o negócio jurídico há de ser necessário ou indispensável à manutenção da empresa, pouco importando o tipo ou o caráter, como idéia que abarca um ou todos os estabelecimentos existentes.

E mais: exige-se que se faça construção hermenêutica capaz de albergar os negócios jurídicos ordinários indispensáveis à manutenção, outrossim, das sociedades simples, as que implementam objetivo social em que comporta atividade de fim econômico, mas que não têm natureza empresarial.

1 - No texto atual inclui-se a expressão "e de sua família", não prevista no anterior (art. 112 do código revogado), adição com que se ampliam as hipóteses

212 Estabelecimento, na novel acepção, significa o então chamado fundo de comércio
213 Art. 1.142 do Código Civil.
214 Art.1.143 do Código Civil.
215 O substantivo *estabelecimento* (mercantil, rural ou industrial) carrega impropriedade terminológica, no sentido em que foi empregado no art. 164, se cotejado com a definição do art. 1.141 do Código Civil, segundo o qual "*considera-se estabelecimento todo complexo de bens organizados, para exercício da empresa, por empresário, ou por sociedade empresária*".

em que se conservam os negócios jurídicos praticados pelo devedor insolvente. O acréscimo foi saudável, haja vista a imperiosidade da subsistência familiar.

2 - Estabelecimento, na novel acepção, significa o então chamado fundo de comércio.

Art. 165. Anulados os negócios fraudulentos, a vantagem resultante reverterá em proveito do acervo sobre que se tenha de efetuar o concurso de credores.

Parágrafo único. Se esses negócios tinham por único objeto atribuir direitos preferenciais, mediante hipoteca, penhor ou anticrese, sua invalidade importará somente na anulação da preferência ajustada.

Anterioridade, contemporaneidade do crédito e esvaziamento patrimonial – Já se examinou que ao credor quirografário se confere a prerrogativa de perseguir a anulação dos negócios jurídicos, praticados por devedor insolvente ou reduzidos à insolvência, os quais importem em: a) transmissão gratuita de bens; ou b) remissão de dívida.[216]

Ocorre, contudo, que o exercício do direito de que dispõe o credor se submete a regime jurídico que se inspira em balizas do tempo.

A regra jurídica estabelece perímetro temporal dentro do qual se qualifica o exercício da pretensão anulatória pelo credor que argüi o dano sofrido, por força do movimento do devedor, ao transmitir gratuitamente bens ou remir dívidas, o qual se achava insolvente ou fora reduzido à insolvência.

Diz o texto que somente quem já era credor ao tempo em que os negócios jurídicos foram confeccionados tem predicativo jurídico para pleitear a anulação da transmissão gratuita de bens ou a remissão de dívida.[217]

Há relação de antecedência do crédito já constituído, configurado, à celebração do negócio jurídico mediante o qual o devedor promove a transmissão graciosa de bem ou, por munificência, provoca a remissão da dívida.

No tempo em que o devedor engenhou o negócio jurídico, o credor que se diz prejudicado pelo desabastecimento ou destruição patrimonial já era credor.

---

216 Art. 158 do Código Civil.

217 "*Só os credores que já eram ao tempo daqueles atos podem pleitear a anulação deles*", é a redação do §2º do art. 158 do Código Civil.

A pessoa que se torna credor, mas posteriormente ao negócio jurídico – transmissão gratuita de bens ou remissão de bens – perde a credencial para habilitar-se a argüir a fraude.

A qualidade de credor não alcança situação jurídica anterior, constituída sem que houvesse óbice, razão por que os negócios de transmissão gratuita de bens ou de remissão de dívida conservam a eficácia, mesmo que patrocinado por pessoa que venha a se tornar devedora e insolvente.

Nem sempre, porém, a anterioridade do negócio jurídico comporta a tese de que se acha vacinado contra a investida anulatória pelo credor tardio.

Situação há em que a pessoa obra, com perfídia, mediante o artifício de previamente desabastecer o seu patrimônio, por meio de transmissão graciosa de bem ou de remissão da dívida, para, em seguida, contrair dívida, tornando-se devedora sem suficiente provisão de bens para garantir o crédito do credor.

Trata-se de manobra pejada de má-fé do devedor, que sofre a rejeição da ordem jurídica.

No caso, se a literalidade do dispositivo legal que exige a anterioridade da constituição do crédito ao fato do esvaziamento patrimonial se apresentar como regente, o credor prejudicado pelo ludíbrio ou pela má-fé pode exercer pretensão anulatória com base no dolo.

Se antes de contrair a dívida o devedor aparentava dispor de sólido patrimônio ou, mesmo, de bens capazes de assegurar o pagamento, forte era a razão de o credor acreditar que a realidade patrimonial se mantivera.

No entanto, o devedor, ao sonegar a transmudação da realidade patrimonial, fato de extrema relevância, silenciado intencionalmente, comete omissão dolosa,[218] que justifica a anulação do negócio jurídico, cuja realização teria sido frustrada se o credor não o houvesse ignorado, em face à malícia da contraparte.

Reversão da vantagem – Na hipótese em que o negócio jurídico fraudulento venha a ser anulado judicialmente, determina o art. 165 do Código Civil que se reverterá a vantagem resultante em benefício do "*acervo sobre que se tenha de efetuar o concurso de credores*".

218 Art. 147 do Código Civil.

Sublinhe-se que a regra do art. 113, na verdade, conserva a mesma disposição normativa do Código Civil revogado[219], o que merece censura, haja vista que resolve mal o problema decorrente da anulação do negócio jurídico, engenhado em fraude a credor.

Identifica-se que a regra manda que a vantagem resultante da anulação do negócio jurídico seja revertida em proveito do acervo sobre que se tenha de efetuar o concurso de credores.

Numa leitura corrida, recolhe-se a impressão de que, pelo influxo da desconstituição do negócio jurídico tolhido pela fraude, o objeto que o animou – o bem – passa a compor realidade patrimonial que se constituiria num acervo específico, à disposição dos credores, fora do patrimônio do devedor, numa situação jurídica atípica.

Mais: com a anulação do negócio jurídico, o bem não ficaria sem titular, como se estive num estágio de transição patrimonial, compondo acervo alheio ao patrimônio do próprio devedor.

É certo que o provimento judicial, ao desconstituir o negócio jurídico, sob o fundamento da fraude, gera resultado que se estende além do interesse individual do credor que demandará a anulação, haja vista que a restituição ao estado anterior[220] do patrimônio do devedor se converte de vantagem pessoal para proveito coletivo, de cuja conseqüência participam todos os credores da mesma classe.

No entanto, o destino da reversão da vantagem deve ser encarada com base em duas situações, conforme as seguintes condições: a) o credor bosqueja apenas a anulação do negócio, sem a respectiva declaração de insolvência do devedor; b) o credor persegue a anulação do negócio jurídico, com a declaração de insolvência do devedor, com base em que as suas dívidas excedem à importância de seus bens.[221]

Nas duas hipóteses, ao exercitar, judicialmente, a pretensão anulatória do negócio jurídico, reputado fraudulento segundo uma das tipicidades previstas na lei, o credor não aufere vantagem direta.

219 O Art. 165 do Código Civil atual corresponde ao art. 113 do anterior.

220 Diz o art. 182 do Código Civil que "Anulado o negócio jurídico, restituir-se-ão as partes ao estado em que antes dele se achavam e, não sendo possível restituí-las, serão indenizadas com o equivalente".

221 As hipóteses de transmissão gratuita de bens ou remissão de dívida estão disciplinadas no art. 158 do Código Civil, já analisado; a hipótese de pagamento antecipado de dívida, no art. 162.

Se o credor alveja simplesmente a anulação do negócio, sem que a respectiva insolvência do devedor venha a ser formalmente declarada, o bem retorna ao patrimônio do devedor, para recompor a base de garantia em que se apoiava o crédito, situação em decorrência da qual se restituem as partes ao estado anterior.

Por conseguinte, desfeito o negócio jurídico, o bem não ingressa no patrimônio do credor, porque o direito que persegue, ao ajuizar a ação, é de natureza declaratória e desconstitutiva.

Quer o credor que o negócio jurídico seja anulado, porque inspirado em fraude, e a reorganização do patrimônio do devedor, com: a) a restituição do bem transferido; b) o ressuscitamento do crédito remido; ou c) a devolução ou reposição do valor pago a outro credor quirografário, de dívida ainda não vencida.

Provada, declara-se a fraude e, pois, se desconstitui o negócio, de tal sorte que o bem, em ainda sendo factível, retorna ao patrimônio do devedor, para recompor o acervo patrimônio sobre o qual se exercem as ações dos credores.

Nota-se que o negócio jurídico, devida à fraude, pode ser desfeito, sem que decrete a insolvência do devedor, malgrado se lhe reconheça como motivo ou fundamento para decidir.

Na hipótese, o credor não persegue a declaração de insolvência do devedor, mas apenas a anulação do negócio jurídico celebrado com a fraude, razão porque o bem não se desloca.

Se, todavia, o credor, ao invés de pretender a anulação do negócio, objetiva o pronunciamento de insolvência do devedor, o destino do bem difere, haja vista que, em lugar de retornar ao patrimônio do devedor, desloca-se para o acervo formado pela arrecadação de todos os seus bens, como conseqüência que a declaração de insolvência produz.

Em qualquer uma das situações aqui discorridas, avulta a questão, na verdade, da morosidade da resposta que ecoa do processo judicial, seja para anular o negócio jurídico ou para decretar a insolvência do devedor.

Decerto, a letargia da prestação jurisdicional compromete ou nulifica a eficácia do processo como meio técnico de compor conflitos de interesse juridicamente tutelado, haja vista que será, de regra, frustrante o resultado alcançado pelo credor, após se submeter à escravidão de um sistema processual vetusto e labiríntico.

Art. 165. Anulados os negócios fraudulentos, a vantagem resultante reverterá em proveito do acervo sobre que se tenha de efetuar o concurso de credores.

Parágrafo único. Se esses negócios tinham por único objeto atribuir direitos preferenciais, mediante hipoteca, penhor ou anticrese, sua invalidade importará somente na anulação da preferência ajustada.

Ação Pauliana ou Ação Revocatória – Em análise já desenvolvida, disse-se que o sistema jurídico interfere no exercício do poder volitivo da parte que intenta desabastecer o patrimônio em prejuízo do credor, numa demonstração de que se sobrepõe o princípio da restrição à liberdade patrimonial.

Num regime econômico aberto, sob a inspiração capitalista, prevalece o espírito da liberdade de disposição patrimonial, mas sempre com limitações, haja vista que o próprio direito à propriedade conspira contra o exercício absolutista.[222]

A liberdade na destinação patrimonial sofre interferências legais, que atuam na vontade das pessoas que protagonizam as relações jurídicas, com carga de coerção para desqualificar, quando pestilento, o negócio jurídico ou o ato jurídico por cujo fluxo trafegam os bens.

Em sendo assim, rediga-se que a ordem jurídica age em dois planos: a) o da gênese da construção da vontade do agente, situação em que desautoriza a intenção ou o desejo de movimentar a sua propriedade, com destinação que lhe aprouver, pois existe regra jurídica que proíbe o deslocamento patrimonial dos seus bens, em determinadas situações ou circunstâncias; e b) o do efeito gerado pela vontade do agente, para desqualificar o negócio ou o ato jurídico pelo qual se processou o movimento do direito de propriedade, posto que reputa desajustado o seu exercício, sob o aspecto legal ou ético.

Ostenta o sistema legal brasileiro o princípio que relativiza o exercício do direito patrimonial, de tal sorte que a disposição dos bens que compõem o patri-

---

222 O direito de propriedade, enfeixado nas premissas do individualismo, sofre restrição e, por conseguinte, submete-se a regime jurídico em que prevalece a ideologia, pelo menos formal, que lhe condiciona o exercício à função social.
O direito de dispor do patrimônio não se absolutiza, razão por que se acha condicionado e limitado à esfera dentro da qual o seu exercício não molesta a ordem jurídica.
Veda-se o exercício do direito de propriedade que se estimula pelo abuso ou se desvia da finalidade.

mônio ocorre mediante comedimento, numa clara preocupação de interceptar o abuso e o desvio de finalidade.

Subordina-se o exercício do direito de propriedade a controle dual, de ordem: a) legal; e b) ética.

Certamente, cuida-se de modelo de controle ético-legal, porque se exige que o exercício do direito de propriedade ajuste-se, simultaneamente, à ética e à legalidade.

Na construção do perímetro em que se abriga a defesa da ética e da boa--fé nas relações jurídica, o legislador acera os mecanismos mediante os quais procura preservar a qualidade dos negócios e atos jurídicos.

O sistema jurídico desencoraja as pessoas a que adotem comportamento fraudulento.

Assim é que o sistema legal interfere na movimentação patrimonial do devedor insolvente, da qual resulte o esvaziamento da garantia para satisfazer o direito do credor.

Confere ao credor prejudicado o direito de perseguir o desfazimento do negócio jurídico.

O exercício do direito do credor prejudicado se exprime na ação pauliana[223] ou ação revocatória, meio jurídico-processual pelo qual se investe contra o negócio jurídico patrocinado pelo devedor insolvente, de cuja concreção resultou o desabastecimento patrimonial.

Na ação pauliana, dardeja o credor lesado a anulação do negócio jurídico pelo qual o devedor insolvente promoveu: a) transmissão gratuita de bens; b) remissão de dívida; c) alienação de bens; d) garantia de dívida; e) pagamento de dívida não vencida a credor quirografário.

Há aí, num dos negócios jurídicos promovidos pelo devedor insolvente, comportamento nocivo ao direito do credor, o qual comporta a intervenção por meio de ação chamada pauliana ou ação revocatória, que tem natureza pessoal.

Como regra geral, a fraude é todo ato ardiloso, enganoso, consumado com a intenção de lesar ou ludibriar outrem, na qual se esconde o desiderato de causar prejuízo.

Na fraude, há um objetivo, que se encontra na gênese do processo de produção do negócio jurídico, sob o comando do agente em cuja intenção pousa a lesão.

223 O nome "paulina" homenageia o jurisconsulto romano Paulo.

A geração da vontade do agente, na fraude, é governada pelo desejo de engenhar uma manobra jurídica eficiente a subtrair ao credor a consistência patrimonial existente, da qual resulta o esmaecimento do sistema de garantia em que se albergava a segurança da satisfação do crédito.

Por isso, inexiste, em tese, fraude inocente, fruto, pois, da inconsciência, como se decorresse da casualidade ou fortuidade, sem a deliberação do agente.

Decorre, contudo, que, na ação pauliana, manejada com base na fraude contra credores, manobra jurídica por meio da qual a pessoa, na condição de devedor insolvente, ou reduzido à insolvência, esvazia ou desqualifica o seu patrimônio, a presença do ânimo de causar lesão ao credor, como elemento intencional, se mostra desnecessária.

Já se acentuou que, com base no sistema legal brasileiro, a pretensão revocatória não se acha condicionada à influência do desejo ou da vontade do devedor de lesar ou causar prejuízo ao credor, embora, no geral, esteja associada à intenção dolosa e à lesão, na caracterização da fraude contra credor.

Ao autor da ação pauliana não se impõe o ônus de provar que o devedor insolvente se animou a causar-lhe lesão, razão por que prescindível é a demonstração do ***animus nocendi***.

Já livre da investigação sobre a intenção do agente que promove o negócio jurídico, tem o credor, contudo, a obrigação de provar a simples conexão entre o esvaziamento ou empobrecimento do patrimônio do devedor e o enfraquecimento da garantia patrimonial de que dispunha o credor, mediante operações jurídicas pelas quais ocorram: a) transmissão gratuita de bens; b) remissão de dívida; c) alienação de bens; d) garantia de dívida; e) pagamento de dívida não vencida a credor quirografário.

O sistema jurídico estabelece a presunção da fraude, para anulação do negócio, extraída com base na operação patrocinada pelo devedor de que resulta a lesão ao credor – ***eventus damni*** –, razão pela qual desconsidera a necessidade de se demonstrar a presença do fator intencional na fraude contra credor.

Seria agaloar de dificuldades, quase sempre instransponíveis, se o direito brasileiro exigisse, para a desconstituição do negócio jurídico, a prova segundo a qual o devedor arrivista tinha o ânimo de lesar o credor.

A natureza e a dificuldade da constituição da prova, decerto, obrariam impeditivamente, inviabilizando, pois, a pretensão anulatória do negócio jurídico, se o credor houvesse de demonstrar a intenção lesiva do devedor.

Portanto, poupado está o credor de encargo que lhe exigiria penetrar no universo íntimo do psíquico do devedor, tarefa muita vezes interditava até mesmo à psiquiatria.

Tem o autor da ação paulina, contudo, a obrigação de provar em juízo: a) a condição de credor quirografário; b) a insolvência do devedor; c) o negócio jurídico lesivo; d) a anterioridade da existência do crédito; e e) desertificação ou ruína patrimonial.

A composição dos polos na relação processual (legitimidade ativa e legitimidade passiva) – Não custa lembrar que, na ação pauliana, alveja-se a anulação do negócio jurídico pelo qual o devedor insolvente promoveu: a) transmissão gratuita de bens; b) remissão de dívida; c) alienação de bens; d) garantia de dívida; e) pagamento de dívida não vencida a credor quirografário.

Consumado um destes negócios jurídicos promovido pelo devedor insolvente, aparelha-se o credor a perseguir-lhe judicialmente a anulação, haja vista que o comportamento do devedor insolvente se lhe revela nocivo.

Ao se considerar prejudicado pelo negócio jurídico patrocinado pelo devedor insolvente, tem o credor legitimidade ativa para dardejar-lhe a anulação.

Na composição do polo ativo, há espaço para que um ou mais credores figurem na relação processual, sob as regras jurídicas que disciplinam o litisconsórcio.

A composição do polo ativo com mais de um litisconsorte – pluralidade de credor – é facultativa, eis que apenas um deles pode pretender a anulação do negócio jurídico, promovido pelo devedor insolvente, independentemente do concurso ou da participação dos demais, se houver.

Assim é que, justificada a pretensão anulatória em decorrência de negócio jurídico que tornou minúscula a garantia patrimonial, antes existente, qualquer credor quirografário se credencia a acionar a jurisdição.

Um só credor pode, perfeitamente, perseguir seu desiderato, sem que a ausência dos outros se constitua em vício capaz de extinguir o processo sem julgamento de mérito, posto que a pretensão individual não trama contra os requisitos relacionados: a) aos pressupostos de constituição regular do processo;[224] e b) às condições da ação.[225]

---

224 Art. 267, IV, do Código de Processo Civil.

225 Art. 267, VI, do Código de Processo Civil

Não se pode olvidar que o instituto da assistência[226] tem espaço processual garantido na ação revocatória, haja vista que cabe a intervenção de um dos credores, desde que demonstre dispor de interesse jurídico em que a decisão seja favorável ao credor que perseguia a anulação da garantia dada pelo devedor insolvente.

O credor que, em tese, dispõe de legitimidade para a proposição da ação paulina é o quirografário, a quem cabe a faculdade de postular a anulação do negócio jurídico de cuja concreção sofreu lesão.

Diz-se quirografário aquele credor desguarnecido de garantia ou preferência em relação ao acervo patrimonial do devedor, a cujos bens os créditos sob a custódia de garantia real se anelam, privilégio de que desfruta o credor garantido (privilegiado), conforme já exposto.

No entanto, parece que merece a conquista de nova disciplina jurídica a titulação da legitimidade ao credor que dispõe de garantia real, para manejar a ação pauliana, na hipótese em que houver o deslocamento patrimonial de bem onerado, por impulso do devedor insolvente.

Na situação em que o devedor, com artifício amalgamado à traquinagem, se movimenta para transferir de seu patrimônio bem gravado, ainda que se saiba que o ônus o persegue – porque há verdadeiramente direito de seqüela, – caso a operação se ultimasse mesmo contaminada de fraude, seria razoável que se conferisse ao credor prejudicado o direito de intentar, adequadamente, a ação revocatória, com o objetivo de desfazer a transferência fraudulenta, quando concretizada.

Mesmo com óbice legal, a fraude contra credor que dispõe de garantia real pode ter sido operada mediante o engate de outra fraude, de que resulta a movimentação patrimonial, situação em decorrência da qual o bem se descola da órbita do devedor pousando em outra, como se a transposição houvesse observado as regras legais e éticas.

Nesse caso, em sendo bem sucedida a transferência patrimonial do bem, por força da operação que o mimetizou, poder-se-ia conferir ao credor a faculdade de recompor ou reconstituir a garantia real, desfeita por maquinação do devedor, mediante o uso da ação revocatória.

Trata-se de remédio jurídico que, em certas situações, se apresenta mais efetivo ou mais prático ao credor com garantia real do que a própria ***hypothecaria***

226 Art. 50, parágrafo único, do Código de Processo Civil.

actio,[227] razão por que não se lhe deve, por influência de dogmas, excluir a faculdade de intentar a ação pauliana, tradicionalmente reservada ao credor quirografário, como simples ação de natureza pessoal, ao invés da ação de natureza real.

O caso concreto ministrará o caminho mais eficiente e razoável a ser adotado pelo credor com garantia real, para atacar ato com que se alienou coisa gravada com ônus real, sendo que o sistema há de flexibilizar as alternativas processuais, a fim de que se possam, simultaneamente, tutelar os princípios ético-legais e o interesse do prejudicado com a manobra fraudulenta.

Recusar, sempre, o uso da ação revocatória pelo credor com garantia real implica obstar à plena e efetiva prestação jurisdicional, que existe para servir e não se servir.

No pólo passivo da relação processual, há lugar para: a) o devedor insolvente; b) a pessoa com quem o devedor insolvente celebrou o negócio jurídico causador da fraude; ou c) o terceiro adquirente, de má-fé.[228]

Com o objeto de estender os efeitos subjetivo da coisa julgada, o credor deve ajuizar a ação revocatória em face ao devedor insolvente e a pessoa partícipe do ato que se reputa fraudulento, numa formação litisconsorcial que permite resultado único no sentido de conservar ou desautorar o negócio jurídico de que resultou a mudança no perfil do patrimônio.

Uma formação plural no pólo passivo, envolvendo os protagonistas do negócio indigitado de fraudulento, elimina a discussão quanto à eficácia da decisão, considerando-se que todos são alcançados, sem que se possa opor resistência à sentença que o anula, mediante a arguição de vício que a contamina, à falta da presença da parte que figurou na relação jurídica afetada.

Seria o caso de flagrante cerceamento do direito de defesa, defeito que contamina na raiz a relação processual.

A situação sugere, conseguintemente, a formação de litisconsórcio necessário e unitário.

---

227 O credor com garantia real poderia enfrentar desafios que dificultariam o exercício do seu direito de pretender a declaração da ineficiência do ato fraudulento, mediante o qual se transportou o bem de um patrimônio para outro, se sujeito às regras processuais que disciplinam as ações fundadas em direito real sobre imóveis, notadamente em relação à competência, atraída pelo lugar do bem.

228 Art. 161 do Código Civil.

Merece atenção especial a expressão ***"terceiros adquirentes"***[229] utilizada pelo Código para ampliar o rol das pessoas que estão legitimadas para figurar no pólo passivo da relação processual.

Entenda-se por terceiro adquirente, pois, a pessoa que, alheia ao negócio jurídico originário, posto que não o integrou, pelo qual ocorreu deslocamento patrimonial – a fraude contra credor propriamente dita – vem a adquirir o bem à pessoa que contratou do devedor insolvente.

O terceiro adquirente se confunde na pessoa que não concorreu, na origem, para o negócio fraudulento do devedor insolvente.

Cuida-se de situação extraordinária, que exige do credor prejudicado o encargo de provar a má-fé do terceiro adquirente, em cujo patrimônio se encontra, agora, o bem, com cujo deslocamento se desfalcou a garantia então existente, por efeito da fraude patrocinada pelo devedor insolvente.

Impõe-se, necessariamente, a prova do acumpliciamento na cadeia de transferência do bem entre o adquirente do devedor insolvente e o adquirente do adquirente do devedor insolvente.

Exige-se, assim, a prova da má fé, eis que não se admite, no caso, a presunção da aquisição fraudulenta pelo terceiro adquirente, que, via de regra, se alimenta de boa-fé, sem conhecer a manobra jurídica operada pelo devedor insolvente.

Milita a favor do terceiro adquirente a presunção da boa fé, haja vista que não é ordinário que se lhe exija investigação profunda sobre o roteiro da cadeia dominial, sob o aspecto da intencionalidade, como requisito para a celebração do negócio jurídico e para se cercar da segurança jurídica segundo a qual o bem sofreu corretas e incensuráveis migrações patrimoniais, sob pena imprimir às transações letargia incompatível com as necessidades hodiernas.

Portanto, o adquirente se escuda na presunção de boa-fé, que se supõe presente no ato de aquisição, salvo se sobrevier prova em contrário.

Em havendo a má-fé, deve-se acomodar a pessoa do devedor, a pessoa do adquirente do devedor e o terceiro adquirente, simultaneamente, no pólo passivo da relação processual, até mesmo para que se reúnam, em manifesta economia, as discussões sob o mesmo processo.

229 O Código atual incorporou, literalmente, a disposição contida no Código revogado.

Invalidade do negócio jurídico (considerações introdutórias) – Direito é criação animada pelo homem, mediante o qual exprime a supremacia de seus valores, que se singularizam em regras de comportamento, como expressão de interesses socialmente organizados.

O Direito existe pelo e para o homem.

Sem o homem e sem o fato, não há Direito.

Rediga-se que nem todo fato tem o poder gerador, capaz de perfurar o sistema jurídico e ingressar no ambiente em que o Direito semeia as suas fontes.

Ocorre, contudo, que há fatos que, pela sua própria natureza, se limitam apenas à órbita própria, sem encarnar elemento que interesse ao Direito, os quais se alheiam da esfera integrativa em que o homem demarca seus interesses.

Trata-se de fatos neutros e indiferentes à vida jurídica, posto que infecundos à capacidade de interligarem-se ao corpo ou à alma jurídica, em cujo sistema o homem semeia seus interesses, de multifárias naturezas, os quais passam a abrigar-se sob os princípios e preceitos legais.

Ao Direito interessa o fato jurídico, que o movimenta sob a influência da vontade do homem, que lhe desenha as condições de existência, validade e eficácia, segundo o sistema jurídico, objeto de sua interlocução, com cujos símbolos falam a mesma linguagem.

Ao penetrar no espaço do Direito, o fato, vencida a desambição, transmuda-se de categoria e se acomoda com nova cognoscibilidade, sob o comando de outra regência fenomenológica, agora de natureza jurídica, que lhe contagia por inteiro.

Com o fenômeno em decorrência do qual se lhe agrega a qualidade jurídica, submete-se o fato ao regime do Direito, mesmo que conserve as características anteriores.

Cabe registrar, em repetição do que já foi dito, que o fato não perde a natureza, apenas se passa a existir com nova propriedade de fato jurídico, sob cuja qualidade se expressam os interesses dardejados pelo o homem.

Plano de existência do ato jurídico e negócio jurídico – O negócio jurídico (ou ato jurídico ***stricto sensu***) transita por três planos: a) o plano da existência; b) o plano da validade; e c) o plano da eficácia.

Há fatos (humanal ou natural) que têm característica própria em decorrência da qual se definem como: a) fato do mundo jurídico; ou b) fato indiferente ao mundo jurídico.

Se existente, o fato pertence ao mundo do ser jurídico ou ao mundo do não ser jurídico.

Logo, se não pertence a mundo algum, não há fato, seja jurídico ou não-jurídico.

Se não existe o fato, não existe fato jurídico.

Fato jurídico somente existe se existir antes um fato.

A inexistência do fato sepulta todo e qualquer esforço gerado para a existência do fato jurídico.

Portanto, exige-se, necessariamente, que exista fato ou acontecimento que se materialize para demonstrar a sua existência, como condição indispensável para a transformação em negócio jurídico (ou ato jurídico ***stricto sensu***), capaz de irradiar valor jurídico.

Tudo que não teve ou não tem existência jamais se qualifica para penetrar no perímetro que demarca o mundo jurídico.

O fenômeno da existência consiste, por conseguinte, na condição nuclear para a formação do ato ou negócio jurídico.

O fato jurídico penetra na órbita em que o Direito opera, porque o sistema jurídico, obra do homem, se distende para recebê-lo, sob regime próprio.

Diz-se que, quando jurídico, o fato é capturado pelo Direito, sob cujo comando passa a existir, porque transportado para o mundo jurídico.

Para ser negócio jurídico é porque existiu e, assim, ingressou no espectro jurídico, ainda que com defectividade.

Já se pode afirmar que é intolerável a assertiva de que o negócio jurídico ou ato jurídico nulo equivale à inexistência, no mundo jurídico.

No mundo jurídico, o nulo existe, e somente não pode existir é o que jamais foi gerado, produzido, engenhado, trabalhado ou fabricado.

Malgrado os casos sejam contidos e raros, o certo é que o negócio ou ato jurídico nulo pode produzir efeito, gerar conseqüência jurídica ou causar irradiação legal.

Ora, se produz efeito jurídico, o nulo existe, haja vista que o inexistente, por não existir, não disporia de qualquer fonte geradora, muito menos para produção de algo jurídico.

O sistema jurídico não pode ser tecido e compreendido em desafio, sem hierarquia, à lógica, que rejeita a proposição de que algo que não existe produza efeito.

Somente o que existe é que dispõe de requisito para gerar efeito, mesmo que tomado por patologia jurídica.

Assim, negócio ou ato jurídico se posiciona, em primeiro estágio, no plano da existência, em que se processa o exercício da cognoscibilidade para identificar-lhe a presença no mundo jurídico, momento a partir do qual se submete ao plano da validade.

Se há negócio ou ato jurídico é porque existe, pressuposto indispensável para se analisar a validade, sob a regência de normas legais mediante as quais o legislador modela o plano de validade, como resultado de política legislativa, que aquartela os valores positivados que encarnam opções de nulidade e anulabilidade.

Plano de validade do ato jurídico e negócio jurídico – Reconhecido no plano da existência, o negócio jurídico (ou ato jurídico ***stricto sensu***) se qualifica para transitar no plano da validade.

Cumpre raciocinar com a assertiva de que o que não existe não vale.

Para algo valer ou não valer, se impõe que exista.

A valência depende da existência.

Existência, por conseguinte, consiste no mais importante requisito da validade.

Somente se pode dizer que alguma coisa vale ou não vale se, em primeiro plano, se lhe constata a existência, fenômeno que também ocorre com o ato ou negócio jurídico.

Assim se o ato ou negócio existe, de imediato se lhe autoriza o ingresso no plano de validade, ainda que nasça com ou sem patologia, que o comprometa plena ou parcialmente.

No plano de validade, examinar-se-á, porque existe, se o ato ou negócio jurídico vale ou não vale.

A existência é a condição de ativação da validade ou da invalidade.

Valer ou não valer se traduz numa opção do sistema político-jurídico, sob a influência de valores que incorporam os interesses da sociedade, em dado momento ou circunstância histórica.

No plano da validade, há os ingredientes e instrumentos mediante os quais se referencia a qualidade do ato ou negócio jurídico, colhidos no sistema legal, positivado no corpo de regras jurídicas.

Nem todo ato ou negócio jurídico que existe tem validade, mas, por existir, pouco importa se com deficiência, se habilita ao acesso ao plano da validade.

Validade é um caráter da qualidade do ato ou negócio jurídico, que encontra na invalidade seu opoente, que se parte em nulidade e anulabilidade, conforme a intensidade ou o grau do defeito existente.

Plano da eficácia do ato jurídico e negócio jurídico – O acesso ao plano da eficácia depende de estágio anterior no plano da existência, a que se submete o ato ou o negócio jurídico.

A aferição da eficácia somente ocorre se o ato ou o negócio jurídico existir, independentemente da extração axiológica relativa à validade.

A eficácia depende da existência; não da validade.

Por quê? Porque nem sempre a eficácia se submete à validade do ato ou negócio jurídico.

Recolhe-se do campo em que viceja a realidade dos fenômenos jurídicos a assertiva de que há atos ou negócios jurídicos que, nulos ou anuláveis, penetram na órbita jurídica e irradiam efeitos.

Por conseguinte, situações há em que atos ou negócios jurídicos, ainda que contaminados por defeito, produzem efeitos, que perfuram o campo do Direito, aparentemente protegido contra o ataque dos vícios que se entranham no corpo da nulidade ou da anulabilidade.

Constatação que permite que se extraia a inferência segundo a qual a eficácia é o fator de produtividade de efeitos jurídicos, pouco interessa a qualidade, mesmo quando a fonte de que emanam, ato ou negócio jurídico, venha a ser atingida pela invalidade, por carregar vício de nulidade ou de anulabilidade.

Mesmo contaminado, o ato ou o negócio jurídico pode subsistir no corpo jurídico, temporária ou definitivamente indiferente à patologia de que padece, seja da ordem do nulo ou do anulável.

Importa ressaltar que, enquanto não alcançado pela pronunciação da ineficácia, na espécie de nulidade ou anulabilidade, o ato ou negócio jurídico, sem amarras de condição ou termo, pode produzir efeitos.

No plano da eficácia, se examina a aptidão do ato ou do negócio jurídico para disseminar efeito, seja positivo, quando válido, seja negativo, quando inválido.

Enquanto não gerar efeitos, o ato ou negócio jurídico carece de eficácia, mesmo que tenha existência e, em tese, seja válido.

Diz-se, pois, eficácia a qualidade da aptidão do ato ou negócio jurídico para liberar efeitos instantâneos, como conseqüência da manifestação ou declaração da vontade.

Eficácia significa efeito de pronto que se projeta no presente, nos casos em que inexiste termo ou condição que integre a vontade.

Em havendo, contudo, a subordinação da vontade a termo ou condição, carece o ato ou negócio jurídico de eficácia, razão por que os efeitos ficam represados e suspensos, até que sobrevenha o evento capaz de liberá-los.

No caso, à falta de implemento da condição ou termo, o ato ou negócio jurídico tem existência, validade, mas fraqueja na eficácia.

Invalidade do negócio jurídico – Na construção do modelo jurídico que define a invalidade do ato ou negócio jurídico, o Código Civil promoveu mudanças, na confiança de que permitiriam o aperfeiçoamento do instituto.

O esforço do legislador, em parte, foi recompensado, porque houve alterações que melhoraram o instituto, quando cotejados os dois modelos, o anterior e o do novo Código Civil.

No confronto dos dois modelos, fotografa-se a tentativa de aperfeiçoar o instituto da invalidade do ato ou negócio jurídico.

Percebe-se, conseguintemente, que o melhoramento de que se fala se justifica mais porque o modelo anterior de invalidade do ato ou negócio jurídico disseminava bastantes equívocos técnicos do que pelo fato de que o desenho atual se reforça de impecabilidade.

É certo, contudo, que a dificuldade enfrentada pelo legislador na proposição de um modelo ideal para o tratamento da invalidade do ato ou negócio jurídico se agrava em face à dissintonia que ainda prolifera na doutrina, em cujos textos se propagavam divergências, notadamente de natureza estrutural, dificilmente vencida à falta de bases verdadeiramente científicas sobre as quais se possa assentar a questão.

Sem dúvida, o texto sofre o contágio, já em menor grau, das divergências doutrinárias, sob cuja influência estaqueia a estrutura institucional relacionada à invalidade do ato ou negócio jurídico.

A divergência no campo de seitas doutrinárias impulsiona o analista a examinar o instituto da invalidade de acordo com o modelo articulado no corpo da lei, em que deve fazer, quando necessárias, incisões à correta compreensão do instituto.

No Código Civil, a invalidade do ato ou negócio jurídico se apresenta como gênero, de que são espécies: a) a nulidade; e b) a anulabilidade.

A nulidade ou a anulabilidade são tipos de invalidade, patologia que contamina o ato ou negócio jurídico, com o vírus da defectividade, que lhe compromete a valência.

O vírus que contagia o ato ou o negócio jurídico se comporta e atua com o poder de incrementar uma deficiência que inviabiliza a validade jurídica e, por conseguinte, a conservação dos efeitos bosquejados.

Presente no corpo do ato ou negócio jurídico, o vírus da defectividade tem carga letal, posto que o danifica, se submetido ao crivo do Poder Judiciário, principalmente quando contagiado por uma das causas que produz a nulidade,[230] situação em que a tolerância se dissipa.

Assim, atacado pela virose da nulidade, à qual o ato ou o negócio jurídico tem total intolerância, sela-se-lhe a sorte.[231]

Na virose da anulabilidade, contudo, resta, malgrado exista a doença que sacrifica a validade, esperança mínima à subsistência do ato ou do negócio jurídico, se confirmado pelas partes e desde que não prejudique direito de terceiro.[232]

Importa salientar que o vírus que compromete o ato ou negócio jurídico tem natureza artificial, haja vista que criado pelo homem no laboratório do sistema jurídico que o gera, sob a influência de axiologia comportamental, mediante a qual se definem as hipóteses que são vitimadas pela invalidade, na espécie de nulidade ou na de anulabilidade.

Lembre-se que, confirmado no plano da existência, o ato ou negócio jurídico passa a existir.

E, logo que se concretiza, existe, em tese, indiferente à validade, porque, para existir, não precisa ser válido.

O homem é que, por artifício do sistema legal, define a validade ou a invalidade do ato ou negócio jurídico, ao desqualificá-lo ou ao qualificá-lo.

---

230 Art. 166 do Código Civil.

231 Confirme-se que o negócio jurídico nulo não é suscetível de confirmação, nem convalesce pelo decurso do tempo (art. 170, Código Civil).

232 Dispõe o art. 172 do Código Civil: "O negócio anulável pode ser confirmado pelas partes, salvo direito de terceiro".

Na organização do sistema da invalidade, se processa, pois, conceito ideológico de valor, mediante o qual ocorre, conscientemente, a valoração do comportamento humanal, dosado e operado em estruturas normativas que servem de modelo do tolerável (validade) ou intolerável (invalidade), distribuído numa escala de intensidade ou grau de rejeição ao ato ou negócio jurídico, de acordo com a acomodação dicotômica esculpida pelo direito positivo: a) nulidade (grau de rejeição ou intolerância total); e b) anulabilidade (grau de rejeição ou intolerância parcial).

Na distribuição do grau de rejeição, total ou parcial, colhe-se a certeza de que a operação legislativa é gerada por casuísmo do legislador, cuja vontade governa a qualificação ou a desqualificação do ato ou negócio jurídico.[233]

Em sendo assim, considera-se invalidade a defecção que desqualifica o ato ou o negócio jurídico para habitar, com o consentimento legal, o plano da validade e abrigar incólume os efeitos perseguidos pela vontade, declarada ou manifestada.

Interessa sublinhar que a invalidade se infiltra no curso do processo de geração e concreção do ato ou no negócio jurídico, razão por que se diz que se trata de doença conata.

Pronunciada a invalidade, contaminado pelo vírus da nulidade ou da anulabilidade, cassam-se os efeitos irradiados enquanto o ato ou negócio jurídico existiu sem que tenha sido molestado, mediante provocação do interessado ou do Ministério Público.

A invalidade, mesmo quando escancaradas as defecções na estrutura do ato ou negócio jurídico, depende de pronunciação do Poder Judiciário, seja na espécie de nulidade ou na de anulabilidade.

Portanto, somente com a pronunciação ou declaração da invalidade é que se arranca e se obtém a cassação dos efeitos do ato ou negócio jurídico, nulo ou anulável, frustrando-se, pois, a validade do resultado perseguido pelo agente.

Esclareça-se que as hipóteses de invalidade, por nulidade ou anulabilidade, são as que se acham exclusivamente previstas no corpo da lei, razão por

233 Para reforça a afirmação de que o modelo de invalidade – nulidade ou anulabilidade – do ato ou negócio jurídico se apóia, essencialmente, na vontade casuística do legislador, tome-se emprestado o caso do instituto da simulação. No sistema anterior, o negócio jurídico simulado era considerado anulável; no modelo atual, porém, nulo (art.167, do Código Civil).

que é proibida a construção de casos estranhos aos que se encontram descritos formalmente.

Ressalte-se, porém, que hipóteses que geram a nulidade ou a anulabilidade podem ser colhidas fora do Código Civil, no corpo, pois, de outras leis.[234]

Nulidade e anulabilidade do negócio jurídico – A nulidade e anulabilidade significam desqualificação da validade do ato ou negócio jurídico, de cuja declaração decorre o bloqueio do poder gerador de efeitos.

O ato ou o negócio jurídico, ao portar uma das causas de nulidade (art. 166) ou de anulabilidade (art. 171), expressas e preditas na lei, claudica o suficiente para merecer a censura legal, que interfere na irradiação de efeitos nocivos, inibindo o processo de propagação no perímetro demarcado pelo Direito.

Ocorre, contudo, que efeitos vazam e escapolem do sistema de segurança legal, produzindo resultados concretos, mesmo quando se trata de uma das hipóteses de nulidade – situação em que se presumiria a esterilidade para a geração de efeitos – do ato ou negócio jurídico.

Tem-se, pois, que nem o sistema jurídico, ao erguer barreiras de segurança, consegue realizar operação que, à presença de um grave defeito, atue, prévia e efetivamente, no combate ao nascimento dos efeitos jurídicos do ato ou negócio jurídico nulo, em todas as situações em que carregue elemento que denuncie a defectividade.

Se existe ou existiu, o ato ou o negócio jurídico tem ou teve poder para produzir efeitos, ainda que porte ou portasse vício da ordem da nulidade ou da anulabilidade.

Se existente, o ato ou o negócio jurídico não nasce inválido, embora abrolhe com um dos vícios mediante o qual se lhe possa reconhecer a nulidade ou a anulabilidade, segundo o grau de letalidade.

Originar-se com defecção, porém, não significa logo se dizer que nasceu naturalmente inválido, como se fosse inexistente e estéril na produção de efeitos jurídicos.

---

234 O art. 166 VI, e o art. 177 do Código Civil confirmam a existência de situações de nulidade e anulabilidade disciplinadas fora de seu texto, respectivamente: a) ao dizer que negócio jurídico é nulo quando a lei taxativamente o declarar nulo, ou proibir-lhe a prática, sem cominar sanção; e b) ao admitir outras hipóteses de anulabilidade, conforme os casos expressamente previstos em lei.

Na nulidade, o ato ou negócio jurídico não nasce morto, como equivocadamente se possa supor.

Se nasceu, existe e subsistirá até que se lhe ceife a existência, por força de provocação judicial, mediante, pois, o concurso da jurisdição, com o devido processo legal.

A invalidade não é um atributo de auto-decomposição do ato ou negócio jurídico que tenha sido contagiado por um dos vírus da nulidade ou da anulabilidade.

Em outras palavras, a invalidade não desintegra, automaticamente, o ato ou negócio jurídico.

Portanto, a invalidade, por nulidade ou anulabilidade, depende da invalidação, que somente ocorre mediante a intervenção do juiz.[235]

Renove-se a assertiva de que o fato de ser nulo ou anulável não assegura que do ato ou do negócio jurídico efeito algum se produzirá.

Sob o estado de invalidade, o ato ou negócio jurídico pode, sim, gerar efeito jurídico, capacidade que se esvai com a pronunciação da invalidação, operação que se autua no plano processual.

Vê-se que não basta que o ato ou o negócio jurídico tenha sido gerado com um vício da espécie da nulidade ou da anulabilidade, haja vista que a destruição da fonte geradora de efeitos se subordina à invalidação, que se traduz no processo formal de pronunciamento definitivo sobre a esterilidade jurídica.

Sabe-se que a invalidade e a invalidação consistem em fenômenos de interdependência, em cuja ocorrência se alicerça a decretação de nulidade.

Com a invalidação, decreta-se, ao reconhecer-se a invalidade, a nulidade do ato ou do negócio jurídico, que passa a ser, formal e materialmente, inválido e, pois, infértil para produzir efeitos jurídicos.

Cessado o processo da invalidação na esfera judicial, trava-se, com segurança jurídica, a fonte pela qual o ato ou o negócio jurídico liberava efeitos.

---

235 Cabe a advertência de que a invalidação do ato ou negócio jurídico de natureza administrativa (o ato administrativo) pode ocorrer mediante a intervenção da própria Administração, em face ao princípio da auto-tutela, em decorrência do qual se revoga, no caso de interesse público, ou de anula, na hipótese de nulidade, operação que se processa sem o concurso do juiz, mas calcada, necessariamente, em fundamentos e motivos. Cabe lembrar que o controle pela via judicial dos atos administrativos se limita ao exame da legalidade, interditando-se, pois, o Poder Judiciário a invadir a esfera de competência da Administração para aferir-lhes a conveniência ou a oportunidade. Sintetizando: a) o Poder Judiciário e a Administração podem anular os atos administrativos ilegais; e b) somente a Administração pode revogar os atos inconvenientes e inoportunos.

Assim é que se afirma que não basta que o ato ou negócio jurídico porte uma das situações prevista em lei que se traduza em invalidade para que se opere, instantaneamente, a emersão da nulidade ou da anulabilidade, capaz de travar a geração e a difusão dos efeitos jurídicos.

Conforme já se expôs, o ato ou negócio jurídico pode sobreviver e subsistir ao vírus da defectividade presente no seu organismo, com que fora contagiado, até que, submetido à intervenção do Poder Judiciário, sobrevenha pronúncia de nulidade, situação mediante a qual deixa de existir.

É possível que o ato ou negócio jurídico contaminado por uma dos vírus de invalidade adquira tolerância e, assim, passe a conviver com uma das causas de nulidade – hipótese mais rara de resistência – ou de anulabilidade, agasalhado enquanto e se não sobrevier sentença que o anule.

No desenho jurídico da invalidade do ato ou negócio jurídico, no qual se faz a composição de suas espécies, a tipificação e a distribuição em causas de nulidade e anulabilidade se industriam pela obra da vontade do homem que legisla.

Ao legislador cabe construir as estruturas normativas que parametrizam as hipóteses de nulidade e anulabilidade, causas que tipificam a invalidade, haja vista que insuportáveis à valência do ato ou negócio jurídico.

E, na estrutura do Código Civil, há, como se disse, dois grupos de causas cuja existência gera a invalidade do ato ou negócio jurídico, as quais são acomodadas segundo um grau de rejeição: a) nulidade (grau de rejeição ou intolerância total); e b) anulabilidade (grau de rejeição ou intolerância parcial).

No grupo da nulidade[236] do ato ou negócio jurídico, estão elencadas as seguintes causas: a) a incapacidade absoluta da pessoa; b) a ilicitude, a impossibilidade ou a indeterminabilidade do objeto; c) a motivação recíproca e ilícita; d) a inadequação à forma prescrita em lei; e) a preterição de solenidade essencial; f) o objetivo de fraudar a lei; g) a reputação de nulidade pela própria lei; e h) a confecção simulada.

No grupo da anulabilidade[237] do ato ou negócio jurídico, se inserem as seguintes causas: a) a incapacidade relativa do agente; b) a produção da vontade contaminada, arrancada ou aliciada por erro, dolo, coação, estado de perigo, lesão ou fraude contra credores.

---

236 Art. 166 do Código Civil.
237 Art. 171 do Código Civil.

Como já se observou, o enquadramento das causas em uma das espécies (grupos) é obra da arte do homem, que discrimina cada situação que, no juízo de valor sócio-jurídico, implica invalidade do ato ou negócio jurídico, conforme o grau de reprovação.

Toda graduação de rejeição ou intolerância se encontra entranhada na lei, como resultado da convicção construída pelo legislador, porque, se existe o ato ou o negócio jurídico, não houve, em tese, causa natural que, independentemente da previsão legal, tivesse o condão de sacrificar-lhe o nascimento, mesmo quando impossível o objeto.

Capítulo V
Da Invalidade do Negócio Jurídico (I) (arts. 166 a 184)

Art. 166. É nulo o negócio jurídico quando:

Causas de nulidade do negócio jurídico – Estatui o Código Civil, no art. 166, que é nulo o negócio jurídico quando: "I – celebrado por pessoa absolutamente incapaz; II – for ilícito, impossível ou indeterminado o seu objeto; III – o motivo determinante, comum a ambas as parte, for ilícito; IV – não revestir a forma prescrita em lei; V – for preterida alguma solenidade que a lei considere essencial para a sua validade; VI – tiver por objeto fraudar a lei imperativa; VII - a lei taxativamente o declarar nulo, ou proibir-lhe a prática, sem cominar sanção".

Na nova constituição das causas que provocam a nulidade do negócio jurídico, consta a simulação[238], conforme previsto no art. 167, a qual, pois, deixou de ser fator de anulabilidade, como previsto na ordem anterior.

As causas de nulidade do ato ou negócio jurídico, ao contrário do que se pode imaginar, podem se alojar no corpo de outras regras jurídicas, razão por que se traduz em imperfeição a afirmativa de que as hipóteses fáticas relacionadas no Código Civil se esgotam e se bastam, como geradoras do nulo.

---

238 Na regra do Código Civil revogado, a simulação se inseria nas situações de anulabilidade, diferentemente da regra atual, pois, que a considera causa de nulidade.

A norma jurídica tem autoridade para tipificar outras causas que contaminam o ato ou negócio jurídico com o vírus da nulidade, submetendo-o ao processo de invalidação.

E, para reforçar a premissa de que a enumeração do art. 166 do Código Civil não é exaustiva, o seu próprio inciso VII dispõe, sem especificar ou definir a causa, que será nulo o negócio jurídico quando assim a lei taxativamente o declarar ou proibir-lhe a prática, sem cominar sanção.

O sistema de invalidade do ato ou negócio jurídico, como obra sujeita às circunstâncias histórico-sociais, é assentado na valoração de modelo aberto e flexível, de tal sorte que o legislador poderá introduzir no corpo da lei outras causas de nulidade ou de anulabilidade.

Diz-se causa de nulidade a razão pela qual se considera nulo o ato ou negócio jurídico, contaminado por um caráter que a lei identifica como nocivo à sua validade, no qual se infiltra intolerável defectividade à luz da ordem jurídica.

I - celebrado por pessoa absolutamente incapaz;

Incapacidade absoluta – Determina o Código Civil como nulo o negócio jurídico celebrado por pessoa absolutamente incapaz.

Assim, o negócio jurídico será nulo quando originário de vontade de pessoas[239]: a) menores de 16 (dezesseis) anos; b) que, por enfermidade ou deficiência, não tiverem o necessário discernimento para a produção do ato; e c) que, mesmo por causa transitória, não puderem exprimir sua vontade.

No universo dos absolutamente incapazes, há dois grupos distintos: a) pessoas que tem condições de produzir um ato ou negócio jurídico, porque podem declarar ou manifestar uma vontade, entre as quais se acham os menores de 16 (dezesseis anos) e aquelas às quais, por enfermidade ou deficiência, falta o necessário discernimento; e b) pessoas que, por causa transitória, não podem exprimir vontade.

No primeiro grupo, há viabilidade física e psíquica para a produção da vontade, mesmo que sem domínio ou conhecimento necessário do agente para bem compreender a situação jurídica e factual.

239 Art. 3° do código Civil.

O ato ou negócio jurídico ingressa no plano da existência e, conforme a situação, pode produzir efeitos jurídicos, malgrado venha a ser objeto de invalidação, por nulidade.

No segundo grupo, há inviabilidade total, física ou psíquica, para a geração da vontade, haja vista que a pessoa, transitoriamente, carece de condições naturais para emiti-la.

No caso, cuida-se de hipótese de inexistência do ato ou negócio jurídico, à falta de vontade que deixou de ser exprimida por força de condições naturais, materialmente impeditivas.

Ora, se a pessoa não pôde exprimir vontade, ainda que por causa transitória, vontade não houve e, se vontade inexistiu, ato ou negócio jurídico nunca existiu.

Assim, o caso seria de ato inexistente, sem que fosse objeto de consideração sob o aspecto da nulidade, porquanto mesmo para ser nulo indispensável se faz a condição de existência.

Nulo, ao contrário do que se supõe, não significa inexistente no plano em que se processam os fenômenos jurídicos.

Ora, em operação da memória, rediz-se que o ato ou negócio jurídico, quando existente, ainda que praticado por pessoas consideradas absolutamente incapazes, pode produzir efeito jurídico que se irradia até que sobrevenha a decretação da invalidação, por ser nulo.

Os menores de dezesseis anos – A idade, na ordem jurídica brasileira, tem o papel de demarcar limites para o exercício de direitos e implemento de deveres.

Pelo Código Civil, a idade, marco da existência biológica da pessoa, opera como mecanismo de ativação da capacidade para a vida civil, numa pressuposição uniforme, que reúne numa colônia pessoas com a mesma aptidão, por faixa etária.

Há dois marcos no Direito Civil, com os quais se define a capacidade pela idade: a) o de dezoito anos; e b) o de dezesseis anos.

Os estaqueamentos etários definem: a) capacidade plena (pessoas com dezoito anos completos); e b) incapacidade absoluta (pessoas com menos de dezesseis anos) e incapacidade relativa (pessoas maiores de dezesseis e menores de dezoito).

As pessoas menores de dezesseis anos, absolutamente incapazes, não têm aptidão para celebrar atos ou negócios jurídicos, conforme já se disse.

No caso das pessoas menores de dezesseis anos, absolutamente incapazes, o sistema acredita que lhes falta requisito confiável e seguro no processo mediante o qual se produz e se projeta a vontade.

Supõe a ordem jurídica que os absolutamente incapazes, em tese, carecem de baliza psíquica bem discernida ou amadurecida que equilibre o processo de geração e tradução da vontade, deficiência que mutila o resultado alcançado, resultante do ato ou negócio jurídico de que participem.

Cria-se, por antecipação e ficção legal, imaginário de lesividade ao interesse dos absolutamente incapazes que protagonizam, diretamente, ato ou negócio jurídico.

Nos casos dos absolutamente incapazes, o sistema poderia construir a alternativa da convalidação dos atos ou negócios jurídicos de que participem sem representação, sempre que restasse incontroverso que não se colhera resultado ou conseqüência lesiva aos interesses daqueles tutelados extraordinariamente.

A vida quotidiana se enriquece de situações em que pessoas absolutamente incapazes, notadamente os menores de dezesseis anos, ativam atos ou negócios jurídicos, com repercussão na esfera econômica ou social, os quais se conservam incólumes, sem que, pois, sejam molestados pelo Ministério Público ou seus representantes legais.

Essa realidade, por conseguintemente, comporta a ousadia na tese da convalidação dos atos ou negócios jurídicos que envolvam os menores de dezesseis anos, quando, inexistente o prejuízo, o representante legal ou, conforme o caso, o Ministério Público os confirmasse.

Ou ainda: o sistema poderia fermentar a possibilidade jurídica de conservação dos atos ou negócios jurídicos celebrados por menores de dezesseis anos[240], quando constatada e provada a presença de juízo de compreensão, de tal sorte que houvesse consciência e discernimento, influentes na produção da vontade e, por conseguinte, no alcance do resultado jurídico almejado.

A experiência legislativa deveria, pelo menos, se aplicar aos atos ou negócios jurídicos de pequena expressão, econômica ou financeira, e de reduzida repercussão social, situação em que haveria harmonia com a realidade dos

---

240 Os atos ou negócios jurídicos praticados pelos maiores de dezesseis e os menores de dezoito anos, os relativamente incapazes (art. 4º, I, CC), anuláveis por força da incapacidade relativa (art.171, I, CC), podem ser confirmados (art. 172, CC), diferentemente dos nulos, insuscetíveis de confirmação (art.169, CC).

costumes nacionais, na qual os menores, diretamente, protagonizam relações jurídicas, sem que sobrevenha a censura concreta da lei.

Carência de discernimento por enfermidade ou deficiência mental – Já foi objeto de exposição pedagógica que, numa divisão normativa, há duas ordens de pessoas que categorizam o universo dos absolutamente incapazes, segundo a possibilidade material de emitir vontade.

Assim, há o grupo das pessoas que: a) tem condições de produzir um ato ou negócio jurídico, porque podem declarar ou manifestar uma vontade (os menores de dezesseis anos e aquelas às quais, por enfermidade ou deficiência mental, falta o necessário discernimento); e b) por causa transitória, não pode exprimir vontade.

As pessoas que carecem de discernimento por enfermidade ou deficiência mental, malgrado as circunstâncias do mal mental que as moleste, podem até emitir uma vontade e, por conseguinte, produzir um ato ou negócio jurídico, mas sem o necessário e equilibrado discernimento, à falta de compreensão para processar juízo psíquico coerente e harmônico com o resultado.

Como se vê, as pessoas com doença ou enfermidade mental fazem parte do grupo que, em tese, pode produzir vontade jurídica, de cuja concreção resulte ato ou negócio jurídico.

O embaciamento da capacidade de discernir, contudo, não tolda a que se emita vontade de cuja geração nasça ato ou negócio jurídico.

A simples existência de patologia mental, por conseguinte, não tem força e dicção para expressar que as pessoas se acham privadas de emitir vontade com conseqüência jurídica.

Mas, por faltar ao agente plenas condições de ajuizar a situação, para que possa bem compreender as razões e as conseqüências de seu ato volitivo, a lei, ao considerá-lo absolutamente incapaz, trata de reprovar-lhe o ato ou negócio jurídico celebrado.

O problema é que pessoas que têm enfermidade ou doença mental não se acham aprisionadas ou incomunicáveis em relação ao mundo em que se processam relações jurídicas, razão por que vivem, em muitas situações, consumindo desejos, como se convivessem sem moléstia psicológica que adoece a qualidade da vontade declarada ou manifestada.

Não raro protagonizam atos ou negócios jurídicos, exercendo, diretamente, direito e contraindo obrigações, ostensiva ou recatadamente, sem o consentimento da lei.

Produzem ato ou negócio jurídico que ingressa no plano da existência e, conforme a situação, pode produzir efeitos jurídicos, malgrado venha a ser objeto de invalidação, por nulidade, quando pronunciado judicialmente.

Sabe-se que o tratamento que a lei prescreve para a situação em que a pessoa que é portadora de enfermidade ou deficiência mental, sem o necessário discernimento, é o da constituição do regime jurídico da curatela[241], por meio da interdição, que pode ser promovida[242]: a) pelos pais ou tutores; b) pelo cônjuge ou qualquer parente; e c) pelo Ministério Público[243].

Ocorre que mesmos os interditos, com causa numa enfermidade ou deficiência mental, têm impedimento apenas formal à celebração de ato ou negócio jurídico, sem que implique a certeza de que deixarão de promovê-lo, ainda que sem o necessário discernimento.

Logo, a pessoa acometida de enfermidade ou deficiência mental que lhe vulnera o discernimento, estando ou não sob cidadela do regime jurídico da curatela, pode emitir vontade e gerar ato ou negócio jurídico, com projeção de efeito, o que é intolerável para a lei.

A viabilidade material de que a pessoa portadora de enfermidade ou deficiência mental possa gerar vontade, tendo como conseqüência o nascimento de ato ou negócio jurídico, desafia o sistema jurídico a apresentar solução eficiente para tratar do problema.

Atos ou negócios jurídicos celebrados por pessoas com moléstia mental que as privem do necessário discernimento, já se disse repetidamente, inválidos, mas exigem invalidação, mediante o concurso indispensável do Poder Judiciário, em cujo juiz se assenta a competência para decretar-lhes a nulidade.

---

241 De acordo com o art. 1.767 do Código Civil, estão sujeitos ao regime jurídico da curatela: "I – aqueles que, por enfermidade ou deficiência mental, não tiverem o necessário discernimento para os atos da vida civil; II – aqueles que, por outra causa duradoura, não puderem exprimir a sua vontade; III – os deficientes mentais, os ébrios habituais e os viciados em tóxicos; IV – os excepcionais sem completo desenvolvimento mental; V – os pródigos".

242 Art. 1.768 do Código Civil.

243 Restringe a lei (art. 1.769, CC) a legitimidade do Ministério Público, haja vista que somente promoverá interdição: I – em caso de doença mental grave; II – se não existirem ou não promoverem a interdição os pais, tutores, cônjuge ou qualquer parente; III – se, existirem, forem incapazes pais, tutores, cônjuge ou qualquer parente.

Em relação aos atos ou negócios jurídicos patrocinados por agente em cuja mente se esconde a moléstia mental, suficiente para lhe extrair o necessário discernimento, há duas situações: a) a pessoa já se acha sob o regime jurídico da curatela; ou b) a pessoa ainda não se encontra sob o regime jurídico da curatela.

Realce-se que, em ambas as circunstâncias, exista ou não, pois, o sinete formal e consumado do estado de interditado do agente, se impõe a provocação do Poder Judiciário para a decretação da invalidade, por nulidade do ato ou negócio jurídico, com causa da enfermidade ou deficiência mental da pessoa a quem falta a necessária compreensão para protagonizar relações jurídicas.

Diferença, porém, há no que concerne ao nível de dificuldade que terá que ser vencida pelo titular da pretensão judicial de invalidade do ato ou do negócio jurídico, considerando-se o estado jurídico do agente ao tempo em que externou a sua vontade.

Se o ato ou negócio jurídico fora celebrado por pessoa sob o regime de curatela em relação a quem já existia, conseguintemente, pronunciamento, em forma de decisão judicial, de interdição, viabiliza-se a postulação de nulidade, sem muito obstáculo, haja vista que a prova do impedimento é manifesta.

No caso, o agente era considerado, sem espaço para controvérsia, absolutamente incapaz, por força de decisão e reconhecimento judiciais do estado que lhe interditava[244] a celebrar ato ou negócio jurídico.

Assim, os atos ou negócios jurídicos engenhados e produzidos pelo agente já interditado poderão ser judicialmente declarados nulos, mediante a prova da interdição havida, em decorrência da qual se submetia ao regime da curatela, que exige a representação legal do incapaz.

O desafio que avulta é o do tratamento do ato ou negócio jurídico, celebrado por pessoa absolutamente incapaz, pela enfermidade ou deficiência mental, sem ainda a sujeição formal ao estado jurídico da curatela.

No caso, a pessoa, por ser portadora de enfermidade ou deficiência mental, que lhe priva do necessário discernimento, deveria ter sido interditada, mas ainda não fora.

---

244 Sublinhe-se que o regime jurídico da curatela não inabilita o interditado ou curatelado a prática de todos os atos da vida civil, considerando que, de acordo com a causa da interdição, o juiz pode estabelecer os limites do impedimento (art. 1.772).

Produz o ato ou negócio jurídico como se não tivesse patologia mental.

Para a invalidação do ato ou negócio jurídico, produzido quando o agente ainda não sofreu interdição formal, a colheita da prova sobre a enfermidade ou doença mental, com a debilitada compreensão, se apresenta como grande desafio à parte que persegue a nulidade.

A realização da prova não é coetânea com a produção do ato ou negócio jurídico, situação que revela descompasso que dificulta a fixação da premissa de que a pessoa, no tempo em que manifestou ou declarou a vontade, sofria de enfermidade ou doença mental que lhe tolhia o necessário discernimento.

Para a desconstituição do ato ou negócio jurídico, importa que o mal mental exista em revelação simultânea com a geração da vontade.

Em reforço, impõe-se que se prove que, no momento da emissão da vontade, o agente não tinha o necessário discernimento, porque enfermo ou doente mental.

A enfermidade ou doença mental não se presta a embasar pretensão de nulidade de ato ou negócio jurídico anterior ou posterior, celebrado quando o agente ainda não se achava incapacitado para externar o necessário discernimento.

A sincronização do mal mental e avivamento da vontade, de que resultou o ato ou negócio jurídico, se considera condição indispensável ao sucesso da nulidade.

Assim é que, sem simultaneidade, não há nulidade, razão por que, se a pessoa fora doente e deixou de ser ou não era doente e passou a ser, conserva-se incólume o ato ou negócio jurídico gerado sob o estado em que inexistia mal psíquico que a impossibilitava de exprimir, adequadamente, a sua vontade.

Percebe-se que, antes de ser jurídica, a questão se resolve pelo concurso da psiquiatria, ramo do conhecimento encarregado de estudar a saúde mental das pessoas, à qual cabe se manifestar sobre as condições do investigado no tempo em que emitiu vontade, com efeito jurídico, e, principalmente, se os recursos da ciência permitem a retroação da diagnose do caso em análise.

Em se frustrando o diagnóstico sobre o estado da saúde mental do investigado na ocasião em que ajuizou sua vontade, malogra a tentativa de invalidação do ato ou negócio jurídico, celebrado anteriormente, mesmo que a sua situação mental, no momento em que se submeteu à perícia, acuse grave patologia psíquica, com incapacidade de exercer juízo de valor algum.

A prova, pois, não pode tergiversar, principalmente porque a desconstrução do ato ou negócio jurídico pode, além de desprestigiar a boa-fé, atingir direitos constituídos legal e legitimamente.

Impedimento para expressar a vontade – Na categoria dos absolutamente incapazes, encontram-se, ao lado dos menores de dezesseis e dos carentes de discernimento – em decorrência de enfermidade ou doença mental – aqueles que não podem, mesmo que por causa transitória, exprimir sua vontade[245].

Deixa-se de exprimir a vontade, porque há impossibilidade de natureza física ou psíquica, a qual neutraliza o poder volitivo do agente que se incapacita, por causa definitiva ou transitória[246], a emitir sinais captáveis no mundo exterior que possam ser compreendidos.

Existem condições naturais impeditivas que interferem na totalidade do centro gerador de vontade, em decorrência das quais a pessoa habita uma intimidade indecifrável, a cujo juízo o resgate é inacessível.

O impedimento que caracteriza a inviabilidade de a pessoa exprimir a sua vontade pode ser de uma das seguintes ordens: a) de forma; e b) de geração.

Entenda-se como forma o meio ou conduto pelo qual transita a vontade do mundo interior para o mundo exterior do agente.

Compreenda-se como geração o poder de que dispõe o agente para gerar no plano psíquico à vontade.

No impedimento de forma, o agente pode até ter vontade, posto que a elabora no plano íntimo, mas não dispõe de meios para exprimi-la, situação em que há represamento total, de tal sorte que o bloqueio obsta a geração de ato ou negócio jurídico.

Se existiu, a vontade ficou reclusa à intimidade do agente, completamente desconhecida, porque inexistiu meio de alcançar o mundo exterior.

Na verdade, ninguém nem sabe se vontade houve no plano interno, posto que há bloqueio total que não permite a revelação.

Assim, para todos os efeitos é como se a vontade inexistisse, totalmente indiferente ao mundo das relações jurídicas.

---

245 Art. 3º, III, do Código Civil.

246 Ao utilizar a expressão "mesmo por causa transitória", a regra quer também dizer que aqueles que, por causa definitiva, não possam exprimir sua vontade se incluem, obviamente, entre os absolutamente incapazes.

No impedimento de geração, o agente não tem como produzi-la, como se não tivesse vontade, eis que o estado em que se encontra inibe o processo pelo qual se fecunda a construção intelectiva da razão ou da compreensão, aprisionado e infértil por força de desfunção mental.

A causa do impedimento pode ser transitória ou definitiva, conforme o grau ou a natureza da gravidade que impossibilita a geração da vontade.

Transitória, a causa obstante significa impedimento circunstancial ou passageiro, de que padece a pessoa, acometida de deficiência física ou psíquica extinguível, para gerar vontade com repercussão jurídica.

Na causa transitória, recobra a pessoa, no futuro, a capacidade para produzir vontade, com a eliminação da debilidade física ou psíquica.

A incapacidade, obviamente, nas causas transitórias, não se perpetua, razão por que a pessoa sofre apenas privação temporária, que um dia se dissipa.

Definitiva, a causa obstativa implica impedimento perenal ou imorredouro que persegue a pessoa, que conviverá com deficiência física ou psíquica inextinguível, que a incapacita para gerar vontade com repercussão jurídica.

Na definitiva, a natureza e o grau da gravidade da patologia definem que a pessoa não mais recobrará as condições necessárias para gerar vontade jurídica.

Trata-se de constatação irretocável segundo a qual inexistem recursos factíveis capazes de recuperar o grau de discernimento, de compreensão, de razão, de juízo de que a pessoa necessita para gerar vontade jurídica.

O estado da pessoa mostra a irrecuperabilidade das funções mentais que a reabilitem à convivência normal, com capacidade para emitir vontade jurídica.

Em regra, nas causas definitivas, as pessoas vitimadas não produzem vontade de natureza alguma, e, não raro, sobrevivem sob condições vegetativas.

No impedimento definitivo, a causa pode ser congênita ou adquirida, razão por que a pessoa pode nascer com uma doença mental irreversível ou adquiri-la em decorrência de intempérie.

Faz-se necessário assinalar que a pessoa portadora de impedimento de causa definitiva se sujeita ao regime jurídica da curatela, porque não pode exprimir sua vontade.

Constatada assim que o mal é perpétuo, cumpre interditar a pessoa para que se lhe nomeie curador.

Destaca-se, contudo, que, se transitória a causa do impedimento para exprimir a vontade, o regime jurídico da curatela depende da diagnose sobre o tempo de duração do mal.

Somente se a causa for transitória, mas duradoura[247], se promove a interdição da pessoa que não pode exprimir a sua vontade.

Assim, se a causa for transitória, mas passageira, descabe o regime de curatela.

A questão é que lei não parametriza o critério de aferição do tempo, para se precisar se a situação identifica causa duradoura ou não.

O caso deve ser resolvido mediante o recurso do bom senso, mediado pela necessidade e razoabilidade.

O que é duradouro para uma determinada pessoa pode não o ser para outra.

Assim, identificar-se-á como impedimento transitório, mas duradouro, toda situação real em que se exija o concurso da vontade da pessoa, para o exercício de direito ou o implemento de obrigação, mediante a representação legal, na modalidade de curatela.

Duradouro, pois, não se traduz apenas na contagem do tempo, mas na necessidade, apurada com razoabilidade, de que a pessoa carece para que possa ser representada, até que cesse o impedimento relacionado à expressão da vontade.

Compete ao juiz analisar as condições sob as quais se processa o caso concreto, inspirado na necessidade e na razoabilidade, para se justificar a interdição temporária da pessoa, sob o regime da curatela.

Interessa realçar que há sutil diferença entre: a) os que, por enfermidade ou doença mental, carecem de discernimento; e b) os que, por causa transitória, padecem de condição para exprimir sua vontade.

Na situação em que não tem o necessário discernimento devido a enfermidade ou deficiência mental, a pessoa pode até emitir vontade, mesmo que alienada e adoentada; na situação em que padece de condição para gerar a vontade, há inviabilidade temporal ou definitiva que impede o engenho da volição jurídica.

A causa da impossibilidade à geração da vontade pode decorrer também de enfermidade ou deficiência mental.

---

247 Para a sujeição ao regime jurídico da curatela, a causa da impossibilidade à expressão da vontade há de duradoura, premissa que se colhe do inciso II do art. 1.767 do Código Civil. Mesmo que transitório, o impedimento que justifica a interdição, conseqüentemente, deve ser duradouro. Se transitória e furtiva, a impossibilidade de exprimir a vontade não justifica a curatela. Logo, nem todos absolutamente incapazes, porque por causa transitória não podem exprimir a sua vontade, se submetem ao regime jurídico da curatela.

Assim, na segunda situação, vontade alguma se produz; na primeira, vontade pode, excepcionalmente, ser produzida, gerando ato ou negócio jurídico nulo.

O importante é assinalar que, em ambas as situações, a pessoa sofre a chancela de absolutamente incapaz.

II - for ilícito, impossível ou indeterminável o seu objeto;

Ilicitude, impossibilidade ou indeterminação do objeto – A validade do negócio ato ou negócio jurídico requer que, além da capacidade do agente e a forma própria, que o objeto seja lícito, possível, determinado ou determinável, conforme já se examinou quando se discorreu sobre o art. 104 do Código Civil[248].

Nota-se que, no regime atual, o modelo dos requisitos do ato ou negócio jurídico sofreu melhoria técnica.

Ao arquear as qualidades que se impõem ao objeto, a regra contribuiu para o aperfeiçoar a matéria, com influência direta sobre a construção do instituto da invalidade do ato ou negócio jurídico, por contaminação da causa de nulidade.

No texto novo, insere-se o defeito da indeterminabilidade do objeto do ato ou negócio jurídico, o qual veio se juntar ao da ilicitude e ao da impossibilidade[249].

Portanto, o negócio jurídico, também, se considera nulo quando o objeto for: a) ilícito; b) impossível; ou c) indeterminável.

Assinale-se que o objeto significa a razão de ser do ato jurídico (***lato sensu***), por cuja realização se move o interesse da pessoa, em decorrência do qual se explicita a finalidade, a causa ou o motivo, que se traduz no bem, de natureza corpórea ou incorpórea, a ser alcançado como resultado da manifestação ou declaração de vontade.

O Código Civil brasileiro, na esteira da grande maioria dos sistemas jurídicos estrangeiros, convém ressaltar, fracassou na tentativa de construir, com

248 O Código Civil de 1916 contentava-se apenas com a licitude do objeto, eis que o seu art. 82 não lhe exigia o caráter de possibilidade e determinabilidade, como fizera o Código atual, com acerto.

249 O art. 145, II, do Código Civil revogado falava em nulidade do ato jurídico quando fosse ilícito ou impossível o seu objeto, de cujo grupo não fazia, pois, parte a indeterminabilidade, defeito inserido no art. 166, II, do novo Código Civil, que também empurra o negócio jurídico para a invalidade.

requinte e sofisticação científicos, correta nomenclatura para definir o objeto, objeto de direito.

No entanto, à falha legislativa deve o intérprete buscar soluções que identifiquem, ao menos, que o objeto de direito como tudo que se traduza ou signifique bem, material ou imaterial, que possa compor o ato ou o negócio jurídico.

Destarte, objeto é todo bem, corpóreo ou incorpóreo, que, no plano material ou imaterial, tem caráter que lhe permite a estimação e a aferição, posto que agrega valor relevante de natureza moral ou patrimonial, que interessa ao homem, seja num universo individual ou coletivo, capaz de incorporar-se às relações jurídicas, mediante a introdução em ato ou negócio jurídico.

Compreenda-se que o objeto não é só o que tem corpo, mas tudo que tem aptidão para tornar-se realidade jurídica, traduzida num interesse que se dimensiona por valor, pouco importa a ordem, e tutelada pelo sistema legal.

O primeiro predicativo do objeto é o da licitude, como requisito de validade do negócio ou ato jurídico.

Reputa-se lícito o objeto que cabe no ato ou negócio jurídico sem censura da ordem jurídica.

Traduz-se em algo que se abriga sob a legalidade, dogmatizada em valores morais e éticos suscetíveis de inserção no sistema jurídico, segundo o juízo ideologizado pelo legislador.

Saliente-se que a ordem jurídica se apresenta aberta, haja vista que deixa de definir todas as situações em que reputa os objetos ilícitos, vedados.

Nem sempre o direito positivo define a hipótese em conformidade com a qual se apresenta a ilicitude do objeto.

A norma não oferece ao sujeito padronização dos objetos que são interditados a compor o ato ou negócio jurídico.

Ilícito, contudo, é o objeto que a lei condena, ao qual dirige vitupério, reportando-se a ele de maneira expressa (direta) ou implícita (indireta).

Assinale-se que a construção do modelo da ilicitude do objeto se faz mediante o reforço combinado da lei, da ética e da moral.

Assim, há excesso de reducionismo na premissa de que o objeto lícito é aquele que é recepcionado pela lei, por força de inexistência de vedação expressa.

Em outras palavras, bastaria não ser proibido para se tornar permitido, situação em conformidade com a qual o objeto do ato ou negócio jurídico se consideraria lícito

Decerto, no direito privado, em tese, o que não é proibido é permitido, mas, na construção desse juízo, se impõe o fermento de ingredientes que sejam traduzidos pela ética e pela moral, de tal sorte que o seu exercício se ultime sem que se excedam os perímetros definidos pelo seu fim econômico ou social, pela boa-fé ou pelos bons costumes[250].

É muito pouco processar a análise sobre a licitude do objeto com fundamento apenas na influência do extremismo legalista, sem que se evite o assédio de parâmetros éticos e morais, indispensáveis às relações jurídicas.

A ética e moral exercem, sim, ingerência no desenho da licitude, motivo por que a sorte do ato ou negócio jurídico depende de objeto que se anele aos valores que sejam cultivados pela sociedade, numa relação de afinidade que se coordena pelas práticas que cativam os interesses juridicamente tutelados.

Ora, estaria falido o sistema jurídico que ocultasse, como expressão cultural do povo, a importância da ética e da moral, nos atos e negócios jurídicos, as quais representam a hegemonia dos atributos virtuosos que a sociedade tem como aceitáveis.

Rediga-se que a licitude do objeto pressupõe a influência da ética e da moral no negócio jurídico, porquanto seria intolerável que o sistema o acolhesse quando manifesta e flagrante a ausência de eticidade e moralidade.

Castiga-se, por conseguinte, a percepção restritiva que faz fracassar a indispensável presença da ética e da moral, como elementos nucleares que substancializam o objeto do ato ou do negócio jurídico.

Tem-se, hoje, que não expressa os valores mais caros ao homem o negócio jurídico que se articule apenas anilhado à legalidade, com descaso para com a ética e moral, como resposta ecoada da ordem jurídica que se interpreta com base nas suas balizas cardinais.

Na verdade, se o objeto se desgarra dos parâmetros da ética e da moral, posto que se traduz num exercício de direito excessivamente abusivo, autoritário, desproporcional e oneroso, sem sincronia com os limites econômicos ou sociais, sem a oxigenação da boa-fé e dos bons costumes, produz-se, sem tergi-

250 O Código Civil, ao ampliar as fronteiras do ato ilícito, estabelece, no art. 187, que: "*Também comete ato ilícito o titular de um direito que, ao exerce-lo, excede manifestamente os limites impostos pelo seu fim econômico ou social, pela boa-fé ou pelos bons costumes*".

versação, ato ilícito, por cuja concreção submete-se o autor a regime que lhe atrai a responsabilidade civil.

Impossibilidade do objeto – Possibilidade e determinabilidade e licitude se associam na composição dos atributos[251] de que necessita o objeto do ato ou negócio jurídico, para vencer a barreira da invalidade.

A contrário senso, em sendo ilícito, impossível ou indeterminável o objeto, ocorre a censura da norma que reputa o ato ou negócio jurídico nulo.

O caráter da impossibilidade retrata que o objeto que foi alvejado pelo agente, no ato ou negócio jurídico, carece de condição de existência, porque lhe faltam meios com que alcançaria a concretude no plano físico ou jurídico.

Há deficiência de condições necessárias para que o objeto concebido no ato ou negócio jurídico se realize ou se materialize, sob o aspecto material (físico) ou jurídico.

A compreensão de objeto possível é a que revela algo realizável factível, exeqüível no plano da existência física, vencendo as barreiras da viabilidade material e jurídica.

Por conseguinte, possibilidade do objeto consiste numa qualidade que lhe transfere a natureza de existência material.

Inadmite-se o ato ou o negócio jurídico que tenha como objeto algo ficcional, impossível de ser produzido ou realizado, com base na razoabilidade, inspirada na capacidade finita de o homem prospectar soluções para as suas necessidades e os seus desideratos.

O impossível se excede na composição do objeto quimérico, fruto de devaneio que, manifestamente, se acha divorciado da realidade das coisas que podem existir dentro do universo da engenhosidade e da temporalidade humanas.

Percebe-se, de pronto, que o possível, para efeito de identificação da factibilidade do objeto, se encontra apenas na esfera de interferência e integração do poder humanal, rejeitando-se solução que se inspire em fenômenos totêmicos.

Inexiste espaço para a investigação da viabilidade do objeto mediante a utilização de recursos que escandalizam a racionalidade e se seduzem por fetichismo.

O objeto impossível tem algo que sugere anormalidade, o qual pode decorrer de delírio ou fantasia ou, mesmo, do dolo.

251 Art. 104 do Código Civil.

No delírio ou fantasia, extrapolam-se os limites da realidade possível; no dolo, rompem-se os marcos da existência ou da boa-fé.

Num, o objeto jamais pode existir; noutro, pode existir, mas não existe ou, se existe, a sua figuração no ato ou negócio jurídico consiste num engodo.

Na situação em que se excedem os limites da realidade possível, há indicativo da presença do devaneio, enquanto no dolo há o concurso do embuste.

Na composição do ato ou negócio jurídico decorrente do devaneio, o agente acredita na possibilidade de realizar-se o objeto, pois age até mesmo com boa-fé, malgrado o delírio; do dolo, dissimula a possibilidade de existir o objeto, como se fosse existente.

De toda sorte, impossível é o que não existe e não pode existir.

No entanto, o que não existe agora pode vir a existir.

Logo, o que não existe pode ser objeto de negócio jurídico, se houver possibilidade de existir.

Algo que ainda não exista pode, por conseqüência, ser objeto de negócio jurídico, desde que se possa realizar pela injunção criadora e engenhosa do homem.

Em repetição: o ato ou negócio jurídico pode ser celebrado sem que ainda não exista o objeto, que dependa de realização ou concreção.

Ademais, "*a impossibilidade inicial do objeto não invalida o negócio jurídico se for relativa, ou se cessar antes de realizada a condição a que estiver subordinado*", estabelece o art. 106 do Código Civil.

Frise-se, ainda, que a impossibilidade pode decorrer: a) do próprio objeto, cuja realização é intangível, por força de sua natureza que o torna, material ou juridicamente, inexeqüível temporal ou definitivamente, razão por que se diz objetiva; ou b) da própria pessoa, em cujo perfil não se alojam as condições para realizar o objeto, motivo pelo qual se considera subjetiva.

Na impossibilidade objetiva, há uma das seguintes espécies: a) absoluta, em que pessoa alguma, natural ou jurídica, dispõe de meios ou condições de implementar, executar ou realizar o objeto previsto no negócio jurídico, porque se sobrepõe óbice material ou jurídico; b) a relativa, em que ocorre empeço à realização inicial do objeto, mas que se pode superar.

Ao fundir-se a impossibilidade objetiva em impossibilidade absoluta, tem-se o caso de negócio jurídico nulo, porque o objeto, por mais qualificado que seja o conjunto de recursos materiais e pessoais existentes e disponíveis, tem natureza própria que o torna irrealizável.

Como a regra tolera a existência de objeto cuja execução se mostre, inicialmente, impossibilitada, mas com a característica de que se cuida de inviabilidade relativa – e não absoluta, física ou jurídica – ou se cessar antes de realizada a condição a que ele estiver subordinado, não se fala em negócio jurídico nulo.

Por isso, não se dá a invalidação do negócio: a) se for relativa a impossibilidade inicial do objeto; ou b) se cessar antes de realizada a condição a que estiver subordinada.

Atente-se para o fato de que a disposição legal fala em impossibilidade inicial do objeto, o que significa dizer que a sua persistência, se transformada em permanente, pode convergir para absoluta, constatação que depende de análise do caso concreto, a fim de que se enrijeça a certeza quanto à conseqüência jurídica que o sistema oferecerá em face à ausência da correta execução bosquejada pelas partes.

Insta assinalar que somente quando se tratar de impossibilidade relativa é que se supera a argüição de invalidação do negócio jurídico, porquanto, em sendo o caso de impossibilidade objetiva e absoluta, de ordem material (física) ou jurídica, escasseia-se, por completo, a produção de remédio que vença o mal que se lhe consumiu.

Ora, reforce-se que a impossibilidade objetiva, se absoluta, é invencível, incapaz de superação, porque: a) a uma, não pode ser materialmente executada; ou b) a duas, o sistema jurídico veda-lhe a execução.

Em se tratando de impossibilidade subjetiva, a hipótese é de inviabilidade do objeto por deficiência da pessoa obrigada a realizá-lo, situação em decorrência da qual o caso se subordina às normas de regência de inadimplência de negócio jurídico.

Descabe supor que se trata, pois, de impossibilidade do objeto que compõe o núcleo do negócio jurídico, mas sim da insatisfação da prestação, fenômeno jurídico diferente.

Inexiste, por conseguinte, invalidade a ser perseguida, posto que, no caso, o objeto não é impossível material ou juridicamente.

Outra característica a merecer destaque é a de que o fato de ser inextricável não significa, porém, que se trata de objeto impossível.

Assim, objeto cuja execução se apresente complexa ou cuja aquisição se mostre difícil, ou mesmo rara, não atrai a pecha da impossibilidade.

Complexidade ou raridade não implica impossibilidade, salvo se manifesta a indisponibilidade material ou jurídica.

Portanto, objeto possível é o que se realiza ou alcança no limite do poder de ser factível, ainda que se tenha de refocilar a produção com a criatividade, engenhosidade ou capacidade de o homem transformar seus sonhos e desejos, valendo-se de artifícios ou de recursos naturais ou artificiais, mediante os quais de torna exeqüível, jurídica e fisicamente.

Indeterminabilidade do objeto – O ato ou negócio jurídico há de ter objeto determinado ou determinável, além de lícito e possível, para ingressar no universo jurídico com a chancela da validade.

No ato ou negócio jurídico, o objeto há de se apresentar: a) determinado; ou b) determinável.

Considera-se determinado o objeto precisado, especificado, definido, caracterizado, conhecido na composição do ato jurídico (***lato sensu***).

Reputa-se determinável o objeto que se pode precisar, especificar, definir, caracterizar, conhecer na integração do ato jurídico (***lato sensu***).

Contenta-se o Código Civil que, se de pronto não for determinado, se mostre, porém, o objeto determinável.

O objeto determinável, como se viu, é aquele que pode ser determinado, porquanto apresenta elementos que permitem a sua identificação ou o seu conhecimento que lhe subsidia revelação, de tal sorte que se precisa o que constitui a razão do ato jurídico ou do negócio jurídico.

Deduz-se que, para a validade do ato ou negócio jurídico, o conhecimento do objeto alvejado se suprema.

Conhecer significa o poder de caracterizar o objeto como realidade capaz de identificar o interesse expressado juridicamente, pauta do ato ou do negócio jurídico.

O objeto será sempre identificável, posto que determinável, configurado na definição de sua natureza, de seu gênero e de sua espécie.

Na apuração do caráter de determinabilidade do objeto, como requisito de validade do ato ou negócio jurídico, usa-se o critério de identificação, que difere do critério da existência.

O objeto determinado ou determinável é o que existe e o que pode vir a existir, mas se apresenta, previamente, identificado, haja vista que se insere no ato ou negócio jurídico com um elemento mediante o qual se revela.

O objeto pode ou não ter existência atual, particularidade em decorrência da qual conserva, se comportar a identificação, o caráter da determinabilidade.

A determinabilidade independe, por conseguinte, da existência do objeto.

Nem todo objeto determinado ou determinável já tem existência; mas todo objeto que existe é determinado ou determinável.

A determinação do objeto é, necessariamente, sempre coevo ao ato ou ao negócio jurídico.

Em outras palavras, o ato ou o negócio jurídico nasce sempre com o objeto definido, que já existe, que existirá ou que poderá existir, e sempre, pois, determinado ou determinável.

Censura a norma o ato ou negócio jurídico que se fabrica com o objeto desconhecido, alheio ao domínio da cognoscibilidade, porque os interesses que podem ser alvo de tutela jurídica se subordinam ao requisito da prévia determinabilidade.

Mais abominável, contudo, se considera o ato ou negócio jurídico deserto de objeto, situação em que se impossibilita, por completo, a ação de torná-lo determinado ou determinável.

Inexistindo objeto, inexiste ato ou negócio jurídico.

Depois de manifestada ou declarada a vontade, descabe a inserção do caráter do objeto no ato ou no negócio jurídico, para se fazer conhecido.

Veda-se, por conseguinte, que o objeto venha a figurar tardiamente no ato ou negócio jurídico, como expressão da vontade unilateral de um dos protagonistas ou mesmo como resultante da anuência comum das partes.

Recusa a lei ato ou negócio jurídico cujo objeto seja indeterminado, desconhecido, impreciso ou aleatório[252], mas admite a obrigação de dar coisa incerta [253].

---

252 Admite-se o contrato aleatório, cujo objeto consiste em coisa futura (arts. 458/461, do Código Civil). No contrato aleatório, o objeto é determinado, conhecido, mas cuja existência pode ou não se realizar no futuro. Assim, há equívoco em se supor que, no contrato aleatório, o objeto é indeterminado. Nele o objeto é incerto – como atributo que não assegura a existência futura –, mas determinado.

253 Conhece-se a divisão das obrigações de dar coisa: a) coisa certa (arts. 233/242, do Código Civil); e b) coisa incerta (arts. 243/242 do Código Civil).

Para desprestigiar a hipotética contradição, cumpre advertir, porém, que a coisa incerta que se admite no negócio jurídico, nas chamadas obrigações de dar coisa incerta, difere do objeto indeterminado.

Coisa incerta não significa coisa indeterminada, indefinida, ou desconhecida.

Incerteza da coisa não se confunde com indeterminabilidade do objeto.

Incerteza é atributo que faz o objeto dependente da existência futura, jamais de sua determinação no ato ou no negócio jurídico.

Uma coisa é incerta porque não se sabe se vai ocorrer, considerando-se que a sua concretização depende de realização futura.

Diz-se incerta a coisa pendente de realização, de existência, mas capaz de ser identificada por um elemento que a define.

A coisa incerta se determina, ao menos pelo gênero e pela quantidade [254].

Sublinhe-se que o caráter da determinabilidade acolhe o da substituição e o da divisibilidade do objeto.

Assim, coexiste o caráter da determinabilidade do objeto com a natureza da fungibilidade ou da divisibilidade do bem.

Um bem fungível, ao ser substituído por outro da mesma espécie, qualidade e quantidade[255], conserva, por conseguinte, o sinete da determinabilidade, de tal sorte que permanece definido e conhecido.

Os bens substituinte e substituído guardam a mesma determinabilidade.

A divisibilidade do objeto do ato ou negócio jurídico, desde que fracionados sem mudança na sua substância e conservados seus predicativos, mantém o caráter da determinabilidade.

III - o motivo determinante, comum a ambas as partes, for ilícito;

Ilicitude do motivo – Evidencia-se que o Código Civil se preocupa em salvaguardar a qualidade do processo de geração da vontade jurídica do agente, com o objetivo claro de fazer com que o resultado seja a projeção autêntica e fidedigna do que fora, verdadeiramente, trabalhado no plano psíquico.

254 Art.243 do Código Civil.
255 V. art. 85 do Código Civil.

O sistema jurídico quer que o ato ou negócio jurídico decorra da tradução genuína da vontade do agente, confeccionada com base na expressão de seu intento verdadeiro.

Como tem a função geradora do ato ou negócio jurídico, a manifestação ou a declaração da vontade deve penetrar no mundo jurídico sem defeito.

Faz-se necessário, pois, que a vontade do agente seja, verossimilmente, captada no mundo exterior, como simples projeção do que foi planejado no mundo interior, em que se move apenas pelo sentimento psíquico, intimista, enclausurado na própria introspecção.

Enquanto restrita à esfera da intimidade do agente, a vontade significa apenas um desiderato sem estrutura jurídica, desapossada de eficiência capaz de fotografar e identificar, no plano exterior, a verdadeira intenção, eis que, à falta de revelação ou exteriorização, pertence ao mundo estranho ao direito.

Sabe-se que a vontade reservada, guardada, ou escondida não se apresenta com estrutura jurídica suficiente para se impor ou se sobrepor, razão por que, ocultada no plano da intimidade desconhecida, desinteressa ao direito, de tal sorte que subsiste e prevalece a que foi manifestada, ainda que "*o seu autor haja feito a reserva mental de não querer o que manifestou*" [256].

A conseqüência é a de que, se divergentes ou conflitantes, prevalece a vontade externada, que transpassou o interior do agente por meio de manifestação ou de declaração, sobre a vontade interna, que restou armazenada na intimidade do autor.

Consoante já se disse, fortalece-se a vontade que, formada no interior do mundo psíquico do agente, eclode em registros anímicos mediante os quais se revela a intenção do sujeito.

Sob a influência da premissa de que prevalece a vontade revelada sobre a vontade ocultada, decorre que os desejos e as intenções, escondidos na casamata da mente, não têm, em condições ordinárias, aptidão para subsistir como manifestação ou declaração de vontade, germinando atos ou negócios jurídicos, muito menos dispõem, pois, de juridicidade para servir como motivo viciador.

256 Ao tratar da reserva mental, diz o art. 110 do Código Civil: "*A manifestação de vontade subsiste ainda que o seu autor haja feito a reserva mental de não querer o que manifestou, salvo se dela o destinatário tinha conhecimento*". É fácil perceber que a vontade ocultada raramente haverá de prevalecer sobre a vontade revelada, posto que constitui tarefa hercúleo provar que o destinatário tinha sabia da verdadeira vontade do agente.

O art. 140 do Código Civil, ao estabelecer que o "*falso motivo*[257] *só vicia a declaração de vontade quando expresso como razão determinante*", reforça a importância da vontade projetada no mundo exterior, capaz de ser compreendida ou captada.

Noutro lado, o ato ou o negócio jurídico tem: a) agente; b) objeto; e c) forma.

Mas tem, também, um motivo ou uma causa.

O ato ou negócio jurídico nasce com o porquê, que o motiva, malgrado nem sempre apareça ostensiva ou visivelmente.

As relações jurídicas se impulsionam pela motivação de interesses que mobilizam o apreço dos homens.

O motivo irriga o ato ou o negócio jurídico para que se fertilize o interesse perseguido, com cuja concreção se realiza o desiderato do homem.

O motivo alicia a vontade que se traduz numa manifestação ou declaração com alvo num objeto que compõe o ato ou o negócio jurídico.

Assim, diz-se motivo a razão nuclear pela qual se move a vontade do agente para a produção do negócio ou geração do ato jurídico.

O motivo significa o porquê do negócio jurídico, expressado como sua razão determinante.

Motivo é a razão de sedução que assedia o agente a concretizar o objeto perseguido no ato ou negócio jurídico.

Feitas as colocações acima, importa agora frisar que o motivo determinante e ilícito, comum as ambas as partes, contamina o ato ou o negócio jurídico com nulidade[258].

Se há a vontade revelada e a vontade ocultada, existe, também, motivo conhecido e motivo desconhecido.

O motivo ilícito que impregna o ato ou o negócio jurídico de nulidade haverá de ser conhecido, apreendido no mundo da percepção do conhecimento real.

Para que se possa invalidar o ato ou negócio jurídico, o motivo haverá de participar com o papel particular de causa determinante que arrazoou e justificou a produção da vontade do agente, a qual tenha explicitação.

---

257 O falso motivo, conseqüentemente, constitui na inferência errática sobre uma realidade, a qual representou a razão determinante e principal na produção do negócio ou geração do ato jurídico.

258 Art. 166, III, do Código Civil.

Para que o motivo exerça papel importante capaz de fulminar o ato ou negócio jurídico com a nulidade, exige-se que seja: a) ilícito; b) comum; e c) determinante.

Considera-se ilícito o motivo quando a causa em que se inspirou o agente para a geração do ato ou do negócio jurídico sofre a admoestação da ordem jurídica.

Sublinhe-se que, também como o objeto do ato ou negócio jurídico, colhe-se o juízo de ilicitude do motivo com base na conjugação dos indicativos substantivos da lei, da ética e da moral.

Como o objeto, o motivo ilícito malfere a estrutura sob a qual se abriga a legalidade, simbolizada por valores morais e éticos suscetíveis de inserção no sistema jurídico, conforme a ideologização do modelo jurídico concebido pelo legislador.

O motivo não se confunde no objeto do ato ou negócio jurídico, registre-se a ressalva.

Portanto, é possível a coexistência no ato ou do negócio jurídico de: a) motivo lícito e objeto ilícito; b) motivo ilícito e objeto lícito; c) motivo ilícito e objeto ilícito; e d) motivo lícito e objeto lícito.

Para a nulidade do ato ou negócio jurídico, como se sabe, basta que o objeto ou o motivo seja ilícito.

O motivo há de ser comum às partes que protagonizam a relação jurídica.

Comum é o motivo partilhado, do conhecimento da partes envolvidas na relação jurídica.

Inexiste invalidade no ato ou negócio jurídico se o motivo determinante consistia em um ilícito, mas apenas do domínio ou do conhecimento de uma das partes.

No caso, preserva-se o ato ou o negócio jurídico em proteção da parte que, desconhecendo o desiderato ilícito da contraparte, se portara de boa-fé.

Reputa-se determinante o motivo quando lhe coube o papel decisivo na prática do ato ou na feitura do negócio jurídico, como causa primacial.

IV - não revestir a forma prescrita em lei;

Desobediência à forma prescrita em lei – Reafirma o Código Civil, no inciso IV do art. 166, que a validade do negócio jurídico (ou ato jurídico) requer forma prescrita ou não defesa em lei[259].

---

259 Art. 104, III, e art. 166, IV, do Código Civil.

Constitui a forma em um dos imprescindíveis requisitos de validade do ato ou negócio jurídico, o que, porém, não demonstra a adesão do legislador ao princípio rígido da solenidade e formalidade, como sistemas que exploram a importância dos meios pelos quais se exterioriza a vontade.

Já se discorreu que prevalece, no sistema jurídico brasileiro, a forma livre, pela qual se dispõe de liberdade de escolha do meio de articulação do ato ou do negócio jurídico, na omissão da lei.

Inexiste polêmica de fôlego quanto à premissa de que o Código Civil, novamente, se deixou assediar pelo ***princípio da liberdade de forma***, consagrado no direito brasileiro, em conformidade com o qual se produzirá o ato jurídico ou o negócio jurídico de maneira livre, sem amarras formais – maneira, modo ou conduto –, exceto se a lei as prescrever[260].

Se dúvida houvesse sobre a opção do legislador pelo *princípio da liberdade da forma*, sugere-se a leitura do art. 107 do Código Civil: "A *validade da declaração de vontade não dependerá de forma especial, senão quando a lei expressamente a exigir*"

Conclui-se que o Código Civil disponibiliza ao agente as formas – maneira, modo, meio ou conduto: a) discricionária (livre, segundo a vontade do agente); ou b) vinculada (conforme a exigência da lei).

Portanto, é correto afirmar-se que há forma livre (aberta) e há forma não-livre (fechada).

A forma vinculada (não-livre ou fechada) constitui a exceção, enquanto a forma discricionária (livre ou aberta) prevalece como a regra, situação por força da qual há a primazia da liberdade de escolha do agente sobre o conduto por meio do qual emitirá a sua declaração de vontade, salvo quando a lei, expressamente, impuser forma especial à validade do ato jurídico ou negócio jurídico.

Ausente a prescrição da forma imperativa, decorre, por conseguinte, o desimpedimento a que as partes conjuguem as vontades trafegadas sem a censura da lei.

---

260 O art. 212 do Código Civil, ao dispor sobre a prova do negócio jurídico, diz: "*Salvo o negócio a que se impõe forma especial, o fato jurídico pode ser provado mediante: I – confissão; II – documento; III – testemunha; IV – presunção; V – perícia*".

Como se vê, cabe à lei definir a forma[261], em que se deve revestir o ato ou o negócio jurídico, que estará apto a vencer o desafio da validade.

A declaração ou manifestação de vontade compõe o pressuposto elementar do ato ou negócio jurídico, sem a qual se impossibilitam a produção e a captação de efeitos jurídicos.

Por isso é que sempre se repete que, à falta de manifestação ou declaração de vontade[262], negócio jurídico (ou ato jurídico) algum será produzido, seja com ou sem defeito.

Define-se como forma o meio mediante o qual se produz o ato jurídico (***lato sensu***), hábil a exteriorizar a declaração ou a manifestação de vontade do agente.

Portanto, a forma é a maneira, modo, meio ou conduto pelo qual flui o ato jurídico (***lato sensu***).

O novo desenho do modelo da forma do ato ou negócio jurídico tecido pelo Código Civil baseia-se, integralmente, na regra passada[263], que permanece atual, ainda que vista sob a influência do cenário dos tempos de grandes transformações, pelos quais passa a sociedade de infinitos anseios que contagiam e seduzem o homem a desenvolver sofisticadas formas de comunicação e exteriorização de seus desejos, muitos dos quais antes inimagináveis.

Assinale-se que a importância da forma repousa na necessidade de conservação da declaração ou da manifestação de vontade do agente em determinados negócios jurídicos ou atos jurídicos, a qual se deve conservar e perenizar durante considerável lapso de tempo, sob pena do sopitamento de seus efeitos.

Na falta definição da forma, a forma não tem forma, razão por que a ordem jurídica admite todo e qualquer meio capaz de processar e escoar a declaração ou a manifestação de vontade do agente.

Na forma discricionária ou livre (aberta), cabe ao agente a liberdade de escolher o desenho legal em conformidade com o qual produz o ato ou o negó-

261 Excepcionalmente, as parte podem definir a forma necessária à validade do negócio jurídico, conforme prescreve o art. 109 do Código Civil: "*No negócio jurídico celebrado com a cláusula de não valer sem instrumento público, este é da substância do ato*".

262 Cabe ressaltar que o "*silêncio importa anuência, quando as circunstâncias ou os usos o autorizarem, e não for necessária a declaração de vontade expressa*" (art. 111 do Código Civil novo). A regra sobre o silêncio como forma de produção de vontade foi introduzida no Código Civil, sem correspondência do Código Civil de 1916, sendo a doutrina a e jurisprudência já vinham construindo animadores entendimentos sobre a força do silêncio nos negócios jurídicos.

263 O art. 129 do Código Civil de 1916 dispunha que: "A validade das declarações de vontade não dependerá de forma especial, senão quando a lei expressamente a exigir".

cio jurídico em que se traduz a manifestação ou declaração de vontade, razão por que se produzem os efeitos jurídicos sem admoestação da lei.

Na forma vinculada ou prescrita (não-livre ou fechada), tolda-se a liberdade do agente que, obrigatória e necessariamente, deve observar a modelagem insculpida na lei, sob pena de invalidade do ato ou negócio jurídico.

No silêncio da lei, acolhe-se a validade da declaração de vontade independentemente da forma ou do meio eleito pela parte para revelá-la, desde que se lhe possa captar o efeito jurídico pretendido pelo agente.

O silêncio, conforme já analisado, tem qualidade jurídica suficiente para, segundo as circunstâncias ou conforme se possa extrair do uso, produzir a vontade do agente, se, contudo, for despicienda a declaração de vontade expressa[264].

O Código Civil poderia ter abrandado a contundência da regra segundo a qual o ato ou negócio jurídico se submete ao regime da nulidade quando revestido de forma inadequada, sem observar, pois, a exigida na lei.

A possibilidade de flexibilização da forma, em situações excepcionais, para se conservar o ato ou o negócio jurídico, deveria ter sido intentada pelo Código Civil, como proposta legislativa que fortaleceria os princípios da utilidade, efetividade e inofensividade.

A ampliação e o reforço da importância à solenização da forma já mereciam disciplina inovadora capaz de mitigá-la, para se flexibilizar o tratamento a ser dado ao ato ou negócio jurídico que tivesse sido confeccionado em meio diferente daquele previsto em lei.

Em primeiro lugar, dever-se-ia prestigiar o binômio utilidade e efetividade, quando o ato ou negócio jurídico, celebrado em forma diferente da estabelecida em lei, pudesse alcançar o resultado bosquejado pelas partes, desde que esvaziado de ofensa a interesse de terceiro ou a interesse público justificados.

Em segundo lugar, justificar-se-ia a mudança do tratamento dado ao ato ou negócio jurídico cunhado em forma divergente da lei, relativizando o defeito, prescrevendo-lhe solução de anulabilidade, quando fosse possível identificar interesse meramente privado sem repercussão de grave risco à ordem pública, ao invés de nulidade em todos os casos.

264 Art.111 do Código Civil.

Em terceiro lugar, o excesso de solenidade da forma tem se demonstrado oneroso às partes, que suportam custos desnecessários, resultantes de cultura jurídica que escraviza o direito a excesso formal, sem racionalidade.

Em quarto lugar, quanto mais contaminado pelo formalismo dos atos mais o direito empobrece o tráfico e o aperfeiçoamento da boa-fé, como condição essencial e cara ao homem, numa sociedade assaltada pela deseducação dos valores éticos e morais.

V - for preterida alguma solenidade que a lei considere essencial para a sua validade;

Preterição de solenidade essencial – Reputa-se nulo o ato ou negócio jurídico quando "*for preterida alguma solenidade que a lei considere essencial para a sua validade*".

No sistema jurídico brasileiro, prestigia-se o ***princípio da liberdade de forma***, de acordo com o qual se franqueia à pessoa a faculdade de escolha do meio de articulação do ato ou do negócio jurídico, sempre que houver a omissão da lei.

A prevalência da liberdade da forma sugere, conseguintemente, que se absorva modelo jurídico conducente ao esvaziamento dos rigores da solenização do ato ou dos negócios jurídicos, em homenagem à simplificação da sua produção, para efeito de validade.

Ressalte-se, desde já, que há diferença entre forma e solenidade do ato ou negócio jurídico.

Forma, já se disse, significa o meio mediante o qual se produz o ato jurídico (***lato sensu***), hábil a exteriorizar a declaração ou a manifestação de vontade do agente.

Quando se fala em forma, refere-se à maneira, ao modo, ao meio pelo qual flui o ato jurídico (***lato sensu***).

A forma serve de tráfego e de abrigo da vontade manifestada ou declarada para produzir ato ou negócio.

Solenidade constitui cerimônia necessária à validade do ato ou negócio jurídico, posto que exigência integrativa e ritualística, sem a qual se invalida, se essencial.

A solenidade consiste na introdução de elemento cerimonioso no ato ou no negócio jurídico.

Com a exigência da solenidade, ritualiza-se a forma do ato ou do negócio jurídico, como condição de validade.

Por isso, ao exigir determinada solenidade, a lei subordina a validade do ato ou negócio jurídico à presença de um elemento que se integra ou se adiciona à forma.

A solenidade sacrifica a simplicidade e, ao lado da forma, passa a exercer papel decisório na sorte do ato ou negócio jurídico, que se contamina de ritualização, a ser observada segundo a determinação da lei.

Por força da solenidade, mais um ingrediente se incorpora, necessária e obrigatoriamente, ao ato ou ao negócio jurídico.

Não basta que o ato ou o negócio jurídico, para se proteger da investida contra a argüição de invalidade, se revista da forma prescrita na lei, se solenidade considerada essencial for preterida.

Assim, a solenidade pode se constituir, também, em mais um requisito do ato ou negócio jurídico, quando a lei a considerar essencial.

Na maioria das vezes, a solenização de cuja implementação depende a validade do ato ou do negócio jurídico, como opção de política legislativa, tem mais adornos do que qualidade intrínseca com nutrientes vitais.

A solenização, quando desprovida de substância, plagia a ritualização, estadeando o sacramento da ideologia que valoriza os ritos e os procedimentos, muitos dos quais despiciendos ou excessivos.

A solenidade, especialmente quando excessiva ou desnecessária, convulsiona as bases sobre as quais se poderia construir a fonte que simplificaria a produção do ato ou negócio jurídico, sem exigências inúteis, que, em determinadas situações, sufocam a construção da doutrina da boa-fé, porque se reforça do sentimento que desafia a presunção da eticidade e da moralidade.

A solenidade, ao invés de ser simbólica, como simples homenagem à importância a determinado o ato ou do negócio jurídico tecido, em cujo objeto se concentra interesse que justifica a ritualização, mais se apresenta como sobrecarga ou mesmo um estorvo, quando não verdadeiramente indispensável.

O culto à solenidade atravessa o tempo histórico do direito, com presença em todas as famílias jurídicas, em cujos sistemas é dosado de acordo com as tradições e os costumes.

Quanto mais o direito for protocolar e formalista, o culto desnecessário à solenidade repercute nos atos e nos negócios jurídicos, os quais são invadidos por rituais que bem demonstram a compreensão cultural de um determinado sistema jurídico.

Formal e protocolar o direito, a vida das relações jurídicas sofre a interferência dos elementos que dimensionam o grau de civilidade da sociedade.

Quando necessária e útil, a solenidade tem a finalidade de publicar e conservar o ato ou o negócio jurídico.

Portanto, procede a assertiva de que a finalidade da solenidade, basicamente, é a da publicação e a da conservação do ato ou negócio jurídico.

Conforme a natureza da solenidade, o ato ou o negócio jurídico ganha a necessária publicidade, mediante a qual se permite o seu conhecimento.

Também a solenidade, segundo a sua natureza, possibilita a conservação do ato ou do negócio jurídico, de acordo com a qual se pereniza a verdadeira e autêntica vontade do agente.

Em conseqüência da publicação e da conservação, fortalece-se o sistema de prova do ato ou do negócio jurídico, o qual se ativa em proteção da sua existência, como condição de sua validade.

Ocorre que não é toda solenidade que, se preterida, empurra o ato ou o negócio jurídico para a raia de invalidade, por nulidade.

Fala a regra jurídica que a solenidade que exerce influência sobre o destino do ato ou do negócio jurídico é a que a lei considera essencial para a sua validade.

Preocupa-se a norma com a solenidade essencial, interesse que se justifique pela necessidade e utilidade de um elemento integrativo na configuração do ato ou do negócio jurídico.

Não se deve julgar a solenidade essencial apenas pelo aspecto da obrigatoriedade, como exigência necessária à validade do ato ou do negócio jurídico, posta na própria lei.

Muito menos se deve considerar a solenidade essencial somente pelo ângulo da relevância da simbolização que significa para o ato ou negócio jurídico.

Na mensuração da essencialidade da solenidade que interessa à validade do ato ou do negócio jurídico, se invoca o princípio da finalidade substantiva, como requisito imprescindível à publicidade e à conservação.

Diz-se finalidade substantiva aquela cuja presença fecunda resultado material e vitalmente importante à materialização da publicidade e conservação necessárias.

Assim, faz-se necessário que a solenidade a ser ritualizada se mostre substancial à realização de um interesse vital que se confunda com a publicidade e com a conservação do ato ou do negócio jurídico.

A solenidade essencial não faz o ato ou negócio jurídico, mas lhe dar qualidade e gabarito para ingressar no plano da validade, com convite formal e protocolar.

Portanto, não é por meio da solenidade que o ato ou o negócio jurídico existe, mas é pela sua presença ritualística que se habilita a ingressar no albergue da tutela jurídica, influência decisiva para a sua validade.

A questão é que o sistema continua refratário à possibilidade de reanimar o ato ou negócio jurídico se preterida solenidade que a lei reputar essencial para a sua validade, sem flexibilização no sentido de justificar, em certos casos, a confirmação.

Também como a forma, já é hora de o sistema jurídico de mostrar mais tolerante às pequenas falhas de forma ou de solenidade, quando houver viabilidade material em ressuscitar o ato ou negócio jurídico.

VI - tiver por objetivo fraudar lei imperativa;

Objetivo de fraudar a lei imperativa – No Estado Democrático de Direito, avulta o princípio da legalidade, legítima e democraticamente tecido com base em inspiração de valores em que se traduzam as aspirações de disciplina decorrentes da cultura do povo.

O processo que legitima a construção do arcabouço jurídico subordina-se, necessariamente, ao concurso da vontade do povo, mediante a expressão de sua vontade coletiva, na produção do mais importante ato jurídico: a lei.

Lei é ato jurídico, resultante do poder soberano do Estado, por delegação do povo, com que se fia a estrutura jurídica de suporte às relações das pessoas, composta de normas de autoridade específica, segundo o desenho constitucional.

Como expressão da vontade hegemônica da maioria, a lei oferece os contornos que balizam os direitos e os deveres nos quais se traduz a liberdade jurídica das pessoas.

A lei é o espelho em que a sociedade revela os valores que compõem a base da legalidade consentida, no qual produz a imagem dos direitos e dos deveres, sintetizados em normas estruturadas em níveis hierárquicos de efetividade e coercitividade.

A lei se presta a cumprir multifários papéis relevantes num Estado Democrático de Direito, dos quais se destacam o poder normativo intrínseco, que explicita a sua finalidade primária e modela o princípio da legalidade, e o poder de transformação social, que promove mudanças no seio da sociedade.

Sem dúvida, a lei tem duplo poder: a) poder normativo, finalidade primária; e b) poder de transformação social, finalidade secundária.

A finalidade primária da lei – poder normativo – consiste na produção de regras jurídicas que disciplinam a vida social, com projeção do campo público e no campo privado; a finalidade secundária – poder de transformação social – implica a geração de regras que se carregam de disposições renovadoras, com a criação de novos institutos, direitos e obrigações a que passam a se sujeitar as pessoas.

Lei, pois, é instrumento de poder em que se deposita a vontade coletiva para se alcançar, mediante o manejo de política pública, a disciplina e a transformação da vida social, como decorrência necessária à mediação possível dos interesses conflitados, que a consciência cultural dos homens se revela incapaz de pacificar, salvo se cevada de força coercitiva, haurida da fonte da evolução e sobrevivência da civilização, símbolo da razão humanal.

Ocorre que, como norma de disciplina jurídico-social, a lei comporta dupla expressão: a) lei no sentido amplo; e b) lei no sentido restrito ou próprio.

A lei no sentido amplo é o gênero de que são espécies todas as demais normas de conduta, segundo a fonte estatal[265] (legislativa, executiva ou judiciária), consuetudinária e contratual, na qual se processou a sua geração.

Sob o aspecto do estrito formalismo, considera-se lei a regra jurídica escrita e prescrita pela autoridade, legítima e legalmente constituída, no exercício de poder específico outorgado pela Constituição, sob a inspiração do princípio da plena soberania do Estado.

A lei é a lei, sob a influência dos elementos de análise filosófica, mas em ambiente tomado de reflexão jurídica não se entoa o absolutismo da premissa de que lei é a lei.

Ocorre, contudo, que a invocação do critério do duplo sentido da expressão da lei – sentido amplo ou sentido restrito – se mostra insuficiente para enfrentar o desafio do alcance da regra contida no Código Civil, segundo a qual

---

265 O Estado edita normas em três fontes de Poder: legislativo, executivo e judiciário.

se considera nulo o ato ou o negócio jurídico que tenha por objetivo fraudar lei imperativa[266].

No dispositivo inovado pelo Código Civil, dois aspectos se relevam no processo de investigação e definição do alcance e da eficácia da regra que reputa nulo o negócio jurídico cujo objetivo foi o de fraudar lei imperativa: a) a natureza da fonte de que resulta a lei; e b) a classificação da lei.

A dificuldade reside no fato de que múltiplos e imprecisos são os critérios com que se classificam as leis, sem muito esmero científico e carente de proposição normativa[267].

Ora, é exatamente no plano jurídico, construído pela vontade da própria lei, manifestada por órgão a que se confere competência normativa, no qual as leis de discriminam e se classificam.

Ressalte-se, primeiramente, que a lei de que cuida o dispositivo em debate é aquela que foi gerada em fonte estatal, razão por que se descartam as normas de origem consuetudinária ou contratual.

Por força do modelo constitucional brasileiro, mediante o qual a produção de lei (sentido amplo) não se reserva à competência única e exclusiva do Poder Legislativo, de sorte que os Poderes Executivo e Judiciário participam, de maneira direta ou indireta, do processo normativo, seria compreensível o entendimento de que bastaria que a norma emanasse de fonte estatal para que desfrutasse da autoridade necessária a atrair o comando da regra do inciso VI do art. 166 do Código Civil, em se tratando de norma imperativa.

Noutra dicção: bastaria que a lei (sentido amplo) tivesse origem em fonte estatal para se cobrir de autoridade de natureza imperativa.

No entanto, não é toda norma gerada em fonte estatal que tem as qualidades próprias da lei, lei no sentido de que trata o inciso VI do art.166 do Código Civil.

As normas que desfrutam da autoridade de lei, com legitimidade e competência constitucionais, são aquelas dispostas pela Constituição Federal e que, exclusivamente, resultam do autêntico e genuíno processo legislativo, assim compreendidas: a) emendas à Constituição; b) leis complementares; c) leis or-

---

266 A disposição contida no inciso VI do art. 166 do Código Civil constitui inovação, eis que estranha ao texto anterior.

267 A Constituição Federal estabelece que "*Lei complementar disporá sobre a elaboração, redação, alteração e consolidação das lei*" (art. 59, parágrafo único). A lei complementar 95/98, em cumprimento à determinação constitucional, se limitou a tratar a questão das leis aos aspectos formais.

dinárias; d) leis delegadas; e) medidas provisórias[268]; f) decretos legislativos; e g) resoluções[269].

Assim, somente as normas jurídicas oriundas ou derivadas das casas legislativas – conforme os planos da organização político-administrativa da República Federativa do Brasil, compreendendo a União, os Estados, o Distrito Federal e os Municípios) – têm os atributos necessários para compor o perímetro dentro do qual se estrutura e se substancia o princípio da legalidade.

Vencida a questão da natureza da autoridade da fonte legal, cabe o exame sobre a classificação da chamada lei imperativa.

Na classificação das leis, sempre carente de boa técnica e harmônica, se encontra a lei imperativa, para significar a intensidade do comando que porta, mediante o qual o destinatário, obrigatória e necessariamente, haverá de cumprir uma ordem positiva ou negativa, haja vista que há uma imposição irrecusável.

As lei imperativas são de ordenação e determinação, impondo (positiva) ou proibindo (negativa) algo.

Lei imperativa, ao abrigar uma sentença que impõe uma ação (positiva) ou uma abstenção (negativa), há de ser, por conseguinte, lei no sentido clássico, resultante da vontade do legislador, haja vista que o princípio da legalidade, nuclear do sistema constitucional brasileiro, segundo o qual ninguém será obrigado a fazer ou deixar de fazer alguma coisa senão em virtude de lei[270], restaria mutilado, pelo fato de que o exercício legislativo constituiria tarefa e competência institucionais fragmentadas, vulgarizadas e banalizadas, sem que representasse as aspirações legítimas e democráticas do povo.

Portanto, o sistema jurídico brasileiro, na exploração do princípio da legalidade, permanece inexorável na firmeza de que sobrevive apenas a legitimidade do legislador para tecer a lei imperativa.

---

268 No moderno constitucionalismo, rejeita-se a idéia de que as medidas provisórias, adotadas em caso de relevância e urgência, em matérias em relação às quais não haja vedação (art. 62 da CF), e as leis delegadas (art. 68 da CF), ambas de iniciativa do Presidente da República, carecem de legitimidade, especialmente porque a transformação em lei depende do Congresso Nacional, fonte de revitalização. Se, na fase de proposição, não são autênticas e genuínas leis, com a conversão em lei (medida provisória) e com a delegação do Congresso Nacional (lei delegada) cumprem o ciclo da legitimidade constitucional e, pois, se transformam em verdadeiras leis, com as respectivas publicações.

269 Art. 59 da Constituição Federal.

270 Art. 5º, II, da Constituição Federal.

O comportamento fraudulento – Em análise anterior, dois aspectos sobre o inciso VI do art. 166 do Código Civil foram enfrentados, antes que se abordasse o núcleo do dispositivo: a intenção de fraudar a lei imperativa.

Assim, com o propósito de alcançar a compreensão da regra que considera nulo o negócio jurídico que tiver por objetivo fraudar lei imperativa, examinaram-se: a) a origem da lei; e b) a espécie da lei.

Sobre a fonte ou a origem da lei, ficou assente que apenas as normas jurídicas fecundadas pela ingerência das casas legislativas é que gozavam de força e altivez para encordoar os limites dentro dos quais se organizava e se fertilizava o princípio da legalidade[271].

Portanto, como se viu, lei, na acepção mais técnica, não é toda e qualquer norma jurídica, mas aquela que brota em terreno lavrado pela vontade popular, trafegada em campo legislativo e traduzida pelos mandatários investidos de poderes confiados pelo povo.

Em relação à espécie ou à classificação da lei, definiu-se lei imperativa como aquela norma jurídica que introduz uma ordem impositiva e enérgica, segundo a qual o destinatário se obriga a fazer (comando positivo) ou a deixar de fazer (comando negativo) algo, de cuja observância não se exime e nem se liberta.

Concebido com o intuito de fraudar lei imperativa, o negócio jurídico submete-se à invalidade, eis que nulo.

Se o Código Civil se dedica a proteger a qualidade da produção da vontade do agente, haveria de policiar, também, o negócio jurídico que fosse industriado com o fim de fraudar a lei, cujo comando reclama preservação, por ser um patrimônio jurídico de inestimável valor para a sociedade que se civilizou.

O Código Civil reprime o comportamento animado, ilegal e maliciosamente, para esquivar-se da regra impositiva que se encontra no corpo de lei imperativa.

O negócio jurídico (ou ato jurídico), por ser meio hábil a combinar interesses das partes, jamais pode representar instrumento a serviço da fraude, principalmente a fraude contra lei.

Repugna que o negócio jurídico se transforme em recurso para superar, mediante ardil, regra em que se hospeda uma imposição ou uma proibição.

271 O princípio da legalidade encontra plena expressão no inciso III do art. 5º da Constituição Federal, segundo o qual "*ninguém será obrigado a fazer ou deixar de fazer alguma coisa senão em virtude de lei*". Lei, já se viu, não é toda norma jurídica, mas aquela que brota em terreno lavrado pela vontade popular.

No negócio jurídico gerado com o objetivo de fraudar lei imperativa, a patologia que lhe inviabiliza a validade se concentra no fator finalístico.

O que arruína o negócio jurídico é o objetivo de fraudar, pelo artifício criado, comando de lei imperativa, relacionado à ordem que determina um comportamento comissivo ou omissivo.

Celebra-se o negócio jurídico para escapar da incidência da ordem contida em lei imperativa.

No caso, preservam-se, sob o enfoque técnico, os requisitos do negócio jurídico, que se apresentam à prova, haja vista que, em tese, inexiste vício pertinente ao agente, ao objeto ou à forma.

Conseguintemente, os sujeitos da relação são capazes; o objeto não tem malformação quanto à licitude, possibilidade ou determinabilidade; e a forma se amolda à prescrição legal.

Mas o objetivo é que é ilegal, porque o fim visado consiste em frustrar a regra cogente a cujo comando se deve obediência.

Acobertado por um negócio jurídico aparentemente incensurável, com todos os requisitos necessários à sua validade, pretende-se fugir do rigor da lei, cuja imposição positiva ou negativa se alveja inaplicável.

Ressalte-se que ninguém celebra negócio jurídico apenas com o intuito de fraudar pura e simplesmente a lei, num gesto de emulação ociosa ou de valentia contra a legalidade, como se tudo fosse recompensa de uma iniqüidade, sem, pois, obter resultado que interesse aos protagonistas da operação urdida.

A fraude contra a lei, por conseguinte, não consiste no objetivo que se basta em si mesmo, mas no meio para se realizar outro desiderato, que se projeta na finalidade, que se ostenta ou que se oculta, conforme implementação do objeto que pode fazer parte do negócio jurídico ou vir a integrar negócio jurídico futuro.

Percebe-se que há diferença entre o objeto e o objetivo do negócio jurídico, posto que não se confundem.

O objeto, bem de natureza corpórea ou incorpórea, a ser alcançado como resultado da manifestação ou declaração de vontade, consiste na razão do ato jurídico (***lato sensu***), o qual atrai o interesse da pessoa, por cuja concretude se explicita a finalidade.

Em recapitulação à definição passada, o objeto é todo bem, corpóreo ou incorpóreo, que, no plano material ou imaterial, tem caráter que lhe permite a estimação e a aferição, posto que agrega valor relevante de natureza moral ou patrimonial, que interessa ao homem, seja num universo individual ou coletivo, capaz de incorporar-se às relações jurídicas, mediante a introdução em ato ou negócio jurídico.

A compreensão correta de objeto rejeita o minimalismo que o reduza às coisas que tenham corpo, haja vista que exprime, também, a idéia de tudo que se possa tornar realidade jurídica, representado por um interesse que se dimensiona, por valor de natureza que atraia o homem, e tutelado pelo sistema legal.

O objetivo é a finalidade do negócio jurídico que significa a realização de uma necessidade, por cuja realização se movimenta a vontade do homem, a qual o objeto é capaz de proporcionar ao sujeito ou a outrem alheio à relação jurídica.

Na hipótese do inciso VI do art.166, viola-se a lei com consciência, porque existe o ânimo de fraudá-la.

Porque se trata de violação consciente, evidencia-se o comportamento doloso dos protagonistas do negócio jurídico, construído para fraudar a lei imperativa.

Há manobra ou artifício inspirado na ilegalidade e na má-fé.

As partes sabem e querem alijar a incidência de comando imperativo da lei, violação que foi deliberada antes da ultimação do negócio jurídico, razão por que tinham ciência da ilegalidade.

Há um consórcio de intenção das partes que, intencional e ardilosamente, produzem o negócio jurídico, pensado, planejado e executado para subestimar a lei imperativa, com resultado que lhes oportuniza uma vantagem ou um benefício.

Necessariamente, as partes se associam na fraude contra lei imperativa, fato, porém, que não afasta a tipicidade se o objetivo for fruto apenas de um dos protagonistas.

Mesmo que se devesse valorar a boa-fé da parte que desconhecia a intenção da contraparte em violar a lei, a conservação do negócio jurídico se mostra inviável porque houve desrespeito a comando imperativo, sendo, pois, insignificante, dada a importância da tutela jurídica que a lei exige, a ignorância.

Com a concreção do negócio jurídico, a lei imperativa é a primeira vítima, haja vista que comando normativo restou frustrado, malgrado abastecido de eficácia.

Mas a subsistência do negócio jurídico, antes arquitetado com o fito de fraudar a lei imperativa, haverá de provocar, no presente ou no futuro, lesão ao patrimônio de terceiros, porquanto alguém, quando faz ou deixa de fazer algo contra a lei, se esquece de implementar uma obrigação legal, por cuja execução responde em proveito de outrem, destinatário do direito.

VII - a lei taxativamente o declarar nulo, ou proibir-lhe a prática, sem cominar sanção.

Declaração taxativa de nulidade – Dispõe o Código Civil que se considera nulo o negócio jurídico quando "*a lei taxativamente o declarar nulo, ou proibir-lhe a prática, sem cominar sanção*" [272].

Para abreviar a digressão sobre o significado do vocábulo "*lei*", também incorporado ao inciso VII do art. 166, renovam-se as considerações que se destacaram na análise do inciso antecedente (VI, art. 166, do Código Civil).

Por conseguinte, sobre a questão da origem da lei, vale a mesma exploração anteriormente prospectada, segundo a qual, na regra em análise, o substantivo lei expressa a norma jurídica construída ou finalizada com a vontade do Poder Legislativo, em decorrência da qual se define o perímetro de alcance do princípio da legalidade[273].

Duas são as hipóteses de nulidade previstas no inciso VII do art. 166 do Código Civil, quando: a) a lei taxativamente declarar nulo o negócio jurídico; e b) a lei proibir a constituição do negócio jurídico, sem cominar sanção.

Para a validade do negócio ou o ato jurídico, o Código Civil requisita a presença de agente capaz, objeto possível, determinado ou determinável e forma prescrita ou não defesa em lei [274].

Ao ser gerado, além de cumprir os requisitos específicos, o negócio ou ato jurídico há de encontrar, ainda, harmonia com a lei, a fim de que não se lhe sacrifique a validade.

Assim, a observância aos requisitos específicos ou especiais se mostra, porém, insuficiente para preservar a validade do ato ou negócio jurídico, porquanto depende, ainda, da indulgência da lei.

272 Art. 166, VII.

273 O princípio da legalidade está previsto no inciso III do art. 5º da Constituição Federal: "*ninguém será obrigado a fazer ou deixar de fazer alguma coisa senão em virtude de lei*".

274 Art. 104 do Código Civil.

A presença dos requisitos, em si, não assegura, aprioristicamente, a validade do ato ou do negócio jurídico, a qual depende de convivência pacífica com a ordem jurídica, que o pode reputar indesejado de maneira expressa, de tal sorte que a sua sobrevivência haverá de ser abreviada.

Opera a lei o roteiro seguro à realização de ato ou negócio jurídico, porque se constitui no centro do sistema de controle da legalidade.

Em princípio, todos os atos ou negócios jurídicos ingressam na órbita de existência, com acesso aberto, fenômeno que atrai a ativação do sistema de controle da legalidade que se robustece mediante o mecanismo de diagnose de validade, que se expressa em parâmetros objetivos.

Encontra-se na lei a receita com que trabalha o intérprete para a pesquisa sobre a validade do ato ou negócio jurídico, que penetrou no mundo jurídico e, conseguintemente, se encontra no plano da existência.

Tece o sistema jurídico modelo aberto de admissão de ato ou negócio jurídico, conferindo liberdade aos engenheiros e arquitetos jurídicos, que desfrutam de autonomia para impulsionar a vontade em conformidade com os interesses alvejados.

Em princípio, considera-se o mundo jurídico privado[275] território liberado, fenômeno em decorrência do qual as pessoas gozam de liberdade para produzir atos ou negócios jurídicos, mediante o exercício da vontade, atributo das pessoas livres, segundo os limites afiançados pelas normas de caráter moral e legal.

No âmbito privado, o sistema jurídico é de natureza permissiva, razão por que todo ato ou negócio jurídico, em tese, vencida a barreira da existência, adentra, sem muita resistência, o campo da validade, se presentes os requisitos relativos ao agente, ao objeto e à forma.

Assinale-se, contudo, que o sistema jurídico, pelo fato de cultivar a premissa da permissividade, não se inspira em tolerância ilimitada.

Na esfera privada, o sistema jurídico não define o que é permitido, mas o que é proibido, ao contrário da seara pública, plano jurídico em que ocorre a inversão, eis que somente o tolerado se expressa em comando legal, situação em decorrência da qual se veda o que não está explicitamente consentido e admitido.

275 No mundo jurídico público, a construção da vontade se desloca do interesse individual para o interesse coletivo, por força do qual a produção do ato (ato administrativo) ou negócio jurídico (contrato público) se guia, exclusivamente, pela disposição da lei, razão por que se inverte a idéia de liberdade, escrava da vontade legal, sem a qual nada se faz legalmente.

Seria, decerto, tarefa inalcançável a tentativa de a lei, em face à complexidade e a dinamicidade das relações sociais – aqui considerada no sentido amplo – precisar em modelos os atos ou os negócios jurídicos admitidos.

O sistema jurídico, na definição do ato ou negócio jurídico nulo, é de natureza restritiva, ao construir as hipóteses segundo as quais há intolerância.

Emite o sistema jurídico sinais restritivos e particularizados sobre a intolerância aos atos ou aos negócios jurídicos.

Define a ordem jurídica a natureza dos atos ou os negócios jurídicos que considera nulos, os quais existem e, eventualmente, produzem até efeitos, malgrado a pecha de invalidade que os persegue.

Ocorre, na verdade, que, à falta de meios para inibir e combater no nascedouro ato ou negócio jurídico com defectividade, o sistema legal se aciona para rejeitá-los, em processo reagente, ao disponibilizar os meios legais para anulá-los.

Portanto, é manifesta a natureza reagente, na investida persecutória contra ato ou negócio jurídico existente com defectividade.

A disciplina jurídica dos atos ou negócios jurídicos nulos ocorre mediante tratamento fragmentário e disperso no corpo das leis, cujas disposições se apresentam, necessariamente, expressas em relação à nulidade.

Assim, somente por força de disposição taxativa e declaratória da lei é que se impõe a nulidade do ato ou o negócio jurídico.

Também, se dá a nulidade do ato ou negócio jurídico quando a lei proibir-lhe a prática, sem cominar sanção.

Nas duas hipóteses, há a explicitude da lei em dizer, claramente, que o ato ou o negócio jurídico, pela sua natureza, é nulo.

Subtende-se, após leitura da segunda hipótese contida no inciso VII do art. 166, que a lei pode proibir a prática do ato ou do negócio jurídico: a) sem cominação de sanção; ou b) com cominação de sanção.

No entanto, a leitura do dispositivo enfocado sugere a compreensão segundo a qual somente na hipótese em que inexistir cominação de sanção é que o ato ou negócio jurídico, proibido, padece de nulidade.

Se houver cominação de sanção, conservar-se-á o ato ou o negócio jurídico, em troca da punição prevista.

De outra maneira: se existir cominação de sanção, preserva-se o ato ou o negócio jurídico, mas se aplica a punição; se não, sacrifica-se o ato ou o negócio jurídico.

Parece que a vontade do legislador foi a de evitar dupla punição: a nulidade do ato ou negócio jurídico e a sanção.

Seria mais razoável, porém, que, diante da proibição da lei, fosse o ato ou negócio jurídico anulado, além da aplicação da sanção, se prevista, haja vista que é intolerável que algo vedado pela ordem jurídica sobreviva com validade, mesmo submetendo-se a punição de natureza patrimonial.

Noutro lado, as circunstâncias haverão de contribuir, decisivamente, em que o juiz, guiado pela razoabilidade, possa pronunciar-se sobre a argüição de nulidade do ato ou do negócio jurídico, em havendo proibição de sua prática, conjuntamente com a sanção.

Pesado o comportamento ilegal das partes, especialmente em havendo manifesto intuito de violar a lei, ostensiva ou dissimuladamente, justifica-se a cumulação da sanção, se prevista, com a nulidade do ato ou do negócio jurídico, como punição aos que, com incivilidade, desrespeitam a ordem jurídica, limite da segurança da sociedade.

No caso em que taxativamente declara nulo o ato ou negócio jurídico, a lei tem natureza declaratória, mas em cujo comando subsiste regra punitiva.

Na situação em que interdita a feitura do ato ou do negócio jurídico, sem cominar sanção, a lei é de natureza proibitiva.

Vê-se que em ambas há violação à lei, com grave desserviço ao direito, haja vista que se trata de desobediência à ordem jurídica, em cujo corpo se concentra a norma agredida.

Pouco conta o fato de que os atores do negócio jurídico desconhecessem ou não tivessem o ânimo de enganar a regra jurídica violada.

Muito menos se justificaria a preservação do ato ou do negócio jurídico, sob a alegação de que a regra agredida era estranha ao domínio dos partícipes do ato ou do negócio jurídico, como se tratasse de erro de direito.

Carece de peso, pois, a intenção de malferir a lei, como condição de nulidade do ato ou do negócio jurídico.

O certo é que, ao desafiar-se a lei, o sistema legal sobre o qual se assentam as bases que disciplinam as relações jurídicas, ao invés de vulnerar-se, se ativa, em função do papel da institucionalidade que se reserva ao Estado, na captura ou no resgate da afirmação do império do direito.

Portanto, quebrado o mandamento legal, o ato ou negócio jurídico se vulnera e se transforma em presa fácil a ser capturada pela nulidade, independentemente da intenção de o agente industriar a fraude contra a lei ou o desconhecimento da lei.

Art. 167. *É nulo o negócio jurídico simulado, mas subsistirá o que se dissimulou, se válido for na substância e na forma.*

Hipóteses segundo as quais se contornaria o óbice da nulidade do ato ou do negócio jurídico: b) a forma – A segunda causa que ensejaria a adaptação da disciplina da nulidade do ato ou negócio jurídico, para propiciar-lhe a reparação, estaria anelada à forma.

O direito brasileiro favorece o ***princípio da liberdade de forma***, segundo o qual se faculta a escolha do meio de propagação do ato ou do negócio jurídico, à falta de imposição ou prescrição legal[276].

Reputa-se forma, conforme entendimento anteriormente exposto, o meio mediante o qual se produz o ato jurídico (***lato sensu***), hábil a exteriorizar a declaração ou a manifestação de vontade do agente.

Ao falar-se em forma, refere-se à maneira, ao modo, ao meio pelo qual flui o ato jurídico (***lato sensu***).

Por conseguinte, a forma serve de tráfego e de abrigo da vontade manifestada ou declarada para produzir ato ou negócio.

O Código Civil ancora duas formas: a) discricionária (livre, segundo a vontade do agente); ou b) vinculada (conforme a exigência da lei).

Deflui que existem a forma livre (aberta) e a forma não-livre (fechada).

A forma vinculada (não-livre ou fechada) se apresenta como a exceção; a forma discricionária (livre ou aberta), como a regra.

Se a lei não prescreve a forma imperativa, permite-se que a manifestação ou declaração de vontade trafegue com liberdade.

Mesmo pelo fato de a forma integrar o elenco dos requisitos necessários à validade do ato ou negócio jurídico, subsiste a assertiva de que o legislador não aderiu, plenamente, ao sistema que propugna pelo enrijecimento da formalidade e da solenidade.

276 O art. 107 do Código Civil dispõe que: "*A validade da declaração de vontade não dependerá de forma especial, senão quando a lei expressamente a exigir*".

Se a máxima do sistema é a da liberdade dos meios pelos quais se exterioriza a vontade, caberia ao Código Civil ter feito a opção pela relativização da contundência da regra segundo a qual o ato ou negócio jurídico se submete ao regime da nulidade quando revestido de forma inadequada, em dissintonia com a exigida na lei.

Consentiria o Código Civil com a possibilidade de flexibilização da forma, apenas em situações excepcionais, com o escopo de conservar o ato ou o negócio jurídico, desde que em nome do fortalecimento dos princípios da utilidade, efetividade e inofensividade.

Naturalmente, o aproveitamento do ato ou negócio jurídico que tivesse sido confeccionado em meio diferente daquele previsto em lei dependeria da viabilidade material, de tal sorte que, se se não pudesse salvá-lo na forma na qual fora gerado, se lhe permitisse, ao menos, a conversão ou adaptação para o instrumento adequado.

Remoçado o modelo, também o trinômio utilidade, efetividade e inofensividade justificaria a tolerância, se o ato ou negócio jurídico, transitado por forma diferente da estabelecida em lei, desde que: a) fosse capaz de produzir o resultado pretendido pelas partes; e b) não fosse infesto a interesse de terceiro ou a interesse público justificados.

Outrossim, motivar-se-ia a mudança do tratamento dado ao ato ou negócio jurídico cunhado em forma divergente da lei, relativizando o defeito, prescrevendo-lhe solução de anulabilidade, quando fosse possível identificar interesse meramente privado sem repercussão de grave risco à ordem pública, ao invés de nulidade em todos os casos.

Se fosse a hipótese de relativizar o vício formal, o ato ou negócio poderia se confirmado pelas partes, mediante a transposição para a forma apropriada, sob a regência da norma que a prescreve.

Não se pode olvidar, ainda, que o excesso de solenidade da forma, principalmente quando esvaziada de razão funcional, agrava e onera as partes, que suportam custos desnecessários, resultantes de cultura jurídica que escraviza o direito a excesso formal, sem racionalidade.

Por fim, conforme já se disse, a contaminação excessiva pelo formalismo dos atos mais o direito empobrece o tráfico e o aperfeiçoamento da boa-fé, como condição essencial e cara ao homem, numa sociedade assaltada pela deseducação dos valores éticos e morais.

Hipóteses segundo as quais se contornaria o óbice da nulidade do ato ou do negócio jurídico: c) a solenidade – A solenidade, quando reputada essencial, representa cerimônia necessária à validade do ato ou negócio jurídico, porquanto cumpre o papel de exigência integrativa e ritualística.

Pela solenidade, processa-se cerimonialidade com que se afirma a validade do ato ou no negócio jurídico.

A prevalência da liberdade da forma sugere, conseguintemente, que se absorva modelo jurídico conducente ao esvaziamento dos rigores da solenização do ato ou dos negócios jurídicos, em homenagem à simplificação da sua produção, para efeito de validade.

Recorde-se que há diferença entre forma e solenidade do ato ou negócio jurídico.

Forma, já se disse, significa o meio mediante o qual se produz o ato jurídico (***lato sensu***), hábil a exteriorizar a declaração ou a manifestação de vontade do agente.

Solenidade constitui cerimônia necessária à validade do ato ou negócio jurídico, posto que exigência integrativa e ritualística, sem a qual se invalida, se essencial.

A solenidade consiste na introdução de elemento cerimonioso no ato ou no negócio jurídico.

Com a exigência da solenidade, ritualiza-se a forma do ato ou do negócio jurídico, como condição de validade.

Em conseqüência, ao impor determinada solenidade, a lei subordina a validade do ato ou negócio jurídico à presença de um elemento que se integra ou se adiciona à forma.

A solenidade sacrifica a simplicidade e, ao lado da forma, passa a exercer influência decisiva na sorte do ato ou negócio jurídico, que se contamina de ritualização, a ser cumprida segundo a determinação da lei.

Por força da solenidade, mais um ingrediente se incorpora, necessária e obrigatoriamente, ao ato ou ao negócio jurídico.

Não basta que o ato ou o negócio jurídico, para se proteger da investida contra a arguição de invalidade, se revista da forma prescrita na lei, se solenidade considerada essencial for preterida.

Ocorre, contudo, que, em certas situações, a solenização de cuja implementação depende a validade do ato ou do negócio jurídico, por força de opção de política legislativa, tem mais adornos do que qualidade intrínseca com nutrientes vitais.

Assim, a exigência da solenização, quando desprovida de substância, como simples valorização excessiva de ritos e procedimentos despiciendos, poderia, também, ser mitigada, para aproveitar, quando possível, a utilidade do ato ou do negócio jurídico.

A busca pela simplicidade na produção do ato ou negócio, com o expurgo de solenidade dispensável, deveria ter sido alvejada pelo Código Civil.

O excessivo culto à solenidade é um mal, razão por que se impõe vencer resistência à construção de modelo mais simples, com eficiência, reservando-a aos casos de indispensabilidade e essencialidade manifestas.

§ 1º Haverá simulação nos negócios jurídicos quando:

I - aparentarem conferir ou transmitir direitos a pessoas diversas daquelas às quais realmente se conferem, ou transmitem;

II - contiverem declaração, confissão, condição ou cláusula não verdadeira;

III - os instrumentos particulares forem antedatados, ou pós-datados.

§ 2º Ressalvam-se os direitos de terceiros de boa-fé em face dos contraentes do negócio jurídico simulado.

Art. 168. As nulidades dos artigos antecedentes podem ser alegadas por qualquer interessado, ou pelo Ministério Público, quando lhe couber intervir.

Parágrafo único. As nulidades devem ser pronunciadas pelo juiz, quando conhecer do negócio jurídico ou dos seus efeitos e as encontrar provadas, não lhe sendo permitido supri-las, ainda que a requerimento das partes.

Legitimidade para argüição de nulidade e invalidação - O Código Civil, ao organizar e disciplinar o modelo jurídico da invalidade, procurou promover correções no sistema anterior, em que abundavam impropriedades.

Com a nova disciplina jurídica, organizou-se o instituto da invalidade do ato ou negócio jurídico com base em duas espécies de defectividade: a) a nulidade; e b) a anulabilidade.

Assim, o gênero invalidade se projeta nas espécies de nulidade e de anulabilidade, patologias que contaminam o ato ou negócio jurídico, com o vírus da defectividade, que lhe rouba a valência.

Contagiado pelo vírus da invalidade, o ato ou o negócio jurídico se definha, com comprometimento da validade jurídica, deficiência em decorrência da qual se fragilizam a produtividade e a resistência.

Mesmo atingindo pela doença da invalidade, pouco importa que seja com a virose da nulidade ou anulabilidade, o ato ou o negócio jurídico, independentemente da letalidade ou da tolerância, não sofre expurgo instantâneo pela ordem jurídica.

A invalidade, mesmo quando manifestas e salientes as defecções na estrutura material ou intelectual do ato ou negócio jurídico, subordina-se à pronunciação do Poder Judiciário, seja na espécie de nulidade ou na de anulabilidade[277].

O ato ou negócio jurídico não morre sozinho, haja vista que o seu fenecimento somente ocorre, legalmente, com a pronunciação ou declaração da invalidade, sob o exercício da jurisdição.

O perecimento do ato ou negócio jurídico inválido depende da intervenção do Poder Judiciário, com cuja prestação jurisdicional se conseguem a decretação da invalidade e a cassação dos efeitos.

Ora, o ato ou o negócio jurídico, ainda que se origine com defecção, no grau de nulidade ou anulabilidade, não abrolha espontaneamente inválido, sob a presunção de que fosse inexistente e estéril na produção de efeitos jurídicos.

Por conseguinte, a invalidade não é uma qualidade de auto-decomposição do ato ou negócio jurídico, atingido por um dos vírus da nulidade ou da anulabilidade.

Noutra dicção, a invalidade não desintegra, automaticamente, o ato ou negócio jurídico.

Fixe-se a assertiva de que o fato de o ato ou o negócio jurídico ter sido fecundado com vício da espécie da nulidade ou da anulabilidade não induz à premissa da esterilidade.

As proteções erguidas pelo sistema jurídico para combater a invalidade são incapazes de agir, à presença de uma defectividade, concreta e antecipa-

277 Registre-se que o negócio jurídico anulável pode ser confirmado pelas partes, salvo direito de terceiros, conforme o art. 172 do Código Civil.

damente no combate ao nascimento de resultados advindos do ato ou negócio jurídico nulo, porquanto a destruição da fonte geradora de efeitos se subordina à invalidação, que se traduz no processo formal de pronunciamento definitivo sobre a esterilidade jurídica.

Decretada a invalidade, pelo contágio da nulidade ou da anulabilidade, encerra-se a existência do ato ou do negócio jurídico, cassando-se os efeitos irradiados durante o curso de sua existência.

Interessa sublinhar que a simples existência pode sugerir que o ato ou negócio jurídico produziu efeitos, mesmo que pejado de defectividade.

Ao nascer, garante-se-lhe a sobrevivência temporária, até que se lhe ceife a existência, por força de provocação judicial, mediante, pois, o concurso da jurisdição, com o devido processo legal.

A invalidade e a invalidação retratam conjugações jurídicas de interdependência, combinação de que resulta a nulidade ou a anulabilidade do ato ou do negócio jurídico.

A invalidade depende da invalidação; a invalidação, da invalidade.

A invalidade se concretiza mediante processo de invalidação; a invalidação somente se dá se houver invalidade do ato ou negócio jurídico, na espécie de nulidade ou de anulabilidade.

Assim é que, com a invalidação, decreta-se, ao declarar-se a invalidade, a nulidade ou anulabilidade do ato ou do negócio jurídico, que passa a ser, formal e materialmente, inválido e, pois, estéril para produzir efeitos jurídicos.

Ultimado o processo da invalidação na esfera judicial, fecha-se, com a chave da segurança jurídica, a fonte pela qual o ato ou o negócio jurídico liberava efeitos.

Como já se disse, é insuficiente que o ato ou negócio jurídico esteja contaminado por uma das hipóteses de invalidade, desenhada em lei, para que se concretize, imediato e instantaneamente, a decretação da nulidade ou da anulabilidade, capaz de travar a geração e a propagação dos efeitos jurídicos.

Pelo sistema jurídico brasileiro em que inexiste, em situações ordinárias, a auto-tutela privada[278], o ato ou negócio jurídico pode sobreviver e subsistir

278 A rigor, reserva-se à Administração o poder da auto-tutela, em decorrência do qual anula, revoga ou altera os atos administrativos, se ilegal, inoportuno ou inconveniente, conforme as situações em que exerce, legítima legalmente, o controle administrativo, sem a intervenção do Poder Judiciário. A Súmula 473 do Supremo Tribunal Federal testifica o poder de auto-tutela da Administração: "*A Administração pode anular seus próprios atos, quando eivados de vícios que os tornam ilegais, porque deles*

ao vírus da defectividade presente no seu organismo, com que fora contagiado, até que, submetido à intervenção do Poder Judiciário, sobrevenha pronúncia de nulidade, situação mediante a qual deixa de existir.

Sem tergiversar, afirma-se que, mesmo portador de um caráter de invalidade, nada obsta a que o ato ou negócio jurídico possa, sim, gerar efeito jurídico, poder que se dissipa com a pronunciação da invalidação, operação que se processa judicialmente.

Em havendo invalidade, defecção desqualificadora do ato ou o negócio jurídico para habitar, com o consentimento legal, o plano da validade e abrigar incólume os efeitos perseguidos pela vontade, declarada ou manifestada, urge arguir a patologia jurídica, com o intuito de bloquear o poder gerador de efeitos.

Para se destruir o ato ou negócio jurídico contaminado por uma das hipóteses de nulidade, o caminho, em condições normais, é o Poder Judiciário, seara em que se resolverá o conflito de interesse, quando, pela natureza da invalidade ou pelo grau de resistência dos interessados, se mostrar imprópria ou indevida a via consensual.

As nulidades do ato ou negócio jurídico, segundo a prescrição do art. 168 do Código Civil, podem ser alegadas por qualquer interessado ou pelo Ministério Público, quando dispuser de competência legal.

Assim, qualquer interessado ou o Ministério Público poderá argüir a nulidade do ato ou negócio jurídico, com base nas seguintes causas: a) a incapacidade absoluta da pessoa; b) a ilicitude, a impossibilidade ou a indeterminabilidade do objeto; c) a motivação recíproca e ilícita; d) a inadequação à forma prescrita em lei; e) a preterição de solenidade essencial; f) o objetivo de fraudar a lei; g) a reputação de nulidade pela própria lei; e h) a confecção simulada.

Art. 169. ***O negócio jurídico nulo não é suscetível de confirmação, nem convalesce pelo decurso do tempo.***

O decurso do tempo e o ato ou negócio jurídico nulo – O Código Civil faz a opção clara pelo sacrifício do ato ou negócio jurídico nulo, sem

---

não se originam direitos; ou revogá-los, por motivo de conveniência ou oportunidade, respeitados os direitos adquiridos, e ressalvada, em todos os casos, a apreciação judicial".

conceber alternativa para revitalizá-lo, numa ortodoxia, em termos, sem mitigação[279].

Na verdade, a lei desautoriza a recuperação do ato ou negócio jurídico gerado com uma das causas de nulidades, salvo nos raros casos de conversibilidade[280].

A letalidade que se apossa do ato ou negócio jurídico o acompanha definitivamente, razão por que, sem salvação, pertencerá, enquanto existir, à classe da nulidade.

Em face da rigidez da regra da intransponibilidade da nulidade, nem o decurso do tempo restabelece o ato ou o negócio jurídico[281].

Assim, o envelhecimento pela ação do tempo é incapaz de fazer respeitar o ato ou o negócio jurídico, acometido do mal da nulidade.

A premissa legal segundo a qual o ato ou negócio jurídico nulo não convalesce pelo decurso de tempo retrataria apenas o rigor com o legislador tratou a questão da nulidade.

Numa leitura aligeirada, o dispositivo legal significa simplesmente que o ato ou negócio jurídico nulo jamais se torna válido, mesmo que aliado e escondido no tempo.

No entanto, a questão da ação do tempo sobre o ato ou negócio jurídico nulo se enriquece de problemas concretos e práticos, quando se visita a assertiva de que a nulidade, em si, não garante a castração da fonte geradora de efeitos.

Colhe-se na seara em que medra a realidade dos fenômenos jurídicos o fato segundo o qual há atos ou negócios jurídicos que, adoentados por uma das causas de nulidade ou de anulabilidade, transfixam a órbita jurídica e lançam efeitos concretos.

O sistema defensivo do direito é incapaz de conter a invasão dos efeitos do ato ou do negócio jurídico nulo ou anulável no campo da realidade das relações jurídicas, haja vista que lança a repressão após a concretrude da defectividade.

---

279 Há uma disposição no Código Civil (art. 169), sem correspondência pretérita, segundo a qual "Se, porém, o negócio jurídico contiver os requisitos de outro, subsistirá este quando o fim a que visavam as partes permitir supor que o teriam querido, se houvessem previsto a nulidade". Afora a redação oprobiosa, mal elaborada que exige esforço incomum quanto à inteligibilidade, a regra não afasta a premissa da ortodoxia da nulidade, adotada pelo Código Civil. No caso, há comutação ou conversão do ato ou do negócio jurídico nulo, porque, na verdade, ele dispõe de requisitos de outro ato ou negócio jurídico, que, pois, subsiste.

280 Art.170 do Código Civil.

281 Art. 169 do Código Civil: "O negócio jurídico não é suscetível de confirmação, nem convalesce pelo decurso do tempo". Esta regra não encontra correspondência no Código Civil revogado.

A ordem jurídica, por conseguinte, é reativa, percepção segundo a qual se infere que a eficácia[282] constitui o fator de produtividade de efeitos jurídicos, pouco interessa a qualidade, mesmo quando a fonte de que emanam, ato ou negócio jurídico, venha a ser atingida pela invalidade, por carregar vício de nulidade ou de anulabilidade.

Ainda que flagrante a contaminação, o ato ou o negócio jurídico resiste no corpo jurídico, temporária ou definitivamente indiferente à patologia de que padece, seja da ordem do nulo ou do anulável.

Somente quando alcançado pela pronunciação da ineficácia, na espécie de nulidade ou anulabilidade, é que o ato ou negócio jurídico deixa de produzir efeitos.

O tempo transcorre e o ato ou negócio jurídico, mesmo que nulo ou anulável, não sucumbe pela doença legal, se não sobrevier a invalidação, que somente se processa mediante o concurso da jurisdição.

A invalidade, mesmo quando escancaradas as defecções na estrutura do ato ou negócio jurídico, depende de pronunciação do Poder Judiciário, seja na espécie de nulidade ou na de anulabilidade.

Como somente com a pronunciação da invalidade é que se concretiza o isolamento da fonte de que se irradiavam os efeitos, a regra que cuidou da relação do tempo em face do ato ou negócio jurídico nulo deveria ter buscado disciplina normativa que dispusesse sobre: a) as conseqüências que advêm por força da falta de declaração de nulidade e que se protraem no tempo; e b) o prazo fora do qual seria defeso questionar-lhe a validade.

Não se quer aqui dizer que, com o transcurso do tempo, o ato ou negócio jurídico migraria de categoria, passando, pois, a ser válido.

Persistiria, pois, a premissa segundo a qual nem o tempo seria capaz de ceder ao ato ou negócio jurídico nulo a qualidade de validade.

O transcurso do tempo, por mais longo que fosse, não se prestaria a recobrar o vigor do ato ou do negócio jurídico nulo.

Mas, o ato ou negócio jurídico nulo haveria de submeter-se a regime jurídico prescricional, em decorrência do qual, decorrido determinado tempo, es-

---

282 Considera-se eficácia a qualidade da aptidão do ato ou negócio jurídico para liberar efeitos instantâneos, como conseqüência da manifestação ou declaração da vontade. Realce-se que, nos casos em que existe termo ou condição, os efeitos ficam represados e suspensos, motivo pelo qual a eficácia resta contida até que sobrevenha o evento capaz de liberá-los.

taria sepultada a pretensão declaratória[283] com que se buscasse a sua nulidade, além de conservados os efeitos, quando possível e necessário.

Empeçar a possibilidade jurídica de investir-se contra o ato ou negócio jurídico nulo, envelhecido pelo tempo cravado na lei, poderia significar um caminho que, ainda que desgostasse os misoneístas, contribuísse para a segurança jurídica, pacificando-se, conseguintemente, as incertezas e os conflitos que se eternizam, sem o estaqueamento de limites temporais.

A opção legislativa que inquieta à pacificação dos conflitos de interesse, público ou privado, transforma a categoria do ato ou do negócio jurídico em bem maior do que a própria vida, ao perpetuar a nulidade sem limite temporal.

A declaração de nulidade do ato ou negócio jurídico, no plano civil, opera como meio de punibilidade aos casos em os atos ou as relações jurídicas se processam em agressão à disposição legal.

Nem sempre os protagonistas civis sofrem, pessoalmente, as conseqüências da conduta infracional.

Mas, até mesmo em relação aos crimes contra a vida[284], o sistema legal se abastece da prevalência da construção jurídica que artificializa a pacificação social, ao impor limites ao exercício do poder punitivo.

O modelo que estaqueia os parâmetros temporais que resistem ao poder punitivo merece ser reproduzido, também, no campo civil, até porque o bem a ser tutelado jamais será da dimensão da vida.

Ademais, não se poderia deixar de reconhecer a eficácia dos efeitos que vazam e escapolem do sistema de segurança legal, produzindo resultados concretos, mesmo quando se trata de uma das hipóteses de nulidade – situação em que somente há presunção da esterilidade jurídica.

Existiria, pois, um prazo a partir do qual não se poderia perseguir a nulidade, para que se pudessem respeitar os efeitos existentes, em face aos quais nem o sistema jurídico, ao erguer barreiras de segurança, conseguiu deter.

Se o tempo carece do condão para curar o mal, que pelo menos, pois, não aprofunde a insegurança jurídica.

---

283 Assim, as pretensões declaratórias estariam, também, no limbo das regras prescricionais, situação em decorrência da qual haveria reforço à construção de segurança jurídica, pelo decurso do tempo.

284 Os crimes contra a vida, sob a leitura positiva, são: a) homicídio (simples , qualificado ou culposo); b) induzimento, instigação ou auxílio a suicídio; c) infanticídio; d) aborto provocado pela gestante ou com o seu consentimento; e) aborto provocado por terceiro (arts. 121 a 128, do Código Penal).

Art. 170. ***Se, porém, o negócio jurídico nulo contiver os requisitos de outro, subsistirá este quando o fim a que visavam as partes permitir supor que o teriam querido, se houvessem previsto a nulidade.***

A aferição da nulidade do ato ou do negócio jurídico no tempo – A norma jurídica desarticula a viabilidade de revigoramento do mesmo ato ou negócio jurídico, se houver nulidade.

Permite a lei, contudo, a conversibilidade, fenômeno que preserva a vontade qualificada, na hipótese de concretude do suporte fático, para acomodá-la no arcabouço de outro ato ou negócio jurídico.

O certo é que a letalidade que existe no ato ou negócio jurídico permanece na sua entranha definitivamente, situação por forçada qual não vence a pecha da nulidade.

A prevalência da regra da rigidez da intransponibilidade da nulidade, como já explorado, implica que: a) o ato ou negócio jurídico nulo não é suscetível de confirmação; e b) o decurso do tempo não é remédio capaz de provocar a convalescimento do ato ou o negócio jurídico.

Tem-se como consectário, pois, que o envelhecimento pela ação do tempo é incapaz de fazer respeitar o ato ou o negócio jurídico, acometido do mal da nulidade.

Examinam-se as condições de validade do ato ou do negócio jurídico no tempo em que eclode no plano da existência, marco conforme o qual se exerce o seu controle de qualidade.

O ato ou negócio jurídico se conforta na validade se os sinais de sua existência estiverem afinados e harmônicos com o conjunto das normas que estabelece a possibilidade de existência pacífica, sem margem para a argüição de sua invalidade.

O ato ou negócio jurídico submete-se ao foco analítico no momento em que se transporta para o mundo da existência, preso à realidade material e anímica sob cujas condições foi engenhado.

Checa-se a validade na flagrância da existência, análise em decorrência da qual se investigam se: a) o agente tinha capacidade; b) o objeto era lícito, possível, determinável, e, pois, não fora engendrado para fustigar a lei; c) o motivo, determinante comum a ambas as parte, era lícito; d) a forma observava a exigência legal; e) a solenidade, quando essencial, fora ritualizada; f) a lei o recepciona.

A transmudação posterior relativa a qualquer um dos elementos de qualificação do ato ou do negócio jurídico não tem o efeito de recuperar-lhe a validade, premissa que se extrai da regra segundo a qual nem a ação do tempo é hábil para promover-lhe o convalescimento.

A correção tardia, voluntária ou involuntária, não torna o ato ou o negócio jurídico congruente com o sistema que define a validade.

Portanto, alterações na lei ou na composição de um dos elementos do ato ou do negócio jurídico não funciona para remir a defectividade que existiu no tempo em que fora construído.

A Comutação ou a conversão do ato ou negócio jurídico nulo – Ao dizer que o ato ou negócio jurídico nulo é suscetível de confirmação e incapaz de convalescer pelo decurso de tempo, o Código Civil traduz a opção clara pelo sacrifício do ato ou negócio jurídico nulo, sem conceber alternativa para revitalizá-lo.

No entanto, o Código Civil incorporou o instituto da conversão, ao estabelecer que "*o negócio jurídico nulo que contiver os requisitos de outro, subsistirá este quando o fim a que visavam as partes permitir supor que o teriam querido, se houvessem previsto a nulidade*".

Leitura simples prova que o legislador, ao tentar remediar a situação em que se impõe a racionalização do direito, mediante o aproveitamento da vontade qualificada, se consistente o suporte fático, construiu redação defeituosa, sem técnica.

O art. 170 do Código Civil é progênito do que há de pior em redação legal, ao ser mal importado de textos estrangeiros.

Antes que se desenvolva o complexo processo de interpretação, sublinhe-se que a regra não autoriza o salvamento do ato ou do negócio jurídico nulo.

O ato ou o negócio jurídico nulo é nulo, sem chance de recuperação, tratamento duro que poderia ser relativizado, em nome da razoabilidade e da racionalidade.

Assim, afora a redação oprobiosa, mal elaborada que exige esforço incomum quanto à inteligibilidade, a regra não afasta a premissa da ortodoxia da nulidade, adotada pelo Código Civil.

A censura à redação se inicia pela utilização da expressão que incute a falsa idéia de que há requisitos específicos para cada ato ou negócio jurídico[285].

---

285 O texto fala "Se, porém, o negócio jurídico nulo contiver os requisitos de outro...".

Ora, os requisitos do ato ou negócio jurídico, em relação aos quais se subordina a validade, são: a) o agente; b) o objeto; e c) a forma, seguida da solenidade ou não, conforma o caso.

A regra dos requisitos é universal, açambarcando todos os atos ou negócios jurídico.

Um ato ou negócio jurídico nulo não procria outro, como se tivesse qualificação jurídica geradora.

A vontade existente no ato ou negócio jurídico nulo, na verdade, é que fecunda o nascimento do outro ato ou negócio jurídico, se e quando o suporte fático comportar a adaptação.

O fenômeno que se processa, pois, é o da transportação da vontade para acomodá-la no arcabouço de outro ato ou negócio jurídico, se o suporte fático dispuser de estrutura sólida, para abrigar a geração de efeitos legais.

Exerce a manifestação ou a declaração da vontade papel basal na conversão, porque lhe cabe desenhar o ato ou o negócio jurídico, que subsistirá, quando conciliável com a validade.

É na vontade que se abriga o ato ou o negócio resultante da conversão, como elemento gerador, insubstituível e imprescindível.

Esclareça-se que a simples existência da vontade é pouco, já que faz-se necessário que a sua percepção seja colhida no mundo exterior, fora, pois, do mundo interior, em que se move apenas pelo sentimento psíquico, intimista, enclausurado na própria introspecção.

Não vale, pois, a vontade prisioneira da confidência do próprio agente, se não for capaz de traduzir-se com símbolos exteriores.

A vontade há de se extravasar e se revelar no ato ou no negócio jurídico acometido de nulidade, a fim de que seja possível a cognoscibilidade necessária para compreender-lhe a real intenção.

É, pois, no ato ou no negócio jurídico nulo em que foi incubada que se encontra a vontade, como elemento essencial da composição e fabrico da conversão.

Não há divergência ou conflito de vontade, porque existe apenas uma manifestação ou declaração.

Acrescente-se que o instituto da conversão, como meio de salvação da vontade que se formou além do mundo da fronteira do psíquico do agente, a qual se traduziu em registros anímicos que fizeram eclodir a intenção do sujeito, não se aplica a todos os casos em que há nulidade.

Casos há em que a deformidade da nulidade não tem cura, nem com a conversão, especialmente em se tratando de ilicitude do objetivo ou do motivo e fraude à lei imperativa.

Art. 171. Além dos casos expressamente declarados na lei, é anulável o negócio jurídico:

A anulabilidade do ato ou do negócio jurídico – O Código Civil define os casos segundo os quais se tem como anulável o ato ou negócio jurídico.

O art. 171 do Código Civil relaciona as hipóteses de anulabilidade: a) incapacidade relativa do agente; e b) vício resultante de erro, dolo, coação, estado de perigo, lesão ou fraude contra credores.

Previsto no Código Civil, o rol das causas que submetem o ato ou o negócio jurídico à anulabilidade se formulou sem exautoração plena, haja vista que diplomas legais têm legitimidade para criar outros modelos.

A propósito, o próprio Código Civil, longe do art 171, inscreve causas de anulabilidade do ato ou negócio jurídico[286].

A anulabilidade consiste, ao lado da nulidade, em uma das desqualificações da validade do ato ou negócio jurídico.

O ato ou o negócio jurídico, ao portar uma das causas de anulabilidade (art. 171), padece de claudicação, defectividade que permite seja submetido a processo de invalidação.

A anulabilidade significa grau de letalidade em regime pelo qual se pode recuperar o ato ou o negócio jurídico, se confirmado pelos protagonistas[287].

---

286 Alguns casos de anulabilidade previstos no Código Civil: 1) venda de ascendente a descendente, à falta de consentimento expresso dos outros descendentes e do cônjuge do alienante (art. 496, CC); 2) doação do cônjuge adúltero ao seu cúmplice (art. 550); 3) de casamento: a) de quem não completou a idade mínima para casar; b) do menor em idade núbil, quando não autorizado pelo seu representante legal; c) por vício de vontade resultante de erro essencial quanto ao nubente; d) em virtude de coação, quando o consentimento de um ou de ambos os cônjuges houver sido captado mediante fundado tenor de mal considerável e iminente para a vida, a saúde e a honra, sua ou de seus familiares (art. 1.558, CC); e) do incapaz de consentir ou manifestar, de modo inequívoco, o consentimento; f) realizado pelo mandatário, sem que ele ou outro contraente soubesse da revogação do mandato, e não sobrevindo coabitação entre os cônjuges; g) por incompetência da autoridade celebrante

287 Código Civil, art. 171 ("O negócio anulável pode ser confirmado pelas partes, salvo direito de terceiro").

A invalidade do ato ou negócio jurídico, na espécie de nulidade ou anulabilidade, se concretiza mediante a invalidação, que somente se processa com a autoridade judicial.

Portanto, a nulidade ou a anulabilidade, por si, não encoraja a premissa de que se destruiu a fonte geradora pela qual o ato ou o negócio jurídico libera efeitos, que somente cessam com a invalidação, que se traduz no processo formal de pronunciamento definitivo sobre a esterilidade jurídica.

Na anulabilidade, a vontade produz o ato ou o negócio jurídico, defeituoso, porque: a) a capacidade do agente é insuficiente (relativa); b) produzido com erro substancial; b) resultante de dolo; c) gerado por coação; d) consequência de estado de perigo; e) construído em situação de lesão; f) fabricado em fraude.

No caso, a vontade, como já se disse, se expõe à estágio avançado de opacidade que, antes de mais nada, desafia a ética e a boa-fé, o que já há de merecer tratamento mais severo do ordenamento jurídico, que reputa o negócio jurídico (ou ato) daí resultante anulável.

I - por incapacidade relativa do agente;

Incapacidade relativa do agente – Para o Código Civil, o ato ou negócio jurídico tecido por pessoa relativamente incapaz submete-se ao regime jurídico da anulabilidade.

As pessoas relativamente incapazes gozam de parcial capacidade para a produção de atos ou negócios jurídicos, razão por que inexiste privação total, como no caso dos absolutamente incapazes, ao exercício de direitos.

No desenho legal do Código Civil, consideram-se pessoas relativamente incapazes: *I) os maiores de 16 (dezesseis) e menores de 18 (dezoito) anos; II) os ébrios habituais, os viciados em tóxicos, e os que, por deficiência mental, tenham, o discernimento reduzido; III) os excepcionais, sem desenvolvimento mental completo;* e *IV) os pródigos.*

O tratamento que o Código Civil prescreve ao ato ou negócio jurídico patrocinado por pessoas relativamente capazes põe a qualidade da manifestação ou da declaração de vontade sob censura, por força da desconfiança que o sistema legal tem sobre o processo gerador.

A vontade declarada ou manifestada se reputa, formalmente, suspeita, sob a pressuposição de que não representa a consciência livre e segura do agente, motivo por que se impõe que trancafie a prosperidade do ato ou do negócio jurídico, gerado por pessoa relativamente capaz.

A vontade, fecundada na intimidade psíquica do agente, por mais que possa parecer em sintonia com o ânimo incensurável, ao alcançar o mundo exterior, se debilita, pela influência da anulabilidade.

As pessoas maiores de 16 e menores de 18 anos – Em relação à incapacidade relativa, o cenário apresentado pelo Código Civil revela que a menoridade aos 18 anos, momento a partir do qual a pessoa se acha, plenamente capaz.

Pela regra vigente, a incapacidade relativa do agente mede-se entre os 16 e 18 anos.

Consoante se sabe, a incapacidade relativa é uma restrição parcial ao exercício de determinados atos por esses menores, pelo que a lei estabelece a necessidade de assistência dos pais (art. 1.634, V) ou do tutor (art. 1.747, I), sob pena de anulação do negócio realizado (art. 171).

Entretanto, os menores de 18 e maiores de 16 podem praticar, sem a presença do pai ou do tutor, os seguintes atos: a) aceitar mandato (art. 666); b) fazer testamento (art. 1.860, parágrafo único); c) testemunhar (art.228, I); e d) alistar-se aos 17 anos no serviço militar (Lei nº 4.375/64).

A inserção dos ébrios habituais e viciados no quadro dos relativamente capazes tem o propósito de proteger-lhes o patrimônio material e moral, o que representa acerto do legislador, razão por que as famílias, em cujo núcleo ocorrem patologias sociais resultantes do álcool e dos tóxicos, devem receber com regozijo as novas disposições.

Ébrios habituais – Acham-se incluídos entre as pessoas consideradas relativamente incapazes os ébrios habituais.

Reputa-se ébrio habitual a pessoa que tem como rotina ou costume consumir, com freqüência e constância contumazes, sem moderação, bebida que contém álcool, incapacitando-se para externar, conscientemente, a sua vontade.

A embriaguez, em decorrência da qual surge a incapacidade relativa, deve revelar contumácia e descontrole no consumo de álcool, suficientes para identificar a pessoa como ébrio habitual.

O fato de a pessoa consumir, com habitualismo, bebida alcoólica, não sugere, necessariamente, a doença do alcoolismo, capaz de mitigar-lhe o discernimento ou a lucidez, no processo de geração da vontade.

Para caracterizar-se, pois, o ébrio habitual, urge que a pessoa, além do consumo sem trégua e sem moderação do álcool, comprometa a qualidade da sua capacidade de cognoscibilidade e de exteriorização, conscientemente, da sua vontade.

A simples maledicência popular exercitada com o intuito de tisnar a honra alheia, em clara difamação, não se habilitada à formação de juízo justo e correto sobre o ébrio habitual, patologia de cuja presença se possa enquadrar a pessoa como relativamente incapaz.

Mitiga-se a capacidade da pessoa que consome álcool, em excesso e em contumácia, com prejuízo da qualidade da vontade, apenas mediante processo judicial de interdição.

Sem provimento judicial que o submeta ao regime de curatela, o ébrio habitual exerce, ordinariamente, sua capacidade, razão por que os atos e os negócios jurídicos que, por desventura, venha a produzir não se rendem, sem a prestação jurisdicional, à consumação da anulabilidade, salvo em situações excepcionais, tecnicamente provadas, nas quais se demonstre a ausência de discernimento ou compreensão quando manifestou ou declarou a vontade.

Viciados em tóxicos – Entre as pessoas que têm a capacidade limitada, para a geração de atos e negócios jurídicos, se encontram os viciados em tóxicos.

A lei trata os viciados em tóxicos como pessoas relativamente incapazes.

Diz-se que pessoas viciadas em tóxicos são portadores de toxicomania – consumo compulsivo de substâncias ativas sobre o psiquismo.

O consumo de psicotrópicos – opiáceos, hipnóticos, afetaminas, cocaína, cânhamo (maconha), etc –, ao agir sobre o psíquico, causa desorganização ou perturbação na personalidade.

A alteração na personalidade produz mudança na gestão do controle da vontade, que, sob a influência dos efeitos que as substâncias tóxicas causam, deve sofrer restrição jurídica.

No caso, é irrelevante o grau de dependência, bastando a caracterização do vício que domina a vontade do agente e lhe frustra o pleno discernimento.

Os viciados em tóxicos se submetem à interdição, sob o regime de curatela[288], momento a partir do qual os atos ou negócios jurídicos que venham a patrocinar sofrem a chancela a anulabilidade, por força da caracterização e consumação da incapacidade relativa do agente.

Deficientes e excepcionais, sem desenvolvimento mental completo – Enquadram-se, também, entre os relativamente incapazes as pessoas: a) que, por deficiência mental, tenham o discernimento reduzido; e b) os excepcionais, sem desenvolvimento mental completo.

Patologias mentais que afetam o integral desenvolvimento e o pleno discernimento psíquicos merecem tratamento especial do sistema legal, haja vista que, conforme o grau da deformidade, desqualificam, inteiramente, o processo gerador da vontade do agente.

Para que a vontade gerada seja recepcionada pela ordem jurídica, exige-se que a produção resulte de processo consciente capaz de abrigar cognoscibilidade suficiente a confortar o resultado, conforme bosquejado pelo agente.

A incapacidade resulta de uma inaptidão interna, de ordem física ou psíquica, que não permite ao excepcional processar, individual e conscientemente, um julgamento racional e criterioso ao administrar a sua vontade, na busca de resultado de seu interesse.

As pessoas com doenças mentais, em decorrência das quais careçam de desenvolvimento e discernimento psíquicos irrestritos, se presumem portadoras de abaçanamento racional, motivo por que se lhe relativiza a capacidade.

Há presunção legal segundo a qual as pessoas que, por deficiência mental, tenham o discernimento reduzido, e excepcionais, sem desenvolvimento mental completo, não dispõem dos recursos racionais e psicológicos para reger a si próprio e a administrar seu patrimônio.

A interdição, porém, depende de análise técnica, colhida em ambiente judicial elevada a efeito por especialista, para, inclusive, diagnosticar o grau de alienação e da doença mental, em conformidade com a qual se define se a incapacidade é relativa ou absoluta.

---

288 Art. 1.767, III. A interdição pode ser promovida (art. 1.768): I – pelos pais ou tutores; II – pelo cônjuge, ou por qualquer parente; III – pelo Ministério Público. Ressalte-se que o Ministério Público somente estará legitimado para promover a interdição à falta de pessoas qualificadas – legitimadas.

Por conseguinte, sinais exteriores de patologia mental apenas sugerem a deficiência, o que é insuficiente para enquadrar a pessoa como relativa ou absolutamente incapaz.

Os pródigos – Também os pródigos foram inseridos no rol das pessoas relativamente incapazes.

Consideram-se pródigas aquelas pessoas que desabastecem e dilapidam, desnecessária e desordenadamente, o seu patrimônio.

Consomem, ao dissipar o patrimônio, excessivamente mais bens do que necessitam, num claro comportamento patológico e esbanjador, que se perde na falta de limites.

Para a caracterização da prodigalidade, não basta, contudo, que as pessoas gastem mais do que o suficiente para suprir as necessidades, mas se exige o perdularismo que indique o desperdício desmedido, capaz de arruinar o próprio patrimônio, por mais abastado que seja.

Ser pródigo nem sempre é gastar mais do que se tem, mas consumir mais do que o necessário, com risco da própria subsistência ou de pessoa dependente.

Assim, nem todo esbanjador se confunde na pessoa do pródigo, haja vista que o exibicionismo consumista, se não fruto dos excessos de uma sociedade de consumo, quando muito decorre da vulgarização do poder econômico-financeiro, refletido no comportamento da imagem que cultua a riqueza, como simples símbolo da classe social a que se pertence.

O perdulário, na verdade, não tem limites ao consumir em flagrante desdém com a moderação.

A prodigalidade comporta duas espécies: a) a ominiomaníaca (compram tudo); e b) cibomaníaca (jogos de azar).

A prodigalidade pressupõe habitualidade de desperdícios e gastos incontroláveis, colocando assim em risco o patrimônio pessoal ou familiar, que reclama tutela jurídica[289].

Como desfecho, saliente-se que o enquadramento do pródigo na categoria jurídica de relativamente incapaz revela o esforço do legislador em proteger e preservar o patrimônio, que sofre investidas irrefletidas.

289 Os pródigos se sujeitam ao regime jurídico da curatela.

Ocorre, contudo, que a custódia legal, na realidade, somente se concretiza mediante a ultimação do processo de interdição ao qual se submete o pródigo.

Enquanto não pronunciada a interdição, pela decisão judicial, o indigitado pródigo exerce, ordinariamente, a capacidade civil, sem restrição, haja vista que ninguém pode ser privado da liberdade ou de seus bens sem o devido processo legal[290].

A proteção dos atos ou negócios jurídicos patrocinados pelo pródigo, sob a alegação de incapacidade e desabastecimento patrimonial, depende da existência jurídica da interdição, em decorrência da qual se submete ao regime de curatelado.

Somente se pode perseguir a invalidação dos atos ou negócios jurídicos por prodigalidade se a pessoa considerada pródiga for declarada relativamente incapaz, com base em sentença judicial.

Portanto, atos ou negócios promovidos antes da curatela se põem fora do alcance da anulabilidade.

II - por vício resultante de erro, dolo, coação, estado de perigo, lesão ou fraude contra credores.

Defeitos do ato ou do negócio jurídico (erro ou ignorância, dolo, coação, estado de perigo, lesão e fraude contra credores) – O Código Civil definiu os vícios que instilam defeito no negócio jurídico: a) o erro ou ignorância (arts. 138 a 144); b) o dolo (arts. 145 a 150); c) a coação (arts. 151 a 155); d) o estado de perigo (art. 156); e) a lesão (art. 157); e f) fraude contra credores (art. 158 a 165).

Cuida-se de patologias que comprometem a qualidade do negócio jurídico, sujeitando-o ao regime de anulabilidade, por expressa disposição legal[291].

Logo, os negócios jurídicos (ou atos), tecidos com vício, são anuláveis.

Em respeito à qualidade do ato ou do negócio jurídico, urge que a vontade represente a consciência livre do agente de par com o domínio das condições sob as quais se revela no mundo exterior, para alcançar o resultado perseguido

290 Art. 5º, LIV, da Constituição Federal.

291 Dispõe o art. 171 do Código Civil que é anulável o negócio jurídico: I – por incapacidade relativa do agente; e II – por vício resultante de erro, dolo, coação, estado de perigo, lesão ou fraude contra credores.

pelo seu titular, em harmonia com o sistema ético-legal, em que milita, também, a boa-fé.

A vontade, que se fecunda na intimidade psíquica do agente, exige, para o seu aperfeiçoamento, sintonia com o mundo exterior, com cognoscibilidade suficiente à realização do ânimo que lhe gerara.

É necessário que a vontade, ao ser produzida, demonstre simetria entre o mundo interior e o mundo exterior, com a propriedade de encontrar o resultado que fora bosquejado pelo agente, se processado e finalizado segundo a lei.

Se na gênese for vitimada por circunstância que lhe turba a consciência, a vontade sofre golpe certeiro que lhe abate o resultado, que, juridicamente, sofre a represália da lei.

A vontade, no caso, produz o negócio jurídico, mas com defeito, porque: a) emanada de erro substancial; b) resultante de dolo; c) gerada por coação; d) produzida em estado de perigo; e) construída em situação de lesão; ou f) fabricada em fraude.

Nessas situações, a vontade se expõe a estágio avançado de opacidade que, antes de mais nada, desafia a ética e a boa-fé, o que já há de merecer tratamento mais severo do ordenamento jurídico, que reputa o negócio jurídico (ou ato) daí resultante anulável.

Erro – Diz-se erro o engenho do juízo do conhecimento sobre um bem, uma pessoa ou uma regra jurídica, o qual se apresenta ilaqueado, divergente ou conflitante com a realidade, que se encobre ou se esconde do agente.

Em decorrência do erro, o sujeito colhe impressão inverossímel, deformada, ou embaçada do bem, da pessoa ou da lei, mediante a qual incorre em erro que fecunda a formação da vontade produzida, com repercussão no mundo jurídico e com projeção de efeitos desarmônicos com o planejamento psíquico, traído porque alicerçado em outra realidade.

Caracteriza-se o erro pelo poder de fecundar na intimidade do agente um conhecimento sem a qualidade substancial da realidade em cujos limites de realiza o ato ou o negócio jurídico.

A vontade declarada ou manifestada pelo agente resulta de uma apropriação defectiva da realidade, fruto de erro ou ignorância, razão por que ingressa debilitada na esfera jurídica.

A vontade da pessoa se alicerça sobre uma realidade que lhe parecia conhecida, dominada e certificada, motivo pelo qual se acomoda no mundo jurídico com a confiança e a soberbia, mas que se desmoronam com a ultimação do negócio jurídico.

O certo é que o resultado que a vontade gerada por falseamento produziu rivaliza com o resultado que a vontade deveria ter produzido.

O Código Civil alinha as seguintes espécies de erro: a) erro de fato e erro de direito; e b) erro substancial e erro acidental.

O **erro de fato** consiste na construção da vontade seduzida por errôneo conhecimento sobre: a) a natureza do negócio; b) a qualidade do objeto; c) a identidade ou qualidade da pessoa; d) a quantidade do cálculo.

O erro sobre a natureza do negócio ocorre quando o agente gera uma categoria ou um tipo de negócio jurídico diferente daquele a que alvejava.

Em função do erro, o resultado, jurídica e materialmente, é diferente, com o distanciamento entre a vontade e o objeto.

Assinale-se que não é forma ou a nomenclatura do negócio jurídico que, essencialmente, importa para se constatar que do erro resultou negócio jurídico de espécie distinta daquele que se presumia gerar.

Por conseguinte, o que mais interessa é o produto que o negócio jurídico originou, a sua natureza propriamente dita, que atinge o papel das partes no resultado, transmudando-o por força do resultado.

Não é por outra razão que se fala em erro substancial, haja vista que interessa à natureza do negócio e não ao nome do negócio jurídico (ou ato jurídico).

Também se classifica como erro substancial quando interessa ao objeto principal da declaração.

O erro sobre a qualidade do objeto é aquele em relação ao qual o negócio jurídico resultante da vontade permanece com a mesma natureza, mas o predicativo do objeto que lhe justifica a existência difere daquele que imaginava o agente.

O erro pode ser em relação: a) ao objeto propriamente considerado; ou b) à qualidade do objeto.

Quando se trata de erro relacionado ao objeto propriamente considerado, ocorre a mudança na identidade do bem, situação em decorrência da qual se lhe cambia por outro, em desarmonia à vontade do agente.

Em outras palavras, incorre-se em erro quanto ao objeto, posto que deixou de ser aquele resultante da vontade do agente.

Um bem de outra espécie ou tipo fez parte – incorretamente – do negócio jurídico, sem que assim quisesse a vontade.

Quando se cuida de erro concernente à qualidade do objeto, o bem não tem o atributo, a aptidão, a função, a condição, ou a propriedade que deveria apresentar.

Ocorre em relação ao erro sobre a qualidade do objeto análise funcional ou material: a) o bem não atende à necessidade – à falta de funcionalidade – do agente, porque não se apresenta com o predicativo que aparentava ter quando se estruturou a vontade na projeção do negócio jurídico; ou b) o bem não pertencia à categoria – à falta de materialidade – imaginada pelo o agente, ao editar a vontade na produção do negócio jurídico.

Por conseguinte, a qualidade que atrai a identificação do erro se apresenta intrínseca ou extrínseca, conforme a natureza do objeto.

No pertinente à pessoa, o erro pode ser sobre: a) identidade da pessoa; ou b) qualidade da pessoa.

Há erro sobre a identidade da pessoa quando se infiltra na declaração ou manifestação da vontade o nome de pessoa diferente daquela a quem se queria identificar, na condição de destinatário ou beneficiado.

Reporta-se, refere-se ou fala-se de outra pessoa, cujo nome ou identidade é, por erro, veiculado pelo meio em que fluiu a vontade.

O erro de identidade, no geral, ocorre em face à pessoa a quem se refere a declaração de vontade, razão por que, raramente, o vício tem endereço na pessoa que protagoniza o negócio, diferentemente do erro de qualidade (de predicativo sobre a pessoa).

Assim é que, no erro de identidade, há equívoco em relação à pessoa alcançada pela declaração ou manifestação da vontade, eis que se indica outra pessoa.

A pessoa errada não participa do negócio ou do ato jurídico, mas é atingida, por erro, haja vista que se alvejava outra pessoa.

Sublinhe-se que, acertadamente, o Código Civil[292], em conservação à regra do passado[293], somente reputa anulável o negócio jurídico resultante de erro quanto à identificação de pessoa a que se refere a declaração de vontade quando for insuperável a viabilidade de recognição da pessoa, verdadeiramente, cogitada.

292 Art. 142 do Código Civil.
293 Art. 91 do Código Civil revogado.

Conseguintemente, o erro de indicação da pessoa capaz de anular o negócio ou ato jurídico haverá de substancial, mediante o qual não se possa identificar a pessoa correta.

Portanto, salva-se o negócio jurídico da contaminação do defeito que lhe sacrifica a validade, se, por seu contexto ou circunstâncias, se puder identificar a pessoa planejada.

A identificação da pessoa a quem deveria se referir a vontade se processa com auxílio do exercício da razoabilidade, segundo o contexto e as circunstâncias, o que desqualifica a revelação que se deixe seduzir por meio de especulação, despojada de seguros parâmetros que se fortificam com o recurso à boa-fé e ao bom senso, sem olvidar a presença censuradora da ética.

Para identificar-se a pessoa correta a quem se deveria referir a declaração de vontade, desconsidera-se o roteiro aleatório e casuístico com que se pretende, por imaginação, subjetivar a busca da identidade real.

Há erro sobre a qualidade essencial da pessoa quando a vontade é erigida na construção do negócio ou ato jurídico acreditando ser ela portadora de predicativos de natureza ética, moral, econômica, financeira, profissional ou legal.

Diferentemente do erro de identidade da pessoa, no erro de qualidade da pessoa, não há equívoco quanto à pessoa, mas sim em face de sua qualidade.

A pessoa que figura no negócio ou ato jurídico não tem o predicativo, na qualidade ou na quantidade, que se fazia crer, o que vulnera o resultado perseguido pela vontade.

Pensa-se que a pessoa é uma pessoa com uma certa e determinada qualidade, mas é uma pessoa sem a qualidade que influiu de modo relevante na confecção da vontade.

Erro de direito - No erro de direito, há a produção da vontade articulada com compreensão insuficiente sobre o efeito e o alcance de disposição contida numa regra jurídica, sem que ocorra a recusa à sua aplicação e desde que constitua o motivo único ou principal do negócio jurídico.

O erro de direito, pela própria natureza do instituto, embora aquinhoado com um texto minúsculo, tem gabarito para transformar-se num instituto de importantes transformações, para cuja eficácia, efetividade e finalidade aguarda o concurso fecundo dos operadores de direito, a quem cabe manejá-lo com zelo, inteligência, prudência e, sobretudo, coragem, para que se possa colher--lhe a melhor qualidade.

Advirta-se que o erro de direito, que consiste no erro de natureza legal, se inspira em duas fontes, com origem: a) na lei; ou b) no contrato.

No erro de direito, se processa um equívoco na intelecção de um dispositivo legal ou contratual, o qual conduziu a vontade do agente, de boa-fé, a produzir um resultado indeliberado.

O agente, ao cometer o erro de direito, ativa a vontade geradora do negócio com absorção ou assimilação de uma interpretação errada em relação à regra legal ou contratual, cujos efeitos se precipitam sobre a realidade material.

Como já se disse, o erro nasce do direito, mas se consome e se reflete no fato, porque a regra jurídica, da lei ou do contrato, gerou resultado, essencialmente, diferente daquele para cuja concretização o agente manifestou a vontade.

Ressalte-se que não se trata de erro relativo ao descumprimento da lei – no sentido amplo –, sob a alegação do seu desconhecimento.

O erro de direito, que pode levar o negócio ou ato jurídico à anulação, por ser erro substancial, ao ingressar na ordem jurídica, não carrega a carga jurígena de enfraquecer o princípio da inescusabilidade do cumprimento da lei, que permanece rijo e necessário[294].

No erro de direito, a premissa não é a de desconhecimento da lei, mas de sua compreensão inadequada ou insuficiente sobre o efeito e o alcance de disposição encartada na lei ou no contrato, a qual se prestou, inegavelmente, a viciar a construção da vontade do agente.

---

294 "Ninguém se escusa de cumprir a lei, alegando que não a conhece" (art. 3º da Lei de Introdução do Código Civil – Decreto-lei 4.657, de 4 de dezembro de 1942). A rigor, o princípio da inescusabilidade legal já está por merecer reflexão mais consentânea e coerente com a realidade dos sistemas jurídicos inflados por normas jurídicas, processadas numa quantidade e numa velocidade imprópria e agressiva. O excesso de leis – no sentido amplo – representa a deformidade de uma sociedade que se descuida de aperfeiçoar os valores éticos, mediante os quais se forma o juízo de justiça e de equidade. É intolerável, inclusive para a preservação do modelo positivista, que a sociedade seja assaltada, diariamente, com novas normas jurídicas, constituídas sem significar, minimamente, a idéia de impessoalidade e da universalidade. Se para o operador do direito, aquele habituado a manejar o sistema legal, o conhecimento da norma jurídica já se constitui num estorvo, verdadeiramente invencível, transporte a dificuldade para o leigo. Assim, na construção, desenvolvimento e no aperfeiçoamento do instituto do erro de direito, urge que se domine o receio de usá-lo como instrumento eficaz de transformação do princípio da inescusabilidade legal, para que, em determinadas circunstâncias e situações, se assimilasse a tese de que ninguém é obrigado a ter ciência de todas as regras jurídicas, motivo por que, em estando de boa-fé, o agente seria tratado com mais proteção.

O erro fecunda na intimidade do agente um conhecimento sem a qualidade substancial da realidade da regra jurídica, por cuja compreensão se realizou o ato ou o negócio jurídico.

A vontade declarada ou manifestada pelo agente resulta de uma apropriação defectiva da realidade, fruto de erro ou ignorância, de natureza legal – de direito –, razão por que penetra, combalida, na esfera jurídica.

O resultado que a vontade gerada por falseamento produziu desiguala-se com o resultado que a vontade deveria ter produzido.

Na caracterização do erro de direito, coexistem, além da obrigatória boa-fé do agente, duas premissas necessárias: a) o erro não implique recusa à aplicação da lei; e b) o erro tenha sido motivo único ou principal do negócio jurídico.

Não tolera a regra que o erro de direito se confunda com descumprimento da lei – tenha-se extensivamente, também, do contrato.

No erro de direito, cumpre-se a lei – em sentido amplo – de cuja compreensão resulta o vício, mas o agente supõe que a incidência de determinada disposição legal (ou contratual) produziria outro efeito ou outra conseqüência, que difere daquela que se gerou.

O produto da vontade manifestada contende com o resultado que o agente, segundo seu entendimento sobre a lei – ou contrato –, perseguia.

Não se margeia a lei – ou o contrato –, como se lhe sucumbissem a força ou a eficácia.

Sublinhe-se que a lei legítima e legalmente vigente não escuda o erro de direito.

O erro não é por ativação ou desativação de dispositivo legal, mas exatamente ao contrário, haja vista que ocorre por integração de sua compreensão na formação do juízo do agente, que interfere, por conseguinte, na produção da vontade.

Deve, ainda, o erro de direito constituir-se no motivo único ou principal do negócio jurídico.

O erro de cálculo – Reputa-se erro de cálculo a operação aritmética ou matemática que se processou com engano, em decorrência do qual se produz um resultado incorreto.

Estabelece o art. 143 do Código Civil[295] que o erro de cálculo "*apenas autoriza a retificação da declaração de vontade*".

O erro de cálculo não se insere na categoria de erro substancial, motivo por que não conduz o negócio ou ato jurídico à anulação, mas comporta a correção da declaração de vontade, realinhando-lhe a qualidade.

Trata-se de uma exigência que rende homenagem à boa-fé e à justiça que devem presidir as relações jurídicas, para que se soterre a possibilidade de uma da partes saborear vantagem indevida com lesão ao patrimônio da contra-parte.

Pouco importa a proporção do erro de cálculo, pois, ainda que não atomize o equilíbrio econômico ou financeiro, confere à parte o direito de retificar a declaração de vontade.

Dolo – É manifesto o empenho de o Código Civil preservar a qualidade da produção da vontade do agente, na geração do negócio jurídico (ou ato jurídico), sob o abrigo de disposições legais mediante as quais se reprimem o comportamento e a intenção que se governam pelo embuste ou pela malícia, em desafio à ética e à boa-fé.

Entre as figuras que inserem na realidade sócio-jurídica, impulsionadas pelo ludíbrio, se acha o dolo.

Em visita ao conceito já exposto, considera-se dolo a conduta do agente, positiva ou negativa, que, consciente e maliciosamente, se comporta na produção do negócio jurídico (ou ato jurídico) com a intenção seduzida pelo espírito enganador, traquinado na ardilosidade, com que persegue e consegue, em seu proveito ou de terceiro, o concurso da manifestação de vontade da contraparte, a quem se lesa.

Importa destacar que nem sempre o dolo decorre do comportamento da parte, eis que pode ser armado pelo representante legal ou por terceiro.

O dolo[296] se caracteriza por uma ação ou omissão do agente que, intencional e maliciosamente, produz ou permite a geração de um engano no juízo da contraparte, com o escopo de oportunizar-lhe uma vantagem ou um benefício.

---

295 O art. 143 constitui inovação, haja vista que o erro de cálculo não recebeu disciplina jurídica no Código regovado.

296 No direito penal, define-se dolo como a vontade consciente do agente que quis o resultado ou assumiu o risco de produzi-lo (v. art. 18, I, do CP). Há a vontade consciente de praticar conduta típica.

No dolo, há a intuito, o propósito, o querer, o ânimo de enganar, fingir, esconder, mascarar, embair, adoperar a realidade a que se conecta o negócio jurídico de que faz parte a vítima.

A intenção do agente em industriar a ilusão, por conseguinte, constitui pressuposto essencial na caracterização do dolo.

Engenha-se o dolo para seduzir a parte a produzir o negócio jurídico, a qual fora contaminada pelo ardil, que lhe rouba o pleno conhecimento ou visível percepção de todas as condições de que depende a razão de sua vontade.

Perde a parte a qualidade substancial da realidade em cujo perímetro se processa o ato ou o negócio jurídico.

Vítima do engano ou do logro que lhe gera uma apropriação defectiva da realidade, a parte emite uma vontade quebrantada, sem escora que lhe mantenha firmemente estruturada no plano da validade.

Com o dolo, pretende a parte, para si ou para outrem, uma vantagem, um benefício ou um proveito, independentemente da natureza jurídica, ainda que não o venha a alcançar.

Portanto, irrelevante para caracterizar o dolo é a concreção do proveito a que pretendia o agente.

Devido ao dolo, o sujeito arrecada o conhecimento em engano, segundo o desenho ardiloso tecido pelo enganador doloso, que, ao deformar a realidade, o faz como cilada para atrair a vontade da vítima e, fundamentalmente, obter uma vantagem.

Pretende o agente do dolo produzir o negócio jurídico para obter uma vantagem, com maquiagem, cooptando a vontade da vítima, a qual se revela substanciada em um logro.

Como no erro essencial, o resultado que a vontade gerada por falseamento produziu rivaliza com o resultado que a vontade deveria ter produzido, com a diferença e a agravante de que, no dolo, um protagonista, intencionalmente, o arquitetou.

Não se deve confundir o erro com o dolo.

O certo é que o fator que diferencia o dolo do erro se encontra na geração do defeito ou vício.

No dolo, o agente, intencionalmente, com artifícios ardilosos, produz as condições para a induzir a vítima ao erro; no erro, o equívoco na captação da realidade pelo agente não tem sede na vontade da parte que, em tese, se beneficia.

No erro, o fenômeno é espontâneo, sem dolo; no dolo, o fenômeno é deliberado, com erro.

Há consciência no dolo; enquanto no erro, inconsciência.

Assim, o dolo, ao contrário do erro, sempre será induzido, provocado, instigado por quem persegue uma vantagem, haurida num negócio jurídico (ato jurídico).

O comportamento doloso do sujeito que, sabidamente, pretende, ao enganar a outrem numa relação jurídica, obter um vantagem pode ser: a) positivo; b) negativo.

Há dolo positivo (comissivo) quando o artifício ativado e industriado pelo agente age e maquina, construtivamente, na produção do ardil, para gerar um conhecimento errático na vítima.

Há dolo negativo (omissivo), quando a abstenção silenciosa e deliberada do agente omite da vítima um fato ou uma qualidade pertinente a um dos elementos do negócio jurídico, nuclear à construção da vontade.

Destaque-se que o dolo positivo (comissivo) e o dolo negativo (omissivo), enquanto causa do negócio jurídico, produzem a mesma conseqüência jurídica, razão por que se afirma que inexiste diferença do resultado ardiloso.

Silêncio doloso – Sabe-se que tanto no comissivo quanto no omissivo, a vítima arrebanha o conhecimento em equívoco ou em erro, por força do ardil confeccionado pelo agente do dolo, que age para deformar ou sonegar a realidade, com o intuito de atrair e granjear a vontade da vítima e, em seqüência, locupletar-se com uma vantagem, em decorrência do negócio jurídico.

O dolo omissivo é aquele em que uma das partes, com ânimo de obter uma vantagem, silencia intencionalmente sobre um fato ou qualidade de que a contraparte deveria ter conhecimento, porque, se fosse de sua ciência, o negócio jurídico não se realizaria[297].

O alheamento da parte, gerado pelo silêncio intencional daquele que persegue a vantagem, constitui omissão dolosa, deliberada na consciência do

297 Art. 147 do Código Civil: "*Nos negócios jurídicos bilaterais, o silêncio intencional de uma das partes a respeito de fato ou qualidade que a outra parte haja ignorado, constitui omissão dolosa, provando-se que sem ela o negócio não se teria celebrado*".

malfeitor, que sonega um fato ou uma qualidade que interferiria na vontade da vítima, a ponto de frustrar a confecção do negócio jurídico.

Há silêncio intencional de uma das partes, caracterizando-se omissão dolosa, sobre: a) um fato, juridicamente relevante à produção da vontade do negócio jurídico a que ele interessava; ou b) uma qualidade relativa: b.1.) ao negócio; b.2.) ao objeto; d) à identidade ou qualidade da pessoa; ou d) o efeito e o alcance de disposição encartada na lei ou no contrato.

Sonegar um fato significa esconder um acontecimento de relevância jurídica que, direta ou indiretamente, se conecta ao negócio jurídico, celebrado porque houve omissão dolosa.

Para caracterizar-se a omissão dolosa, o fato há de ter relação com o negócio jurídico aviltado, capaz de repercutir-lhe.

Impõe-se, também, que o fato seja do prévio e pleno conhecimento da parte que, pois, deliberadamente, o sonega.

O domínio parcial ou fracionado sobre o fato, sem a completude que lhe permita a exata compreensão, não tem a latitude jurídica capaz de confirmar a presença do pressuposto do silêncio intencional no negócio jurídico.

No entanto, o domínio imperfeito ou incompleto sobre o fato carece, apenas em tese, de força jurídica para assentar a premissa de que há omissão dolosa do agente, haja vista que, se o conhecimento de fragmentos já for o bastante para que o negócio deixe de ser realizado, se sustenta a argüição do vício.

Logo, não importa a quantidade do conhecimento sobre o fato, mas a relação e a interferência que ele, ainda que fragmentado, exerceria sobre a construção da vontade.

O silêncio intencional de uma das partes pode ser, ao lado do fato, também sobre a qualidade, que pode representar qualquer particularidade ou circunstância relacionada: a) ao negócio; b) ao objeto; c) à pessoa; ou d) ao efeito e o alcance de disposição encartada na lei ou no contrato.

O importante é que o agente do dolo, com o silêncio, produza o negócio jurídico para obter uma vantagem para si ou para outrem, cooptando a vontade da vítima, a qual se revela fruto de um logro, em face à sonegação de uma informação, de cuja ciência se privou a parte.

Dolo causal (essencial) e dolo acidental (incidental) – No dolo, segundo já discorrido, há a conduta do agente, positiva ou negativa, mediante a qual, com consciência e malícia, engana, no engenho do negócio jurídico (ou ato jurídico), a vítima, em cujo cognição incute um erro, para obter uma vantagem, que lhe aproveite ou a terceiro.

Assim é que se explica a assertiva de que o dolo se caracteriza por uma ação ou omissão do agente que: a) intencional e ardilosamente fecunda um erro no juízo da contraparte; e b) persegue uma vantagem ou um benefício.

A alma do agente movimenta-se com o propósito de engenhar uma operação de que o erro resulta como causa que seduz a vítima a manifestar ou declarar a vontade na produção do negócio jurídico, sempre para beneficiar-se com uma vantagem, ainda que não se consuma.

Sublinhe-se que existe diferença na qualidade, intensidade e influência do comportamento enganoso sobre o processo de formação da vontade, mediante o qual o agente golpeia a boa-fé da vítima, induzindo-a a erro.

Por conseguinte, ao distinguir o grau do comportamento doloso, o Código trata do dolo **causal (essencial)** e do dolo **acidental (incidental).**

Cabe a ressalva segundo a qual inexiste um tratamento que se possa considerar, tecnicamente, louvável, porque o Código Civil, se já não fosse censurável a conceituação, ao fazê-la esbanjou discriminação.

Para o legislador, considera-se como dolo principal (***dolus causam dans***) aquele que constitui a causa nuclear em decorrência da qual se gerou o negócio jurídico; o dolo acidental (***dolus incidens***), aquele que, com repercussão secundária no negócio jurídico que de toda sorte seria implementado, concorre para que a vítima o realize em condições menos vantajosas e mais onerosas.

Pela diferenciação, é natural que se colham conseqüências distintas para o dolo principal e para o dolo incidental.

Assim, além da diferenciação quanto à intensidade da causa determinante para o engenho do negócio jurídico, a presença do dolo principal ou do dolo acidental produz efeitos jurídicos dessemelhantes.

O dolo principal carrega o negócio jurídico à anulação; o dolo acidental, à satisfação das perdas e danos.

Com o dolo principal, o negócio jurídico pode perder a eficácia, ao declarar-se-lhe anulado[298].

Com o dolo acidental, o negócio jurídico, ainda assim, se conserva, obrigando apenas à satisfação das perdas e danos[299].

Pela influência do dolo principal, à vítima retira-se o domínio sobre a qualidade substancial da realidade a cujo núcleo se atrela o ato ou o negócio jurídico; no acidental, apenas um aspecto ou uma particularidade importante, mas sem caráter decisivo à celebração do negócio jurídico.

Em ambos há o engano ou o logro mediante o qual se engenham as condições a que vítima absorva uma realidade defectiva, o que difere, porém, é a relevância ou a qualidade de um ou de outro para o negócio jurídico, haja vista que, no principal, o dolo é a causa e, no acidental, uma circunstância.

Silêncio intencional doloso e silêncio necessário legal por força de sigilo profissional – No sistema jurídico brasileiro, há o silêncio intencional doloso e o silêncio necessário legal por força de sigilo profissional.

O silêncio intencional doloso constitui infração, razão por que deve ser evitado; o silêncio necessário legal por força de sigilo profissional implica obrigação, motivo pelo qual deve ser conservado.

Num, a parte deveria falar e não fala, noutro a parte não deveria revelar e não revela.

O silêncio intencional doloso arrasta o negócio jurídico à anulação; enquanto o silêncio necessário legal protege a relação jurídica.

Percebe-se, pois, que, no silêncio intencional, há obrigação de a parte transferir ao conhecimento da outra uma informação a respeito de fato ou de qualidade que se relaciona, de maneira relevante, com negócio jurídico; no silêncio necessário, veda-se.

---

298 O negócio jurídico, ainda que contaminado pelo dolo principal revelado, pode se sujeitar ao regime da ratificação pelas partes que o protagonizaram, salvo se manobram contra direito de terceiro, conforme assertiva do art. 172 do Código Civil: "O negócio anulável pode ser confirmado pelas partes, salvo direito de terceiro". Trata-se da relativização do dolo e do seu confinamento à esfera meramente privada, quando o instituto deveria ser lidado como expressão e comportamento que estimulam o crescimento da falta de ética e da escassez da boa-fé nas relações jurídicas.

299 Provado o dolo acidental

O silêncio intencional e o silêncio necessário aforquilham-se, respectivamente, em dever de revelação ou em dever de guarda de um fato, com conseqüências jurídicas díspares.

Aspecto relevante sobre o silêncio intencional se reserva aos casos em que há a obrigação do sigilo profissional, imposto àquele que deve guardar segredo colhido por força do exercício do ofício, ao tempo em participa de negócio jurídico.

Em outras palavras, como se supera o conflito entre o silêncio intencional e o silêncio necessário, quando ambos coexistem numa determinada situação jurídica de acordo com a qual o agente, ciente e conhecedor de um fato ou qualidade, não o revela posto que colhido na seara do sigilo profissional.

A Constituição assegura a todos o acesso à informação e resguardo da fonte, quando necessário ao exercício profissional[300].

Perscruta-se, por conseguinte, que o texto constitucional protege o sigilo profissional[301], sem a pretensão, porém, de extremá-lo, de tal sorte que, em cotejo com outro princípio, se exige trabalho hermenêutico que se compatibilize com o bom senso e preserve a boa-fé.

Diz-se, pois, que a regra que impõe o dever do sigilo profissional não é absoluta, embora possa configurar crime[302], situação em decorrência da qual comporta exceção, conforme preceitua o Código de Processo Civil[303], em relação ao depoimento da parte sobre fatos nas ações de filiação, separação, divórcio e de anulação de casamento.

Sem dúvida, por manifesta inconciliabilidade entre o dever de revelar, pelo princípio da boa-fé, e o dever guardar, pelo princípio do sigilo profissional, incompatibiliza-se o agente, como impedimento incontornável, a protagonizar o negócio jurídico em condições segundo as quais se exija a dupla obrigação, também de cunho ético.

---

300 Art. 5º, XIV, da Constituição Federal.

301 A propósito do sigilo profissional de determinadas categorias profissionais, confiram-se as seguintes: advogado (Lei 8.906/94 – Estatuto da Advocacia e da OAB; jornalista (Lei 5.250/67; servidor público (Lei 8.112/90; bancário (Lei Complementar 105/2001).

302 Art. 154 do Código Penal, prevendo pena de detenção, de 3 (três) meses a 1 (um) ano, ou multa diz que "*Revelar alguém, sem justa causa, segredo, de que tem ciência em razão de função, ministério, ofício ou profissão, e cuja revelação possa produzir danos a outrem*".

303 "Art. 347. *A parte não é obrigada a depor de fatos: I – criminosos ou torpes, que lhe forem imputados; II – a cujo respeito, por estado ou profissão, deva guardar sigilo. Parágrafo único. Esta disposição não se aplica às ações de filiação, de desquite e de anulação de casamento*".

No caso, se impõe ao agente que se abstenha de participar do negócio jurídico, como imperativo da boa-fé e da legalidade, preservando-se a qualidade das relações jurídicas.

Por fim, cumpre ressaltar que, quando rompe o limite da boa-fé, com ruptura grotesca, o sigilo profissional, que é dever-direito, não escuda o faltoso que o esconde o fato com o intuito de colher vantagens e proveitos em prejuízo do lesado.

Coação – Ainda nas hipóteses de anulabilidade do negócio jurídico (ou ato jurídico), há a coação.

Trata-se de vício que, como o erro, o dolo, o estado de perigo, a lesão e a fraude, destina o negócio ou ato jurídico para o campo da anulabilidade[304].

Sabe-se que a qualidade da manifestação ou declaração de vontade se confunde no pressuposto seminal à validade do negócio jurídico (ou ato jurídico), situação em decorrência da qual o Código Civil reforça a construção de modelo legal que se arma contra a infiltração de vícios ou defeitos no processo de sua geração, capazes de comprometer a verdadeira intenção do agente.

Constrange o sistema legal que o negócio jurídico seja erigido por inspiração de uma vontade doente, contagiada por vícios internos ou externos que ingressam no sistema de geração do agente.

Quer o sistema legal preservar, por conseguinte, o processo com que o agente constrói a sua vontade para a confecção de um negócio jurídico (ou ato jurídico).

As condições e as circunstâncias em que o agente realiza a construção da sua vontade devem ser normais e regulares, preservada da interferência de fatores que a viciam, a fim de que se iniba a projeção de resultado diferente daquele perseguido.

Considera-se apta à vontade a fecundar negócio jurídico válido aquela que reclama a eliminação das patologias que o influenciam na projeção no mundo jurídico.

Entre as doenças que mutilam a validade do negócio jurídico se acha a coação, como constrangimento que intimida, sob violência ou ameaça, o agente, de cuja intimidade se arranca, coercitiva e antijuridicamente, uma vontade.

---

304 O negócio ou ato jurídico resultante da coação pode ser confirmado pelas partes, ressalvado o direito de terceiro (art. 172, CC). O ato de confirmação deve conter a substância do negócio celebrado e a vontade expressa de mantê-lo (art. 173, CC).

A coação se insere entre as causas que geram a anulação do negócio jurídico, porque vicia a declaração de vontade, extraída do agente mediante ameaça ou intimidação[305].

Como já foi dito, a coação consiste no comportamento que exprime uma violência moral ou física, por força da qual se subtrai da vítima a condição de emitir uma manifestação de vontade livre e, porque lhe incute fundado temor de dano iminente e considerável, capaz de lesionar-lhe ou à sua família ou aos seus bens, lhe arranca, pois, o assentimento para a produção de um negócio jurídico (ou ato jurídico).

Portanto, com a coação, o coator extrai do coacto uma vontade violentada, fruto de um constrangimento, de uma ameaça, suficiente a causar medo de dano ou lesão apreciável ao paciente (vítima), à família, ou aos seus bens, com a finalidade de produzir o negócio jurídico (ou ato jurídico).

Na coação, o agente tem ciência de que, ao emitir uma vontade constrangida, produzirá um negócio jurídico, cujo resultado lhe é prejudicial.

O certo é que o agente tem o discernimento do prejuízo decorrente do negócio jurídico, emanado de um processo em que se lhe coage física ou psicologicamente.

Diferentemente do negócio jurídico germinado em ambiente de erro – em que o agente incorre em equívoco quanto à correta compreensão sobre os elementos essenciais à formação de sua vontade – ou do dolo – em que se seduz o agente, com recursos ardilosos que infiltram enganos na produção de vontade –, na coação, o agente tem plena cognição da realidade, mas carece de liberdade.

Em outras palavras, das duas uma: a) emite a vontade defeituosa e, por conseguinte, gera, em seu prejuízo, o negócio jurídico que interessa ao coator; ou b) submete-se ao risco, fundado, de dano iminente e considerável à sua pessoa, à sua família, ou aos seus bens.

Há a coação quando o agente delibera e resolve liberar a manifestação ou declaração de vontade para produzir o negócio ou ato jurídico, preservando-se de um dano iminente e considerável à sua pessoa, à sua família, ou aos seus bens.

---

305 Ao lado da coação, os seguintes vícios de consentimento empurram o negócio jurídico (ou ato jurídico) à anulação: erro, dolo, estado de perigo, lesão ou fraude.

Resta claro que, se o agente resiste à ameaça e desarticula a produção do negócio jurídico, inexiste a configuração jurídica coação, malgrado a existência da violência ou da ameaça.

Mas, frustrada a coação, pelo fato de o coacto ter vencido a intimidação, subsiste razão para que a vítima, ainda que não se consuma ou se concretize o dano, moral ou patrimonial, conforme pregava a ameaça, exerça pretensão de reparação de perdas e danos sofridos, segundo a natureza do sofrimento por que passou, causado pelo coator[306].

Pela natureza do instituto, a coação se projeta em duas modalidades específicas de violência: a) a física; e b) a moral.

A violência física opera no campo material da vítima; a violência moral, no plano psicológico.

Coação física e coação moral – Já se salientou que a validade do negócio jurídico (ou ato jurídico) depende da qualidade da manifestação ou declaração de vontade, que deve ser livre, consciente e ciente[307].

A geração do negócio jurídico pode se processar: a) com o consentimento da parte, em conformidade com a sua verdadeira vontade; ou b) com o consentimento da parte, mas contra a sua verdadeira vontade.

Quando o negócio jurídico se produz com o consentimento da parte, mas contra a sua vontade, arrancada mediante violência, há coação[308].

Pela coação que se expressa numa violência física ou moral, persegue-se um consentimento para a feitura do negócio ou ato jurídico, sempre contra a vontade que, em situação de normalidade, seria manifestada de maneira repulsiva ou diferente.

A vítima não declara nem releva a sua verdadeira e própria vontade, apenas exprime, forçosamente, um consentimento que produz um negócio jurídico (ou ato jurídico) que atrai a anulabilidade.

---

306 Ato ilícito art. 186 do CC.

307 A vontade livre e consciente não é suficiente, haja vista que se exige ciência, também. Anote-se que, no erro e no dolo, o agente revela uma vontade livre e consciente, mas sem a plena ciência, por força do equívoco espontâneo ou provocado.

308 Estabelece o art. 151 do Código Civil que: "*A coação, para viciar a declaração de vontade, há de ser tal que incuta ao paciente fundado temor de dano iminente e considerável à sua pessoa, à sua família, ou aos seus bens*".

A coação, como violência, pode ser: a) **física**, que atua duplamente no campo físico e psicológico do paciente; ou b) **moral**, que opera apenas no campo psíquico.

A coação física se apresenta como: a) absoluta (total); e b) relativa (parcial).

Considera-se **coação física absoluta** o ato do coator em conformidade com o qual se emprega uma força que obsta completamente a que a vítima possa emitir consentimento.

Reputa-se **coação física relativa** a conduta do coator que se utiliza de uma força para extrair um consentimento do coacto contra a sua vontade.

Diz **coação moral** o procedimento do coator que infunde no espírito do coacto fundado temor de dano iminente e considerável à sua pessoa, à sua família, ou aos seus bens.

Na **coação física absoluta**, o sistema anímico da vítima sofre total inibição, incapacitado a projetar consentimento e inviabilizado a traduzir vontade, ainda que bruxuleante.

Coação física e coação moral (continuação) – Na seqüência do que se prelecionou, rediz-se que há duas modalidades de coação: a) a física; e b) a moral.

Na física, a coação pode ser: a) absoluta; ou b) relativa.

Na **coação física absoluta**, o sistema anímico da vítima sofre total inibição, incapacitado a projetar consentimento e inviabilizado a traduzir vontade, ainda que bruxuleante.

Trata-se da autêntica ***vis absoluta***, totalmente infecunda a gerar vontade, por cuja inexistência se impossibilita o nascimento de negócio jurídico.

Na ***vis absoluta***, o sêmen volitivo jamais ingressa em processo gerador, seja no campo interior ou seja no espaço exterior, razão por que inexiste negócio ou ato jurídico.

O negócio jurídico não se produz e, se na absurda hipótese em que se materializasse, seria atingido pela nulidade absoluta, em decorrência da qual todos os efeitos estariam esvaziados de valor jurídico.

Na **coação física relativa,** a vítima processa uma decisão e, porque submetida à violência de natureza material, emite um consentimento, mas fruto de uma vontade colhida por força do constrangimento, do medo ou do receio de que se expanda o ato coator, que já se apresenta com concreção, mas ainda pendente de agravação lesiva à pessoa do coacto, à sua família, ou aos seus bens.

Por conseguinte, há apenas o ato da ameaça que tem cunho físico, posto que pendente o ato da lesão.

No caso da violência física relativa, o ato da coação é concreto, na forma de ameaça; o dano, iminente, mas ainda carente de efetivação.

A violência, por ser relativa, não paralisa o sistema anímico da vítima que tem capacidade, ainda que coarctada, para emitir um consentimento, decorrente, porém, de uma vontade viciada.

No entanto, é possível que, na coação física relativa, a violência deixe de ser simples ameaça e ensaia o roteiro da concreção, com o risco de agravamento extremado, quase se configurando em coação absoluta.

Se a ação se inicia em conformidade com o desenho de coação relativa, em que cabe espaço à decisão, mas, ao se processar, se agrava e, pois, dizima ou inibe a produção do consentimento, porque o processo de articulação da vontade se acha, totalmente, obstaculizado, a violência física relativa se transforma em violência física absoluta.

Impõe-se, assim, a análise de todo o ciclo da coação, da gênese à cessação, a fim de que se tenha domínio de sua natureza jurídica, com base na sua materialização.

Anote-se, contudo, que, diferentemente da violência física absoluta, ainda é possível, na violência física relativa, que a vítima emita um consentimento, com que decide sucumbir à imposição do coator, preferindo o nascimento do negócio ou ato jurídico à execução do dano, escolha extraída pela força contra a sua vontade.

Diz-se, assim, violência relativa, porque permite à vítima o exercício de uma escolha, ainda que dramática ou traumática.

Na hipótese, há a opção entre o mal que o negócio jurídico produzirá e o mal que a ameaça causará.

Na coação moral, inexiste o recurso à utilização imediata da força física ou de outro meio que se preste a gerar a lesão, mas apenas a ameaça do desenho da modalidade da violência na mente da vítima, a qual poderá ser perpetrada, caso se recuse a vítima a lançar seu consentimento.

A coação moral, se abandona o trajeto da simples ameaça, e aderna para a violência física, consumativa de uso de recurso material para agravar o temor à vítima, se transforma em coação física relativa ou coação física absoluta, segundo o estágio em que se extrema a faculdade da emissão da vontade do coacto.

Tenha-se, portanto, a compreensão de que a coação pode se escalonar ou se graduar, conforme a atuação do caso concreto, mas deverá ser, obrigatoriamente, sempre considerável e suficiente para incutir na vítima o temor, que justifica a produção do negócio jurídico ou ato jurídico.

O certo, porém, é que, em havendo condições de exprimir consentimento, processado por uma vontade oprimida, a hipótese será de coação física relativa ou moral, definição que se garimpa mediante o exame sobre o tipo ou o modo do recurso de que lançou mão o coator.

No caso, se a violência foi apenas moral, limitada ao campo da ameaça, sem que se utilize a força, será coação moral; se for física, será coação física relativa.

Como na coação física relativa e na coação moral confere-se à vítima uma faculdade que permite a escolha de uma entre duas opções nefandas, diz-se ***vis compulsiva***.

Portanto, o que caracteriza a ***vis compulsiva*** é a possibilidade de a vítima ainda emitir um consentimento, sucessor da vontade coagida, para gerar um negócio jurídico (ou ato jurídico), sujeito à anulação.

Enquanto não anulado, o negócio jurídico (ou ato jurídico) decorrente da ***vis compulsiva*** – violência física relativa ou da violência moral – penetra na seara de validade, produzindo efeitos válidos, que cessam quando sobrevier decisão judicial lhes extraindo temporária ou definitivamente a juridicidade.

Consequência jurídica da coação física relativa e da coação física absoluta – Na análise da coação física, demonstrou-se que há duas espécies de violência – a) absoluta (total) e b) relativa (parcial) –, que se caracterizam pela intensidade do ato do coator em face à impossibilidade ou possibilidade de o coacto emitir consentimento.

Na **coação física absoluta,** priva-se, totalmente, a vítima de emitir consentimento, tamanha atuação da força sobre a sua vontade; na **coação física relativa,** vulnera-se a vontade, mas a violência empregada ainda permite a extração do consentimento, sem, porém, traduzir a vontade verdadeira da vítima.

Diferem as conseqüências jurídicas que decorrem da coação física absoluta e da coação física relativa, porque há graus de inibição à geração da vontade.

O grau de privação da vontade na coação física absoluta é total; na coação física relativa, parcial.

À falta de operação do sistema volitivo, o agente, vítima da coação física absoluta, não produz ato ou negócio jurídico algum.

Logo, o negócio jurídico ou o ato jurídico, na coação física absoluta, inexiste no espectro legal, malgrado, excepcionalmente, se materialize como simples projeção de um acontecimento físico, sem expressão e estéril.

Daí dizer-se a autêntica ***vis absoluta***, mediante a qual a vontade jurídica jamais existe, fato que obsta a que ocorra o nascimento de negócio jurídico.

Já na coação física relativa o sistema anímico da vítima, ainda que constringido, opera com limitação, mas produz um consentimento com a liberdade toldada, o que, contudo, permite ao agente fazer uma escolha, por exclusão, entre dois males.

Pela escolha, finda por produzir um negócio jurídico (ou ato jurídico) que nasce expelido por um consentimento arrancado à vítima, devido à coação.

Pressupostos e elementos da coação – A coação, ao se confundir em ação agressiva à geração sadia do negócio (ou ato jurídico), haja vista que age diretamente sobre o aparelho em que se produz a vontade, se apresenta com características que lhe dão inconfundível identidade.

Caracteriza-se a coação, por conseguinte, pela presença de seus elementos que exprimem o fenômeno em conformidade com o qual, por força da ameaça, física ou moral, se extraiu da vítima do constrangimento um consentimento para a realização de um negócio jurídico (ou ato jurídico).

Conforme já exposto, os pressupostos ou elementos da coação são: a) relação de causalidade; b) gravidade da ameaça; c) relação de proporcionalidade entre o dano e o ato extorquido; d) iminência do dano; e) fundado temor de dano; f) pessoalidade; e g) antijuridicidade.

Relação de causalidade – Na coação, o ato do consentimento, necessariamente, decorre da violência a que se sujeita a vítima, por força da qual se gerou o negócio ou ato jurídico.

Sem a violência, física ou moral, a vítima, em condições, normais, deixaria de exprimir a vontade e, se a produzisse, a realizaria de outra maneira e com outro propósito.

Certamente, a causa do negócio jurídico (ou ato jurídico) se origina da violência, em decorrência da qual se extraiu o consentimento.

É da essência da coação que à ameaça sucumba a vítima com o consentimento de que nasce o negócio jurídico (ou ato jurídico), consectário da violência empregada pelo coator.

Há, por conseguinte, uma relação entre a violência, física ou moral, e a vontade produzida.

A vontade nasce por força da violência.

Gravidade da ameaça – Colhe-se, nas disposições sobre a caracterização da gravidade da ameaça alinhadas no Código Civil, o convencimento de que há forte intensidade subjetiva, em relação ao protagonista principal da violência, de cuja particularidade ou intimidade se extraem as bases que servem de parâmetro para a formação do juízo de julgamento sobre a tipicidade da coação.

A regra insistiu em ministrar fórmula que se inspira na subjetividade para caracterizar a gravidade da ameaça, como condição que justifica a sucumbência da vítima à vontade do coator.

Mas, é consentânea com o espírito do Código Civil a premissa de que há, também, parâmetro estimulado pela objetividade na tipificação da coação: a indispensável existência da violência.

Ora, sem violência física ou moral inexiste coação.

Logo, no exame da coação, em primeiro lugar, se verifica, objetivamente, a existência da ameaça, para, em segundo lugar, se avaliar o grau da gravidade, com base em parâmetros que o Código também relaciona: o sexo, a idade, a condição, a saúde, o temperamento do paciente e todas as demais circunstâncias que possam influir na gravidade da violência[309].

A enumeração retratada no corpo do dispositivo legal comporta ampliação, na hipótese em que se imponha a apreciação de um outro fator que concorrera para influir no processo de geração da vontade da vítima e para caracterizar a gravidade da ameaça.

Resulta, pois, que a regra do art. 152 do Código Civil não limita a apreciação da gravidade da coação à consideração apenas do fator sexo, idade, condição, saúde e temperamento do paciente.

---

309 Diz o art. 152: "*No apreciar a coação, ter-se-ão em conta o sexo, a idade, a condição, a saúde, o temperamento do paciente e todas as demais circunstâncias que possam influir na gravidade dela*".

Na verdade, a idiossincrasia da vítima exerce papel de destaque na apreciação da coação.

Na consideração da coação, o caráter sexual não se confunde, necessariamente, com masculinidade, como elemento de identificação de inferioridade ou superioridade, mas com a natureza e com as características da vítima posta em determinada situação.

Claro é que o sexo, em si e isoladamente, não implica, decerto, fator destoante, capaz de espelhar uma situação que possa tipificar a gravidade da coação.

Na constatação da violência moral ou física, inexiste sexo fraco ou sexo forte, posto que mais importam a circunstância e o perfil da pessoa vítima da coação, que pode ser homem ou mulher.

Também a opção sexual – heterossexual ou homossexual – não forma premissa de suscetibilidade à coação, se isolada das circunstâncias em que se processou a violência física ou moral.

A idade da vítima pode ser de ordem biológica ou psicológica (mental) – desde que não se confunda com deficiência mental, posto que aí a hipótese trataria de: a) ausência do necessário discernimento (caso incapacidade absoluta[310]); ou b) discernimento reduzido (caso de incapacidade relativa[311]).

O importante é que se analise a idade do paciente conjugada com o contexto, haja vista que ela, embora possa sugerir, nem sempre revela, objetivamente, a predisposição da vítima, quer pela fortaleza quer pela fraqueza, a resistir à investida da violência levada a efeito pelo coator.

Em relação à condição, pluralizam-se as variantes, alcançando fatores econômicos, financeiros, sociais e, até mesmo, físico-material, em conformidade com o momento e o meio em que fora desferida a coação.

Trata-se, pois, da condição em que se achava a vítima, no tempo da ação coativa.

O temperamento do agente consiste na avaliação, quando possível, de seu gênio, caráter, personalidade, combinando elementos de profunda subjetividade, que podem, contudo, ser diagnosticados, sem o necessário recurso a métodos de muita sofisticação científica.

310 Art. 3º, II, do Código Civil.
311 Art. 4º, II, do Código Civil.

Computa-se o refinamento ou rudeza do perfil da vítima, como metrificação personalíssima de seu espírito, domesticado ou rebelde à natureza da violência.

O paciente é a vítima e as suas circunstâncias, o que prova que a sua idiossincrasia e as condições sobre cuja base erigira a decisão se particularizam, ao ponto de refugar comparações superficiais e arquétipas.

O padrão que define a irresistibilidade colhe inspiração em multifárias condições pessoais e em circunstâncias pelas quais se influencia, suficientemente, a vítima da coação.

Apenas vicia ou desgoverna a vontade do agente a coação que tenha qualidades ameaçadoras, cuja força seja capaz de romper o sistema de defesa da vítima, que passa a ficar desguarnecido a ponto de perder a resistência, que deixa de responder aos estímulos que encorajam a rejeição da ameaça.

A força da coação, ao penetrar no sistema volitivo parcialmente desarmado, incute na vítima um temor, agora já fundado na convicção de que haverá um grave e iminente dano à sua pessoa, à sua família, ou aos seus bens.

Exige-se que a ameaça, ao invés de ter apenas a aparência de ser temível, invista contra a pessoa da vítima mediante a persuasão física ou moral irresistível.

No caso, a ameaça rompe a simples especulação sobre a plausibilidade e se aferra à iminência de sua concreção, porque a vítima assim a sente, percebe-lhe a aproximação inexorável e, temente, crer-lhe inevitável e dolorosa, salvo se anuir com o desejo da coator em arrancar-lhe um consentimento para produzir o negócio jurídico, em seu gáudio.

Presente a ameaça, mensura-se, pois, a gravidade da ameaça que explica e justifica a capitulação.

Relação de proporcionalidade entre o dano e o ato extorquido – Recapitule-se que a coação pressupõe o nexo de causalidade, de tal sorte que o ato de consentimento resulta, diretamente, da ameaça física ou moral lançada contra a vítima, responsável pela produção do negócio ou ato jurídico.

Além do nexo de causalidade, exige-se, ainda, a relação de proporcionalidade[312] entre a lesão que a ameaça, concretizada, causará e o dano que decorrerá do negócio jurídico, contraído contra a vontade da vítima.

Cotejam-se as conseqüências que poderão advir da concreção: a) da ameaça; e b) do negócio jurídico.

Mesmo sob a ameaça, à vítima resta, ainda, a oportunidade de escolher.

No entanto, na coação, pela considerável lesividade que a violência pronuncia, o paciente fraqueja e resolve ceder o consentimento, acometido de contrariedade.

A vítima não resiste, porque a força da coação, por ser mais forte, impõe mais temor.

Na relação de equivalência, o temor do dano que se infiltra na alma da vítima incorpora o papel de maior relevância, porque mais grave e mais sério.

A vítima, comprimida, teme mais o dano iminente e considerável à sua pessoa, à sua família, ou aos seus bens, do que o resultado que advém do negócio jurídico (ou ato jurídico).

Atemoriza a vítima a conseqüência ou o resultado da violência moral ou física, porque se apresenta mais eficiente a produzir dano mais grave.

A fórmula de correlação entre os dois danos – o decorrente da ameaça e o resultante do negócio jurídico –, presente na nova disposição legal, se inspira na considerabilidade da lesão, segundo o juízo de valor processado pela vítima, sob o parâmetro da proporcionalidade e da razoabilidade, objetivas.

Logo, considerabilidade representa a relevância da ameaça na aferição do defeito na geração da vontade da vítima.

Ao processar a decisão, a vítima é atraída à reflexão valorativa que não se pauta, exclusivamente, pela subjetividade de sua idiossincrasia, haja vista que se refuga a individualização do conceito da considerabilidade do dano, se alheio ao contexto em que se exercita o julgamento e se opera a decisão, pautados em valores que bem dimensionam a proporcionalidade e a razoabilidade.

Sem dúvida, toda considerabilidade, enquanto fator de dimensão e escolha é, inevitavelmente, subjetiva, mas, como critério de aferição da gravidade

312 No Código Civil revogado (art.98), falava-se que o fundado temor de dano iminente deveria ser, pelo menos, igual ao "*receável do ato extorquido*". No texto atual (art. 151), aboliu-se a fórmula da correlação pela igualdade, prevista na legislação anterior, entre o dano iminente e o dano decorrente do ato extorquido, a qual foi substituída pelo parâmetro da considerabilidade.

da ameaça, se reforça de objetividade, porque persegue o padrão ou perfil de uma pessoa que se assemelha ao da vítima e na condição em que se achava ao tempo em que houve a coação.

Relevam-se, sempre, as particularidades e as circunstancialidades presentes quando a vítima foi forçada a optar pela formalização do negócio jurídico, o que prova que a sua idiossincrasia e as condições sobre cuja base erigira a decisão, somente aí, se particularizam, sem que, porém, se permitam comparações superficiais e arquétipas.

Por fim, se não há um padrão que afira, com precisão, a considerabilidade, como qualidade preponderante na deliberação do coacto, o caso concreto, com base nas particularidades e circunstâncias, haverá de inspirar o juiz a prospectar a verdadeira influência da coação sobre da vítima.

Juntam-se à análise, em reforço, o sexo, a idade, a condição (econômica, financeira, social), a saúde, o temperamento ou outros predicativos.

Iminência do dano – Ao falar em dano iminente, a regra insere na análise da coação elemento relativo ao tempo.

O fator tempo representa requisito indispensável à caracterização da coação.

O tempo aqui não se traduz pela contagem quantitativa das horas ou de suas frações, mas expressa, necessariamente, o espaço temporal que separa dois fatos: a) a ameaça; e b) a lesão.

Lançada a ameaça, física ou moral, se aproxima a lesão, cujo curso somente cessaria com a produção do consentimento da vítima.

A iminência se define pelo espaço de tempo que separa a geração da ameaça e a pendência da concretude da lesão.

A iminência consiste na probabilidade que o tempo de fluência diminuta e reduzida transforma em certeza.

Com a simples ameaça, o dano já se torna propínquo, eis que em macha para consumar-se e, pois, gerar o prejuízo de cuja ocorrência teme a vítima.

Há apenas um intervalo ínfimo de tempo entre a ameaça e o dano, dentro do qual deve agir, com rapidez, a vítima, a fim de que a lesão impendente seja eliminada.

O dano há de ser intercorrente à relação que coator e coacto travam, como expressão de sua atualidade, haja vista que se incompatibiliza com o instituto da coação o caráter remoto, bem distante no tempo.

No entanto, ressalte-se que a iminência de que trata a regra não significa que se exige seja o dano instantâneo ou imediato, mas sim inevitável no intervalo de tempo que medeia a ameaça e a concretude.

O dano não pode depender de acontecimento futuro, certo ou incerto, já que o requisito da iminência desaparecia.

A inevitabilidade se apura pela impossibilidade temporal que obsta a que a vítima vença a violência, física ou moral, que lhe fora perpetrada pelo coactor, a qual se transformará em dano.

Por mais que houvesse recursos múltiplos e eficientes para combater a concretização da ameaça, o tempo trama contra a reação, que se inviabiliza.

Em condições normais ou ordinárias, o esforço a ser despendido pela vítima, ainda que faça com celeridade, não tem a presteza ou a eficiência para sobrestar o dano.

A questão não é de ritmo da fugacidade da reação, mas da sua viabilidade devido à intransponibilidade.

Assim, a inevitabilidade, no caso da iminência, somente se constata pela qualidade da intransponibilidade temporal da ameaça.

O dano, se evitável no transcurso do tempo, pelo qual a vítima aparelha seu sistema defensivo, com ou sem intervenção estatal, decerto rivaliza com o pressuposto da iminência, de tal sorte que se descaracteriza a coação.

A iminência é, por conseguinte, o predicativo da inevitabilidade, se a vítima não capitular à vontade da coator.

Observe-se, contudo, que não se justifica que o dano possa ser evitável com maior sacrifício da vítima, razão por que irrelevante, no caso, o fator do tempo.

Fundado temor – Na coação, além dos requisitos da iminência e da considerabilidade, há, ainda, de ser fundado o temor do dano, de tal sorte que a vítima acredite, certamente, na sua ocorrência.

Fundado temor significa, pois, que há motivos, causas ou razões consistentes que autorizam o juízo da vítima a crer no dano e a temê-lo.

Existem evidências e certezas que já desassossegam e inquietam a vítima, porque há mais do que plausibilidade na concreção do dano.

Sobre ser fundado, o temor, por conseguinte, apresenta-se forte e real, identificado no plano da verossimilhança e da racionalidade.

A autenticidade do fundado temor ultrapassa a possibilidade ou a probabilidade, haja vista que tem o contorno da concretização, ainda em curso.

Apenas no plano da realidade se pode colher o fundado temor, motivo pelo qual as manifestações psíquicas, quando processadas em cenários fantasiosos, ficcionais ou patológicos, não têm autoridade para respaldar a subjetividade da vítima que se diz acreditar na possibilidade da existência do dano.

As doenças da alma, expostas em fobias, apenas concorrem para gerar conhecimentos acometidos de defeitos ou vícios, agudizando a fragilidade da vítima, que se atemoriza mais irracionalmente.

Logo, o fundado temor de dano deve resultado de estado de lucidez psicológica, como prova de que sua percepção se deu mediante o domínio da razão.

Pessoalidade (sujeitos ativo e passivo da coação) – No primeiro plano, protagonizam a coação duas personagens: a) o coator (ou terceiro)[313], pessoa que, mediante a ameaça física ou moral, arranca a manifestação da vontade do coacto que gera, com defeito, o negócio ou ato jurídico; e b) o coacto, a pessoa que, por força do constrangimento físico ou moral, consente com a produção do negócio ou ato jurídico.

O coator é o sujeito ativo da coação; o coacto, o passivo.

Assim, coator e coacto constituem figuras do negócio jurídico, resultante da coação, exceto na hipótese em que a coação decorreu de terceiro, que apenas coage.

A coação se exerce comprimindo a vontade do coacto, em cujo juízo se incute fundado temor de dano iminente e considerável a ele, à sua família ou aos seus bens.

O coacto se confunde na pessoa a quem se coage, porque é o paciente, diretamente, coagido, ainda que não venha a sofrer, pessoalmente, as conseqüências do dano; o efeito da ameaça, o dano, é que pode, contudo, se estender além de sua pessoa, atingindo, pois, a sua família ou aos seus bens.

Em outras palavras, ameaça-se o coacto com a consumação de um dano ou lesão, de natureza física ou moral, que atingirá: a) o próprio coacto; b) pessoa de sua família; e c) os seus bens.

313 Prevê o Código Civil (art.154) a coação exercida por terceiro, que opera a coação, sem protagonizar o negócio jurídico.

É exatamente pelo fato de o coacto temer, fundadamente, a concretização do dano iminente e considerável é que se identifica a presença da coação.

A coação consiste no temor de dano, de cuja concreção se lesa o coacto, a sua família, ou os seus bens.

Frise-se que se exerce a violência contra pessoa familiarmente anelada ao coacto, a qual pode experimentar o dano, mas não a coação que se impõe contra a pessoa que sucumbe à vontade do coactor.

O coacto, pela ameaça física ou moral, teme o dano iminente, que se abate sobre si próprio, sua família ou seus bens.

Portanto, o coagido é sempre o coacto, mas o dano poderá, ao invés de atingir-lhe diretamente, se dirigir contra a sua família ou contra os seus bens.

Desenham-se, por conseguinte, as seguintes situações na relação em que se configura a angulação entre o coacto e o dano, na coação: a) o coacto é, ao mesmo tempo, paciente da coação e vítima do dano; b) o coacto é paciente da coação e a sua família vítima do dano; c) o coacto é paciente da coação e os seus bens objeto do dano.

O significado da família na caracterização da coação – O texto legal admite que o fundado temor de dano ocorra em relação à família do coacto, conforme já abordado anteriormente.

O substantivo família inserido no texto comporta dupla natureza: a) jurídica; e b) sociológica.

Sob a acepção jurídica, família exprime o agrupamento de pessoas ligadas por parentesco natural[314], parentesco civil[315] ou parentesco por afinidade[316], de cuja composição participam os cônjuges, os ascendente, os descendente e os colaterais e os transversais até o quarto grau[317].

---

314 Conforme o art. 1.593 do Código Civil, "o parentesco é natural ou civil, conforme resulte de consangüinidade ou de outra origem.

315 Conf.. art. 1.593 do Código Civil.

316 Atente-se para a regra do art. 1.595 do Código Civil:"Cada cônjuge ou companheiro é aliado aos parentes do outro pelo vínculo de afinidade. §1º. O parentesco por afinidade limita-se aos ascendentes , aos descendentes e aos irmãos do cônjuge ou companheiro. §2º. Na linha reta, a afinidade não se extingue com a dissolução do casamento ou da união estável".

317 Dispõe o art. 1.592: "São parentes em linha colateral ou transversal, até o quarto grau, as pessoa proveniente de um só tronco, sem descenderem uma das outras". Lembre-se que os graus de parentesco se contam, na linha reta e na colateral, pelo número de gerações, subindo de um dos parentes até ao descendente comum, e descendo até encontrar o outro parente (art. 1.594 do Código Civil).

Juridicamente, a família se identifica em sentido: a) estrito; e b) lato.

No sentido estrito, família compreende apenas o grupo de pessoas que compõe o núcleo familiar, composto de pai, mãe e filhos, sob cuja unidade perseguem valores morais e materiais de interesse comum.

No sentido lato, família constitui o grupo de pessoas interligadas por parentesco natural, parentesco civil ou parentesco por afinidade, as quais se projetam além do núcleo familiar e se identificam e se argolam até o quarto grau.

Família na acepção sociológica é todo agrupamento de pessoas que se ligam por laços jurídicos ou laços afetivos, as quais se relacionam sob o comando de uma identidade sentimental comum, em decorrência da qual têm vínculos naturais, civis ou afins.

A compreensão sobre o alcance da riquíssima palavra família exige o exercício interpretativo sempre com o objetivo de ampliá-lo, a fim de que os interesse legítimos das pessoas possam ser tutelados na hipótese de coação, que envolva alguém ligado ao coacto.

Os tempos atuais rejeitam que se queira encurtar o verdadeiro alcance da regra relacionada à coação em relação às pessoas que tenha vínculo de afeto, de tal sorte que se faça um exercício hermenêutico tendencioso à inibição de seu arqueamento.

Se não teve a coragem explícita de abrigar sob o comando da regra as situações jurídicas de pessoas do mesmo sexo que vivem unidas sob valores e interesses comuns, o legislador, ao enfrentar a questão, ofertou ao juiz o poder de tutelar-lhes.

Ora, dispõe o parágrafo único do art. 151 que "*Se disser respeito a pessoa não pertencente à família do paciente, o juiz, com base nas circunstâncias, decidirá se houve coação*".

Assim é que caso venha a prevalecer a regra clássica e conservadora do significado de família, com a exclusão das pessoas do mesmo sexo, subsiste, porém, a disposição que franqueia ao juiz o poder de decidir com base no coso concreto, situação em que a acepção sociológica de família, com mais fidalguia, lhes socorre se houver a coação.

Logo, a intenção do legislador, na certa, foi de permitir que, diante de um caso concreto, analisadas a condições, circunstâncias e personagens envolvidas, dispusesse o juiz de recursos para arquear o alcance da palavra família, sem interpretações preconceituosas e excludentes, independentemente da natureza.

Deve-se banir o exercício da hermenêutica que procure inviabilizar a tutela ampliativa da família, com a inclusão, inclusive, de pessoas do mesmo sexo, quando se configurar a situação em que se arranca a vontade mediante coação.

Por fim, registre-se que, em qualquer situação, o que importa é se há entre o coacto e a pessoa laços de afeto que justificam a provocação e a ativação do temor de dano.

Antijuridicidade – A coação, porque desgoverna a formação da vontade do paciente, mediante o recurso da ameaça física ou moral, contamina a qualidade do negócio jurídico (ou ato jurídico), que se enfraquece pelo vírus da anulabilidade.

A coação é incompossível com a produção de negócio jurídico de cujo efeito se possa colher a ceifa da legitimidade, porquanto se extrema de incivilidade a ameaça da parte para desencavilhar um consentimento construído pela imposição, traduzida numa violência física ou moral.

Penetra o coator no aparelho em que a vítima produz a vontade, desvigorando-o, por força da ameaça.

A ameaça, na coação, constrange a vítima de maneira injusta, injurídica ou ilegítima, porque, ao usar meios ilegais, heterodoxos, vexatórios, ignominiosos, violentos, descomedidos ou imoderados, mina o exercício da plena liberdade da vítima.

Ocorre, contudo, que nem toda ameaça significa coação, constrangimento injusto, injurídico ou ilegítimo.

A ameaça pode se processar, moral ou legalmente, mediante: a) conduta inidônea; ou b) conduta idônea.

Quando se processa mediante o recurso de meios inidôneos, moral ou legalmente, a ameaça se confunde com a coação.

Na presença da violência física ou moral, a ameaça e coação amalgamam-se, situação em decorrência da qual se extrai da vítima um consentimento por força de constrangimento inidôneo.

No caso, a antijuricidade da ameaça é a própria coação, posto que é um de seus elementos.

Quando, porém, se processa mediante a utilização de meios idôneos, a ameaça desassocia-se da imagem da coação, e granjeia as qualidades jurídicas que a acomodam sob a proteção de um direito exercido regularmente.

Na ausência da violência física ou moral, a ameaça, enquanto instrumento de persuasão para realizar, legitima e legalmente, um direito por cujo implemento responde o ameaçado, difere da coação, constrangimento que vitupera a lei, haja vista que permanece incólume o sistema de deliberação que processa a vontade, livre, mas, suficiente e necessariamente, pressionada.

No caso, o próprio sistema jurídico disponibiliza meios legais a fim de que o titular do direito inadimplido possa exigir que o devedor satisfaça a obrigação, por cujo cumprimento responde.

Portanto, a ameaça, em si, não significa necessariamente coação, comportamento que agride o direito e infiltra vício no negócio jurídico.

É por isso que a lei ressalva que não se considera coação: a) a ameaça do exercício normal de um direito; b) o simples temor reverencial[318].

Exercício normal de um direito – A tutela jurídica de um direito exige que o seu titular se renda à obrigação de exercê-lo em conformidade com a ordem jurídica e em consonância com o seu fim econômico e social, ativado pela boa-fé e harmônico com os bons costumes.

Não basta, por conseguinte, que o direito se exerça apenas em conformidade com a regra jurídica.

Em outra dicção, ainda que a conduta do agente não contravenha à ordem jurídica, há ilícito se o titular de um direito descumpre a obrigação de exercê-lo com moderação e harmonia com o seu fim econômico e social, sempre sob o escudo da boa-fé e sintonia com os bons costumes[319].

Exercer normal e regularmente o direito é, também, cuidar de preservar a moderação dos meios[320] e dos fins, sob pena de transformá-lo em abuso.

O abuso constitui o exercício anormal de um direito, considerando-se o uso de meios descomunais e a busca de resultados desproporcionais, pejados de vantagens injustas.

---

318 Art. 153: "*Não se considera coação a ameaça do exercício normal de um direito, nem o simples temor referencial*".

319 O Código Civil insere entre os atos ilícitos o exercício de um direito que excede manifestamente os limites impostos pelo seus fim econômico ou social, pela boa-fé ou pelos bons costumes (art.187).

320 O princípio da menor onerosidade se acha consagrado no Código de Processo Civil, em cujo art. 620 se encontra a determinação para que, "quando por vários meios o credor puder promover a execução, o juiz mandará que se faça pelo modo menos gravoso para o devedor".

O direito positivo brasileiro se apresenta numa linha evolutiva, ao tipificar o exercício abusivo de um direito, seja na eleição dos meios seja na realização dos resultados.

A coibição de práticas abusivas no exercício de direitos tem demonstrado a preocupação do legislador em proteger o cidadão e o consumidor contra a investida, em forma de coação, dos credores em face aos devedores.

A propósito já é regra incorporada ao sistema jurídico que, na cobrança de débitos, se veda que o devedor inadimplente seja exposto ao ridículo ou submetido a qualquer tipo de constrangimento o ameaça[321].

Importa colher, contudo, uma interpretação razoável sobre a natureza da ameaça de que fala o legislador.

A ameaça proibida é aquela que se confunde com a coação, física ou moral, que se diferencia, pois, daquela que ocorre com apoiada em meios idôneos, argoladas ao exercício normal e legítimo do direito

Por isso, consolida-se o entendimento de que, ao lançar uma ameaça, sem o propósito de coagir, com temperamentos e parcimônias, o agente abriga sob a cidadela da legalidade o direito.

Ao dizer-se que se adotarão as vias legais, disponibilizadas ao credor pelo sistema jurídico, a ameaça não significa coação.

Assim, ao realizar ou efetivar um direito, seja pela via material ou pela via processual, o agente, se o faz segundo os parâmetros da eticidade jurídica, maneja o exercício legítimo e legal de uma pretensão.

Logo, fadiga a tentativa de inserir a ameaça, quando simples exercício da pretensão lhe alberga a consistência jurídica, no imaginário da coação.

Temor reverencial – Também não expressa coação o temor reverencial, que consiste num sentimento de respeito que se devota a alguém, por força de um cultivo da hierarquização, com base na moral, de origem familiar ou social.

A veneração ou o respeito profundo, embora possa sugerir um processo da geração de vontade, obsequioso ou servil à favor da pessoa a quem se admira, não se contamina pela idéia de coação, à falta do elemento violência, que comprime a vítima.

321 Art. 42 do Código de Defesa do Consumidor (Lei 8.078/90).

Na verdade, no temor reverencial, falta o requisito da intenção objetiva do coator em extrair um consentimento do coacto.

O assentimento da pessoa se ocorre por força do temor reverencial, alimenta-se de uma subjetividade intimista, baseada num sentimento moral, incapaz de ingressar na esfera jurídica como fenômeno apto a viciar o negócio jurídico (ou ato jurídico).

Nada obsta, contudo, a que, no seio de uma relação em que se faz presente a veneração ou o respeito profundo, a pessoa venerada se aproveite da subordinação moral para impor à pessoa veneradora uma vontade, mas com o recurso à violência moral ou física, situação em decorrência da qual o temor reverencial se transforma, de fato e de direito, em coação.

Coação de terceiro – O Código Civil, também, previu, ao lado do dolo de terceiro[322], a coação de terceiro.

Como já analisado, a disciplina jurídica utilizada pelo Código Civil para o dolo e a coação de terceiro se baseia na harmonização do tratamento aos dois institutos, com base na conhecimento da parte sobre a conduta viciada daquele que não participa do negócio jurídico.

Considera-se terceiro, no dolo ou na coação, a pessoa alheia ao negócio jurídico (ato jurídico), de cuja integração não figura na condição de parte-componente.

Portanto, terceiro é aquele que, malgrado não protagonize o negócio jurídico (ato jurídico), extrai do paciente um consentimento em proveito de uma parte, obtido pela coação.

Na coação de terceiro, a parte beneficiada não opera materialmente a coação – ainda que tivesse ou devesse ter conhecimento da violência física ou moral –, haja vista que o terceiro é quem incute no paciente fundado temor de dano iminente e considerável à sua pessoa, à sua família, ou aos seus bens.

O terceiro age; a parte se beneficia com a coação.

322 O dolo de terceiro é aquele com gênese no comportamento ardiloso, construído por quem não integra o negócio jurídico, de cujos pólos não faz parte.

O terceiro age movido por um interesse em cumprimento de uma deliberação própria, de cujo resultado a parte, consciente ou inconsciente da coação, se beneficia.

Terceiro, portanto, necessariamente é aquela pessoa que não faz parte do negócio jurídico, celebrado pela influência de sua coação, mas não, obrigatoriamente, indiferente à parte que se aproveitou do vício.

A missão coativa do terceiro pode ser: a) alheia, isolada do conhecimento da parte que se aproveita da coação; ou b) conhecida, do domínio da parte que se beneficia da coação.

Como se ressaltou, o sistema jurídico articula regência própria para cuidar da coação de terceiro, de acordo com o conhecimento ou da presunção do conhecimento da parte beneficiada sobre a existência do vício.

A disciplina se apóia em dual situação: a) **a parte teve ou deveria ter conhecimento da condução coativa do terceiro**; b) **a parte não teve nem deveria ter conhecimento do comportamento ativante da coação perpetrada por terceiro.**

Efeitos jurídicos da coação de terceiro quando a parte a conhecia ou tinha o dever de a conhecer – Na coação de terceiro, quando a parte a quem aproveita teve ou devesse ter conhecimento da violência física ou moral, há dupla conseqüência: a) contamina-se o negócio jurídico de vício, que gera a anulação; e b) constrói-se a responsabilidade solidária entre a parte e o terceiro, aos quais cabe responder por perdas e danos.

Assim, a anulação do negócio jurídico, por força da coação de terceiro, ocorrerá se a parte teve ou devesse ter ciência do vício, que contagiou a vontade da contraparte coagida.

No caso, além da inibição à medrança do negócio jurídico, ocorre, também, a conjugação da responsabilidade do terceiro com a parte que desfrutou da coação.

Cuida-se de obrigação solidária que decorre da lei[323], que impõe à parte e ao terceiro coator a responsabilidade por perdas e danos[324], com o objetivo de ressarcir os prejuízos morais ou materiais sofridos pelo coacto.

---

323 Art. 265 do Código Civil: "*A solidariedade não se presume; resulta da lei ou da vontade das partes*".

324 Perdas e danos devidas ao credor, salvo as exceções expressamente previstas em lei, abrangem, além do que ele efetivamente perdeu, o que ele razoavelmente deixou de lucrar (art. 402, CC).

Trata-se de uma solidariedade passiva que atrai o concurso da responsabilidade da parte e do terceiro que coagiu a vítima, a quem se confere o direito de exigir as perdas e danos de um ou dos dois, que passam à condição de devedores solidários [325].

Para descredenciar o negócio jurídico por força da coação de terceiro, admite a lei uma das seguintes premissas fáticas: a) a parte teve conhecimento do fato; ou b) a parte deveria ter tido conhecimento do fato.

A regra jurídica equipara as duas premissas fáticas – a parte teve ou devesse ter conhecimento do dolo de terceiro – como se ambas apresentassem a mesma propriedade e o mesmo efeito (anulação do negócio jurídico).

Como fizera no tratamento ao dolo de terceiro, o legislador ousou[326] ao traçar a mesma conseqüência jurídica a duas situações distintas, segunda a qual a **certeza do saber** se equivale à **presunção do dever do saber** da coação.

Para a lei, os efeitos do *ter conhecimento* e do *dever ter conhecimento* desembocam o negócio jurídico no estuário da anulação.

No ***ter conhecimento***, a parte sabe que houve coação levada a efeito pelo terceiro, mas se aproveita para celebrar o negócio jurídico, em detrimento da vítima.

No ***dever ter conhecimento***, a parte ignorava a coação, mas, deveria ter ciência, obrigação que lhe atrai a responsabilidade, por força de uma culpa presumida, porque, na sua insciência, há uma imprudência, uma negligência ou, mesmo, uma imperícia.

No ***ter conhecimento***, a parte soube que houve coação, embora não tivesse a obrigação de conhecê-lo; no ***dever ter conhecimento***, a parte não soube que houve a coação, mas tinha a obrigação de saber de sua existência, em decorrência de um dever preexistente, que pode ser de qualquer natureza, razão por que não é, necessariamente, de natureza jurídica[327].

Portanto, é irrelevante a natureza do dever, basta que prevaleça a presunção.

---

325 Art. 275 do Código Civil. Assinale-se, ainda, que não importa renúncia da solidariedade a propositura de ação pelo credor contra um ou alguns dos devedores, conforme estabelece o parágrafo único do art. 275 do Código Civil.

326 No Código Civil revogado contemplava apenas a hipótese segundo a qual a coação exercida por terceiro era do conhecimento prévio da parte a quem o vício aproveitava (art.101, § 1º).

327 Já se disse, quando se examinou o dolo de terceiro, que "nem sempre o dever de conhecimento que exige à parte decorre de uma obrigação legal, com suporte numa lei ou num contrato".

Presume-se, por conseguinte, que a parte soube da coação, com base na identidade das características ou particularidades que lhes são próprias, conforme a realidade das circunstâncias, combinação que forma um juízo que tem alto grau de verossimilhança[328].

No caso em que devesse ter tido, mas não teve conhecimento da coação, a parte se sujeita, porém, ao regime em que a equipara a parte que teve conhecimento da coação de terceiro, minando a legalidade do negócio jurídico.

Efeitos jurídicos da coação de terceiro quando a parte a desconhecia e nem tinha o dever de a conhecer – Na coação de terceiro, quando a parte a quem aproveita não teve nem devesse ter conhecimento da violência física ou moral, muda-se o tratamento jurídico.

No caso em que a parte desconhecia e nem tinha a obrigação de conhecer a coação do terceiro, ocorrem os seguintes efeitos jurídicos: a) conserva-se o negócio jurídico, cuja validade resiste; e b) pune-se apenas o terceiro, autor da coação, com perdas e danos em favor do coacto.

Porque não contribuiu, volitiva e conscientemente, para causar prejuízo ao coacto afetado pela coação de terceiro, à parte não se aplica sanção alguma.

Assim é que, se insciente a parte contratante, não se lhe impõe responsabilidade pela coação do terceiro, de quem a parte lesada pode exigir as perdas e danos.

E, ausente a má-fé, subsiste o negócio jurídico, mesmo com a fissura de sua qualidade.

Já se disse que o modelo tecido pelo legislador, ao conservar o negócio jurídico, punir o terceiro e proteger a parte insciente da coação, celebra proteção à boa-fé, custodiando a segurança das relações jurídicas.

Requisitos de estado de perigo – O estado de perigo constitui uma situação singular, mediante a qual se combinam elementos objetivos e subjetivos.

Como se disse, o ordenamento jurídico reconheceu e caracterizou o estado de perigo, sem, todavia, lhe aprisionar dentro de um desenho normativo que prescinda da análise e da observação dos fundamentos fáticos em que se processa o fenômeno em decorrência do qual a pessoa, por necessitar de um

328 V. nossos comentários à coação de terceiro.

salvamento – ou crer que necessita –, para si ou para pessoa de sua família, para escapar de grave dano, assume obrigação excessivamente onerosa.

A parte assume uma obrigação proposital, mas acintosa e grotescamente custosa, que lhe sobrecarrega com anormalidade, fora dos parâmetros usuais e costumeiros, em nome de uma providência salvadora da contraparte, que lhe explora o estado de necessidade.

Majora-se, no estado de perigo, o valor justo, econômico, financeiro e ético da prestação ou obrigação, malgrado a providência tenha uma importância vital.

Não é a providência que é excessivamente onerosa, mas a obrigação.

Noutra compreensão: no estado de perigo, não se trata de ter menos por mais.

Assim, no estado de perigo, ao contrário da lesão[329], a equação de cuja resultado se infere a excessiva onerosidade não se resolve mediante o cotejo da obrigação assumida com a providência necessária, conforme se verá mais adiante.

A compreensão correta do instituto do estado de perigo exige que o intérprete incursione na intimidade dos seus requisitos, sempre, contudo, de par com a hipótese fática.

Sem embargo da controvérsia, alinham-se os seguintes requisitos que caracterizam o estado de perigo: a) a pessoa natural; b) a situação de perigo; c) a necessidade vital; d) o grave dano; e) a cognoscibilidade sobre a premência da necessidade; f) a urgencialidade e a emergencialidade; e g) obrigação excessivamente onerosa.

A pessoa natural – No estado de perigo, há uma relação jurídica sinalagmática, composta de: a)sujeito ativo; e b) o sujeito passivo.

O sujeito passivo é a pessoa natural que, na condição de devedor, assume a obrigação excessivamente onerosa, para salvar-se, ou a pessoa de sua família, de grave dano.

O sujeito ativo é a pessoa natural ou jurídica a quem cabe, na condição de credor, a providência salvadora, em troca do direito manifestamente vantajoso.

O sujeito passivo do estado de perigo será sempre pessoa natural, que, apremida da necessidade de safar-se – ou a pessoa de sua família (ou de uma

---

329 "Art.157. Ocorre a lesão quando uma pessoa, sob premente necessidade, ou por inesperiência, se obriga a prestação manifestamente desproporcional ao valor da prestação oposta".

cepa, conforme as circunstâncias) – do perigo, se vincula ao negócio jurídico, na condição de protagonista que assume o encargo excessivamente oneroso.

Quem assume a obrigação manifestamente excessiva, por conseguinte, é a pessoa natural, intérprete do estado de perigo de cuja presença precisa se livrar ou livrar pessoa de sua família.

No estado de perigo, o sujeito passivo representa a pessoa natural que tem a necessidade de salvar-se, ou a pessoa de sua família (ou não, segundo as circunstâncias), de grave dano, razão por que se lhe considera o necessitado, sobre quem pesa a responsabilidade de assumir a obrigação excessivamente onerosa.

Percebe-se que nem sempre quem se acha em situação de perigo é a pessoa que participa do negócio jurídico, na condição de parte, do qual decorre a obrigação excessivamente onerosa, por cujo implemento responde.

No estado de perigo, admite-se, pois, que não coincidam a pessoa que assume a obrigação e a pessoa refém do perigo.

Mas, caso não se confundam, exige a lei: a) ordinariamente, que exista um laço familiar entre a pessoa que assume obrigação excessivamente onerosa e a pessoa vítima do perigo; ou b) extraordinariamente, que entre ambos haja uma relação que justifique, conforme as circunstâncias, analisadas pelo juiz, o sacrifício da pessoa que assume uma obrigação excessivamente onerosa para salvar pessoa que não seja de sua família, no sentido jurídico ou sociológico.

Relembre-se que, como também na coação, harmoniza-se, perfeitamente, com o espírito dos tempos novos, a idéia de que a família compreende dupla natureza: a) jurídica[330]; e b) sociológica[331].

Cumpre ao intérprete expurgar a sovinice na busca da verdadeira extensão da expressão "*não pertencente à família*", esculpida no parágrafo único do art. 156 do Código Civil, em conformidade com o caso concreto de cuja existência se extraem as circunstâncias materiais e espirituais que exprimem sentimentos

330 Sob o sentido jurídico, a família se constitui do agrupamento de pessoas ligadas por parentesco natural, parentesco civil, ou parentesco por afinidade, de cuja composição participam os cônjuges, os ascendente, os descendente e os colaterais e os transversais até o quarto grau. Juridicamente, a família se identifica em sentido: a) estrito (o grupo de pessoas que compõe o núcleo familiar, composto de pai, mãe e filhos, sob cuja unidade perseguem valores morais e materiais de interesse comum); e b) lato (o grupo de pessoas interligadas por parentesco natural, parentesco civil ou parentesco por afinidade, as quais se projetam além do núcleo familiar e se identificam e se argolam até o quarto grau)..

331 Família na acepção sociológica é todo agrupamento de pessoas que se ligam por laços jurídicos ou laços afetivos, as quais se relacionam sob o comando de uma identidade sentimental comum, em decorrência da qual têm vínculos naturais, civis ou afins.

e necessidades, compartilhados pelas pessoas que, mesmo de famílias diferentes, se anelam.

O posicionamento de alguém como membro de uma família se opera na valorização da realidade das pessoas envolvidas, como cenário verdadeiro em que se dá o tráfico dos sentimentos mais caros e nobres do ser humano, divididos por sujeitos que se socorrem na mutualidade dos desejos de ajuda, que se constroem em ambientes diversificados.

Não é necessário que as pessoas convivam apenas em ambiente familiar, para que se caracterize o estado de perigo e se reforce o sentimento que justificaria a assunção de uma obrigação extremamente onerosa, em troca de um salvamento.

A nobreza do comportamento de quem assume uma obrigação excessivamente onerosa, não para se salvar, mas para salvar outra pessoa, há de merecer um tratamento excepcional, de tal sorte que a construção do processo de interpretação das circunstâncias se assente sempre em condições que lhe sejam mais benéficas e tutorais.

O gesto de solidariedade, pejado de humanismo, traduz grandeza de espírito, razão por que merece que o juiz, ao analisar as circunstâncias e coletar as provas, se incline a valorizar o exemplo dado por quem, ao lutar em salvar uma pessoa, assumiu uma obrigação excessivamente onerosa.

O sujeito ativo do estado de perigo, como se disse, será pessoa natural ou pessoa jurídica.

A providência salvadora pode ser prestada, por conseguinte, tanto por uma pessoa natural quanto por uma pessoa jurídica, na pessoa, evidentemente, de quem lhe representa.

A pessoa jurídica pode aparecer na condição de parte em favor da qual a obrigação excessivamente onerosa, assumida pela parte que se achava necessitada de salvar-se, ou a pessoa de sua família, deve ser implementada.

Assim, admite-se figure a pessoa jurídica como parte do negócio jurídico, em que se inseriu a obrigação excessivamente onerosa, na hipótese em que em disponha dos meios ou recursos para superar o estado de perigo em que a contraparte, ou alguém de sua família, se encontrava.

A situação de perigo – Na sequência da análise dos requisitos que caracterizam o estado de perigo, sobrevém a situação propriamente dita do perigo.

Tenha-se como estado a condição, de natureza física ou psicológica, em decorrência da qual a pessoa natural se suscetibiliza e sofre a influência da situação em que se acha.

Compreende-se como perigo a situação circunstancial sob que a pessoa natural se encontra, da qual resulta a possibilidade de lesão à sua integridade ou extinção de sua existência, ou alguém de sua família[332].

Portanto, o estado de perigo consiste numa situação em que a pessoa, ou alguém de sua família – ou não, conforme a hipótese do grau de relacionamento ou intimidade –, se encontra sob a condição de risco de sofrer um grave dano, que lhe comprometa a integridade ou lhe abata a existência, razão por que, fortemente suscetibilizada, enfraquecida e influenciada, assume obrigação excessivamente onerosa.

A vontade que emite não passa de uma necessidade extremada, como único meio para impedir a ocorrência do grave dano.

Na verdade, a manifestação de vontade revela apenas o desespero do agente, numa atmosfera sem outra alternativa, em decorrência da condição em que se encontra.

Ou se assume a obrigação ou o ocorre o grave dano, porque o perigo já lhe faz aceno, com intensidade exasperante.

A parte se obriga porque o estado em que se encontra é de asfixia e de premência, que reclama um socorro pronto e eficiente, naquele instante capital, sem o qual o grave dano ocorrerá.

Necessita, assim, de socorro, em forma de providência que somente outra pessoa pode lhe prestar.

Em condição ordinária, o negócio jurídico em que despontou a obrigação excessivamente onerosa haveria de ser refugado.

Sublinhe-se que o estado de perigo pode ter gênese em: a) fenômeno natural; ou b) ação humanal.

Na natural, o estado de perigo desponta por razão alheia à interferência do homem; na humanal, a causa decorre da ação comissiva ou omissiva do homem.

Tem relevância a observação sobre o estado de perigo de origem na ação humana, a fim de diferenciá-lo da coação.

---

332 Aceita o parágrafo único do art. 156 do Código Civil a hipótese em que a necessidade de salvar se estenda à pessoa não pertencente à família da parte que assume obrigação excessivamente onerosa.

É fato que a coação e o estado de perigo, dois vícios na formação da vontade, produzem a mesma conseqüência jurídica – a anulação do negócio jurídico – , mas se traduzem em institutos diferentes.

Rediga-se que: a) na coação, o perigo é sempre produzido pela pessoa – parte do negócio ou terceiro –, nunca, pois, pela natureza; b) no estado de perigo, o perigo decorre da ação natural ou da ação humanal.

Infere-se, de pronto, que, se o perigo ameaçador resulta apenas da natureza, a hipótese será, presentes os demais pressupostos, de estado de perigo, por força do qual alguém emite uma vontade para livrar-se do grave dano – fruto, no caso, de uma ação não humanal –, atraindo uma obrigação excessivamente onerosa.

Logo, se a natureza produz a situação de perigo, não se pode falar em coação, violência, física ou moral, que, necessariamente, tem gênese no comportamento do homem.

No entanto, se o perigo, em forma de ameaça, decorre do comportamento humanal, cumpre investigar se trata de coação ou de estado de perigo.

Não se configura estado de perigo quando aquele que se beneficia da obrigação excessivamente onerosa, assumida por quem se acha premido da necessidade de salvar-se, ou a outra pessoa com quem tem ligação, produz a situação perigosa.

O estado de perigo é incompatível com a situação criada por quem o produz ou o gera e, ainda, se faz parte do negócio jurídico de que aufere vantagem excessiva.

No estado de perigo, por conseguinte, refuga-se a duplicidade do papel protagonizado pela mesma pessoa, na produção do perigo e na figuração de parte no negócio jurídico, haja vista que a hipótese se assemelha mais à coação.

De fato, na coação, o perigo, em forma de ameaça física ou moral, que contamina e influencia a vítima na tradução de sua vontade, brota da produção do agente que persegue uma vantagem e participa do negócio jurídico, salvo quando se tratar de coação de terceiro.

Se a situação de perigo decorre da ação voluntária, com o concurso da vontade da pessoa para gerar especificamente uma ameaça, visando, pelo implemento da violência ou da força, a arrancar de alguém um consentimento na geração do negócio jurídico, a hipótese será de coação, não de estado de perigo.

No entanto, se a situação de perigo provém de ação involuntária, sem o concurso da vontade da pessoa para germinar propriamente uma ameaça e sem o desiderato de obter um consentimento que propulsione o negócio jurídico, a hipótese será de estado de perigo, não de coação.

No estado de perigo, aquele a quem incumbe o provimento salvador não gera a situação de apuro.

A situação de perigo se concretiza por causa, de ordem natural ou humanal, que não se origina na vontade daquele de quem se espera o salvamento.

Decorre a situação de perigo de um estado real ou putativo.

O estado de perigo que aflige aquele que assume a obrigação excessivamente onerosa, como circunstância de um momento que reclama uma providência salvadora, pode resultar de um situação real ou putativa.

No perigo resultante de uma situação real, experimenta-se a o apuro concreto e verdadeiro, como estado indiscutível por força do qual, inapelavelmente, a pessoa sofrerá um grave dano.

Em outras palavras, a situação é realmente de perigo, segundo o juízo associado à análise concreta, apurável no momento em que se processa.

No perigo real, o estado da parte não lhe influencia a formar um juízo errôneo da verdadeira premência da necessidade de salvar-se, ou a alguém de sua família ou de sua relação.

Existe, realmente, a situação de perigo, independentemente da capacidade de plena compreensão da parte que se assume a obrigação.

No perigo decorrente de uma situação putativa, a percepção psicológica suscetibiliza e influencia, decisivamente, a pessoa que colhe a convicção de que o grave dano haverá de ocorrer, caso a providência salvadora não se ultime.

No momento em que assume a obrigação excessivamente onerosa, acreditava a parte que havia uma situação de perigo de cuja projeção sofreria – ou outrem – um grave dano.

A situação lhe fazia crer que havia um perigo, porque tecia, pelas circunstâncias físicas e psicológicas, um juízo que lhe induzia em erro.

Analisou, compreendeu ou dimensionou mal o fato, por influência de equívoco no seu processamento psíquico, tomado de fantasia (ficção) ou sem comedimento ou tempero na dosemetria da situação que lhe sugeria a sobrevinda do grave dano exageradamente.

No caso de perigo putativo, o estado de perigo se diferencia do erro, pelo fato de que há, necessária e obrigatoriamente, a assunção de uma obrigação manifestamente onerosa.

O que importa, para caracterizar o estado de perigo, em outra dicção, é a confirmação de que a parte assumiu obrigação excessivamente onerosa, em nome de uma providência que tinha a finalidade de salvar-lhe ou a alguém de sua família ou a alguém com que mantenha vínculo que justifique o sacrifício.

Assim, se a percepção de perigo colhida se inspirara em diagnose real ou putativa, segundo o juízo daquele que assume a obrigação excessivamente onerosa, configura-se o estado de perigo.

Basta que se assuma a obrigação premido da necessidade de um salvamento, mesmo que se descubra que a providência era despicienda, resultara, pois, de uma cognoscidade errônea do devedor que participou do negócio jurídico, concebido sob a influência de uma vontade adoentada.

A necessidade vital, a emergência e a urgência – O estado de perigo, consoante se sublinhou, resulta de uma situação de natureza física ou psicológica, por força da qual a pessoa, diante da necessidade de salvar-se, ou a pessoa de sua família, do perigo real ou putativo, toma a obrigação excessivamente onerosa.

No estado de perigo, há uma situação circunstancial ou incircunstancial, mas que aprisiona a pessoa a decidir naquele instante, no momento em que se apresenta a necessidade premente e urgente, íntima da sobrevivência ou parceira da preservação.

Assim, a situação de perigo não decorre, necessariamente, de uma acidentalidade, como se fosse apenas circunstancial ou emergencial, própria de um instante.

O mal capaz de caracterizar o estado de perigo e de extremar o apuro e transformá-lo em grave dano comporta o estado latente ou patente.

No estado latente, o mal poderia estar ainda velado, numa fase embrionária, sem a plenitude da força producente de um grave dano à pessoa.

As condições em relação as quais se formou, definitivamente, a situação de perigo já poderiam coexistir.

Em outro arrimo, o mal poderia estar oculto, dissimulado, mascarado, mas já presente.

Não surgiu ou eclodiu repentina ou instaneamente, haja vista que já vinha se manifestando em processo de lento agravamento, a ponto de exigir um socorro.

O mal, em processo de agravamento ou consumação do perigo, pode ser anterior ao instante em que a pessoa resolve se obrigar para encontrar a salvação de que se precisa.

Portanto, acomoda-se, sem sobressalto, na estrutura e no desenho jurídico do estado de perigo a situação de latência do mal, em processo de consumação, até se confundir com o perigo que exige salvamento.

No estado patente, o mal se manifesta numa eclosão vesuviana, atraindo, abruptamente, o perigo, que põe em risco a pessoa.

O mal e o perigo, ao aflorarem no mesmo instante, se lançam contra a pessoa, que é colhida por uma fatalidade ou uma emergência, em decorrência da qual surge uma premente necessidade de salvamento.

Seja mal latente ou patente, o importante é que a necessidade de salvamento, pressurosa, se apresente improrrogável e se confunda com a urgência, porque atingiu o ponto em que se faz imprescindível uma solução rápida.

Diz-se também, para caracterizar o estado de perigo, que a necessidade deve ser vital.

E a necessidade é vital porque a pessoa se sente impelida, pelo espírito da preservação ou da sobrevivência, a submeter-se a uma providência salvadora, em troca da qual atrai uma obrigação anormalmente onerosa.

O mal, consoante se analisou, pode até já existir, como numa fase latente, mas o verdadeiro estado de perigo somente ocorre mediante o surgimento da premência da necessidade vital ou capital, mesmo quando for putativa, a demandar uma providência indispensável e salvadora, a única solução para contornar o grave dano.

Considera-se vital a necessidade que se conecta ao estado de preservação ou de sobrevivência da pessoa.

A integridade da pessoa se apresenta ameaçada, sob o risco de sofrer grave lesão, o que justifica a assunção da obrigação excessivamente onerosa, conduzida por uma vontade que se engenha com base numa realidade ou numa ficção sobre o perigo.

No caso, a necessidade comanda a decisão, enfraquecida pela imprescindibilidade, e seduz a vontade a aceitar a obrigação que, noutra circunstância, seria rejeitada pela parte.

Assim, somente a necessidade vital tem o predicativo de justificar a razão por que a parte confeccionou o negócio jurídico de cujo núcleo se destaca a obrigação excessivamente onerosa.

A gravidade do dano – Ao lado da necessidade vital que, obrigatoriamente, desperta e provoca o espírito de preservação ou de sobrevivência da parte, há o grave dano.

Se já não é toda necessidade que embasa a configuração do estado de perigo, também o simples dano, ainda que lesivo, não porta a eficácia jurídica que justifica a pessoa a assumir uma obrigação excessivamente onerosa.

Necessidade vital e grave dano exprimem, por conseguinte, uma relação de causalidade ou seqüencialidade com que se constrói o estado de perigo.

A necessidade somente é vital porque há um grave dano a ser experimentado pela pessoa, o qual lhe compromete a integridade ou a existência.

E, se há um grave dano a acontecer, se confirma a necessidade vital, que reclama uma urgente e pronta providência.

O grave dano põe em risco, conforme se disse, a pessoa, podendo sepultar-lhe ou agravar-lhe a existência.

Embora se apresenta individualizado ou particularizado, segundo a pessoa e a circunstância, o grave dano, mesmo quando fruto de um apropriação putativa, congraça-se com a objetividade da sua intensidade ou lesividade.

Suportar o grave dano implicaria exercício de imolação, razão por que a parte tem motivo para buscar a salvação.

Cognoscibilidade – Determina o art. 156 do Código Civil que o dano, além de grave, haverá de ser conhecido pela parte a quem cabe a providência salvadora e que aufere a vantagem.

O conhecimento, como requisito indispensável à configuração do estado de perigo, se basta na simples notícia que se tem sobre o dano, razão por que não se confunde com a compreensão ou o entendimento técnico.

Não exige a regra jurídica, pois, que a parte domine o conhecimento técnico do dano, no que diga respeito às condições e aos efeitos, haja vista que não se constituem atributos necessários para a configuração do estado de perigo.

Onerosidade excessiva – Para a caracterização do estado de perigo, a parte, pela situação de perigo, assume obrigação excessivamente onerosa.

Inexiste estado de perigo sem a presença de obrigação excessivamente onerosa, assumida pela parte que estava premida da necessidade de salvar-se, ou a pessoa de sua família.

Considera-se excessivamente onerosa a obrigação que sobrecarrega o devedor com encargo superfaturado ou superestimado, em flagrante distorção que destoa dos padrões normais, consentâneos com os paradigmas adotados ou referenciáveis, sejam em situações ordinárias ou extraordinárias.

Há um abuso oportunista, vulgar e flagrante, incapaz de justificar-se, ainda que o provimento salvador tenha se mostrado de uma importância ímpar.

A radicalização da análise pelo relevamento do resultado produzido pelo beneficiário constitui fator indesejável na apreciação da obrigação excessivamente onerosa.

O beneficiário explora a situação de perigo em que se encontra a parte, para inflar a obrigação, que, em contexto diferente, ganharia outra dimensão.

Ao aproveitar-se da situação de perigo, o beneficiário abusa ao submeter a parte à satisfação de uma obrigação artificializada e manipulada, numa atmosfera em que prospera o oportunismo.

Não se trata de uma obrigação simplesmente cara, mas irreal e incompatível com os elementos objetivos e subjetivos que lhe agregam.

Uma obrigação cara, necessariamente, não é onerosa, posto que dependeria de uma relação de proporcionalidade e de reciprocidade dos encargos que tocam aos protagonistas da relação jurídica, o que não se investiga no estado de perigo.

Nem tudo que é caro se considera excessivo.

Logo o caro, em si, não espelha obrigação excessivamente onerosa.

No caso do estado de perigo, conforme se examinou, a relação de proporcionalidade e de reciprocidade entre as obrigações, ainda que se possa traçá-la, não tem, em si, a autoridade para diagnosticar e atestar a onerosidade excessiva.

Cabe ressaltar que a presença de uma obrigação excessivamente onerosa no negócio jurídico, em si, também não revela o estado de perigo.

Ora, uma obrigação excessivamente onerosa pode ser contraída – conquanto não seja provável – sem que a pessoa esteja em estado de perigo, de tal sorte a sua participação no negócio jurídico encontre justificativa noutro motivo.

Assim, o binômio necessidade de salvar/onerosidade excessiva da obrigação tem presença indispensável na configuração do estado de perigo.

Sublinhe-se que, ainda que se possa comparar a obrigação assumida pelo necessitado com a prestação de salvamento, operação de que resulte a constatação de desproporcionalidade, no estado de perigo a relação de cotejo é dispensável, ao contrário da lesão, em que se faz imprescindível.

A lesão – A qualidade da vontade constitui o pressuposto seminal à vida e à validade do negócio jurídico ou ato jurídico.

O negócio jurídico (ou ato jurídico) há de ser concebido numa atmosfera em que prospera uma vontade consciente e livre, resultante da cognoscibilidade das condições que interferem no resultado bosquejado pelo agente.

Necessariamente, submete-se o negócio jurídico ao desenho legal que estabelece as condições de sua validade, sob o enfoque formal e material.

No arranjo institucional das figuras que projetam uma vontade defeituosa ou adoentada, comprometida e distante do espírito da liberdade de escolha, inseriu-se no corpo do Código Civil o instituto da lesão.

A introdução da lesão pelo Código Civil, ao contrário da figura do estado de perigo, não significou a apresentação de um instituto novo, embora remoçado, como se fosse desconhecido do sistema jurídico e do direito positivo brasileiro.

A lesão, já prevista nas Ordenações Filipinas[333], foi amputada do ordenamento jurídico brasileiro, razão por que esquecida pelo Código Civil de 1916, sob a influência carrancuda do individualismo que, insensível, exaltava a supremacia da validade do negócio jurídico, como expressão da autonomia da vontade, ainda que colhida em adversidade e em avassaladora desvantagem das partes que o protagonizavam.

Em resgate do primado da eqüipolência das obrigações recíprocas e proporcionais, o qual necessariamente canaliza a energia para a transmissão de vontade que viabiliza os negócios jurídicos de que se irradiam efeitos justos e éticos, o ordena-

---

333 Livro 4, Título 13, pelo qual se podia desfazer a venda, se o vendedor foi enganado em mais da metade do justo preço.

mento jurídico brasileiro rompeu com os postulados que extremavam o individualismo na vida dos contratos.

Assim, o sistema jurídico brasileiro não resistiu, por conseguinte, ao fetichismo da supremacia da vontade, como símbolo dos valores que substancializavam o direito individual, encimado em compreensões filosóficas que desautorizavam as incisões jurídicas, mediante as quais se pretendia corrigir as mazelas que o individualismo e o contratualismo produziam no tecido social.

Sob a égide do Estado Novo, ingressa na ordem jurídica do Brasil a Lei de Proteção à Economia Popular (Decreto-lei 869, de 18 de novembro de 1938), em conformidade com a qual se fincavam as bases jurídicas de defesa dos interesses relacionados ao consumidor, personagem que, com o processo de transformação sócio-econômica do País, passa a freqüentar o cenário das relações jurídicas de consumo, ainda que de maneira embrionária e tímida.

Por força da Lei 1.521, de 26 de dezembro de 1951, que substituiu o Decreto-lei 869/39, a ordem jurídica brasileira redisse e reforçou o compromisso com os princípios e preceitos legais mais humanizados, com forte caráter social, na formação de um perímetro de tutela da economia popular, semente do moderno e eficiente modelo que o Brasil adotaria mais tarde na defesa do direito do consumidor.

O nítido caráter penal da Lei de Proteção à Economia Popular, de acordo com os tipos desenhados na figura dos crimes lá previstos, desqualificava as proposições mesquinhas que se acomodavam confortavelmente no individualismo e no contratualismo ensimesmados.

Com a Lei de Proteção à Economia Popular, o princípio da equivalência, da proporcionalidade, do justo, regressa à ordem jurídica, depois de longo período de ostracismo, por força da ideologia de que se nutria o Código Civil de 1916.

É certo que o princípio da equivalência é resgatado como expressão de tipo penal, caracterizado como crime de usura pecuniária, conforme definido na aliena *b* do art. 4º da Lei 1.521, de 26 de dezembro de 1951: "*obter, ou estipular, em qualquer contrato, abusando da premente necessidade, inexperiência ou leviandade de outra parte, lucro patrimonial que exceda o quinto do valor correspondente ou justo da prestação feita ou prometida*"[334].

334 Aliena *b* do art. 4º da Lei 1.521, de 26 de dezembro de 1951.
Pena prevista para o caso de usura pecuniária ou real: "detenção, de 6 (seis) meses a 2 (dois) anos, e multa, de cinco mil a vinte mil cruzeiros". A multa sofreu alteração por força da Lei 7.209, de 11 de julho de 1984.

Mas a tipificação de crime se mostrava suficiente para projetar efeitos na esfera das relações civis, haja vista que a lesão, na condição de ilícito, atraía a nulidade para o negócio jurídico[335], engenhado sob a influência da exploração da premente necessidade ou da inexperiência da parte, que experimentava manifesto prejuízo pela ausência de proporcionalidade das obrigações recíprocas.

No entanto, o certo é que, no plano das relações jurídico-econômicas, o Brasil, mesmo dispondo de regra legal que coibia a lesão, foi incapaz de superar a cultura do individualismo e do contratualismo excessivos, que até hoje grassa no nosso sistema social, fortemente aparelhado para a promoção do enriquecimento fácil de uns e o empobrecimento da maioria.

O grave de tudo é que a inopiosa realidade se revela no seio de negócios jurídicos, que se abastecem da chancela da legalidade formal para projetar iniqüidades, à falta de consciência e de cultura sociais que rejeitem modelos que capitalizam abusos.

O Poder Judiciário pouco respondeu e quase nunca reagiu, com a firmeza e a intensidade necessárias, para derrotar os excessos cometidos na obtenção de vantagens abusivas e de lucros exorbitantes, hauridos em negócios jurídicos em que se escancaram a desproporcionalidade, a ausência da boa-fé e o desprezo à ética.

Não se deve esquecer que, com o advento do Código de Defesa do Consumidor, o cenário de quase indiferença passa a sofrer mudanças, por força das quais se reacende o otimismo, pelo menos no campo das relações de consumo, o qual sugere tempos novos no enfrentamento da questão das relações jurídicas abastadas de injustiças, em face de práticas abusivas e de desproporcionalidade das obrigações.

O legislador, mais uma vez, insiste em pôr à disposição da sociedade a lesão, instituto poderoso a exercer a profilaxia do individualismo vulgar, banalizado como símbolo da eficiência dos que se apropriam da riqueza explorando as vicissitudes das pessoas, para colher condições artificialmente mais vantajosas, esbanjando desprezo pela sorte alheia.

Incumbe a todos o papel de agarrar-se à nova oportunidade ofertada pelo direito positivo, com o propósito de reforçar os meios legais na resistência ao abuso nos negócios jurídicos.

---

335 O Código Civil revogado estabelecia que o ato jurídico é nulo: quando for ilícito, ou impossível, o seu objeto (art.145, II).

O instituto da lesão, ao ser incorporado ao Código Civil, traduz o compromisso do legislador com a regência do princípio da boa-fé, assistido pela equidade e da ética nos negócios jurídicos.

A re-introdução do novo instituto, na verdade, consistiu no aperfeiçoamento e na construção de sua definição, mediante a qual o legislador estaqueou as bases sobre as quais se assenta a sua caracterização.

Em outras palavras, o Código ousou ao definir o vício de consentimento resultante da lesão, ao tempo em que providencia, também, a configuração da situação em que ocorre.

Remoçado, o instituto se acha assim definido no art. 157 do Código Civil: *"Ocorre a lesão quando uma pessoa, sob premente necessidade, ou por inexperiência , se obriga a prestação manifestamente desproporcional ao valor da prestação oposta"*.

Preocupa-se o legislador, como no estado de perigo, em proteger a parte que se sente compelida a emitir uma vontade, de cuja consumação resulta um negócio jurídico que lhe impõe uma obrigação, manifestamente, desproporcional e, pois, injusta.

Trata-se de um instituto de extrema relevância para aperfeiçoar o sistema de defesa dos valores éticos e da boa-fé.

A lesão, instituto que guarda afinidade com o estado de perigo, consoante será examinado mais adiante, inocula o vírus da anulação no negócio jurídico, considerando-se que o processo gerador da vontade sofre a nefasta influência da premente necessidade ou da inexperiência da parte, para cujo patrimônio se transfere a responsabilidade de prestar obrigação manifestamente desproporcional ao valor da prestação oposta.

Ao ressuscitar a figura da lesão e bem acomodá-la no plano do direito civil, o legislador, mesmo moroso, merece aplauso pela proposição de disciplinar a situação jurídica que vitima as pessoas que, comprimidas por premente necessidade ou traídas pela inexperiência, se desprotegiam em negócios jurídicos que lhes infelicitavam.

O curioso é que a situação de iniqüidade granjeava tutela favorável, por força de regra jurídica que a inibisse e de inapetência de parte dos juízes que a combatesse, porque presos à doença crônica do legalismo.

A construção de tese que tutelasse a vítima da lesão pouco se fez com êxito nas decisões judiciais, que se incapacitavam a enfrentar a questão em que uma das partes se obrigava a prestação manifestamente desproporcional ao valor da prestação oposta.

Em tese, a coação moral (***vis compulsiva***) era quase que o único recurso de que a parte se valia para arremessar contra o negócio jurídico a acusação de vício, porque o tecera em estado de premente necessidade ou em parceria com a sua inexperiência.

No entanto, pouco prosperou a construção da coação moral em substituição à lesão.

Logo, o enriquecimento ilícito era quase lícito.

Conceito e configuração da lesão – Lesão, na acepção jurídica, revela sentido de ofensa ou dano a um direito, em decorrência do qual se sofre um prejuízo, que se traduz numa perda de natureza física[336] ou de ordem econômico-financeira.

Aprisionada ao campo do direito civil, a lesão exprime a idéia de prejuízo, decorrente, necessariamente, de um negócio jurídico, impulsionado por um estado de premente necessidade ou fruto de uma inexperiência, por força do qual se rompe a eqüipolência das prestações recíprocas que argolam as partes.

O prejuízo se confunde com o dano material, valorável ou aferível pecuniariamente, capaz de quantificar-se em representação de uma equação de cuja operação se extrai a desigualdade entre as duas obrigações que se expressam em bens ou em números.

Afere-se o prejuízo da pessoa mediante o cotejo da prestação por cuja execução responde e da prestação que recebe.

O negócio jurídico, ao exibir as prestações que tocam às partes, revela a lesão, em conformidade com a qual se desgoverna o princípio justo da proporcionalidade e da comutatividade.

No direito civil, há a lesão que se confunde no dano, no prejuízo propriamente dito, e a lesão que retrata o vício de consentimento, como instituto que traduz a ocorrência de uma situação jurídica, em que a pessoa, sob premente necessidade, ou por inexperiência, se obriga a prestação manifestamente des-

336 No direito penal, a lesão, crime de lesão corporal, expressa a idéia de todo e qualquer dano gerado que moleste a normalidade funcional do corpo humano, seja sob o aspecto anatômico, fisiológico ou psicológico, o qual se acha disciplinado no art.129 e parágrafos, do Código Penal.

proporcional ao valor da prestação oposta, conforme o desenho jurídico que lhe fez o art. 157 do Código Civil.

Na lesão, a pessoa, refém de uma necessidade que lhe exige uma solução urgente, ou vítima da inexperiência, se compromete com uma prestação evidentemente desproporcional ao valor da prestação a que faz jus.

Decorre a lesão de uma situação real em que há a concretude de um dos dois pressupostos ou causas: a) a existência de uma premente necessidade; ou b) a presença da inexperiência.

A parte somente assume a prestação sem equanimidade, porque pressionada por uma necessidade que lhe confrange a vontade ou influenciada pela inexperiência que lhe prejudica o juízo.

Na lesão, há uma necessidade verdadeira, real, autêntica, que reclama do necessitado uma providência, que ocorre pela intermediação do negócio jurídico por cuja celebração surge a solução de que precisa a parte.

Resolve-se a necessidade, mas se atrai uma obrigação manifestamente lesiva, que arruína a eqüidade, eis que sem relação de justa proporcionalidade com a prestação recebida.

Na lesão resultante da inexperiência, a parte assume uma prestação cabalmente desproporcional ao valor da prestação oposta, à falta de seu amadurecimento que revela amadorismo, sem maturidade técnica para depreender, com domínio e conhecimentos essenciais, as relações de desconexões entre as obrigações que surgem como conseqüência do negócio jurídico.

No caso, o fator inexperiência concorre decisivamente para que a parte se obrigue a prestação manifestamente desproporcional ao valor da prestação oposta, o qual não decorre de erro.

Assinale-se que a inexperiência da parte não se alimenta do erro, resultante da apropriação defectiva dos elementos ou condições substanciais que se agregam ao negócio jurídico de que nasce a prestação injusta por cujo adimplemento responde.

Se havia, a necessidade não era premente, mas ordinária sem a impetuosidade que avassala a vontade da parte, que, por inexperiência, se obrigou mais do que deveria.

Em outro dizer, é possível que a causa da assunção da responsabilidade pela prestação manifestamente desproporcional se assente apenas na inexperiência da vítima, sem, pois, a presença de uma premente necessidade.

Também, admite-se que coexistam a premente necessidade e a inexperiência como causas determinantes pelas quais a parte se obrigou a prestação manifestamente desproporcional.

O certo é que, na lesão, há sempre uma necessidade a ser resolvida e vencida pela parte, a qual se traduz em graus de intensidade e justifica a manifestação de vontade na geração do negócio jurídico em que emerge a prestação .

Na lesão, a necessidade de que carece a pessoa há de ser equacionada, haja vista que subsiste a possibilidade de sofrer um prejuízo, pouco lhe importa a natureza.

A necessidade é que move a vontade dà parte em perseguição de um solução que a resolva.

Diferentemente no estado de perigo, a necessidade na lesão não se confunde no remédio ou na providência eficaz para salvar a pessoa de grave dano que lhe ponha em risco a integridade física ou existência.

Colha-se, por conseguinte, que, na lesão, a necessidade que justificou o negócio jurídico não se extrema a ponto de transformá-la em condição ímpar de sobrevivência ou integridade da pessoa, como se significasse a única solução para salvaguardar-lhe a existência.

Requisitos da lesão – Na lesão, instituto cuja ocorrência pode gerar a anulação do negócio jurídico, há a presença de requisitos, que se apresentam como pressupostos de sua configuração.

Conjugados os requisitos sob operação da ocorrência do fenômeno fático, o instituto da lesão, se o intérprete se esforçar em combiná-los, se revela com simples percepção, posto que os pressupostos formais se acham bem definidos pelo legislador.

Analisados os requisitos, verificar-se-á que lesão e estado de perigo representam institutos afins, que guardam semelhanças, mas que se rivalizam na identidade específica de cada um.

Embora tenham repercussão no patrimônio da vítima, o estado de perigo se volta mais para integridade ou a existência de alguém, enquanto a lesão se preocupa mais com a situação econômico-financeira da pessoa, que pode ser física ou jurídica.

Constata-se que tanto no estado de perigo quanto na lesão há o exercício de um flagrante oportunismo de uma parte que explora a situação de necessidade da vítima.

No estado de perigo, a obrigação é excessivamente onerosa; na lesão, manifestamente desproporcional.

Em ambos institutos, infla-se o valor da prestação ou da obrigação que a vítima assume, sem reação da parte cuja vontade se debilita, conforme o grau da necessidade a ser suprida.

São os seguintes requisitos que caracterizam a lesão: a) a pessoa natural ou jurídica; b) a situação de premente necessidade ou a inexperiência; c) a cognoscibilidade e a exploração do estado de premente necessidade ou da inexperiência; d) a urgência; e f) prestação manifestamente desproporcional.

Pessoalidade (pessoa natural ou jurídica) – Recapitulada a definição de lesão, extrai-se o entendimento de que há dois protagonistas na relação de que resulta a assunção de uma obrigação manifestamente desproporcional ao valor da prestação oposta.

Uma pessoa, sob premente necessidade ou por inexperiência, assume uma prestação manifestamente desproporcional, de que outra pessoa se beneficia, em comutação de uma obrigação de valor desequilibrado.

Argolam-se, na relação jurídica sinalagmática, o sujeito ativo e o sujeito passivo.

Considera-se sujeito passivo a pessoa natural ou jurídica, que, sob a condição de premente necessidade ou por inexperiência, atrai a prestação manifestamente desproporcional.

Reputa-se sujeito ativo a pessoa natural ou jurídica que explora a premente necessidade a inexperiência da contraparte e oportuniza em seu benefício a vantagem haurida na desproporcionalidade das prestações.

Ao contrário do estado de perigo em que a pessoa que assume a obrigação excessivamente onerosa é, sempre, pessoa natural, o sujeito passivo na lesão se faz representar por pessoa física ou jurídica sobre cujo patrimônio incide o ônus da prestação manifestamente desproporcional.

Na lesão, assume, por conseguinte, a prestação manifestamente desproporcional a pessoa natural ou a pessoa jurídica.

Já o sujeito ativo, tanto na lesão quanto no estado de perigo, pode ser pessoa natural ou pessoa jurídica.

Leia-se pessoa jurídica de direito público interno ou de direito privado.

Uma pessoa jurídica de direito público interno pode, perfeitamente, protagonizar um negócio jurídico em que haja uma prestação excessivamente onerosa ou manifestamente desproporcional, razão por que, por não se achar indene, sujeita ao regime de anulação.

O fato de uma pessoa jurídica de direito público interno participar de uma relação jurídica não significa, aprioristicamente, que o negócio jurídico dispõe de uma garantia de segurança, como se blindado estivesse quanto à contaminação por abuso de direito.

Na lesão, não se segregam as pessoas pela sua natureza jurídica, haja vista que o sistema não tolera que uma pessoa natural ou jurídica explore e aproveite a situação de premente necessidade ou de inexperiência da contraparte para lhe extrair uma vantagem desmedida.

Diferentemente do que se passa no estado de perigo, em que a pessoa nem sempre quem se acha em situação de perigo é a pessoa que participa do negócio jurídico, na condição de parte, do qual decorre a obrigação excessivamente onerosa, na lesão há uma só pessoa que, sob premente necessidade ou por inexperiência, se obriga a prestação manifestamente desproporcional.

Na lesão, rejeita-se que a pessoa se obrigue a prestação manifestamente desproporcional para suprir uma premente necessidade de outrem, ainda que se trate de pessoa de sua família.

A razão da assunção da prestação manifestamente desproporcional ao valor da prestação oposta é pessoal, restrita ao patrimônio ou à inexperiência da parte.

Logo, na lesão, ao contrário do que ocorre no estado de perigo, é defeso que a pessoa, sob a justificativa de premente necessidade alheia, pretenda a anulação do negócio jurídico por cuja execução experimentaria um grave prejuízo, por força da prestação desproporcional que assumiu.

A situação de premente necessidade ou a inexperiência – A parte assume uma prestação manifestamente desproporcional ao valor da prestação oposta devido a um dos dois motivos: a) premente necessidade; ou b) inexperiência.

Considera-se premente necessidade a situação por força da qual a parte, comprimida e aflita, precisa vencê-la mediante solução eficiente e rápida.

Há uma situação que gera à parte um tormento, que lhe confrange e lhe angustia, com a evidência de agravar o estado de necessidade, em decorrência da saliência da lesão.

Se no estado de perigo a parte bosqueja salvaguardar a sua existência ou a sua integridade, ou a de pessoa de sua família, na lesão o patrimônio a ser custodiado não é o da vida, enquanto condição oposta à morte, embora o possa ser da subsistência material da pessoa que atrai a prestação manifestamente desproporcional.

Avulta que a necessidade, na lesão, não se amalgama no remédio ou na providência indispensável para salvar a pessoa de grave dano, capaz de sucumbir-lhe a existência ou de comprometer-lhe a integridade física.

A necessidade que motiva a assunção da prestação manifestamente desproporcional não é da ordem ou da natureza que faça par com a existência ou integridade da pessoa, embora possa se prestar a auxiliá-la, indiretamente, na sua superação.

O certo é que há uma carência de natureza material ou espiritual que exige da pessoa uma urgente satisfação, que lhe domina o ânimo em prospecção de uma solução, que justifica a prestação manifestamente desproporcional, pela qual se obriga, ao valor da obrigação oposta.

Em tese, ao engenhar o negócio jurídico, a parte vence a premente necessidade que lhe acossava, porque recebe os meios para equacioná-la ou satisfazê-la, mas se sobrecarrega com uma obrigação inquestionavelmente desproporcional ao valor da prestação oposta.

Quando o negócio jurídico é gerado por inexperiência da pessoa que se obriga a prestação manifestamente desproporcional ao valor da prestação oposta, há também lesão.

A inexperiência é um caráter que acusa a falta de perícia da pessoa em relação às condições essenciais que se entranham no negócio jurídico.

Consiste a inexperiência na falta de um predicativo técnico de que se ressente a parte, haja vista que não tem maturescência no domínio sobre a coisa que se relaciona ao ofício, à arte, à profissão a que se vinculam os elementos cardeais que dizem respeito ao negócio jurídico.

Há uma infantilidade ou um amadorismo que se confunde numa inabilidade, facilmente seduzida.

Inexperiência não se confunde com o erro ou a ignorância da parte que se apropria de um juízo impróprio sobre a natureza, condições, qualidades, elementos ou protagonistas do negócio jurídico.

Na verdade, a parte acarreta uma prestação inquestionavelmente desproporcional ao valor da prestação oposta, decerto, porque tem conhecimento infantilizado, ainda atrofiado para descortinar as relações de desconexões das prestações.

Anote-se que a inexperiência não se avalia ou se julga pela idade biológica da parte, embora se possa crer que uma pessoa jovem tenha menos experiência do que uma pessoa adulta.

Perquire-se a inexperiência com base em elementos objetivos e subjetivos, que, conforme as circunstâncias em que o negócio jurídico fora concebido, transferem ao exercício da análise paradigmas para a identificação da inabilidade da parte, incapacitada de prevê os efeitos do negócio jurídico que patrocinou em condições adversas e injustas.

A inexperiência, cumpre ressaltar, não constitui num atributo geral de uma pessoa, eis que pode ser especial, restrita, reduzida à determinada particularidade, especificidade ou especialidade.

Para a lei, o que importa é que, naquele negócio jurídico de que resultou a prestação manifestamente desproporcional, a parte carecia de experiência específica, malgrado esbanjasse conhecimentos técnicos e habilidades em outras áreas do conhecimento humano.

Portanto, por falta de experiência específica, a vontade é formada com defectividade, colhida em circunstância que vulnera o seu vigor, a qual gera um negócio jurídico desequilibrado, desproporcional nas prestações comutadas.

Tudo, pois, fruto da inexperiência da parte.

A cognoscibilidade e exploração do estado de premente necessidade ou da inexperiência) – Em paralelismo, identificam-se afinidades que plasmam o estado de perigo e a lesão, embora sejam, conforme já acentuado, institutos com especificidades próprias, mediante as quais cada um apresenta sua natureza jurídica inconfundível.

Em ambos, inflaciona-se a importância da obrigação que se excede em onerosidade (estado de perigo) ou o valor da prestação que se revela em desproporcionalidade manifesta (lesão).

Realce-se, ainda, que, no estado de perigo e na lesão, se agudiza o oportunismo de uma parte que investe contra uma situação de fragilidade, que debilita a vontade da vítima que experimenta o prejuízo.

Na lesão, a parte aceita a prestação manifestamente desproporcional ao valor da prestação oposta porque carece de uma premente necessidade ou sofre de inexperiência.

O beneficiário (parte lesante), ao descobrir que há uma premente necessidade ou uma inexperiência, explora a situação por que passa a vítima, de quem lhe extrai uma vontade que gera um negócio jurídico lesivo.

Logo, pressupõe-se que a parte lesante conhece o estado de necessidade ou de inexperiência da parte lesada, situações que a enfraquecem.

Como na lesão a parte lesante se aproveita da situação de premente necessidade ou da inexperiência da contraparte, presume-se, por conseguinte, que conhece a vicissitude da parte lesada, razão por que se sente estimulada ao abuso ou à exploração, ao auferir vantagem desproporcional resultante do cotejo das prestações recíprocas que fazem parte do negócio jurídico.

No estado de perigo, o texto é expresso ao falar sobre o conhecimento da parte em relação à necessidade da contraparte, ou a pessoa de sua família, de salvar-se de grave dano.

Na lesão, o texto legal, ao contrário, é omisso quanto ao pressuposto do conhecimento, mas, pela descrição do instituto, se colhe a compreensão de que há sim uma ciência prévia da pessoa que identifica a vulneração da vítima, ainda que não constitua ônus da prova da parte lesada.

Ora, a pessoa, para inserir uma prestação que a avantaja em prejuízo da contraparte, se vale do oportunismo que pressupõe o conhecimento da fraqueza alheia, convertida numa premente necessidade ou traduzida numa inexperiência.

O certo, porém, é que a parte vítima da exploração, ao postular a anulação do negócio jurídico sob a justificativa da lesão, se sobrecarrega apenas com o ônus de provar a premente necessidade ou a inexperiência, causas da desproporcionalidade das prestações, razão por que se acha dispensada de demonstrar o conhecimento da parte lesante.

Mais do que o conhecimento da situação, o importante é que a parte lesante explore o estado de premente necessidade ou da inexperiência da parte lesada, a fim de que se configure a lesão.

Assim sendo, a prova do conhecimento quanto ao estado de premente necessidade ou de inexperiência da parte lesada não constitui requisito para a anulação do negócio jurídico de que resultou a desproporcionalidade das prestações, malgrado represente um pressuposto.

Art. 172. ***O negócio anulável pode ser confirmado pelas partes, salvo direito de terceiro.***

A revitalização do ato ou do negócio jurídico anulável – A norma jurídica desarticula a viabilidade de revigoramento do mesmo ato ou negócio jurídico, se houver nulidade.

Na virose da anulabilidade, contudo, resta, malgrado exista a doença que sacrifica a validade, esperança mínima à subsistência do ato ou do negócio jurídico, se confirmado pelas partes e desde que não prejudique direito de terceiro.[337]

Importa salientar que o vírus que compromete o ato ou negócio jurídico tem natureza artificial, haja vista que criado pelo homem no laboratório do sistema jurídico que o gera, sob a influência de axiologia comportamental, mediante a qual se definem as hipóteses que são vitimadas pela invalidade, na espécie de nulidade ou na de anulabilidade.

Impõe-se que a vontade represente a consciência livre do agente de par com o domínio das condições sob as quais se revela no mundo exterior, para alcançar o resultado perseguido pelo seu titular, em harmonia com o sistema ético-legal, em que milita, também, a boa-fé.

A vontade, que se fecunda na intimidade psíquica do agente, reclama, para o seu aperfeiçoamento, sintonia com o mundo exterior, com cognoscibilidade suficiente à realização do ânimo que lhe gerara.

É necessário que a vontade, ao ser produzida, se projete consonante com o mundo interior e o mundo exterior, com a propriedade de encontrar o resultado que fora bosquejado pelo agente, se processado e finalizado segundo a lei.

---

337 Dispõe o art. 172 do Código Civil: "O negócio anulável pode ser confirmado pelas partes, salvo direito de terceiro".

Se na gênese for vitimada por circunstância que lhe turba a consciência, a vontade sofre golpe certeiro que lhe abate o resultado, que, juridicamente, sofre a represália da lei.

A vontade, no caso, produz o negócio jurídico, mas com defeito, porque: a) emanada de erro substancial; b) resultante de dolo; c) gerada por coação; d) produzida em estado de perigo; e) construída em situação de lesão; ou f) fabricada em fraude.

Nessas situações, a vontade se expõe à estágio avançado de opacidade que, antes de mais nada, desafia a ética e a boa-fé, o que já há de merecer tratamento mais severo do ordenamento jurídico, que reputa o negócio jurídico (ou ato) daí resultante anulável.

Conceito da fraude contra credores – O sistema jurídico brasileiro acolhe o princípio da liberdade limitada de disposição dos bens.

Cuida-se de uma faculdade confiada às pessoas naturais e jurídicas, a qual decorre de um dos predicativos da propriedade.

As pessoas são livres para traçar o destino de seu patrimônio, salvo nas hipóteses em que o regime jurídico se convence de toldar a liberdade, situação em que interfere na intimidade dos agentes que protagonizam as relações jurídicas, com carga de coerção para desqualificar o negócio jurídico ou o ato jurídico por cujo fluxo trafeguem os bens.

A intervenção da ordem jurídica nem sempre se limite ao negócio ou ato jurídico, posto que se investe da autoridade de penetrar no próprio processo de geração da vontade do agente, para minar-lhe a validade.

Portanto, diz-se que a ordem jurídica, em relação ao exercício do direito de propriedade, atua em dois planos: a) na gênese da construção da vontade do agente; ou b) no efeito gerado pela vontade do agente.

Ao agir na gênese da construção da vontade do agente, a ordem jurídica lhe veda a intenção ou o desejo de movimentar a sua propriedade, dando-lhe destinação que lhe aprouver, eis que existe regra jurídica que proíbe o deslocamento patrimonial dos seus bens, em determinadas situações ou circunstâncias.

Ao operar no efeito gerado pela vontade do agente, a ordem jurídica desqualifica o negócio ou o ato jurídico pelo qual se processou o movimento do direito de propriedade, posto que reputa desajustado o seu exercício, sob o aspecto legal ou ético.

O direito de propriedade, enfeixado nas premissas do individualismo, sofre restrição e, por conseguinte, se submete a regime jurídico em que prevalece a ideologia, pelo menos formal, que lhe condiciona o exercício à função social.[338]

O direito de dispor do patrimônio não se absolutiza, razão por que se acha condicionado e limitado à esfera dentro da qual o seu exercício não molesta a ordem jurídica.

Veda-se o exercício do direito de propriedade que se estimula pelo abuso ou se desvia da finalidade.

O sistema jurídico, ainda que com muito acanhamento, estrutura a disciplina sobre o exercício do direito de propriedade.

A disposição dos bens que compõem o patrimônio sofre mitigação, numa demonstração de que o direito brasileiro relativiza a natureza do direito de propriedade, em determinadas situações, com nítido propósito de toldar-lhe o abuso e o desvio de finalidade de seu exercício.

O exercício do direito de propriedade submete-se a duplo controle: a) legal; e b) ético.

Na verdade, trata-se de um controle ético-legal, porque se exige que o exercício do direito de propriedade se ajuste, simultaneamente, à ética e à legalidade.

Não basta, pois, ser legal se for aético; não é suficiente que seja ético, se for ilegal.

Ao titular do direito de propriedade se impõe respeitar os limites legais e éticos dentro dos quais pode dispor de seus bens.[339]

Na linha de defesa da ética e da boa-fé nas relações jurídica, o legislador reforça os meios mediante os quais procura imunizar a qualidade dos negócios e atos jurídicos.

---

338 Constituição Federal art. 5º, XIII, e art. 170, III.

339 Em muitas hipóteses, a lei restringe o exercício do direito de propriedade. Em exemplos mais marcantes, tomem-se os seguintes: a) venda de ascendente a descendente, sem o expresso consentimento dos outros descendentes e dos cônjuge (art. 496, CC); b) a compra pelos tutores, curadores, testamenteiros e administradores dos bens confiados à sua guarda ou administração (art. 497, I, CC); c) a compra pelos servidores públicos, em geral, de bens ou direito da pessoa jurídica a que servirem, ou que estejam sob a sua administração direta ou indireta (art. 497, II, CC); d) a compra pelos juízes, secretários de tribunais, arbitradores, peritos e outros serventuários ou auxiliares da justiça, de bens ou direitos sobre que se litigar em tribunal, juízo ou conselho, no lugar onde servirem, ou a que se estender a sua autoridade; e) a compra pelo leiloeiro e seus prepostos de bens de cuja venda estejam encarregados; f) a doação de todos os bens sem reserva de parte, ou renda suficiente para a subsistência do doador (art. 548, CC).

Ao redesenhar o instituto da fraude contra credores, ainda que com enxertos de poucas novidades, o sistema jurídico policia as pessoas, a fim de que se lhe desestimule o comportamento fraudulento.

Pretende a regra que as pessoas, naturais ou jurídicas, se desanimem a despatrimonializar, mediante o artifício do ludíbrio, os bens com o intuito voltado para prejudicar os credores.

Portanto, considera-se fraude contra credores o fenômeno jurídico em que a pessoa, natural ou jurídica, na condição de devedor e em estado de insolvência, ou em zona limítrofe, obra a desconstituição de seu patrimônio, com a finalidade de desarticular o sistema de segurança de que dispunha o credor como garantia da satisfação de seu direito, já exercitável.

Prejudica-se o credor, com o ânimo consciente e explícito que se projeta no agir do devedor.

A fraude consiste num ardil que se opera em aparente conformidade com lei, mas em flagrante intento de lesar o credor.

O negócio jurídico em si, aquele por meio do qual se processa o deslocamento do bem de um patrimônio para outro, considerado no isolamento de sua individualidade, não apresente defeito, haja vista que, em tese, se trata de uma operação jurídica sem mácula ou vício ostensivo.

Objetivamente, o negócio jurídico se harmoniza com a lei, se examinados apenas os requisitos de sua validade, dos quais fala o art. 104 do Código Civil: a) os personagens são capazes; b) o objeto é lícito, possível e determinado ou determinável; e c) por último, realizado na forma prescrita ou não defesa em lei.

Subjetivamente, o negócio jurídico, contudo, granjeia a rejeição da lei, se descortinados os motivos pelos quais fora confeccionado, posto que inspirado pelo sentimento de que se apossa a pessoa de fraudar, de causar prejuízo, de lesar o credor.

Elementos da fraude contra credores – A partir da definição ou do conceito de fraude contra credor, amplia-se a capacidade de conhecer-se melhor o instituto, que, ao limitar a expansão do exercício do direito de propriedade, pretende salvaguardar o credor contra a investida ardilosa e fraudulenta do devedor.

Destaque-se que o credor prejudicado ou enganado é pessoa alheia ao negócio ou ao ato por cuja efetivação sofre as conseqüências danosas ao seu direito.

Articula o devedor um meio para prejudicar o credor, que consiste no empobrecimento intencional de seu patrimônio, mediante o engenho de um outro negócio ou ato jurídico, operação de que emergem dois elementos que tipificam a fraude contra credor

Assim é que, na fraude contra credor, se apresentam dois elementos essenciais que lhe impregnam o caráter de vício que alcança o negócio jurídico: a) o esvaziamento ou o enfraquecimento patrimonial (***eventus donmi***), com conseqüência prejudicial ao credor ; e b) a intenção específica e deliberada de causar, dolosamente, ao credor um prejuízo (***consilium fraudis***).

O enfraquecimento ou esvaziamento patrimonial consiste num artifício de que lança mão o devedor, sob o espírito e o domínio da insolvência, para afastar seus bens do alcance do credor, mediante um dos seguintes meios: a) transmissão gratuitamente bens; b) remissão de dívida; c) alienação de bens; d) garantia de dívida; e) pagamento de dívida não vencida a credor quirografário.

A intenção deliberada de, conscientemente, causar prejuízo ao credor significa o motivo por que o devedor resolve incrementar os negócios jurídicos com traquinagem, pelos quais se debilita irremediavelmente o seu patrimônio e, por via de conseqüência, se esvai a possibilidade de solver as obrigações existentes.

A lesão – A qualidade da vontade constitui o pressuposto seminal à vida e à validade do negócio jurídico ou ato jurídico.

O negócio jurídico (ou ato jurídico) há de ser concebido numa atmosfera em que prospera uma vontade consciente e livre, resultante da cognoscibilidade das condições que interferem no resultado bosquejado pelo agente.

Necessariamente, submete-se o negócio jurídico ao desenho legal que estabelece as condições de sua validade, sob o enfoque formal e material.

No arranjo institucional das figuras que projetam uma vontade defeituosa ou adoentada, comprometida e distante do espírito da liberdade de escolha, inseriu-se no corpo do Código Civil o instituto da lesão.

A introdução da lesão pelo Código Civil, ao contrário da figura do estado de perigo, não significou a apresentação de um instituto novo, embora remoçado, como se fosse desconhecido do sistema jurídico e do direito positivo brasileiro.

A lesão, já prevista nas Ordenações Filipinas[340], foi amputada do ordenamento jurídico brasileiro, razão por que esquecida pelo Código Civil de 1916, sob a influência carrancuda do individualismo que, insensível, exaltava a supremacia da validade do negócio jurídico, como expressão da autonomia da vontade, ainda que colhida em adversidade e em avassaladora desvantagem das partes que o protagonizavam.

Em resgate do primado da eqüipolência das obrigações recíprocas e proporcionais, o qual necessariamente canaliza a energia para a transmissão de vontade que viabiliza os negócios jurídicos de que se irradiam efeitos justos e éticos, o ordenamento jurídico brasileiro rompeu com os postulados que extremavam o individualismo na vida dos contratos.

Assim, o sistema jurídico brasileiro não resistiu, por conseguinte, ao fetichismo da supremacia da vontade, como símbolo dos valores que substancializavam o direito individual, encimado em compreensões filosóficas que desautorizavam as incisões jurídicas, mediante as quais se pretendia corrigir as mazelas que o individualismo e o contratualismo produziam no tecido social.

Sob a égide do Estado Novo, ingressa na ordem jurídica do Brasil a Lei de Proteção à Economia Popular (Decreto-lei 869, de 18 de novembro de 1938), em conformidade com a qual se fincavam as bases jurídicas de defesa dos interesses relacionados ao consumidor, personagem que, com o processo de transformação sócio-econômica do País, passa a freqüentar o cenário das relações jurídicas de consumo, ainda que de maneira embrionária e tímida.

Por força da Lei 1.521, de 26 de dezembro de 1951, que substituiu o Decreto-lei 869/39, a ordem jurídica brasileira redisse e reforçou o compromisso com os princípios e preceitos legais mais humanizados, com forte caráter social, na formação de um perímetro de tutela da economia popular, semente do moderno e eficiente modelo que o Brasil adotaria mais tarde na defesa do direito do consumidor.

O nítido caráter penal da Lei de Proteção à Economia Popular, de acordo com os tipos desenhados na figura dos crimes lá previstos, desqualificava as proposições mesquinhas que se acomodavam confortavelmente no individualismo e no contratualismo ensimesmados.

---

340 Livro 4, Título 13, pelo qual se podia desfazer a venda, se o vendedor foi enganado em mais da metade do justo preço.

Com a Lei de Proteção à Economia Popular, o princípio da equivalência, da proporcionalidade, do justo, regressa à ordem jurídica, depois de longo período de ostracismo, por força da ideologia de que se nutria o Código Civil de 1916.

É certo que o princípio da equivalência é resgatado como expressão de tipo penal, caracterizado como crime de usura pecuniária, conforme definido na aliena *b* do art. 4º da Lei 1.521, de 26 de dezembro de 1951: "*obter, ou estipular, em qualquer contrato, abusando da premente necessidade, inexperiência ou leviandade de outra parte, lucro patrimonial que exceda o quinto do valor correspondente ou justo da prestação feita ou prometida*".[341]

Mas a tipificação de crime se mostrava suficiente para projetar efeitos na esfera das relações civis, haja vista que a lesão, na condição de ilícito, atraía a nulidade para o negócio jurídico[342], engenhado sob a influência da exploração da premente necessidade ou da inexperiência da parte, que experimentava manifesto prejuízo pela ausência de proporcionalidade das obrigações recíprocas.

No entanto, o certo é que, no plano das relações jurídico-econômicas, o Brasil, mesmo dispondo de regra legal que coibia a lesão, foi incapaz de superar a cultura do individualismo e do contratualismo excessivos, que até hoje grassa no nosso sistema social, fortemente aparelhado para a promoção do enriquecimento fácil de uns e o empobrecimento da maioria.

O grave de tudo é que a inopiosa realidade se revela no seio de negócios jurídicos, que se abastecem da chancela da legalidade formal para projetar iniqüidades, à falta de consciência e de cultura sociais que rejeitem modelos que capitalizam abusos.

O Poder Judiciário pouco respondeu e quase nunca reagiu, com a firmeza e a intensidade necessárias, para derrotar os excessos cometidos na obtenção de vantagens abusivas e de lucros exorbitantes, hauridos em negócios jurídicos em que se escancaram a desproporcionalidade, a ausência da boa-fé e o desprezo à ética.

Não se deve esquecer que, com o advento do Código de Defesa do Consumidor, o cenário de quase indiferença passa a sofrer mudanças, por força das quais se reacende o otimismo, pelo menos no campo das relações de consumo,

341 Pena prevista para o caso de usura pecuniária ou real. "detenção, de 6 (seis) meses a 2 (dois) anos, e multa, de cinco mil a vinte mil cruzeiros". A multa sofreu alteração por força da Lei 7.209, de 11 de junho de 1984.

342 O Código Civil revogado estabelecia que o ato jurídico é nulo: quando for ilícito, ou impossível, o seu objeto (art.145, II).

o qual sugere tempos novos no enfrentamento da questão das relações jurídicas abastadas de injustiças, em face de práticas abusivas e de desproporcionalidade das obrigações.

O legislador, mais uma vez, insiste em pôr à disposição da sociedade a lesão, instituto poderoso a exercer a profilaxia do individualismo vulgar, banalizado como símbolo da eficiência dos que se apropriam da riqueza explorando as vicissitudes das pessoas, para colher condições artificialmente mais vantajosas, esbanjando desprezo pela sorte alheia.

Incumbe a todos o papel de agarrar-se à nova oportunidade ofertada pelo direito positivo, com o propósito de reforçar os meios legais na resistência ao abuso nos negócios jurídicos.

O instituto da lesão, ao ser incorporado ao Código Civil, traduz o compromisso do legislador com a regência do princípio da boa-fé, assistido pela eqüidade e da ética nos negócios jurídicos.

A re-introdução do novo instituto, na verdade, consistiu no aperfeiçoamento e na construção de sua definição, mediante a qual o legislador estaqueou as bases sobre as quais se assenta a sua caracterização.

Em outras palavras, o Código ousou ao definir o vício de consentimento resultante da lesão, ao tempo em que providencia, também, a configuração da situação em que ocorre.

Remoçado, o instituto se acha assim definido no art. 157 do Código Civil: *"Ocorre a lesão quando uma pessoa, sob premente necessidade, ou por inexperiência , se obriga a prestação manifestamente desproporcional ao valor da prestação oposta"*.

Preocupa-se o legislador, como no estado de perigo, em proteger a parte que se sente compelida a emitir uma vontade, de cuja consumação resulta um negócio jurídico que lhe impõe uma obrigação, manifestamente, desproporcional e, pois, injusta.

Trata-se de um instituto de extrema relevância para aperfeiçoar o sistema de defesa dos valores éticos e da boa-fé.

A lesão, instituto que guarda afinidade com o estado de perigo, consoante será examinado mais adiante, inocula o vírus da anulação no negócio jurídico, considerando-se que o processo gerador da vontade sofre a nefasta influência da premente necessidade ou da inexperiência da parte, para cujo patrimônio se transfere a responsabilidade de prestar obrigação manifestamente desproporcional ao valor da prestação oposta.

Ao ressuscitar a figura da lesão e bem acomodá-la no plano do direito civil, o legislador, mesmo moroso, merece aplauso pela proposição de disciplinar a situação jurídica que vitima as pessoas que, comprimidas por premente necessidade ou traídas pela inexperiência, se desprotegiam em negócios jurídicos que lhes infelicitavam.

O curioso é que a situação de iniqüidade granjeava tutela favorável, por força de regra jurídica que a inibisse e de inapetência de parte dos juízes que a combatesse, porque presos à doença crônica do legalismo.

A construção de tese que tutelasse a vítima da lesão pouco se fez com êxito nas decisões judiciais, que se incapacitavam a enfrentar a questão em que uma das partes se obrigava a prestação manifestamente desproporcional ao valor da prestação oposta.

Em tese, a coação moral (***vis compulsiva***) era quase que o único recurso de que a parte se valia para arremessar contra o negócio jurídico a acusação de vício, porque o tecera em estado de premente necessidade ou em parceria com a sua inexperiência.

No entanto, pouco prosperou a construção da coação moral em substituição à lesão.

Logo, o enriquecimento ilícito era quase lícito.

A situação de premente necessidade ou a inexperiência – A parte assume uma prestação manifestamente desproporcional ao valor da prestação oposta devido a um dos dois motivos: a) premente necessidade; ou b) inexperiência.

Considera-se premente necessidade a situação por força da qual a parte, comprimida e aflita, precisa vencê-la mediante solução eficiente e rápida.

Há uma situação que gera à parte um tormento, que lhe confrange e lhe angustia, com a evidência de agravar o estado de necessidade, em decorrência da saliência da lesão.

Se no estado de perigo a parte bosqueja salvaguardar a sua existência ou a sua integridade, ou a de pessoa de sua família, na lesão o patrimônio a ser custodiado não é o da vida, enquanto condição oposta à morte, embora o possa ser da subsistência material da pessoa que atrai a prestação manifestamente desproporcional.

Avulta que a necessidade, na lesão, não se amalgama no remédio ou na providência indispensável para salvar a pessoa de grave dano, capaz de sucumbir-lhe a existência ou de comprometer-lhe a integridade física.

A necessidade que motiva a assunção da prestação manifestamente desproporcional não é da ordem ou da natureza que faça par com a existência ou integridade da pessoa, embora possa se prestar a auxiliá-la, indiretamente, na sua superação.

O certo é que há uma carência de natureza material ou espiritual que exige da pessoa uma urgente satisfação, que lhe domina o ânimo em prospecção de uma solução, que justifica a prestação manifestamente desproporcional, pela qual se obriga, ao valor da obrigação oposta.

Em tese, ao engenhar o negócio jurídico, a parte vence a premente necessidade que lhe acossava, porque recebe os meios para equacioná-la ou satisfazê-la, mas se sobrecarrega com uma obrigação inquestionavelmente desproporcional ao valor da prestação oposta.

Quando o negócio jurídico é gerado por inexperiência da pessoa que se obriga a prestação manifestamente desproporcional ao valor da prestação oposta, há também lesão.

A inexperiência é um caráter que acusa a falta de perícia da pessoa em relação às condições essenciais que se entranham no negócio jurídico.

Consiste a inexperiência na falta de um predicativo técnico de que se ressente a parte, haja vista que não tem maturescência no domínio sobre a coisa que se relaciona ao ofício, à arte, à profissão a que se vinculam os elementos cardeais que dizem respeito ao negócio jurídico.

Há uma infantilidade ou um amadorismo que se confunde numa inabilidade, facilmente seduzida.

Inexperiência não se confunde com o erro ou a ignorância da parte que se apropria de um juízo impróprio sobre a natureza, condições, qualidades, elementos ou protagonistas do negócio jurídico.

Na verdade, a parte acarreta uma prestação inquestionavelmente desproporcional ao valor da prestação oposta, decerto, porque tem conhecimento infantilizado, ainda atrofiado para descortinar as relações de desconexões das prestações.

Anote-se que a inexperiência não se avalia ou se julga pela idade biológica da parte, embora se possa crer que uma pessoa jovem tenha menos experiência do que uma pessoa adulta.

Perquire-se a inexperiência com base em elementos objetivos e subjetivos, que, conforme as circunstâncias em que o negócio jurídico fora concebido, transferem ao exercício da análise paradigmas para a identificação da inabilidade da parte, incapacitada de prevê os efeitos do negócio jurídico que patrocinou em condições adversas e injustas.

A inexperiência, cumpre ressaltar, não constitui num atributo geral de uma pessoa, eis que pode ser especial, restrita, reduzida à determinada particularidade, especificidade ou especialidade.

Para a lei, o que importa é que, naquele negócio jurídico de que resultou a prestação manifestamente desproporcional, a parte carecia de experiência específica, malgrado esbanjasse conhecimentos técnicos e habilidades em outras áreas do conhecimento humano.

Portanto, por falta de experiência específica, a vontade é formada com defectividade, colhida em circunstância que vulnera o seu vigor, a qual gera um negócio jurídico desequilibrado, desproporcional nas prestações comutadas.

Tudo, pois, fruto da inexperiência da parte.

A cognoscibilidade e exploração do estado de premente necessidade ou da inexperiência) – Em paralelismo, identificam-se afinidades que plasmam o estado de perigo e a lesão, embora sejam, conforme já acentuado, institutos com especificidades próprias, mediante as quais cada um apresenta sua natureza jurídica inconfundível.

Em ambos, inflaciona-se a importância da obrigação que se excede em onerosidade (estado de perigo) ou o valor da prestação que se revela em desproporcionalidade manifesta (lesão).

Realce-se, ainda, que, no estado de perigo e na lesão, se agudiza o oportunismo de uma parte que investe contra uma situação de fragilidade, que debilita a vontade da vítima que experimenta o prejuízo.

Na lesão, a parte aceita a prestação manifestamente desproporcional ao valor da prestação oposta porque carece de uma premente necessidade ou sofre de inexperiência.

O beneficiário (parte lesante), ao descobrir que há uma premente necessidade ou uma inexperiência, explora a situação por que passa a vítima, de quem lhe extrai uma vontade que gera um negócio jurídico lesivo.

Logo, pressupõe-se que a parte lesante conhece o estado de necessidade ou de inexperiência da parte lesada, situações que a enfraquecem.

Como na lesão a parte lesante se aproveita da situação de premente necessidade ou da inexperiência da contraparte, presume-se, por conseguinte, que conhece a vicissitude da parte lesada, razão por que se sente estimulada ao abuso ou à exploração, ao auferir vantagem desproporcional resultante do cotejo das prestações recíprocas que fazem parte do negócio jurídico.

No estado de perigo, o texto é expresso ao falar sobre o conhecimento da parte em relação à necessidade da contraparte, ou a pessoa de sua família, de salvar-se de grave dano.

Na lesão, o texto legal, ao contrário, é omisso quanto ao pressuposto do conhecimento, mas, pela descrição do instituto, se colhe a compreensão de que há sim uma ciência prévia da pessoa que identifica a vulneração da vítima, ainda que não constitua ônus da prova da parte lesada.

Ora, a pessoa, para inserir uma prestação que a avantaja em prejuízo da contraparte, se vale do oportunismo que pressupõe o conhecimento da fraqueza alheia, convertida numa premente necessidade ou traduzida numa inexperiência.

O certo, porém, é que a parte vítima da exploração, ao postular a anulação do negócio jurídico sob a justificativa da lesão, se sobrecarrega apenas com o ônus de provar a premente necessidade ou a inexperiência, causas da desproporcionalidade das prestações, razão por que se acha dispensada de demonstrar o conhecimento da parte lesante.

Mais do que o conhecimento da situação, o importante é que a parte lesante explore o estado de premente necessidade ou da inexperiência da parte lesada, a fim de que se configure a lesão.

Assim sendo, a prova do conhecimento quanto ao estado de premente necessidade ou de inexperiência da parte lesada não constitui requisito para a anulação do negócio jurídico de que resultou a desproporcionalidade das prestações, malgrado represente um pressuposto.

Transmissão gratuita de bens – A fraude consiste numa operação jurídica em manifesto logro, armada com o objetivo de lesar o credor.

Como já se salientou, na fraude, a produção da vontade do agente é guiada pelo desejo de engenhar uma manobra jurídica eficiente a subtrair ao credor a consistência patrimonial existente, da qual resulta o esmaecimento do sistema de garantia em que se albergava a segurança da satisfação do crédito.

Há uma vontade consciente do devedor, construída sem a contaminação do erro, sem a influência do dolo, sem o peso da coação, sem a exigência de uma premente necessidade e sem o domínio da inexperiência, mas animada exclusivamente para atingir o credor.

A vontade se estrutura sem vício, mas se inspira, conscientemente, na realização de uma ação prejudicial a outrem, contra cujo interesse opera.

O defraudador age imbuído do desejo de desconectar o credor do sistema de segurança, mediante operação de enfraquecimento de seu próprio patrimônio, na forma de transmissão de bens, gratuita ou onerosa, e remissão de dívida.

Pretende o devedor, mediante artifício, causar prejuízo ao credor com redução maliciosa de seu patrimônio, que se desfalca com relevância.

O devedor se alia ao projeto jurídico de atingir a salvaguarda patrimonial de que depende o credor para recompor lesão ao seu crédito, inadimplido ou na iminência de inadimplemento.

Traquina o devedor, com ardil, para inviabilizar as garantias patrimoniais ainda existentes, em detrimento do interesse do credor.

Na verdade, o devedor quer mesmo fraudar o credor, ao levar a efeito manobras jurídicas que se disfarçam em negócios jurídicos aparentemente legais, sem máculas.

Mas, ilaqueado pela forma, que esconde, numa análise aligeirada, o desvio comportamental do devedor, alimentado pela má-fé e pela improbidade, porque se move com o intuito único de causar dano ou de lesar o credor, alheio ao negócio jurídico pelo qual se dá o esvaziamento patrimonial.

Uma das espécies de fraude a credor consiste na consumação de negócio jurídico por força da qual se dê a transmissão gratuita de bens.

Transmissão gratuita se traduz no transporte ou da transferência, com o ânimo definitivo, de bens de um patrimônio jurídico de uma pessoa ao de outra.

Ocorre o enfraquecimento de um e, conseguintemente, o fortalecimento do patrimônio de outrem.

Somente o transmissor devedor suporta uma perda, haja vista que o donatário recebe um ganho.

Ora, numa sociedade capitalista que individualiza a sua riqueza e segrega o seu patrimônio, prevalece a lógica de que a posse e o domínio dos bens migram, em regra geral, de uma pessoa para outra por força de uma transmissão onerosa, à base de uma permuta que identifica nos dois pólos valores recíprocos.

A transferência patrimonial ocorre, salvo as exceções legais, por meio de negócios jurídicos onerosos, comutativos e sinalagmáticos, em decorrência dos quais sobrevêm obrigações ou prestações recíprocas a que se sujeitam as partes.

Os bens somente se transportam patrimonialmente movimentação de interesse, de natureza econômica, financeira ou moral.

Assim, homens e bens são movidos por interesses!

Não se margeia, porém, a assertiva de que o sistema jurídico comporta, ao lado da transmissão onerosa, a transmissão gratuita de bens.

Admite-se, pois, que ocorra a transmissão gratuita de bens, transportando-os de um patrimônio para outro, por liberalidade do titular.[343]

Mas, rejeita a ordem jurídica que a pessoa, na condição de devedora, promova, em estado de insolvência a transmissão gratuita de seus bens, despatrimonializando-se.

Sob a rejeição da regra se enquadra, também, a transmissão gratuita de bens da pessoa devedora, a qual lhe venha fomentar ou fermentar a insolvência.

Portanto, há dois desenhos fáticos em que a transmissão gratuita de bens consiste em fraude a execução.

Na primeira situação, o devedor já era insolvente, mas dispunha de bens, transmitidos gratuitamente a outrem; na segunda hipótese, o devedor ainda não era insolvente, mas com a transmissão gratuita de bens fora reduzido à insolvência.

Para a lei, equiparam-se as duas situações pelas quais se anula o negócio jurídico de transmissão gratuita de bens.

Se o devedor já era insolvente, a transferência graciosa de bens somente se presta a agravar-lhe a situação, arruinando-o, resultado que prejudica o credor, mesmo vazio do intuito de lesá-lo.

343 O contrato de doação (art. 538, do Código Civil) pelo qual a pessoa, por liberalidade, transfere do seu patrimônio bens ou vantagens para o de outro". Há limite, porém, porque ao doador, sob pena de nulidade, se veda a doação de todos os bens sem reserva de parte, ou renda suficiente para a subsistência do doador (art. 548, do Código Civil). Também é nula a doação "quanto à parte que exceder à de que o doador, no momento da liberalidade, poderia dispor em testamento" (art. 549, do Código Civil).

Se o devedor ainda não era insolvente, a transferência gratuita de bens pode produzir o efeito de piorar-lhe a situação, reduzindo-o à insolvência, em prejuízo ao credor, ainda que não tenha sido o seu desejo.

A transmissão gratuita de bens é incompatível com a situação de quem se acha em estado de insolvência ou de quem, pela transferência patrimonial, pode ser reduzido à insolvência e ainda tem dívida a ser adimplida.

Trata-se de uma medida estranha, ainda que fertilizada pelo espírito do desprendimento patrimonial, o que gera, pois, a presunção de ilegitimidade.

Por se tratar de uma medida extraordinária, pouco usual numa sociedade contaminada pelo individualismo e patrimonialismo, a transmissão gratuita de bens se apresenta sob a desconfiança e censura legal, quando se processa num ambiente jurídico em que o transmissor, com a saúde patrimonial debilitada e desequilibrada, se confunde mais em devedor do que em doador, tomado pelo espírito da liberalidade.

Presume a lei que, num negócio jurídico mediante o qual se promove a transmissão gratuita de bens, protagonizado por devedor insolvente ou reduzido à insolvência em decorrência da transferência patrimonial, há fraude contra credor, motivo por que se sujeita ao regime da anulação.

O desfazimento patrimonial somente se justificaria como recurso ou meio pelo qual se engenharia a busca de equilíbrio da realidade econômico-financeira do transmissor dos bens, o que não seria alcançado, porém, com o ato de simples transferência do patrimônio sem contrapartida.[344]

Assim é que, na transmissão gratuita de bens devedor sem solvência, se avulta o caráter extravagante, posto que se afeiçoa à heterodoxia o fato de uma pessoa vulnerada na sua capacidade de honrar compromissos ainda esbanje voluntarismo patrimonial, com gestos de liberalidade que se excede do perdularismo vulgar.

No caso, a transferência gratuita de bens, no mínimo, tem a nódoa da irresponsabilidade, porquanto a pessoa que não honra as dívidas não tem o direito de mutilar o seu patrimônio, com prejuízo para o credor.

344 É preciso anotar que, mesmo onerosa, a transferência poderia ser anulável, conforme a dicção do art. 159 do Código Civil: "*Serão igualmente anuláveis os contratos do devedor insolvente, quando a insolvência for notória, ou houver motivo para ser reconhecida do outro contratante*".

Primeiro se impõe adimplir as dívidas, para, em seguida, explorar a liberalidade, mediante a transferência gratuita de bens.

Cuida-se de um comportamento ético, subsidiado pela boa-fé, a primazia de, antes, cumprir o dever e, depois, exercer o direito.

Art. 173. ***O ato de confirmação deve conter a substância do negócio celebrado e a vontade expressa de mantê-lo.***

Art. 174. ***É escusada a confirmação expressa, quando o negócio já foi cumprido em parte pelo devedor, ciente do vício que o inquinava.***

O terceiro na confirmação do negócio jurídico – Considera-se terceiro a pessoa alheia ao negócio jurídico, de cuja integração não figura na condição de parte-componente.

Noutra dicção, terceiro, por conseguinte, é aquele que não faz parte da configuração estruturante do negócio jurídico, mas que, por derivação, pode ser alcançado pelos seus efeitos irradiantes.

Dispõe o terceiro de legitimidade para postular a desqualificação do ato de confirmação do negócio jurídico, desde que demonstrado que gozava de direito ao tempo da ratificação, atingido pela revalidação da vontade.

Assim, assiste razão apenas ao terceiro cujo direito pré-existia no momento em que as partes ratificaram o negócio jurídico então eivado de vício.

Ressalte-se que, se vier a se tornar titular de direito eventual por derivação de negócio jurídico anulável, sob uma condição suspensiva ou resolutiva, ao terceiro se assegura, em tese, apenas a prática de atos destinados a conservá-lo.

O ato de confirmação do negócio jurídico anulável – Na anulabilidade, o negócio jurídico pode ser preservado se: a) confirmado pelas partes; e b) respeitado o direito de terceiro.

A confirmação do negócio jurídico anulável se encontra na esfera de poder das partes patrocinantes, protagonistas originários[345].

345 Já tivemos a oportunidade de dizer que "*a confirmação do negócio jurídico anulável é prerrogativa comum das partes que o protagonizaram, razão por que terceiros e sucessores carecem de legitimidade para revitalizá-lo, haja vista que a vontade é atributo da pessoalidade, intransferível no plano em que se concentram os atributos próprios da deliberação humana*". Ressaltávamos: "*No entanto, a exclusividade da legitimidade*

No entanto, a ratificação, ao ser concretizada, haverá de preservar e respeitar direito de terceiro, alcançado pelo negócio jurídico anulável ou pelo ato de confirmação, consoante já se destacou.

As partes que protagonizaram o negócio jurídico sob o risco da anulabilidade haverão de exprimir vontade para conservá-lo, mesmo cientes do vício que o contaminara.

Também, o ato de ratificação do negócio jurídico anulável se obriga a observar os limites que demarcam a relação originária.

A ratificação do negócio jurídico anulável, por cuja sobrevivência se movimentam as partes originárias, se concretiza por um **ato de confirmação.**[346]

Na confirmação, não se confecciona, pois, outro negócio jurídico, diferenciado em seu objeto e em suas disposições normativas, como se fosse algo independente e autônomo.

Assim, inexiste a geração de um outro negócio jurídico, posto que o ato de confirmação, ao relativizar a defectividade que se entranhava na vontade, se limita a redizê-lo, sepultando o vício da anulabilidade que o inquinava.

No entanto, é possível que a acomodação do negócio jurídico, acometido de defeito, à validade exija uma adaptação, conforme a sua natureza.

Conseguintemente, pelo ato de confirmação, admite-se que as parte promovam adequações necessárias à conservação do negócio jurídico, sempre em busca de harmonizá-lo com os princípios e preceitos legais, de tal sorte que a solução corretiva não enverede pelos caminhos da anulabilidade.

Veda-se a mudança da substância do negócio jurídico, motivo pelo qual se impõe a conservação do sujeito, do objeto e de outros elementos essenciais.

A vontade das partes, na operação de revitalização do negócio jurídico, é singular, eis que reproduz simplesmente o desejo de conservá-lo cônscias de que, havia, porém, defeito.

---

ratificante descarta a extravagância de que somente as partes pessoalmente possam confirmar o negócio jurídico anulável". Adicionávamos: "*Certamente, a confirmação admite seja operada por outra pessoa, alheia ao negócio jurídico original, quando investida de poderes outorgados pela parte. Os poderes haverão, por conseguinte, de ser expressos, de tal sorte que o representante (mandatário) possa desincumbir-se da missão segundo a vontade do representado (mandante)*".

346 Escusa-se a confirmação expressa, quando o negócio jurídico já foi cumprido em parte pelo devedor, ciente do vício que o inquinava, segundo o art. 174 do Código Civil. Esta disposição permite a inferência de que a confirmação do negócio jurídico anulável pode ser tácita, prescindindo-se, pois, de produção de ato jurídico específico para albergar a sua validade.

Requisitos do ato de confirmação – De acordo com a lei, o ato de confirmação haverá de acomodar: a) a substância do negócio jurídico anulável; e b) a vontade expressa de mantê-lo.

Entende-se como substância o núcleo que reúne o sujeito, o objeto do negócio jurídico e as particularidades essenciais, numa composição que permita a compreensão da verdadeira vontade das partes.

Nem sempre o simples ato de confirmação será suficiente para preservar incólume o negócio jurídico, gerado sob vício estruturante, que altera ou compromete a substância da própria existência, situação em decorrência da qual somente a confecção de novo negócio jurídico será capaz de aquartelar-lhe a substância e a essência.

É por isso que o ato de ratificação do negócio jurídico anulável, necessariamente, se obriga a observar os balizamentos que demarcam a relação originária.

Também se exige que o ato de confirmação traga, expressamente, a vontade de conservar o negócio jurídico que continha o vício que o tornava defectivo.

Como confirmar implica exprimir uma vontade de convalidação de um negócio jurídico, contaminado por um vício que o inseria na esfera da anulabilidade, com o ato ratificante se absolve o defeito, fenômeno de que decorre a intenção de mantê-lo incólume no mundo jurídico.

Para revigorar o negócio jurídico resultante de processo deliberativo adoentado, a vontade há de ser expressa.[347]

A vontade anteriormente produzida, porque resultante de defecção, estava vulnerada, comporta, pois, correção expressa, libertando o negócio jurídico da restrição legal.

A recuperação do negócio jurídico anulável se traduz numa operação jurídica de reafirmação expressa e clara da vontade das partes, sempre voltada para a conservação da real intenção, que moveu a celebração do ajuste.

Têm as partes ciência de que há um defeito que admoesta o negócio jurídico, mas buscam preservar a sua validade, na certeza de que se reconciliam com a normalidade.

Uma nova vontade se produz com a finalidade de revitalizar a vontade anterior, como requisito de convalidação do negócio jurídico.

---

347 "Escusa-se a confirmação expressa, quando o negócio já foi cumprido em parte pelo devedor, ciente do vício que o inquinava" (art. 174, CC)

Há um juízo deliberativo e consciente que motiva a parte, cuja vontade sofrera influência de fator que a tornara defectiva, a superar o defeito.

Ao ratificar o negócio jurídico anulável, resulta a premissa segundo a qual as partes renunciam a faculdade de argüir o defeito existente que comprometeria a sua qualidade jurídica, situação a partir da qual assume o risco pela nova reflexão.

Art. 175. ***A confirmação expressa, ou a execução voluntária de negócio anulável, nos termos dos arts. 172 a 174, importa a extinção de todas as ações, ou exceções, de que contra ele dispusesse o devedor.***

Desnecessidade de confirmação expressa do negócio jurídico – Como regra geral, exige-se que o ato de confirmação seja veiculado em forma expressa, com o objetivo de conservar o negócio jurídico que continha o vício que o tornava defectivo.

Trata-se de requisito da confirmação do negócio jurídico que fora celebrado com vício.

A intenção de manter intacto o negócio jurídico haverá de projetar-se da intimidade das partes, numa expressão que materialize a vontade convalidante.

A vontade antes tecida, porque fruto de defectividade, submete-se à correção expressa, se as partes assim anuírem, transportando o negócio jurídico para o perímetro da validade.

O convalescimento do negócio jurídico anulável se concretiza por meio de uma operação jurídica de reafirmação expressa e clara da vontade das partes.

Têm as partes ciência de que há um defeito que admoesta o negócio jurídico, mas buscam, expressamente, preservar a sua validade, com o objetivo de salvaguardar os objetivos recíprocos, para cuja realização as partes moveram as vontades.

Admite-se, contudo, que o negócio jurídico fragilizado por um defeito se albergue no campo da validade, sem a necessidade de confirmação expressa, quando já foi cumprido em parte pelo devedor, cônscio do vício que o inquinava.

Nem sempre, por conseguinte, a confirmação haverá de ser expressa, situação em que se escusa quando a parte devedora desconsidera o vício que se entranha no negócio jurídico, ao cumprir, em parte, a obrigação por cujo implemento responde.

Cuida-se de confirmação voluntária ou tácita do negócio jurídico então adoentado, a qual ocorre pelo comportamento do devedor ciente do vício, que cumpre uma obrigação, positiva (ação) ou negativa (inação), que se inseria na esfera de seu dever contratual.

Para a confirmação voluntária ou tácita, faz-se necessária a presença dos seguintes requisitos: a) a ciência do devedor do vício que comprometia a validade do negócio jurídico; b) o cumprimento em parte do negócio jurídico viciado; e c) a preservação de direito de terceiro, quando for o caso.

É fundamental que a parte devedora tenha ciência do vício que contaminara o negócio jurídico.

No caso, o devedor cumpre a obrigação, mesmo sabedor do defeito que persegue o negócio jurídico.

Estava, assim, inteirado ou informado de que existia uma anormalidade no negócio jurídico, mas decide convalidá-lo ao implementar a obrigação assumida.

Pode, perfeitamente, a parte decidir confirmar o negócio jurídico anulável, pois se trata de uma faculdade.

O importante é que a parte promova a confirmação voluntária ou tácita bem apropriada da realidade do negócio jurídico anulável.

Ressalte-se que a simples execução de parte do negócio jurídico anulável, em si, não demonstra ou prova que a parte devedora tinha ciência do defeito. A ciência há de ser inequívoca, cabal, certa, sem comportar o exercício da dúvida ou da presunção.

Não se presume que o devedor, por ter executado parte do negócio jurídico, estava consciente da defectividade.

A confirmação, por conseguinte, somente se afirma como meio de convalidação do negócio jurídico anulável quando há ciência da parte, que pode ratificá-lo de maneira expressa, por meio de ato, ou tácita (voluntária), se há implemento de parte da obrigação.

A prova de que o devedor tinha ciência do defeito do negócio jurídico, em havendo controvérsia ou questionamento, se transfere para a parte em relação à qual houve o aproveitamento ou a vantagem decorrente do vício.

Não seria razoável que, na hipótese, se exigisse da parte, já prejudicada ou, mesmo, lesada, o encargo de produzir a prova negativa do desconhecimento do vício.

Certamente, a parte carregaria mais um pesado encargo, pelo qual responderia, quando a contraparte, geradora voluntária ou involuntária do vício, mais uma vez seria beneficiada, em manifesto desequilíbrio das relações jurídicas.

O cumprimento em parte da obrigação significa que um dos sujeitos da relação satisfez uma porção do todo do negócio jurídico então anulável.

Adianta-se o devedor e cumpre uma parcela ou uma parte, mesmo sabedor de que o negócio jurídico se acha contaminado por um defeito, sanado pelo implemento voluntário da obrigação fragmentada.

É evidente que se o devedor, ciente do vício, também cumpre o todo do negócio jurídico, reputa-se, assim, que houve a confirmação tácita ou voluntária, o que torna desnecessária a expressa.

Portanto, seja parcial ou total o cumprimento da obrigação, tem-se como confirmado o negócio jurídico anulável se o devedor, ciente do defeito, se presta a consumar o seu dever.

Como na confirmação expressa, à ratificação voluntária ou tácita se impõe o dever de respeitar o direito de terceiro, alcançado pelo negócio jurídico anulável.

Considera-se terceiro a pessoa alheia ao negócio jurídico, de cuja integração não figura na condição de parte-componente.

Noutra dicção, terceiro, por conseguinte, é aquele que não faz parte da configuração estruturante do negócio jurídico, mas que, por derivação, pode ser alcançado pelos seus efeitos irradiantes.

Dispõe o terceiro de legitimidade para postular a desqualificação do ato de confirmação do negócio jurídico, desde que demonstrado que gozava de direito ao tempo da ratificação, atingido pela revalidação da vontade.

Assim, assiste razão apenas ao terceiro cujo direito pré-existia no momento em que as partes ratificaram o negócio jurídico então eivado de vício.

Ressalte-se que, se vier a se tornar titular de direito eventual por derivação de negócio jurídico anulável, sob uma condição suspensiva ou resolutiva, ao terceiro se assegura, em tese, apenas a prática de atos destinados a conservá-lo.

Art. 176. ***Quando a anulabilidade do ato resultar da falta de autorização de terceiro, será validado se este a der posteriormente.***

Validação posterior do ato resultante da falta de autorização de terceiro – Por força de expressa disposição legal, confirma-se a premissa de

que, no negócio jurídico anulável, se abriga no poder das partes a faculdade de confirmá-lo, desde que respeitado o direito de terceiro.

A reafirmação do negócio jurídico anulável, consoante já se disse, é prerrogativa comum das partes celebrantes, que se evidenciam como verdadeiros protagonistas, motivo por que aos terceiros e sucessores falta legitimidade para revitalizá-lo, porquanto a vontade é inerente à pessoalidade, intransferível no plano em que se concentram os atributos próprios da deliberação humana.

Portanto, compete às partes originárias exercer o juízo de confirmação do negócio jurídico anulável.

No entanto, em determinados casos, a convalidação do negócio jurídico, para revigorar a vontade, então manifestada em processo deliberativo acometido de patologia volitiva, depende de consentimento de terceiro, cujo direito a lei protege, quando atingido.

Assim, a norma diz que a vontade anteriormente produzida, resultante de defecção, comporta correção a fim de que se alcance, sem censura, o objetivo do negócio jurídico celebrado, mas subordina a ratificação ao respeito do direito de terceiro.

Na recuperação do negócio jurídico anulável, o ato de ratificação é patrocinado pelas partes, que realizam uma operação jurídica de reafirmação da vontade, e o defeito que se lhe admoesta se corrige, para preservar a sua validade, na confiança de que cessam as ações que lhe possam sufocar a qualidade jurídica.

O juízo deliberativo que impulsiona a parte a corrigir o negócio jurídico viciado somente basta quando ausente o direito de terceiro.

Quando, todavia, o ato de ratificação se imiscui no direito de terceiro, exige-se que a confirmação seja ciceroneada pelo assentimento da pessoa alcançada pela revalidação do negócio jurídico.

Pelo espírito da norma, o consentimento ou autorização do terceiro deveria ocorrer: a) no mesmo ato de confirmação; ou b) simultâneo ao ato de confirmação.

Quando a autorização se dá no mesmo ato, um só instrumento externa a vontade de as partes recuperaram o negócio jurídico sacrificado pelo vício e o consentimento do terceiro.

Quando a autorização ocorre em simultâneo ao ato de confirmação, o terceiro expressa o seu consentimento em instrumento apartado, em concordância com a ratificação do negócio jurídico anulável.

Em qualquer uma das duas situações consideradas – aquiescência no mesmo ato ou assentimento em ato separado –, o terceiro não se transforma em parte do negócio jurídico objeto do convalescimento.

Aquele que não participou da relação jurídica mas cujo direito foi alcançado, ao anuir com a confirmação do negócio jurídico anulável, continua a guardar a natureza de terceiro interessado.

Dispõe, inclusive, de legitimidade para questionar, judicialmente, a revitalização do negócio jurídico.

No entanto, conforme o caso, habilita-se a defender direito próprio, abalado pelo ato de confirmação do negócio jurídico anulável.

Ressalte-se, ainda, que a pacificação do terceiro atingindo pelo ato de confirmação, por conseguinte, há de ser ultimada no intervalo de tempo intercorrente ou, na pior das hipóteses, na subseqüência da ratificação, sem espaços temporais significativos, para não gerar a especulação da sua falta.

A falta da autorização de terceiro empurra o ato de ratificação para a área da anulabilidade, motivo por que, enquanto não pronunciado o defeito,[348] sobrevive na esfera jurídica, irradiando efeitos.

Ocorre que a lei permite que sobrevenha a autorização posterior do terceiro, para que o ato de confirmação seja validado.

A autorização posterior é aquela que acontece bem depois da fazedura do ato de confirmação pelas partes que protagonizaram o negócio jurídico em revitalização.

O ato de confirmação carecia, pois, da aquiescência do terceiro, que haverá de ser promovida, porém, antes da decisão final sobre a anulabilidade do negócio jurídico anulável.

Supre-se, assim, o defeito com a concordância do terceiro, embora tardia, mas suficiente para evitar a anulabilidade do ato de confirmação do negócio jurídico anulável.

Como regra geral, exige-se que a vontade de o terceiro ratificar o ato de confirmação do negócio jurídico seja veiculado expressamente.

---

348 Tem regência o art. 177 do Código Civil: "A *anulabilidade não tem efeito antes de julgada por sentença, nem se pronuncia de ofício; só os interessados a podem alegar, e aproveita exclusivamente aos que a alegarem, salvo o caso de solidariedade ou indivisibilidade*".

Não se presume, pois, que houve concordância tácita do terceiro prejudicado, salvo se verifica comportamento manifesto que identifique a aceitação da confirmação do negócio jurídico anulável.

Se há prova de que o terceiro teve ciência do ato de confirmação do negócio jurídico anulável, mas se acomodou ou, mesmo, adotou uma postura sem hostilizá-lo de maneira alguma, se deve presumir que, no caso, subsiste autorização implícita, o que afasta a possibilidade de argüir-lhe eventual anulabilidade.

Ciente do ato de confirmação do negócio jurídico anulável, incumbe ao terceiro esboçar reação, como demonstração da sua irresignação.

Assim é que somente em situações excepcionais, aclaradas pela explicitação do comportamento do terceiro, se pode recolher a premissa de que houve autorização implícita, hipótese em que se faz desnecessária a aquiescência expressa.

> **Art. 177.** ***A anulabilidade não tem efeito antes de julgada por sentença, nem se pronuncia de ofício; só os interessados a podem alegar, e aproveita exclusivamente aos que a alegarem, salvo o caso de solidariedade ou indivisibilidade.***

Efeitos da confirmação expressa ou tácita – O negócio jurídico que contém vício (incapacidade relativa do agente, erro, dolo, coação, estado de perigo, lesão ou fraude contra credores), se sujeita à anulabilidade, se a parte prejudicada persegui-la, no âmbito judicial.[349]

Cuida-se de uma faculdade da pessoa que participa do negócio jurídico, infiltrado de um vício, que compromete a qualidade da vontade produzida.

A parte prejudicada pode, porém, relevar o vício, com o consentimento da contraparte, e confirmar o negócio jurídico, de maneira expressa ou tácita (execução coluntária).

A confirmação ou ratificação do negócio jurídico anulável produz efeitos relevantes entre as partes protagonistas.

Com a ratificação, guarnece-se o negócio jurídico, então exposto ao questionamento da anulabilidade.

---

349 "A anulabilidade não tem efeito antes de julgada por sentença, nem se pronuncia de ofício; só os interessados a podem alegar, e aproveita exclusivamente aos que a alegarem, salvo o caso de solidariedade ou indivisibilidade". Dispõe o art. 177 do Código Civil.

Preserva-se o negócio jurídico, se confirmado pelas partes que assumem a responsabilidade pela eficácia dos efeitos passados, presentes ou futuros.

Ao ratificar o negócio jurídico anulável, resulta a premissa segundo a qual as partes renunciam a faculdade de argüir o defeito existente que comprometeria a sua qualidade jurídica, situação a partir da qual assume o risco pela nova reflexão.

Com a confirmação, sepulta-se a possibilidade de as partes questionarem o negócio jurídico, então portador de vício, mas superado pela convalidação posterior.

Não seria ético que a parte, após ratificar o negócio jurídico então adoentado, retrocedesse para buscar-lhe a invalidação, se a vontade confirmante nascera sem defeito, fruto, pois, da consciência do sujeito, que demonstrou, cabalmente, a intenção de preservar a relação jurídica.

Assim, no plano da relação jurídico-material, fica a parte desautorizada, sob pena de debochar da boa-fé, a investir contra a convalidação do negócio jurídico, antes viciado.

No entanto, se houver defeito na vontade convalidante, fruto também de vício, subsiste a faculdade de a parte lesada argüir, judicialmente, a invalidação do negócio jurídico ratificado.

À parte prejudicada se confere o direito, por conseguinte, de que seja pronunciada, pelo juiz, a invalidade do ato de confirmação, expressa ou tácita (execução provisória), posto que ancorado em vício, bem como o do próprio negócio jurídico.

O ato de confirmação e o próprio negócio jurídico haverão de ser postos numa mesma pretensão declaratória-desconstitutiva, e, nos casos em que couber, a parte lesada poderá deduzir, ainda, pedido de natureza condenatória, quando necessária a recomposição do patrimônio material ou moral.

Ora, o intento de implodir, juridicamente, o ato de confirmação, de ratificação, sob a alegação de nulidade ou de anulabilidade, não basta para desqualificar o negócio jurídico ratificado, haja vista que se exige exame e manifestação explícita sobre a causa que o tornou anulável.

Logo, anulado o ato de confirmação, não se anula, automaticamente, o negócio jurídico objeto da ratificação, cuja anulabilidade depende de pronúncia do juiz, a quem cabe analisar a alegação de vício que o fez doente.

Não seria aconselhável que o pedido de anulação do negócio jurídico anulável fosse bastante para, presentes os pressupostos, alcançar, também, o ato de confirmação, sem vício.

Como se acentuou, haveria flagrante desrespeito à ética e à boa-fé, porquanto a tergiversação do sujeito-parte da relação jurídica se prestaria para empanar um comportamento sedicioso, cujo retrocesso geraria insegurança nas relações jurídicas.

No plano das relações processuais, há repercussão do ato de confirmação expressa ou tácita (de execução voluntária), eis que "*importa a extinção de todas as ações, ou exceções, de que contra ele dispusesse o devedor*".

A disposição do art. 175 do Código Civil pressupõe, naturalmente, a existência de lide, de conflito, entre as partes que protagonizaram o negócio jurídico.

Trata-se de solução que se estriba no aspecto ético, posto que não haveria sentido a persistência judicial de um conflito, relacionado a um negócio jurídico viciado, quando as partes, no plano material, resolvessem pacificar o defeito mediante a confirmação expressa ou, em curso, execução parcial.

Persiste, porém, o dever de as partes respeitar o direito de terceiro, eventualmente alcançado pela confirmação do negócio jurídico, então viciado.

Sem dúvida, a extinção de ação ou de exceção depende de provocação das partes, titulares da relação litigiosa, haja vista que ao juiz se veda o exercício da jurisdição, no caso, sem provocação.[350]

Provocado, cabe ao juiz examinar o alcance do ato de confirmação, para cotejá-lo com a matéria objeto da relação processual.

Investigará o juiz se o simples ato de confirmação ou o fato de ter sido cumprido em parte é o bastante para preservar incólume o negócio jurídico, produzido sob vício estruturante, que altera ou compromete a substância da própria existência, situação em decorrência da qual somente a confecção de novo negócio jurídico estaria apta a salvaguardar-lhe a substância e a essência.

Se o ato de ratificação do negócio jurídico anulável, deixa de a observar os balizamentos que demarcam a relação originária, certamente o juiz terá dificuldade de promover a extinção do feito, sob pena de inovação, também, da lide.

---

350 Art. 177 do Código Civil: "A anulabilidade não tem efeito antes de julgada por sentença, nem se pronuncia de ofício; só os interessados a podem alegar, e aproveita exclusivamente aos que a alegarem, salvo o caso de solidariedade ou indivisibilidade".

Portanto, não é suficiente que o ato de confirmação traga, expressamente, a vontade de conservar o negócio jurídico que continha o vício que o tornava defectivo.

Porque confirmar implica exprimir uma vontade de convalidação de um negócio jurídico, contaminado por um vício que o inseria na esfera da anulabilidade, o juiz, conseguintemente, examinará se o ato ratificante absolve o defeito, conforme o desenho posto na lide, para que se possa redizer, agora sob a garantia judicial, a intenção de mantê-lo incólume no mundo jurídico.

Art. 178. ***É de quatro anos o prazo de decadência para pleitear-se a anulação do negócio jurídico, contado:***

I - no caso de coação, do dia em que ela cessar;

II - no de erro, dolo, fraude contra credores, estado de perigo ou lesão, do dia em que se realizou o negócio jurídico;

Prazo de decadência para pleitear-se a anulação do negócio jurídico no caso de estado de perigo – Em se tratando de vício decorrente de estado de perigo, o prazo para a busca da anulabilidade do negócio jurídico viciado é, também, de quatro anos.

No caso de estado de perigo, conta-se o prazo de decadência do dia em que se realizou o negócio jurídico.

Como situação que demanda provimento de uma pessoa sobre quem pesa o imperativo jurídico-natural de salvar-se, ou a pessoa de sua família, porque um grave dano, do conhecimento da parte a favor de quem assume obrigação excessivamente onerosa, se acha na iminência de ocorrer, o estado de perigo tem natureza própria vivenciada por quem pretende a anulabilidade do negócio jurídico.

Como circunstância real e já presente no momento em que a integridade ou a existência da pessoa – ou de sua família – se encontra, seriamente, ameaçada, o estado de perigo provoca a assunção de uma obrigação excessivamente onerosa à pessoa premida da necessidade de salvar-se, ou a pessoa de sua família, de grave dano.

Devido ao estado de perigo, sobrechega uma necessidade vital ou capital que exige uma providência impostergável e salvadora, como o único meio ou recurso para salvaguardar-se de grave dano.

A necessidade vital já existe, porque está em curso, e precisa ser suprida imediatamente, para que se possa superar o grave dano que se acha na iminência de abater-se sobre a pessoa ou a pessoa de sua família.

A pessoa crê no fato de que, se a providência deixar de ser adotada, o grave dano, certamente, ocorrerá, situação por força da qual assume a obrigação excessivamente onerosa.

O dano é impendente, mas pronto e armado para acontecer e, em conseqüência, atingir à pessoa ou à pessoa de sua família.

Para tentar salvar-se do perigo, submete-se a um socorro de uma pessoa – aqui natural ou jurídica – a quem cabe o provimento salvador, na forma de acudimento, amparo, auxílio, assistência ou proteção, mediante uma obrigação excessivamente onerosa.

No estado de perigo, a pessoa, premida da necessidade de vencer o perigo, depende, sempre, de outrem, haja vista que não dispõe de meios ou recursos próprios para transpor o obstáculo e evitar o grave dano.

Realce-se, contudo, que não é pelo fato de que a pessoa, para salvar-se do perigo, dependa de outrem que se configura o estado de perigo.

Não é o socorro e a ajuda, em si, por mais imprescindíveis e salvadores que sejam, dos quais dependa a pessoa da vítima, ou pessoa de sua família, que caracterizam o estado de perigo.

Na caracterização do estado de perigo, estão presentes: a) a pessoa natural; b) a situação de perigo; c) a necessidade vital; d) o grave dano; e) a cognoscibilidade sobre a premência da necessidade; f) a urgencialidade e a emergencialidade; e g) obrigação excessivamente onerosa.

Sem que a parte tenha assumido obrigação excessivamente onerosa, não há, certamente, estado de perigo.

Portanto, o que, também, caracteriza o estado de perigo é a presença de obrigação excessivamente onerosa, por cujo implemento responde a parte – ou pessoa de sua família – em situação de perigo.

Cabe ressaltar que a presença de uma obrigação excessivamente onerosa no negócio jurídico, em si, também não revela o estado de perigo.

Ora, uma obrigação excessivamente onerosa pode ser contraída – conquanto não seja provável – sem que a pessoa esteja em estado de perigo, de tal sorte a sua participação no negócio jurídico encontre justificativa noutro motivo.

Assim, o binômio necessidade de salvar/onerosidade excessiva da obrigação tem presença indispensável na configuração do estado de perigo.

A parte assume uma obrigação proposital, mas acintosa e grotescamente custosa, que lhe sobrecarrega com anormalidade, fora dos parâmetros usuais e costumeiros, em nome de uma providência salvadora da contraparte, que lhe explora o estado de necessidade.

Majora-se, no estado de perigo, o valor justo, econômico, financeiro e ético da prestação ou obrigação, malgrado a providência tenha uma importância vital.

Não é a providência que é excessivamente onerosa, mas a obrigação.

Noutra compreensão: no estado de perigo, não se trata de ter menos por mais.[351]

Com a configuração do instituto, rediz-se que é no momento em que se assume a obrigação excessivamente onerosa que o prazo decadencial de quatro anos começa a fluir, para fins de anulabilidade do negócio jurídico, tecido sob a condição de estado de perigo.

Não é a situação de perigo ou a geração da necessidade o marco definidor da decadência, mas a realização do negócio jurídico, resultante do encontro de vontades, uma das quais viciada.

A declaração de vontade, sem a qual se impossibilitam a produção e a captação de efeitos jurídicos, pode se projetar em uma das formas[352] legais e, pois,

---

351 No estado de perigo, diferentemente da lesão, a equação de cuja resultado se infere a excessiva onerosidade não se resolve mediante o cotejo da obrigação assumida com a providência necessária.

352 A forma é a maneira, modo, meio ou conduto pelo qual flui o ato jurídico (***lato sensu***). O Código Civil perfilhou o ***princípio da liberdade de forma***, consagrado no direito brasileiro, em conformidade com o qual se produzirá o ato jurídico ou o negócio jurídico de maneira livre, sem amarras formais – maneira, modo ou conduto –, exceto se a lei a prescrever. A forma vinculada constitui a exceção, sendo a forma discricionária a regra, razão por que prepondera a liberdade de escolha do agente sobre o conduto por meio do qual emitirá a sua declaração de vontade, salvo quando a lei, expressamente, impuser forma especial à validade do ato jurídico ou negócio jurídico. O importante da forma reside na conservação da declaração ou da manifestação de vontade do agente em determinados negócios jurídicos ou atos jurídicos, a qual se deve perenizar durante o considerável lapso de tempo, sob pena do sopitamento de seus efeitos. A forma não tem forma, motivo pelo qual a ordem jurídica admite todo e qualquer meio capaz de processar e escoar a declaração ou a manifestação de vontade do agente. Na forma discricionária ou livre, o agente desfruta da liberdade de escolher o desenho legal em conformidade com o qual produz o ato ou o negócio jurídico em que se traduz a manifestação ou declaração de vontade, razão por que se alcançam os resultados sem receio da censura da lei. Já na forma vinculada ou prescrita, tolda-se a liberdade do agente que, obrigatória e necessariamente, deve observar a modelagem insculpida na lei, sob pena de invalidade do ato ou negócio jurídico. No silêncio da lei, acolhe-se a validade da declaração de vontade independentemente da forma ou do meio eleito pela parte para revelá-la, desde que se lhe possa captar o efeito jurídico pretendido pelo agente. Até mesmo o silêncio dispõe de força suficiente para,

hábeis a exteriorizar a existência do negócio jurídico, realizado em ambiente de estado de perigo.

Prazo de decadência para pleitear-se a anulação do negócio jurídico no caso de lesão – Se o negócio jurídico foi celebrado em situação contagiada pelo vício da lesão, a pretensão de sua anulabilidade deve ser exercitada no prazo de quatro anos.

O prazo, em se tratando de vício decorrente de lesão, para a busca da anulabilidade do negócio jurídico é de quatro anos, a contar, também, do dia em que se realizou o negócio jurídico.

O sistema legal exige qualidade da vontade, que se traduz no pressuposto seminal à vida e à qualidade do negócio jurídico.

A concepção do negócio jurídico, sem defeito, há de resultar de uma atmosfera capaz de propiciar a produção duma vontade consciente e livre, com plena cognoscibilidade das condições que interferem no resultado bosquejado pelo agente.

Segundo o arranjo institucional das figuras que projetam uma vontade defeituosa, incompossível e divorciada do espírito da liberdade de escolha, há o instituto da lesão.[353]

Lesão, na acepção jurídica, se apresenta com o sentido de ofensa ou dano a um direito, por força do qual há um prejuízo, que se traduz numa perda de natureza física[354] ou de ordem econômico-financeira.

Na esfera do direito civil, a lesão exprime a compreensão de prejuízo, decorrente, necessariamente, de um negócio jurídico, gerado num estado de pre-

---

segundo as circunstâncias ou conforme se possa extrair do uso, produzir a vontade do agente, se, contudo, for despicienda a declaração de vontade expressa.

353 Ao valorizar o primado da eqüipolência das obrigações recíprocas e proporcionais, o qual necessariamente canaliza a energia para a transmissão de vontade que viabiliza os negócios jurídicos de que se irradiam efeitos justos e éticos, o Código Civil brasileiro, ainda que tardiamente, divorciou-se dos postulados que extremavam o individualismo na vida dos contratos.[305] Com a mudança, ficou patente que o sistema jurídico brasileiro não resistiu ao fetichismo da supremacia da vontade, como símbolo dos valores que substancializavam o direito individual, encimado em compreensões filosóficas que desautorizavam as incisões jurídicas, mediante as quais se pretendia corrigir as mazelas que o individualismo e o contratualismo produziam no tecido social.

354 No direito penal, a lesão, crime de lesão corporal, expressa a idéia de todo e qualquer dano gerado que moleste a normalidade funcional do corpo humano, seja sob o aspecto anatômico, fisiológico ou psicológico, o qual se acha disciplinado no art.129 e parágrafos, do Código Penal.

mente necessidade ou fruto de uma inexperiência, por força do qual se rompe a eqüipolência das prestações recíprocas que vinculam as partes.

O prejuízo se confunde com o dano material, avaliável ou aferível pecuniariamente, capaz de quantificar-se em representação de uma equação de cuja operação se extrai a desigualdade entre as duas obrigações que se expressam em bens ou em números.

O prejuízo da pessoa é medido com o cotejo da prestação por cuja execução responde e da prestação que recebe.

O negócio jurídico, ao exibir as prestações que tocam às partes, revela a lesão, em conformidade com a qual se desgoverna o princípio justo da proporcionalidade e da comutatividade.[355]

É no momento em que a pessoa se obriga a prestação manifestamente desproporcional ao valor da prestação oposta que se inicia a contagem do tempo para efeito da decadência.

É, pois, do dia em que a pessoa, refém de uma necessidade que lhe exige uma solução urgente, ou vítima da inexperiência, se compromete com uma prestação evidentemente desproporcional ao valor da prestação a que faz jus.

A parte somente assume a prestação sem equanimidade, porque pressionada por uma necessidade[356] que lhe confrange a vontade ou influenciada pela inexperiência que lhe prejudica o juízo.

O marco da contagem da decadência não é quando simplesmente surge a necessidade verdadeira, real, autêntica, que cobra do necessitado uma providência, que ocorre pela intermediação do negócio jurídico por cuja celebração surge a solução de que precisa a parte.

---

355 No direito civil, há: a) a lesão que se confunde no dano, no prejuízo propriamente dito; e b) a lesão que retrata o vício de consentimento, como instituto que traduz a ocorrência de uma situação jurídica, em que a pessoa, sob premente necessidade, ou por inexperiência, se obriga a prestação manifestamente desproporcional ao valor da prestação oposta, conforme o desenho jurídico que lhe fez o art. 157 do Código Civil.

356 Na lesão, a necessidade de que carece a pessoa há de ser equacionada, haja vista que subsiste a possibilidade de sofrer um prejuízo, pouco lhe importa a natureza. A necessidade é que move a vontade da parte em perseguição de um solução que a resolva. Diferentemente no estado de perigo, a necessidade na lesão não se confunde no remédio ou na providência eficaz para salvar a pessoa de grave dano que lhe ponha em risco a integridade física ou existência. Entenda-se, por conseguinte, que, na lesão, a necessidade que justificou o negócio jurídico não se extrema a ponto de transformá-la em condição ímpar de sobrevivência ou integridade da pessoa, como se significasse a única solução para salvaguardar-lhe a existência.

Mas quando se resolve a necessidade e se atrai uma obrigação manifestamente lesiva, que arruína a eqüidade, eis que sem relação de justa proporcionalidade com a prestação recebida.

Assinale-se que, na lesão resultante da inexperiência, se conta o prazo de decadência quando a parte assume a prestação claramente desproporcional ao valor da prestação oposta, à falta de seu amadurecimento que revela amadorismo, sem maturidade técnica para depreender, com domínio e conhecimentos essenciais, as relações de desconexões entre as obrigações que surgem como conseqüência do negócio jurídico.

No caso, não é quando se constata o fator inexperiência, que concorre decisivamente para que a parte se obrigue a prestação manifestamente desproporcional ao valor da prestação oposta, o qual não decorre de erro.[357]

Prazo de decadência para anulação do negócio jurídico no caso de erro – É de quatro anos o prazo de decadência para pleitear-se a anulação do negócio jurídico, contado do dia em que a coação findar.

Considera-se erro o engenho do juízo do conhecimento sobre um bem, uma pessoa ou uma lei [358], o qual se apresenta ilaqueado, divergente ou conflitante com a realidade, que se encobre ou se esconde do agente.

Por força do erro, o sujeito colhe impressão inverossímel, deformada, ou embaçada do bem, da pessoa ou da lei, mediante a qual incorre em erro que fecunda a formação da vontade produzida, com repercussão no mundo jurídico e com projeção de efeitos desarmônicos com o planejamento psíquico, traído porque alicerçado em outra realidade.

357 A inexperiência da parte não se alimenta do erro, resultante da apropriação defectiva dos elementos ou condições substanciais que se agregam ao negócio jurídico de que nasce a prestação injusta por cujo adimplemento responde. Mais: se havia, a necessidade não era premente, mas ordinária sem a impetuosidade que avassala a vontade da parte, que, por inexperiência, se obrigou mais do que deveria. Isso significa dizer que é possível que a causa da assunção da responsabilidade pela prestação manifestamente desproporcional se assente apenas na inexperiência da vítima, sem, pois, a presença de uma premente necessidade. No entanto, também, se admite que coexistam a premente necessidade e a inexperiência como causas determinantes pelas quais a parte se obrigou a prestação manifestamente desproporcional.

358 O erro de direito, depois de protuberantes e incendidos debates doutrinários, ingressa no sistema legal brasileiro por força de disposição expressa do Código Civil, ao inseri-lo entre as espécies de erros substanciais (art. 139, III), reputando-o causa de anulabilidade do negócio jurídico (ou ato jurídico), desde que ele não implique recusa à aplicação da lei e for o motivo único ou principal do negócio jurídico, que, com a nova regra, pode, pois, ser anulado. Assim, o erro de direito tem o predicativo para, presentes os pressupostos legais, fecundar a ineficácia no negócio jurídico, impedindo-lhe, pois, que produza efeito.

O erro fecunda na intimidade do agente um conhecimento sem a qualidade substancial da realidade em cujos limites de realiza o ato ou o negócio jurídico.

A vontade declarada ou manifestada pelo agente resulta de uma apropriação defectiva da realidade, fruto de erro ou ignorância, razão por que ingressa debilitada na esfera jurídica.

A vontade da pessoa se engenha com base numa realidade que lhe parecia conhecida, dominada e certificada, situação em decorrência da qual se acomoda no mundo jurídico com a confiança e a soberbia, mas que se desmoronam com a ultimação do negócio jurídico.

Produzido o negócio, descobre o agente que a sua vontade foi revelada com base em um logro, que impulsiona o resultado que adversa a validade do negócio jurídico.

O resultado que a vontade gerada por falseamento produziu rivaliza com o resultado que a vontade deveria ter produzido.

Advirta-se que não se trata da vantagem ou da desvantagem do resultado atingido, mas do erro que substancializou a produção da vontade.

Interessa-se pela qualidade do processo de geração da vontade, incólume ou refratário à influência de elementos que o contaminam patologicamente, e não pela expressão do benefício ou do prejuízo.

Governa-se o agente por premissa equívoca, que lhe desvia do caminho em cujas margens seguem a realidade e a verdade sobre os elementos que compõem o negócio jurídico.

O Código Civil inovou e ampliou a as espécies de erro, numa prova de que o legislador se mostrou sensível à mudança do instituto, especialmente ao introduzir, no nosso sistema legal, o erro de direito, até então reservado mais à discussão acadêmica, sem expressão firme no corpo da lei.

De acordo com o novo desenho, verificam-se: a) erro de fato e erro de direito; e b) erro substancial e erro acidental.

Considera-se **erro de fato** a construção da vontade seduzida por errôneo conhecimento sobre: a) a natureza do negócio; b) a qualidade do objeto; c) a identidade ou qualidade da pessoa; d) a quantidade do cálculo.

Reputa-se **erro de direito** a produção da vontade articulada com compreensão insuficiente sobre o efeito e o alcance de disposição encartada na lei, sem que se trate de recusa à sua aplicação e desde que constitua o motivo único ou principal do negócio jurídico.

Entende-se por **erro substancial (ou essencial)** o engenho da vontade assoalhado em uma compreensão errônea sobre a) a natureza do negócio; b) a qualidade do objeto; c) a identidade ou qualidade da pessoa; ou d) o efeito e o alcance de disposição encartada na lei.

Tem-se por **erro acidental** a produção da vontade baseada numa distorcida percepção sobre a qualidade secundária, sem influenciar a essencialidade, relativa ao bem ou à pessoa, incapaz de impulsionar a invalidação do negócio jurídico, em cujo núcleo não se acomoda.

No erro substancial, segundo a nova sistemática do Código Civil, incluem-se o erro de fato – à exceção do erro de cálculo, que não foi considerado erro essencial[359] – e de direito.

Portanto, o erro de direito e o erro de fato – relacionado à natureza do ato (***error in negotio***), à qualidade do objeto (***error in corpore***), à identidade ou qualidade da pessoa (***error in persona***) – compõem o erro substancial, que tem a energia jurídica para abater a validade do negócio ou do ato jurídico, consumados sob a sua influência.

Remissão de dívida – Como a transmissão gratuita de bens, a remissão de dívida pode, também, caracterizar um comportamento jurídico adotado para prejudicar o credor.

Remitir uma dívida significa considerá-la paga ou satisfeita, perdoando, por conseguinte, o devedor.

O devedor é desobrigado pelo credor a cumprir a obrigação por cujo adimplemento responde, num ato de extremada liberalidade.

Demonstra o credor generosidade ímpar, numa exibição de disposição farta em espontaneidade e gratuidade.

Ressalte-se que a remissão de dívida, quando se achar sob a cidadela da legalidade e da legitimidade, com caráter altruísta, apenas com o objetivo de favorecer a pessoa aquinhoada com o perdão, sem que sobrevenha contraprestação e sem que prejudique terceiros, se transpõe para o albergue da intangibilidade e irrepreensibilidade.

359 Diz o art. 143: "*O erro de cálculo apenas autoriza a retificação da declaração de vontade*". Cuida-se de uma disposição pioneira, desconhecida pelo Código Civil revogado.

Por conseguinte, nem todo ato remitente de dívida se considera atentatório ao direito ou ao interesse do credor.

Para que a remissão de dívida atraia o caráter de fraude contra credor, faz-se necessário que, já devedor, o remitente: a) se encontre em estado de insolvência; ou b) venha a tornar-se insolvente por força da remissão.

Fere o bom senso o comportamento de uma pessoa, na condição de devedora, mediante o qual se entusiasma em remir dívida de que seja credora, estando em estado de insolvência ou na iminência de alcançá-lo pelo excesso de altruísmo.

Reafirme-se que, em condições normais, a ordem jurídica tolera que o credor perdoe dívida, se não confundir em auto-flagelo patrimonial; mas, em situações atípicas, a remissão se confunde em extravagante licenciosidade, especialmente quando o perdoador abusou da faculdade, eis que insolvente ou reduzido à insolvência, por provocação da prodigalidade.

Como na transmissão gratuita de bens, na remissão de dívida que caracteriza a fraude, anima-se o agente a produzir uma vontade que industrie artimanha que se presta a solapar a estrutura em que se apóiam os fundamentos da garantia patrimonial do credor, embora seja menos relevante a subjetividade de seu intento e mais expressivo o esvaziamento do patrimônio, gerado com a liberalidade.

E, com a nova disciplina jurídica[360], ainda que se ausente o ânimo de lesar e presente a ignorância da insolvência ou da sua iminência o devedor não se desvencilha dos efeitos decorrentes da fraude contra credor.

Com o perdão da dívida, deixa-se de irrigar o patrimônio com bem jurídica e economicamente importante, cujo ingresso construiria ou produziria reforço da garantia patrimonial, ampliando-se, certamente, a confiança na satisfatoriedade do credor, caso sobreviesse o inadimplemento do devedor.

360 O art. 158 do novo Código Civil, diferentemente de seu correspondente no Código velho (art.106), inseriu a expressão "ainda quando o ignore", o que representou, em tese, a tentativa de superar a controvérsia sobre a influência do elemento psicológico ou do fator da cognoscibilidade do estado de insolvência do devedor ou de sua concretização. Tem-se, pois, como irrelevante, na caracterização da fraude, o conhecimento ou o desconhecimento do devedor em relação ao seu estado econômico ou financeiro. Em outras palavras, pouco influi a subjetividade de seu propósito, haja vista que o sistema se preocupa é com o risco do esfarelamento do patrimônio do devedor.

Também na remissão de dívida, a vontade não se abastece de vício decorrente do processo gerador, capaz de ser visualizado, haja vista que ingressa na esfera jurídica sem mácula formal.

O defeito se aloja na consciência e na intenção em que se inspira o agente para produzir negócio jurídico com que enfraquece o sistema de garantia patrimonial, em prejuízo ao credor, sem embargo de que, com as novas premissas legais, se mostra desimportante que o devedor tenha ciência sobre o seu próprio estado.

Ao remir a dívida, o agente, ao tempo em que fragiliza e desabastece o próprio patrimônio, inflige ao credor, ainda que pela via oblíqua e mesmo sem domínio sobre o seu estado econômico e financeiro, uma derrota injusta e maliciosa, porque desqualifica as chances de satisfação forçada do crédito.

O desabastecimento patrimonial onera o próprio devedor licencioso, o que desguarnece a razoabilidade do seu comportamento e a licitude de sua ação, considerando-se que a sua situação econômico-financeira já estava edificada sob o estado de insolvência ou, com a generosidade incomum, credenciada a torná-lo insolvente.

O devedor sofre a sequela de sua própria improbidade, canalizada para atingir, também, o credor.

Ressalte-se que a licenciosidade do devedor, no caso de remissão de dívida, somente interessa à lei enquanto aparelhada para alcançar a segurança do credor, molestando o sistema de garantia, em que se baseia o regime de responsabilidade patrimonial, assecuratório do cumprimento da obrigação por cuja satisfação responde o devedor.

Antes de punir a malícia de que lançou mão o devedor, o sistema se preocupa em garantir ao credor o direito à tutela à anulabilidade do negócio jurídico por cujo meio se processou a remissão de dívida (ou a transmissão gratuita de bens).

Trabalha a regra para estreitar as chances de o devedor esfarelar o seu patrimônio, pensando, contudo, no credor.

Assim é que se diz que o credor consiste na razão tutelar do instituto para o qual o sistema labora.

Também na remissão de dívida, equivalem-se as duas situações: a) o devedor já era insolvente, mas anistia; b) o devedor ainda não era insolvente, mas com o perdão fora reduzido à insolvência.

Portanto, em ambas hipóteses, ocorrendo a remissão da dívida, o negócio jurídico é anulável[361].

Já insolvente o devedor, a remissão de dívida, gesto gracioso e voluntarioso, contribui apenas para mais arruinar-lhe, com conseqüência que se projeta sobre o credor, ainda que desprovido da intenção de prejudicá-lo.

No entanto, se o devedor ainda não era insolvente, a remissão de dívida concorre para desabastecer-lhe o patrimônio e, pois, agravar-lhe o estado econômico-financeiro, levando-o à insolvência, em prejuízo ao credor, mesmo que não tenha sido o seu desiderato.

Portanto, como se dar na transmissão gratuita de bens, a remissão de dívida se mostra incompossível com a situação de quem se encontra em estado de insolvência ou de quem, pelo perdão, pode ser reduzido à insolvência e ainda tem dívida a ser honrada.

Uma pessoa sensata e proba, movida pela boa-fé e aliciada pela eticidade, dificilmente haveria de agasalhar medida de anistia de dívida, em se achando em situação periclitante sob o aspecto econômico ou financeiro.

Nem o mais despojado dos espíritos se seduziria em perdoar o devedor, se devedor já sem solvência ou com o risco de insolvência, caso se concretize a magnanimidade, pois se trata de medida fortemente marcada por abnegação ilegítima, que contrasta com a natureza do compromisso ético e moral, em cujos comandos se inspira.

Com propriedade, o regime legal reputa que o negócio jurídico por força do qual se opera a remissão de dívida, capitaneada por devedor insolvente ou reduzido à insolvência com o perdão, se enfronha de fraude, razão pela qual se confere ao credor prejudicado o direito de perseguir a anulação.

Intencionalidade e cognoscibilidade do devedor – Na acepção geral, a fraude é todo ato ardiloso, enganoso, produzido com o escopo de lesar ou ludibriar outrem.

A fraude é, pois, disposição, intenção, vontade, ânimo de prejudicar, com ludíbrio, outrem.

A fraude se traduz num ardil que se aparelha em obediência aos requisitos formais que a lei exige, mas atrás do qual se esconde o desiderato de lesar.

361 Art. 171 do Código Civil.

Toda fraude tem um objetivo, que se encontra na gênese do processo de produção do negócio jurídico, sob o comando do agente em cuja vontade se define a intenção.

Não há fraude inocente, fruto, pois, da inconsciência, como se resultasse da casualidade ou fortuitidade, sem a deliberação do agente.

Na fraude contra credores, como operação jurídica por meio da qual a pessoa, natural ou jurídica, na condição de devedor insolvente, ou reduzido à insolvência, esvazia ou desqualifica o seu patrimônio, o propósito de lesar o credor, como elemento intencional, perde, contudo, a importância essencial.

Sob o abrigo das regras civis, o sistema legal brasileiro não condiciona a caracterização da fraude contra credor ao desejo ou à vontade do devedor de lesar ou causar prejuízo ao credor, embora, no geral, estejam associadas à intenção dolosa e a lesão.

Logo, não é imprescindível, na configuração da fraude contra credor, que o devedor se anime pela vontade consciência de o lesar, razão por que não se perquire o ***animus nocendi***.

Ao descartar a investigação sobre a intenção do agente que promove o negócio jurídico, contenta-se o direito civil com a simples conexão entre o esvaziamento ou empobrecimento do patrimônio do devedor e o enfraquecimento da garantia patrimonial de que dispunha o credor, mediante operações jurídicas pelas quais ocorram: a) transmissão gratuita de bens; b) remissão de dívida; c) alienação de bens; d) garantia de dívida; e) pagamento de dívida não vencida a credor quirografário.

Renove-se, contudo, o entendimento já posto segundo o qual, na fraude, o devedor prejudica o credor, com o ânimo consciente e explícito ou implícito, como pressuposto da intenção de causar dano, mas que não se apresenta como requisito para a anulação do negócio jurídico por cujo instrumento se operou a inconsistência patrimonial.

Assim, para anulação do negócio, o sistema é que se flexibiliza em aliança com a objetividade, colhida entre o ato do devedor e a conseqüência lesiva ao credor, ao desconsiderar a necessidade de demonstrar-se a presença do fator intencional na fraude contra credor.

Na verdade, para efeito de anulação do negócio jurídico, a fraude ocorre: a) se houver o intuito de lesar os credores; ou b) sem existir o propósito de gerar prejuízo aos credores.

Pode o devedor tornar diminuto, inexpressivo ou inexistente o seu patrimônio, com manobra proposital para atingir o credor, situação em que se apresenta a intencionalidade, como elemento subjetivo da ação, que se abriga na zona psíquica do agente.

Em relação à intencionalidade, cabem duas situações: a) se aloja na intimidade do agente, sem que se projete para o espaço fora da sua cognoscibilidade, situação em que o mundo exterior desconhece o propósito do devedor em gerar lesão ao credor; b) se prorrompe do interior do agente, se lançando ao domínio do conhecimento exterior, hipótese em que se sabe que o ânimo do devedor fora o de gerar prejuízo ao credor.

No entanto, como a presença do fator intencional, para a anulação do negócio jurídico, não se constitui requisito indispensável, não se investigam a qualidade e o grau da intencionalidade do devedor em lesar o credor.

Outrossim, pode o devedor mutilar, enfraquecer ou destruir o seu próprio patrimônio, mediante comportamento sem o espírito armado para alcançar o credor, situação em que se ausenta a intencionalidade, como fator subjetivo da ação, desprovida de disposição ímproba do agente.

No caso, é possível, porém, que se processe a anulação do negócio jurídico, quando o devedor mesmo desanimado lesa o credor.

Ao credor prejudicado pelo devedor, inconsciente da conseqüência de seu ato, assiste o direito de perseguir a anulação do negócio jurídico, sem que se veja obrigado a provar a intencionalidade lesiva, bastando a exibição da conexão do esvaziamento patrimonial e o enfraquecimento ou a ruína da garantia, em que se crédito se apoiava.

Também, apresenta-se a fraude: a) se o devedor tiver ciência do seu estado de insolvência ou do risco de ser reduzido à insolvência; ou b) se o devedor ignorar a insolvência ou a possibilidade de se ver reduzido à condição de insolvente.

À lei, mostra-se irrelevante que o devedor tenha ou não conhecimento do próprio estado econômico-financeiro ou do seu desdobramento, caso promova negócios jurídicos que ensejem a ruína ou agravamento patrimonial.

Para que a transmissão de bens ou remissão de dívida se revista de caráter de fraude contra credor, não se exige que o devedor tenha ciência ou desconfie que o resultado do negócio possa lhe reduzir à insolvência.

Portanto, a invocação da ignorância sobre a sua situação patrimonial não socorre o devedor, haja vista que é indiferente para a lei, que se contenta com a prova do negócio jurídico prejudicial ao credor, devido ao desabastecimento do patrimônio.

A intencionalidade danosa e a cognoscibilidade do devedor, consoante se realçou, não constituem requisitos exigidos para a anulação dos negócios jurídicos lesivos ao direito do credor.

E, com a nova disciplina jurídica[362], ainda que se ausente o ânimo de lesar e presente a ignorância da insolvência ou da sua iminência o devedor não se desvencilha dos efeitos decorrentes da fraude contra credor.

Com o perdão da dívida, deixa-se de irrigar o patrimônio com bem jurídica e economicamente importante, cujo ingresso construiria ou produziria reforço da garantia patrimonial, ampliando-se, certamente, a confiança na satisfatoriedade do credor, caso sobreviesse o inadimplemento do devedor.

O defeito se aloja na consciência e na intenção em que se inspira o agente para produzir negócio jurídico com que enfraquece o sistema de garantia patrimonial, em prejuízo ao credor, sem embargo de que, com as novas premissas legais, se mostra desimportante que o devedor tenha ciência sobre o seu próprio estado.

Ao remir a dívida, o agente, ao tempo em que fragiliza e desabastece o próprio patrimônio, inflige ao credor, ainda que pela via oblíqua e mesmo sem domínio sobre o seu estado econômico e financeiro, uma derrota injusta e maliciosa, porque desqualifica as chances de satisfação forçada do crédito.

O desabastecimento patrimonial onera o próprio devedor licencioso, o que desguarnece a razoabilidade do seu comportamento e a licitude de sua ação, considerando-se que a sua situação econômico-financeira já estava edificada sob o estado de insolvência ou, com a generosidade incomum, credenciada a torná-lo insolvente.

No entanto, se o devedor ainda não era insolvente, a remissão de dívida concorre para desabastecer-lhe o patrimônio e, pois, agravar-lhe o estado econômico-financeiro, levando-o à insolvência, em prejuízo ao credor, mesmo que não tenha sido o seu desiderato.

---

362 O art. 158 do novo Código Civil, diferentemente de seu correspondente no Código velho (art.106), inseriu a expressão "ainda quando o ignore", o que representou, em tese, a tentativa de superar a controvérsia sobre a influência do elemento psicológico ou do fator da cognoscibilidade do estado de insolvência do devedor ou de sua concretização. Tem-se, pois, como irrelevante, na caracterização da fraude, o conhecimento ou o desconhecimento do devedor em relação ao seu estado econômico ou financeiro. Em outras palavras, pouco influi a subjetividade de seu propósito, haja vista que o sistema se preocupa é com o risco do esfarelamento do patrimônio do devedor.

Também na remissão de dívida, equivalem-se as duas situações: a) o devedor já era insolvente, mas anistia; b) o devedor ainda não era insolvente, mas com o perdão fora reduzido à insolvência.

Na redação apresentada pelo art. 158 do novo Código Civil, o legislador conferiu aos credores quirografários o direito de reclamarem a anulação dos negócios jurídicos de transmissão gratuita de bens ou de remissão de dívida, independentemente da cognoscidade que o devedor exerça sobre o seu estado econômico financeiro.

Negócios jurídicos onerosos – A fraude contra credores pode resultar de: a) negócios jurídicos graciosos – transmissão gratuita de bens e remissão de dívida; ou b) negócios jurídicos onerosos.

Destacou-se que, nos negócios jurídicos graciosos ou voluntariosos, a prova da intencionalidade em lesar o credor e a cognoscibilidade do estado de insolvência do devedor não figuravam como requisitos à anulação de atos de transmissão gratuita de bens ou de remissão de dívida.

Nos negócios jurídicos onerosos, dispensa-se, também, a intencionalidade do devedor, mas se exige que: a) a insolvência seja notória; ou b) no mínimo, haja motivo para ser conhecida do outro contratante.

Assim, nos negócios jurídicos onerosos, o requisito da cognoscibilidade sobre o estado de insolvência do devedor se encontra em dois planos: a) geral (público); e b) especial (privado).

No plano do conhecimento geral, fala-se em notoriedade da insolvência, de tal sorte que ingressou no domínio público o fato verdadeiro de que o devedor era insolvente, ao tempo em que celebrou contrato oneroso, por força do qual comprometera, ainda mais, o seu patrimônio, já depauperado.

No plano do conhecimento especial, diz-se que era da intimidade da contraparte contratante ou havia motivo para ser do seu conhecimento a insolvência do devedor, quando o contrato oneroso foi obrado, de que resultou a debilitação patrimonial.

Ao ser notória a insolvência, evidencia-se que, pelo seu caráter manifesto, o próprio devedor também conhece o seu estado de insolvente.

Logo, o devedor sabe, mais do que ninguém, que se acha insolvente, posto que seria incrível que estivesse alheio à situação econômico-financeira de domínio público.

O caráter da notoriedade da insolvência, mesmo que indiferente ao devedor, o que é pouco provável, se apresenta como requisito a que o negócio jurídico oneroso possa ser anulado pelo credor prejudicado, pelo desabastecimento patrimonial havido.

A notoriedade da insolvência ou a notabilidade do insolvente significa situação conhecida e consabida, de tal sorte que, numa comunidade, se expresse como fato sob o domínio das pessoas.

Em outras palavras, é do domínio público que a pessoa devedora, protagonista do negócio jurídico oneroso, ostenta os atributos do insolvente.

Pouco importa se o devedor ignore ou finge ignorar o próprio estado de insolvência, porquanto é suficiente, para a anulação do negócio jurídico, o domínio público, o que, se reconheça, não é pouco.

Mas, se a insolvência não for notória – do conhecimento do público –, a lei admite, como fundamento para a anulação do negócio jurídico oneroso celebrado pelo devedor insolvente, a premissa da suposição ou presunção sobre a situação econômico-financeira, caracterizada pelo motivo que a faria conhecida do outro contratante.

Trabalha a lei com a possibilidade de que a insolvência, à falta de notoriedade, seja, contudo, conhecida do outro contratante com que o devedor insolvente celebra o negócio jurídico oneroso, por cujo desfazimento se guiará o credor prejudicado.

Na verdade, o negócio jurídico oneroso se torna anulável se a insolvência for ou houver motivo para ser do conhecimento da pessoa com quem o devedor contratou.

Trata-se, inicialmente, de uma presunção ou suposição da lei no sentido de que a pessoa com que o devedor contratou conhecia ou tinha motivo para conhecer a insolvência.

No caso, a contraparte com quem o devedor insolvente contratou tinha: a) conhecimento da insolvência, se notória; ou b) motivo para conhecer a insolvência, se não notória.

Fato notório, em tese, prescinde de prova[363], razão por que o credor estaria desonerado de provar a notoriedade da insolvência do devedor, se alegada na ação de anulação do negócio jurídico.

---

363 Art. 334, I, do CPC, estabelece que não dependem de prova, entre outras hipóteses, o fato notório.

No entanto, faz-se necessário que se atribua à notoriedade uma característica ímpar, que desqualifique o esforço da prova em contrário, pela evidência do seu caráter de indesmentível publicidade, pelo menos dentro dos limites e cercanias em que se projetaria ou se estenderia a capacidade cognoscível das partes, perímetro que se demarca por interesses econômicos, sociais e jurídicos, conforme a hipótese.

O motivo do conhecimento da insolvência é colhido no conjunto das circunstâncias em que se realizou o negócio jurídico oneroso.

Saliente-se que ao credor que persegue a anulação do negócio jurídico não se impõe o dever de provar que a parte com quem o devedor contratou conhecia-lhe a insolvência.

Cuidar-se-ia de um desafio, dificilmente, vencível pelo credor, haja vista que a prova do conhecimento do estado de insolvência do devedor se aloja, no geral, nas zonas tectônicas do psíquico da pessoa, a cuja intimidade o acesso é interditado pela via direta.

Ressalte-se que nada impede que o credor tenha colhido a prova por via direta, mediante confissão da própria parte que juntamente com o devedor protagonizou o negócio jurídico lesivo, ou por via indireta, mediante o esforço de processo investigatório simples ou complexo, em decorrência do qual se extrai a premissa de que precisava para engenhar a presunção do conhecimento.

Tem, todavia, o credor a obrigação de colacionar a prova do motivo mediante o qual a insolvência do devedor se fazia conhecida ou se deveria fazer conhecida da parte que concorreu para o enfraquecimento da garantia patrimonial.

O motivo consiste no fato que autoriza a presunção de que a parte sabia ou deveria saber da situação de insolvência da contraparte.

Circunstâncias objetivas, perfeitamente provadas, permitem a presunção de que havia motivo ou causa para que a parte dividisse ou partilhasse com o devedor atmosfera social ou pessoal que acusava uma relação que justificaria o conhecimento sobre o estado de insolvência.

Sublinhe-se que não basta apenas especular com a presunção, porquanto é impositivo o encargo de provar as circunstâncias que a motivam, operação de que resulta a transformação da suposição na evidência de que o a relação entre as partes, pela natureza e característica, impossibilitava o desconhecimento sobre a insolvência do devedor.

O conhecimento notório da insolvência do devedor presume-se factual; o conhecimento presumido da parte considera-se notório, quando revelada a relação sob cuja natureza se envolvem o devedor e a parte com quem contrata.

Se notório, ninguém, em condição normal, pode alegar o desconhecimento do estado de insolvência do devedor, razão por que se presume sabido e, consoante se disse, provado.

Se presumido, transforma-se em notório, eis que se torna evidente e provado, tão manifesto que enseja a rendição da validade do negócio jurídico, quando pretendida.

Portanto, aquele que contrata com devedor insolvente se sujeita à disciplina jurídica que lhe exige cautela, posto que, notória ou presumida a insolvência, o negócio jurídico pode ser arrastado para a desconstituição.

É evidente que a boa-fé do terceiro – a parte que contrata com devedor insolvente – opera como princípio que blinda o negócio jurídico contra a investida do credor que se julga lesado.

Mas, a alegação da boa-fé não tem força nem expressão nas hipóteses em que se comprovar o conhecimento factual ou presumido do terceiro sobre o estado de insolvência do devedor.

O certo é que a superação do problema da prova dependerá do correto e justo manejo dos princípios e das regras subministradas pelo sistema jurídico, irrigado, necessariamente, pela ingerência da boa-fé, como princípio interpretativo da vontade das partes e integrativo do negócio jurídico alvejado.

Relação de proporcionalidade entre os bens comutados no negócio jurídico oneroso – Numa leitura apressada do art. 159 do Código Civil[364], o intérprete açodado pode colher o entendimento segundo o qual todo os contratos onerosos do devedor insolvente, quando a insolvência for notória, ou houver motivo para ser conhecida do outro contratante, se sujeita à disciplina da anulação.

Assim, no afogadilho da análise, abrolharia a ilação de que bastaria o estado de devedor insolvente – se fosse notória a insolvência ou se houvesse motivo para conhecer a insolvência pelo contratante – para que o negócio jurídico pudesse ser anulável.

---

364 O art 159 do Código Civil corresponde ao art. 107 do Código revogado, diferindo apenas na troca do substantivo contraente, usado pelo sistema velho, pelo de contratante, adotado pela regra nova.

No entanto, a regra descarta a construção radical, árida ou desértica de inteligência, haja vista que não repousa no fato da simples insolvência do devedor a autorização imediata para que o credor persiga a pretensão de desconstituir o negócio jurídico.

Não se constitui premissa inexorável a afirmação de que o devedor insolvente, ao protagonizar negócio jurídico oneroso, gera lesão ao direito do credor.

Se fosse verdade apriorística, ao devedor insolvente se reservaria a inaptidão para participar de negócio jurídico oneroso, como se estivesse, extraordinariamente, incapacitado, devido ao estado de insolvência.

Seria o caso de uma incapacidade relativa, que perduraria enquanto se conservasse o estado de insolvência, percepção que contrasta, substancialmente, o espírito do legislador, razão por que se deve abortar a idéia preconceituosa que possibilitaria a construção insincera à correta exegese legal.

Estaria o legislador a esviscerar todo devedor insolvente, incapacitando-o à prática de negócios jurídicos onerosos.

Portanto, diga-se logo que não é todo negócio jurídico oneroso de que participe devedor insolvente que se sujeita à modelagem legal que o torna anulável.

É axiomático que nem todo negócio jurídico oneroso de devedor insolvente tem o sinete de lesivo ou prejudicial ao credor.

Para que se possa assentar a premissa do prejuízo ao credor, faz-se necessário que se investigue o negócio jurídico que anela o devedor e a contraparte, com interesse focado no objeto segundo a relação de comutatividade dos bens.

Por se tratar de contrato oneroso, ao contrário do contrato gratuito, há permuta de bens entre as parte figurantes da relação jurídica, por força do qual os patrimônios do devedor e da contraparte sofrem mutação.

Há uma migração recíproca de bens de um patrimônio para o outro.

Em outras palavras, sai um bem e ingressa outro bem no patrimônio do devedor, numa relação de reciprocidade, indispensável aos negócios jurídicos onerosos.

É inconcusso que, para se alvejar a anulação do negócio jurídico oneroso do devedor insolvente, no caso em que a insolvência for notória ou houver motivo para ser conhecida pelo outro contratante, se impõe a demonstração de que houve prejuízo ao credor, por força da realidade patrimonial que adveio da confecção do contrato.

Congeminam-se critérios que se prestam a diagnosticar se o negócio jurídico oneroso patrocinado pelo devedor causou prejuízo ao credor, a ponto de justificar a pretensão anulatória, por lhe ter minuído a garantia patrimonial.

O primeiro critério é o da relação de proporcionalidade entre os bens comutados no negócio jurídico, a qual demonstre equivalência de valor econômico ou financeiro.

Cumpre investigar se os bens permutados proporcionam valores equivalentes, justos e verdadeiros, sem que do negócio jurídico resulte o enfraquecimento patrimonial do devedor.

Negócio jurídico oneroso em que os bens cambiados carecem de proporcionalidade, à falta de eqüipolência econômica ou financeira, sob o patrocínio de devedor insolvente, se candidata a anulação, porque desfalca a garantia patrimonial em prejuízo do credor.

Impõe-se que o negócio jurídico tenha objetos que demonstrem propriedades com grandezas simétricas ou proporcionais, sob a análise econômica ou financeira.

Ora, se o patrimônio do devedor, em conseqüência do negócio jurídico oneroso, é abastecido com bem de grandeza inferior ao bem deslocado do seu ativo, afiança-se a assertiva de que se vulnerou a garantia patrimonial de que dispunha o credor.

O segundo critério é o da natureza jurídica dos bens comutados, de acordo com o grau de consistência da garantia, aferida pela mobilidade ou volatilidade patrimonial, sob o prisma da fungibilidade, divisibilidade e singularidade.

Ao credor interessa que o patrimônio do devedor se ache ativado com bens que ofereçam segurança e estabilidade, de tal sorte que se dificultem as traquinagens e as fugas patrimoniais, por rotas sem vestígios.

Nem sempre o escambo de bem imóvel por bem móvel ou fungível, que venha a ingressar no patrimônio do devedor, por meio de negócio jurídico oneroso, haverá de melhor acomodar o direito do credor, sob o aspecto da garantia do crédito.

Aqui, a vantagem da liquidez do bem que compõe ou venha a compor o patrimônio do devedor, em decorrência do negócio jurídico oneroso, para a satisfação do crédito nem sempre seduzirá mais o credor[365], pela facilidade com que pode ser volatilizar, sem deixar traço.

Deve-se, assim, examinar, afora a relação de proporcionalidade, a potencialidade da garantia que o bem que ingressou no patrimônio do devedor, em decorrência do negócio jurídico, oferece ao credor.

A projeção do problema sugere que, antes da formação do juízo sobre a prejudicialidade, apenas porque o devedor insolvente celebrou negócio jurídico oneroso, que se invoquem os dois critérios: a) o da proporcionalidade, para se prospectar a equivalência de valor econômico ou financeiro entre os bens trocados; e b) o da potencialidade, para se identificar se o bem que ingressa no patrimônio do devedor oferece segurança ao credor.

O critério da proporcionalidade dos bens é importante para demonstrar que houve equanimidade na troca dos bens objeto do negócio jurídico oneroso, o que afastaria, em tese, a assertiva de lesividade.

Vê-se que o critério da proporcionalidade dos bens comutados opera com inevitável prevalência sobre o critério da potencialidade dos bens, haja vista que, em havendo, sob o prima econômico ou financeiro, uma troca desvantajosa ao devedor, sofre o credor.

Provada a proporcionalidade, examinar-se-á a potencialidade, como o segundo meio de aferição sobre a segurança patrimonial que interessa ao credor, em decorrência da permuta dos bens.

Assim, o negócio jurídico oneroso haverá de vencer o duplo desafio, pelo critério da proporcionalidade e da potencialidade dos bens, se quiser prosperar e resistir às investidas do credor insatisfeito.

A desarticulação processual da configuração da fraude – Examinou-se que os negócios jurídicos onerosos patrocinados por devedor insolvente tam-

365 Ressalte-se que, na execução por quantia certa contra devedor solvente, a qual alveja expropriar bens do devedor a fim de satisfazer o direito do credor, a lógica do sistema pressupõe uma ordem de gradação legal a que se sujeita a parte para a nomeação de bens à penhora (art. 655, CPC): dinheiro; pedras e metais preciosos; títulos da dívida pública da União ou dos Estados; títulos de crédito, que tenham cotação em bolsa; móveis; veículos; semoventes; imóveis; navios e aeronaves; e direitos e ações. Lembra-se que há decisões judiciais advogando a tese de que a ordem legal fixada para a nomeação de bens à penhora pode ser flexibilizada.

bém são anuláveis, quando: a) a insolvência for notória; ou b) houver motivo para ser conhecida do outro contratante[366].

A regra jurídica, contudo, disponibilizou mecanismo processual àquele que contrata com devedor insolvente, ao conferir-lhe a prerrogativa de promover a elisão da configuração da fraude contra credores.

Permite o art. 160 do Código Civil que a parte que adquiriu bem do devedor insolvente, ainda pendente de pagamento, deposite em juízo o preço, se for, aproximadamente, o corrente, provocando os interessados para compor a lide, situação em decorrência da qual, em tese, se desobriga e, por conseguinte, se desfigura a fraude contra credores.

A faculdade que se confere ao adquirente de bens do devedor insolvente, para desmobilizar a premissa configuradora da fraude contra credores, somente se exercita à presença dos seguintes requisitos: a) pendência de pagamento; b) depósito equivalente ao valor de mercado ou depósito complementar; c) via processual.

Se já pago o valor do bem, inviabiliza-se a alternativa de elisão da fraude, haja vista que, concluído o negócio jurídico oneroso, se esvai, em tese, a possibilidade de o adquirente renovar o pagamento, mediante depósito judicial, sob pena de imolar duplamente o seu patrimônio, salvo se for para complementar, em juízo, a importância, quando a aquisição ocorrer por valor inferior.

Ora, o pagamento e, em seguida, o depósito em juízo comportariam a idéia de que se tratava de adquirente aparvalhado ou de negócio suspeito, porquanto, em condição ordinária, uma pessoa normal não pagaria duas vezes pelo mesmo bem.

Obriga-se o adquirente a promover o depósito em juízo em valor que guarde consonância com o preço do mercado, para afastar a ilação de que se trata de negócio cunhado para fraudar credor.

Em busca da eqüipolência entre a quantia depositada e o bem adquirido, deve-se cotejar o preço de mercado ou corrente com o valor consignado em juízo.

A lei exige que a equivalência seja aproximada, mas estimada segundo parâmetros de aferição seguros.

---

366 Art. 159 do Código Civil.

Para que possa superar os pressupostos de admissibilidade da pretensão mediante a qual se realizará o depósito, compete ao adquirente apresentar elemento de prova, previamente constituído com base em estudo técnico, avaliação ou orçamento, em conformidade com a natureza do bem.

A iniciativa do adquirente, contudo, não lhe garante a segurança jurídica necessária para afastar a caracterização da fraude, haja vista que o depósito, em si, não exaure a relação processual, que poderá ser conflagrada após o ingresso na lide dos credores interessados, a quem cabe o direito de contestar a simetria entre o preço e o valor correto do bem adquirido, com base em provas que esgueirem a alegação do autor.

Concretizado o depósito do valor do bem, conserva-se incólume o negócio jurídico celebrado entre o adquirente e o devedor insolvente, salvo se sobrevier decisão judicial em tutela definitiva que o declare anulado ou provisória que lhe suspenda os efeitos.

Em inovação ao texto anterior, o Código Civil, corretivamente, inovou ao conferir ao adquirente a complementação do valor correspondente do bem, na hipótese em que o tenha adquirido por valor inferior ao real.

No caso, no plano material se acusa que o bem fora adquirido por valor inferior, em prejuízo do devedor insolvente e de seus credores.

Para que o negócio não seja sacrificado pela injunção da fraude contra credores, a lei investe o adquirente da faculdade de realizar o depósito da importância com que se recompõe o verdadeiro valor do bem.

Exige-se do adquirente, para conservar o bem adquirido, que faça depósito complementar, valor que corresponda à diferença entre a importância da aquisição e o preço considerado real, corrente.

Como se vê, o preço foi pago, mas em clara inadequação com o valor real do bem.

Impõe-se ao adquirente colacionar ao depósito complementar a prova do pagamento realizado, juntamente com a demonstração do valor que se supõe real, a fim de que se possa desabrigar a querela da fraude contra credores, haja vista que, em tese, se afasta o ***eventus domni.***

Ressalte-se que o adquirente do bem de devedor insolvente dispõe de duas vias processuais para o depósito da importância com que se mitiga a tese de desfalque patrimonial: a) a própria ação revocatória (pauliana), promovida pelo credor prejudicado; ou b) a ação própria[367], proposta pelo adquirente.

No corpo da ação revocatória ou da ação própria, o adquirente persegue o mesmo objetivo: afastar a alegação de desfalque patrimonial, supostamente sofrido pelo devedor insolvente, em prejuízo do credor.

O certo é que a via processual, em se apresentando saliente a controvérsia sobre a aquisição de bem de devedor insolvente, consiste em meio eficaz para o debate da fraude.

Mudam-se os papéis processuais que podem ser exercidos pelo adquirente: a) na ação revocatória, figura no pólo passivo, na condição de réu, juntamente como devedor insolvente[368]; b) na ação própria, consta do pólo ativo, na condição de autor.

Pagamento de dívida não vencida – Outra hipótese que configura fraude contra credores é aquela segundo a qual o credor quirografário recebe do devedor insolvente o pagamento de dívida não vencida, numa manifesta generosidade.

Cuida o Código Civil, no art. 162, da situação em que há relação jurídica em decorrência da qual o devedor insolvente privilegia o credor quirografário com a antecipação do pagamento, quando a dívida, conseguintemente, ainda não venceu.

Comporta-se, assim, o devedor insolvente com licenciosidade, imprópria às condições existentes, haja vista que fere direito de outros credores quirografários.

Considera-se quirografário o credor desprovido de garantia ou preferência em relação ao acervo patrimonial do devedor, a cujos bens os créditos sob a cus-

367 A ação a ser proposta pelo adquirente não se confunde na ação de depósito de que trata o Código de Processo Civil (arts. 901/906), cuja finalidade consiste em exigir a restituição da coisa depositada. Na ação de depósito, o autor pede a citação do réu para: a) entregar a coisa, depositá-la em juízo ou consignar-lhe o equivalente em dinheiro; ou b) contestar a ação. Já na ação proposta pelo adquirente, em cujo processo faz o depósito ou complementa, o valor do bem objeto do negócio jurídico, o autor bosqueja, com a declaração judicial de que inexistiu desfalque patrimonial, a conservação do negócio jurídico e, por conseguinte, a ratificação do domínio da coisa adquirida.

368 O adquirente e o devedor insolvente devem figurar, obrigatoriamente, no pólo passivo da ação pauliana, porquanto se trata de litisconsórcio necessário e unitário. Ora, o desfazimento do negócio jurídico alvejado pelo credor prejudicado atinge, também, o adquirente. Na hipótese, o juiz haverá de decidir a lide de maneira uniforme em relação ao adquirente e ao devedor insolvente. Logo, a sua presença se impõe na ação revocatória, sob pena de nulidade. Caso o autor-credor se esquive em compor a lide com a presença do adquirente, cumpre ao juiz ordenar-lhe que promova a citação, sob pena de extinção do processo.

tódia de garantia real se anelam, privilégio de que desfruta o credor garantido (privilegiado).

Sublinhe-se que a disciplina legal se volta ao negócio jurídico em que há a definição da data em que a obrigação deve ser adimplida pelo devedor de credor quirografário.

Assim, um crédito, aquartelado sob a garantia real – hipoteca, penhor ou anticrese –, que venha a ser objeto de pagamento antecipado, se acha fora da tutela jurídica, por força da qual o credor quirografário fica obrigado a repor, em proveito do acervo sobre que se tenha de efetuar o concurso de credores, aquilo que recebeu.

Ora, para o credor quirografário, já desafortunado de segurança, à falta de privilégio e preferência de seu crédito, interessa que o devedor promova o adimplemento das obrigações arrimadas em garantia real, posto que se desonera o patrimônio do devedor, até então indisponível à sua investida.

Em situação jurídica ordinária, o pagamento, que constitui uma das formas de extinção da obrigação, há de ser implementado no prazo assinalado pela lei ou pela vontade das partes.

Compete ao devedor cumprir a obrigação por cuja realização responde, no prazo ajustado, sob pena de incorrer em mora.

Lembre-se que, no silêncio da lei ou das partes sobre a data em que a obrigação deve ser cumprida, se atrai a regra de que o credor pode exigir imediatamente o pagamento.

Enquanto o prazo não vencer, carece o credor de direito para exigir o cumprimento da obrigação e ao devedor não se impõe o dever de antecipá-lo.

A antecipação do pagamento a credor quirografário, por conseguinte, configura flagrante munificência do devedor insolvente, suscetível de anulação judicial.

Portanto, estabelece a norma que o credor quirografário se obriga a repor a importância desembolsada antecipadamente pelo devedor insolvente, em benefício do acervo sobre que se tenha de efetuar o concurso de credores.

Claro que, ao tempo em que determina a reposição do pagamento indevido, a decisão judicial não desconstitui o negócio jurídico de que se originou o crédito, salvo se contaminado por invalidade.

Garantia de dívida – Sob a mesma inspiração anterior, o Código Civil renova a regra segundo a qual se presumem fraudatórias dos direitos dos outros credores *"as garantias de dívidas que o devedor insolvente tiver dado a algum credor"*.

Para o Código Civil, alcança a categoria de premissa de fraude, que, pois, atenta contra o direito de um credor, o comportamento do devedor insolvente que resolve oferecer garantia a outro credor.

Na caracterização da fraude, basta que o devedor, já insolvente, resolva privilegiar um de seus credores, mediante a constituição de garantia da dívida existente ou venha a ser contraída.

O tratamento discriminatório e privilegiado sofre censura da lei, para cujo comando se mostra irrelevante a razão que justificaria o afago desprendido pelo devedor insolvente a um credor.

No caso, quebra o devedor insolvente a necessária imparcialidade ou neutralidade na relação com o universo de credores, que alveja a satisfação do crédito pendente de solução.

Os direitos dos credores, na suposição de que pertençam à mesma classe e categoria, se submetem a regime jurídico em que inexiste espaço para manobras legais, em decorrência das quais um credor se beneficie em detrimento do conjunto.

O que pretende a norma é que o devedor, já insolvente, se contenha na busca de artifícios com que possa um credor granjear vantagem, em sacrifício dos demais.

Ao adicionar-se uma garantia ao direito do credor, o devedor insolvente o privilegia e discrimina, casuisticamente, os credores restantes, que se frustram na expectativa de solução dos respectivos direitos.

Destaque-se que a pessoa que deu a garantia, cuja anulação se justifica, além de insolvente, era devedora de mais de um credor, da mesma categoria.

A lei veda a fuga patrimonial do acervo do devedor insolvente para um escolhido credor, quando já há concurso de credores, mediante o artifício da garantia real, que vincula o direito a um bem específico, que ficaria intangível aos demais que deixaram de ser escalados para desfrutar do privilégio.

A pretensão anulatória a ser manejada pelo credor que se reputar prejudicado com a constituição da garantia haverá de ser articulada sem muito compromisso com a exploração da prova da fraude.

Cumpre, pois, ao credor (ou credores) o ônus de provar: a) a sua qualidade jurídica; b) a existência de mais de um credor; c) o estado insolvência do devedor astucioso; e d) a constituição da garantia da dívida com que um credor foi beneficiado.

Assim, reunidos os requisitos acima enumerados, consuma-se a fraude que fomenta o desfazimento da garantia dada pelo devedor insolvente a um dos credores, razão por que o credor que se considerar lesado não atrai o ônus de provar o *consilium fraudis* e o *eventus damni*.

Realce que um ou todos os credores podem ajuizar a pretensão anulatória da garantia implementada pelo devedor insolvente, sendo que a decisão, se acolhida a anulação, beneficia[369] a todos os credores, como se fosse a hipótese de litisconsórcio unitário[370].

Há, também, espaço para a assistência[371] de um dos credores que demonstre que tenha interesse jurídico em que a decisão seja favorável ao credor que perseguia a anulação da garantia dada pelo devedor insolvente.

Anote-se que, no pólo ativo da ação revocatória, figuram os credores ou o credor que se sentirem lesados com a constituição da garantia; no pólo passivo, o devedor insolvente e o credor contemplado com a garantia.

Sabe-se que, ordinariamente, o negócio jurídico, ao ser engenhado, nasce sob a proteção de uma garantia, pessoal ou real, segundo a sua natureza e o desejo de seus protagonistas.

Assim é que, em condições normais, se exige ao devedor a apresentação da garantia, por conseguinte, simultaneamente à constituição da obrigação, por cujo implemento responde o devedor.

---

369 O benefício é apenas indireto, haja vista que se conhecem os limites subjetivos da coisa julgada (art. 472, CPC), por força dos quais terceiros não são alcançados pela decisão. Mas, no caso, a anulação da garantia significa a desconstituição de ato jurídico, que deixa de existir legalmente na esfera do direito. Ora, a anulação da garantia pela fraude produz efeitos erga omnes.

370 Diz unitário o litisconsórcio por força do qual a sentença haverá de ser uniforme para as partes que compõem o pólo ativo ou o pólo passivo da relação processual. De regra, o litisconsórcio unitário é necessário.

371 Conforme o Código de Processo Civil, a assistência tem lugar em qualquer dos tipos de procedimento e em todos os graus de jurisdição (art. 50, parágrafo único). Se interpretado literalmente o art. 10 da Lei 9.099/95, que instituiu os juizados especiais cíveis e criminais, considerar-se-ia inadmissível a assistência nos processos em curso em Juizado Especial, segundo se infere do texto: "*Não se admitirá, no processo, qualquer forma de intervenção de terceiro nem de assistência. Admitir-se-á o litisconsórcio*". Parece, contudo, que há cabimento, pelo menos, da assistência litisconsorcial de trata o art.54 do CPC. O credor assistente, em sendo acolhida a assistência, pela prova de que ele dispõe de interesse jurídico para intervir a bem do credor assistido (art. 51, CPC), atuará como auxiliar da parte principal (o credor que pretende a anulação da garantia da dívida dada pelo devedor insolvente – réu), exercerá os mesmos poderes e sujeitar-se-á aos mesmos ônus processuais que o assistido (art.52, CPC).

No entanto, nada obsta a que, no curso da relação jurídica, se acomode a necessidade de oferecimento de garantia ou de reforço de garantia, em havendo o concurso de devedor e credor.

Refuga-se, todavia, que o devedor, sob a constituição de estado de insolvência, resolva, num universo de credores, pinçar um e contemplá-lo com garantia de dívida, haja vista que se comprime o princípio da isonomia, muito caro ao sistema jurídica que prima pela boa-fé e pela eticidade.

A vedação à oferta de garantia alcança tanto os negócios existentes quanto os negócios a serem tecidos, se o devedor for insolvente e se houver colégio de credores.

Sublinhe-se que a garantia que a lei proíbe é a de natureza real, aquela que se funda em bem específico do patrimônio do devedor, sobre o qual incide a satisfação do crédito inadimplido.

A regra não incide, por conseguinte, sobre a situação jurídica em que se venha constituir garantia fidejussória (pessoal), eis que, no caso, ocorre fenômeno diferente, sem força para causar efeito sobre o patrimônio do devedor insolvente.

Na garantia fidejussória, transfere-se a responsabilidade pelo adimplemento do crédito a outra pessoa, situação mediante a qual não se há de falar em desabastecimento patrimonial do devedor, um dos requisitos da caracterização da fraude contra credores.

Caso o devedor insolvente frustre o pagamento da dívida, atrai-se a responsabilidade do garantidor pessoal, sobre cujo patrimônio passa a incidir o exercício do direito creditório.

O então garantidor pessoal, ao pagar a dívida inadimplida, assume o papel de credor do devedor insolvente, por força de sub-rogação legal[372].

Ao transformar-se em credor daquele cuja dívida pagou, compõe a mesma categoria a que pertencia o então credor do devedor insolvente.

Portanto, assume o papel de credor meramente quirografário, sem privilégio ou preferência, porque, com a sub-rogação, somente se transferem ao novo credor direitos, ações, privilégios e garantias primitivas[373].

---

372 A sub-rogação legal ou de pleno direito tem disciplina jurídica no art. 346 do Código Civil (correspondente ao art. 985 do texto revogado), a qual se opera em favor: a) do credor que paga a dívida do devedor; b) do adquirente do imóvel hipotecado, que paga a credor hipotecário, bem como do terceiro que efetiva o pagamento para não ser privado de direito sobre imóvel; e c) do terceiro interessado, que paga a dívida pela qual era ou podia ser obrigado, no todo ou em parte.

373 V. art.349 do Código Civil.

Cumpre, contudo, conforme o caso em consideração, investigar-se se a garantia pessoal garimpada pelo devedor insolvente a um determinado credor não esconde vício jurídico.

Em certas situações, justifica-se que se examine se a constituição de garantia se processou com o propósito de armar, com simulação ou dolo, operação jurídica pela qual se transferiria patrimônio do devedor ao credor escolhido, por meio do garantidor.

Ou ainda: gerar preferência no pagamento ao credor, que passou a dispor de uma garantia pessoal, com interferência do avalista ou do fiador.

Gera-se, por dissimulação, a figura do garantidor, que, na verdade, se confunde, malgrado sejam pessoas distintas, na pessoa do devedor, a fim de que, acionado para solver a obrigação, promova o pagamento – com recursos ocultados pelo próprio devedor –, em sub-rogação, sem atrair, pois, a ira dos credores prejudicados, que, no caso, disporiam de menos fundamento para argüir a anulação da garantia e, por fim, do próprio pagamento.

Assim, o sub-rogado, aquele que satisfez a dívida por cuja execução respondia o devedor insolvente, assume o papel do credor, a quem substitui na condição de novo titular do direito, ciente de que, também partícipe do ludíbrio, serviu apenas para viabilizar o papel de transmissor indireto do direito, sem alvejar o recebimento de crédito algum.

Negócios ordinários e indispensáveis – Nem tudo trama contra o devedor insolvente, posto que o Código Civil tutela os negócios jurídicos ordinários levados a efeito por ele, desde que "***indispensáveis à manutenção de estabelecimento mercantil, rural, ou industrial, ou à sua subsistência e de sua família***[374]", de acordo com a redação do art. 164.

Nessas circunstâncias, o Código Civil presume de boa-fé e, pois, eficazes os negócios jurídicos protagonizados pelo devedor insolvente, situação em decorrência da qual carece o credor de motivo para postular a anulação, salvo se houver prova com que se demonstre defeito que os vicie.

Os requisitos para a conservação dos negócios jurídicos praticados pelo devedor insolvente são: a) a natureza ordinária; e b) indispensabilidade ou a

---

374 No texto atual incluiu-se a expressão "e de sua família", não prevista no anterior (art.112 do Código revogado), adição com que se ampliam as hipóteses em que se conservam os negócios jurídicos praticados pelo devedor insolvente. O acréscimo foi saudável, haja vista a imperiosidade da subsistência familiar.

necessidade à manutenção de estabelecimento mercantil, rural, ou industrial, ou, ainda, à sua subsistência e/ou de sua família.

Consoante se disse, o primeiro requisito é o da natureza ordinária, cuja presença se faz imprescindível à tutela do negócio jurídico produzido por devedor insolvente.

Impõe-se, de logo, o desafio que consiste na correta compreensão do que venha a ser negócio jurídico ordinário, que pode ser praticado pelo devedor insolvente sem ser censurado ou molestado.

Os negócios jurídicos ordinários se enquadram no universo das relações jurídicas que se ordenam em torno do comum, corrente, costumeiro, habitual, normal, usual, e exprimem um caráter típico que justifica a sua realização, como meio necessário à conservação da normalidade de atividade empresarial, pessoal ou familiar.

O negócio jurídico ordinário, além de normal, deve ser necessário, haja vista que interessa mesmo à manutenção de empresa, da pessoa ou da família.

Traduz-se o caráter ordinário do negócio jurídico, também, pela influência da natureza do objeto, cuja presença identifica a necessariedade e a normalidade.

Distinguido o objeto, constata-se se realmente o negócio jurídico se fazia necessário, nas condições em que fora produzido, à manutenção de estabelecimento mercantil, rural, ou industrial, ou à subsistência do devedor e/ou de sua família.

Advirta-se que, para a distinção do caráter ordinário, não se exige avaliação ou julgamento com base, sempre e exclusivamente, na contumácia do tipo específico do negócio jurídico ou na usualidade do objeto.

Na hipótese, a natureza ordinária não se confunde com a freqüência, como repetição amiudada do fato, apurada pelo número de vezes em que já ocorreu anteriormente.

O fato de o tipo de negócio jurídico não ter freqüentado a vida empresarial, pessoal ou familiar do devedor não induz a assertiva de que se trata de extraordinário ou extravagante.

Nem todo negócio jurídico novo se singulariza pela afirmação de lhe faltam atributos de ordinário, razão por que não se deve invejar a tese de que somente o que já foi produzido é que se amolda à hipótese do art. 164 do Código Civil.

A caracterização do negócio jurídico ordinário comporta parâmetro exterior, de tal sorte que a identificação pode ocorrer segundo situações extraídas fora da vida cotidiana ou costumeira do devedor.

O que importa, conseguintemente, é que o negócio jurídico possa ser também considerado ordinário com base em paradigma geral, colhido na vida empresarial, pessoal ou familiar.

Assim, não se mostra impeditivo à presunção da boa-fé que o tipo de negócio jurídico, em sendo contingente, tenha, conforme as circunstâncias, natureza ordinária.

Portanto, é perfeitamente possível e lícito que se reconheça a natureza ordinária do negócio jurídico, ainda que estreante, desde que tenha o caráter de fato comum na vida de uma empresa, de uma pessoa ou de uma família.

Rejeita-se, porém, a presunção de boa-fé do negócio jurídico, se inusitado ou insólito, seja por parâmetro geral ou específico da vida empresarial, pessoal ou familiar do devedor.

Reconhecida natureza ordinária, sobrevém o requisito segundo o qual o negócio jurídico constitui numa necessidade que precisa ser suprida, porquanto indispensável à manutenção da empresa, da pessoa ou da família.

Para a lei, nada influi que o negócio jurídico ordinário seja praticado no cenário ou âmbito empresarial, pessoal ou familiar, eis que o que importa é que se revele indispensável e necessário.

Preocupa-se o legislador em conservar a manutenção da atividade empresarial ou preservar a subsistência do devedor e/ou de sua família, razão por que autoriza que o negócio seja praticado, sem ambições de anulação.

Não se discrimina, pois, a natureza jurídica do negócio aviado pelo devedor insolvente, se estiver chancelado pelo ordinário e pela necessidade, desde que a serviço da manutenção de estabelecimento mercantil, rural, ou industrial, ou, ainda, à subsistência do devedor e/ou de sua família.

Se é certo que inexiste discriminação legal, urge, contudo, que se trate de negócio jurídico oneroso, mediante o qual há migração de bens que compõem o patrimônio do devedor.

Não se enquadram na tolerância legal os negócios jurídicos caracterizados por comportamento gracioso do devedor, pelos quais se transferem bens e dos quais resulta desabastecimento patrimonial, até porque, por mais caridosos, não cumprem a finalidade que interessa verdadeiramente ao comando da lei.

Instigação que se impõe se faz na busca de compreender-se o verdadeiro significado e alcance da expressão "*estabelecimento mercantil, rural, ou industrial*", a fim de que se possam definir os negócios ordinários que superam a perseguição anulatória, posto que necessários e de boa-fé.

A expressão é praticamente reprodução do texto anterior, período em que não raro se confundia estabelecimento com empresa, como se fossem o mesmo instituto.

Na verdade, a confusão de dava muito mais do campo conhecimento vulgar, sem inspiração técnica, pouco afeita ao domínio do povo.

Ocorre que estabelecimento e empresa significam institutos diferentes.

Como empresa e pessoa jurídica, organizada na forma de sociedade – independentemente da natureza ou do tipo –, são institutos diferentes, malgrado interligados, necessariamente.

Empresa é o universo de recursos materiais e imateriais que se compõe em unidade articulada, estruturada e administrada para fomentar a produção de bens e serviços, sob a instituição de uma pessoa jurídica, por meio da qual se organiza e exerce a personalidade.

Estabelecimento[375] é "*todo complexo de bens organizado, para exercício da empresa, por empresário, ou por sociedade empresária*",[376] o qual pode "*ser objeto unitário de direitos e de negócios jurídicos, translativos ou constitutivos, que sejam compatíveis com a sua natureza*"[377].

A empresa é o todo; estabelecimento, parte do todo.

Uma empresa desenvolve sua atividade de produção de bens ou serviços em um ou mais estabelecimentos.

Recolhe-se, assim, a assertiva de que empresa representa algo mais abrangente do que estabelecimento.

Em outra dicção: a empresa contém o estabelecimento.

Logo, o estabelecimento faz parte da empresa e, pois, da pessoa jurídica, não podendo ser considerada uma instituição independente, mas se aceita que seja objeto unitário de direitos e de negócios jurídicos.

Feitas as considerações acima, revela-se que, se o vocábulo estabelecimento significasse, tecnicamente, o estabelecimento[378] na acepção correta, a aplicação do

---

375 Estabelecimento, na novel acepção, significa o então chamado fundo de comércio

376 Art. 1.142 do Código Civil.

377 Art.1.143 do Código Civil.

378 O substantivo *estabelecimento* (mercantil, rural ou industrial) carrega impropriedade terminológica, no sentido em que foi empregado no art. 164, se cotejado com a definição do art. 1.141 do Código Civil,

comando do art. 164 seria, rigorosamente, restritiva, limitada ao perímetro jurídico sem alcançar, totalmente, a empresa.

Decerto, a intenção do legislador não fora a de reduzir o perímetro dentro do qual os negócios jurídicos podem ser praticados, demarcado apenas pelo estabelecimento.

Assim, leia-se que o negócio jurídico há de ser necessário ou indispensável à manutenção da empresa, pouco importando o tipo ou o caráter, como idéia que abarca um ou todos os estabelecimentos existentes.

E mais: exige-se que se faça construção hermenêutica capaz de albergar os negócios jurídicos ordinários indispensáveis à manutenção, outrossim, das sociedades simples, as que implementam objetivo social em que comporta atividade de fim econômico, mas que não têm natureza empresarial.

Anterioridade, contemporaneidade do crédito e esvaziamento patrimonial – Já se examinou que ao credor quirografário se confere a prerrogativa de perseguir a anulação dos negócios jurídicos, praticados por devedor insolvente ou reduzidos à insolvência, os quais importem em: a) transmissão gratuita de bens; ou b) remissão de dívida[379]

Ocorre, contudo, que o exercício do direito de que dispõe o credor se submete a regime jurídico que se inspira em balizas do tempo.

A regra jurídica estabelece perímetro temporal dentro do qual se qualifica o exercício da pretensão anulatória pelo credor que argui o dano sofrido, por força do movimento do devedor, ao transmitir gratuitamente bens ou remir dívidas, o qual se achava insolvente ou fora reduzido à insolvência.

Diz o texto que somente quem já era credor ao tempo em que os negócios jurídicos foram confeccionados tem predicativo jurídico para pleitear a anulação da transmissão gratuita de bens ou a remissão de dívida[380].

Há relação de antecedência do crédito já constituído, configurado, à celebração do negócio jurídico mediante o qual o devedor promove a transmissão graciosa de bem ou, por munificência, provoca a remissão da dívida.

---

segundo o qual "*considera-se estabelecimento todo complexo de bens organizados, para exercício da empresa, por empresário, ou por sociedade empresária*".

379 Art. 158 do Código Civil.

380 "*Só os credores que já eram ao tempo daqueles atos podem pleitear a anulação deles*", é a redação do §2º do art. 158 do Código Civil.

No tempo em que o devedor engenhou o negócio jurídico, o credor que se diz prejudicado pelo desabastecimento ou destruição patrimonial já era credor.

A pessoa que se torna credor, mas posteriormente ao negócio jurídico – transmissão gratuita de bens ou remissão de bens – perde a credencial para habilitar-se a arguir a fraude.

A qualidade de credor não alcança situação jurídica anterior, constituída sem que houvesse óbice, razão por que os negócios de transmissão gratuita de bens ou de remissão de dívida conservam a eficácia, mesmo que patrocinado por pessoa que venha a se tornar devedora e insolvente.

Nem sempre, porém, a anterioridade do negócio jurídico comporta a tese de que se acha vacinado contra a investida anulatória pelo credor tardio.

Situação há em que a pessoa obra, com perfídia, mediante o artifício de previamente desabastecer o seu patrimônio, por meio de transmissão graciosa de bem ou de remissão da dívida, para, em seguida, contrair dívida, tornando-se devedora sem suficiente provisão de bens para garantir o crédito do credor.

Trata-se de manobra pejada de má-fé do devedor, que sofre a rejeição da ordem jurídica.

Assim é que, no caso, se a literalidade do dispositivo legal que exige a anterioridade da constituição do crédito ao fato do esvaziamento patrimonial se apresentar como regente, o credor prejudicado pelo ludíbrio ou pela má-fé pode exercer pretensão anulatória com base no dolo.

Se antes de contrair a dívida o devedor aparentava dispor de sólido patrimônio ou, mesmo, de bens capazes de assegurar o pagamento, forte era a razão de o credor acreditar que a realidade patrimonial se mantivera.

No entanto, o devedor, ao sonegar a transmudação da realidade patrimonial, fato de extrema relevância, silenciado intencionalmente, comete omissão dolosa[381], que justifica a anulação do negócio jurídico, cuja realização teria sido frustrada se o credor não o houvesse ignorado, em face à malícia da contraparte.

Reversão da vantagem – Na hipótese em que o negócio jurídico fraudulento venha a ser anulado judicialmente, determina o art. 165 do Código Civil

381 Art. 147 do Código Civil.

que se reverterá a vantagem resultante em benefício do "*acervo sobre que se tenha de efetuar o concurso de credores*".

Sublinhe-se que a regra do art. 113, na verdade, conserva a mesma disposição normativa do Código Civil revogado[382], o que merece censura, haja vista que resolve mal o problema decorrente da anulação do negócio jurídico, engenhado em fraude a credor.

Identifica-se que a regra manda que a vantagem resultante da anulação do negócio jurídico seja revertida em proveito do acervo sobre que se tenha de efetuar o concurso de credores.

Numa leitura corrida, recolhe-se a impressão de que, pelo influxo da desconstituição do negócio jurídico tolhido pela fraude, o objeto que o animou – o bem – passa a compor realidade patrimonial que se constituiria num acervo específico, à disposição dos credores, fora do patrimônio do devedor, numa situação jurídica atípica.

Mais: com a anulação do negócio jurídico, o bem não ficaria sem titular, como se estive num estágio de transição patrimonial, compondo acervo alheio ao patrimônio do próprio devedor.

É certo que o provimento judicial, ao desconstituir o negócio jurídico, sob o fundamento da fraude, gera resultado que se estende além do interesse individual do credor que demandará a anulação, haja vista que a restituição ao estado anterior[383] do patrimônio do devedor se converte de vantagem pessoal para proveito coletivo, de cuja conseqüência participam todos os credores da mesma classe.

No entanto, o destino da reversão da vantagem deve ser encarada com base em duas situações, conforme as seguintes condições: a) o credor bosqueja apenas a anulação do negócio, sem a respectiva declaração de insolvência do devedor; b) o credor persegue a anulação do negócio jurídico, com a declaração de insolvência do devedor.

Ao exercitar, judicialmente, a pretensão anulatória do negócio jurídico, reputado fraudulento segundo uma das tipicidades previstas na lei, o credor não aufere vantagem direta.

---

382 O Art. 165 do Código Civil atual corresponde ao art. 113 do anterior.

383 Diz o art. 182 do Código Civil que "Anulado o negócio jurídico, restituir-se-ão as partes ao estado em que antes dele se achavam e, não sendo possível restituí-las, serão indenizadas com o equivalente".

Desfeito o negócio jurídico, o bem não ingressa no patrimônio do credor, porque o direito que persegue, ao ajuizar a ação, é de natureza declaratória e desconstitutiva.

Quer o credor que o negócio jurídico seja anulado, porque inspirado em fraude, e a reorganização do patrimônio do devedor, com: a) a restituição do bem transferido; b) o ressuscitamento do crédito remido; ou c) a devolução ou reposição do valor pago a outro credor quirografário, de dívida ainda não vencida[384].

Provada, declara-se a fraude e, pois, se desconstitui o negócio, de tal sorte que o bem, em ainda sendo factível, retorna ao patrimônio do devedor, para recompor o acervo patrimônio sobre o qual se exercem as ações dos credores.

Na hipótese, o credor não persegue a declaração de insolvência do devedor, mas apenas a anulação do negócio jurídico celebrado com fraude, razão por que o bem não se desloca.

Se, todavia, o credor, ao invés de pretender a anulação do negócio, objetiva o pronunciamento de insolvência do devedor, o destino do bem difere, haja vista que, em lugar de retornar ao patrimônio do devedor, desloca-se para o acervo formado pela arrecadação de todos os seus bens, como conseqüência que a declaração de insolvência produz.

Em qualquer uma das situações aqui discorridas, avulta a questão, na verdade, da morosidade da resposta que ecoa do processo judicial, seja para anular o negócio jurídico ou para decretar a insolvência do devedor.

Decerto, a letargia da prestação jurisdicional compromete ou nulifica a eficácia do processo como meio técnico de compor conflitos de interesse juridicamente tutelado, haja vista que será, de regra, frustrante o resultado alcançado pelo credor, após se submeter à escravidão de um sistema processual vetusto e labiríntico.

III - no de atos de incapazes, do dia em que cessar a incapacidade.

Prazo de decadência para pleitear-se a anulação do negócio jurídico no caso de incapacidade – O Código Civil estabeleceu regra especial[385] de

384 As hipóteses de transmissão gratuita de bens ou remissão de dívida estão disciplinadas no art. 158 do Código Civil, já analisado; a hipótese de pagamento antecipado de dívida, no art. 162.

385 A regra atual não é nova, porque a norma anterior já previa o prazo de quatro anos, com a diferença de que hoje se fala em decadência do direito de postular-se a anulação do negócio jurídico; antes, prescrição.

decadência para a postulação de anulação de negócio jurídico celebrado por pessoa incapaz.

Se há patrocínio de incapaz no negócio jurídico, deve-se exercer a pretensão de sua invalidação no prazo de quatro anos, a contar do dia em que cessar a incapacidade.

Para a produção do negócio jurídico, apto a irradiar efeitos válidos e eficazes, exige-se que o agente seja capaz[386], a fim de que a manifestação ou declaração da vontade, quando projetada livre e conscientemente[387], se revele incensurável à luz da ordem jurídica.

Examina-se a capacidade objetiva do agente, de acordo com a disposição na ordem jurídica que define, por critérios dogmáticos, as pessoas que são relativa e absolutamente incapazes[388] para produzir o negócio jurídico.

A capacidade é aptidão, reconhecida pela ordem jurídica, da qual dispõe o agente para exprimir, conscientemente, a sua vontade na produção de um ato jurídico (***lato sensu***).

Com a capacidade outorgada pela lei, faz-se presumir que o agente confeccionou o ato jurídico ou o negócio jurídico, em conformidade com a sua vontade e a sua consciência, de maneira livre para alcançar o resultado e o efeito dela decorrentes[389].

---

386 No direito privado, fala-se em capacidade do agente; no público, diz-se competência, requisito indispensável ao ato administrativo, sem qual o qual sobrevém a nulidade. No direito administrativo ou público, todos têm capacidade, mas nem todos dispõem de competência. Em tese, não há agente público ou político que não tenha, por conseguinte, capacidade de direito e de exercício.

387 A capacidade do agente, colhida apenas objetivamente, não autoriza, por si, a assertiva de validade do negócio jurídico, se a manifestação ou a declaração de vontade for emitida com vício que a contamine, situação em que a hipótese é de anulação.

388 Define o art. 4º do Código Civil os relativamente incapazes: os maiores de dezesseis e menores de dezoito anos; os ébrios habituais, os viciados em tóxicos, e os que, por deficiência mental, tenham o discernimento reduzido; os excepcionais, sem desenvolvimento mental completo; e os pródigos. Os absolutamente incapazes, segundo o art. 3º do Código Civil, são: os menores de dezesseis anos; os que, por enfermidade ou deficiência mental, não tiverem o necessário discernimento para a prática desses atos; e os que, mesmo por causa transitória, não puderem exprimir sua vontade.

389 Assinale-se que a capacidade, como um dos requisitos indispensáveis do ato jurídico (***lato sensu***), oferece, em primeiro plano, a ilação de que o agente tem aptidão de direito e de exercício, razão por que por esse motivo o ato não pode ser nulo. No entanto, o ato pode ser reputado inválido, ainda que o agente tenha capacidade, quando houver vício que contamine a vontade e a consciência do agente, resultante de erro, dolo, coação, estado de perigo, lesão ou fraude contra credores, situação que enseja a anulação (art.171, II, do Código Civil). Assim, para que o ato não seja inválido, gênero da espécie anulável, não basta apenas que o agente tenha capacidade, mister se faz que a sua vontade e a sua consciência seja externadas livremente para alcançar o resultado e o efeito dela decorrentes.

Somente as pessoas capazes podem editar manifestação ou declaração de vontade válida, sem recursos à representação[390] ou à assistência[391].

Traduz a ordem jurídica a premissa de que as pessoas relativa ou absolutamente incapazes exprimem e manifestam a vontade sem o indispensável e apurado discernimento, apto a realizar a intelecção necessária à produção de efeito jurídico[392].

Em tutela dos interesses dos agentes relativa ou absolutamente incapazes, a ordem jurídica, sem tergiversar, blinda a validade do negócio jurídico, reputando-o inválido (nulo ou anulável, segundo o grau da incapacidade[393]).

Por conseguinte, é correta a conclusão de que acolheu o Código Civil o ***princípio da primazia da tutela do incapaz***, em reforço ao sistema que, aprioristicamente, reputa fragilizada a manifestação ou a declaração de vontade dos agentes portadores das incapacidades relativa e absoluta, motivo por que se justifica que se suspenda a fluência do prazo de decadência, até que cesse a incapacidade.

Prazo de decadência para pleitear-se a invalidação (nulidade ou anulabilidade) do negócio jurídico no caso de incapacidade – Conforme já exposto, o Código Civil dispôs sobre regra especial de decadência para a postulação de anulação de negócio jurídico celebrado por pessoa incapaz.

---

390 Aos absolutamente incapazes se veda a participação direta no negócio jurídico, razão por que são representados pelos pais, tutores ou curadores, conforme o fenômeno que justifica a representação.

391 Aos relativamente incapazes se confere a participação direta no negócio jurídico, mas mediante o recurso da assistência, motivo por que se diz que a interdição é relativa a certos atos ou à maneira de exercê-los (art. 4º do Código Civil).

392 Conforme já se explicou, em se tratando de incapacidade absoluta, o agente não participa da confecção do ato jurídico ***(lato sensu)***, haja vista que é literalmente representado pelo seu representante legal que, o substituindo fisicamente, o produz em seu lugar; na incapacidade relativa, o agente participa, diretamente, da produção do ato jurídico (***lato sensu***), com a necessária assistência. Também se justifica a lembrança de que, no Código Civil anterior, havia disposição expressa (art. 82) segundo a qual "*as pessoas absolutamente incapazes seriam representadas pelos pais, tutores ou curadores em todos os atos jurídicos; os relativamente incapazes pelas pessoas e nos casos que este Código determina*". Duas observações merecem espaço: uma, a regra não diferenciava representação e assistência, de tal maneira que se tinha a impressão de que, nos negócios jurídicos, os relativa e os absolutamente incapazes seriam representados, sem distinção, o que já soava impróprio; duas, o texto falava em ato jurídico, ao invés de negócio jurídico. Assim, reforce-se que os absolutamente incapazes são representados; os relativamente incapazes, assistidos. Por fim, sublinhe-se que o art. 82 do Código Civil anterior não fora renovada, ficando sem correspondente no Código Civil de 2002, nem mesmo nos Capítulos que tratam da tutela e curatela.

393 Impõe advertir que o negócio jurídico de cuja confecção participe o agente relativamente incapaz não será necessariamente nulo, mas anulável. A incapacidade relativa do agente justifica seja, por conseguinte, o negócio jurídico anulável (art. 171, Código Civil).

Diz o art. 178, III, do Código Civil, que, quando se tratar de anulação de negócio jurídico, o prazo de decadência é de quatro anos, contado: "*no de atos de incapazes, do dia em que cessar a incapacidade*".

A idéia síntese, pois, é a de que o prazo de quatro anos somente começa a fluir quando findar a incapacidade.

Assim, enquanto perdurar a incapacidade, inexiste contagem do prazo para o exercício da pretensão de anulação do negócio jurídico.

O prazo não corre!

Protege-se o interesse do incapaz, que, cessada a incapacidade, se submete a regime jurídico novo, que lhe habilita a exercer de fato e de direito sua capacidade.

Há dois esclarecimentos que precisam ser feitos em decorrência da disposição legal pertinente à decadência, relacionados à: a) natureza da incapacidade; e b) participação, direta (pessoal ou assistida) ou indireta (representada) do incapaz na produção do ato gerador do negócio.

A primeira questão é a de estabelecer o alcance da regra decadencial para os negócios jurídicos gerados por atos de incapaz.

Impõe-se que se resolva se a regra se aplica, indistintamente, tanto aos relativamente incapazes quanto aos absolutamente incapazes.

A premissa mais fácil de ser colhida é a de que a disposição legal se encaixa, certamente, nos casos de atos patrocinados pelos relativamente incapazes.

Por quê? Porque, em tese, o art. 178 trata das hipóteses segundo as quais se definem, por força do art. 171 também do Código Civil, os casos em que o negócio jurídico é anulável devido: a) à incapacidade relativa do agente; b) aos vícios resultantes de erro, dolo, coação, estado de perigo, lesão e fraude contra credores.

No art. 171 do Código Civil, se incluem as patologias que contaminam a qualidade do negócio jurídico, sujeitando-o ao regime de anulabilidade, por expressa disposição legal[394].

Logo, os negócios jurídicos (ou atos) assim construídos são anuláveis.

Também, se pode dizer que, como o uso do vocábulo ***"anulação"*** se reserva aos casos de anulabilidade, a disposição sobre a decadência contida no

394 Dispõe o art. 171 do Código Civil que é anulável o negócio jurídico: I – por incapacidade relativa do agente; e II – por vício resultante de erro, dolo, coação, estado de perigo, lesão ou fraude contra credores.

art. 178 do Código Civil estaria, em tese, restrita aos atos patrocinados pelos relativamente incapazes, sem alcançar os absolutamente incapazes[395].

É certo que, quando produzido por pessoa absolutamente incapaz, o negócio jurídico se nulifica, subordinando-o ao regime de nulidade, por explícita prescrição legal[396].

Ocorre, contudo, que o fato de o ato ou negócio jurídico ter sido patrocinado por pessoa absolutamente incapaz não o torna indene ao processo gerador de efeito.

Ora, o negócio jurídico promovido por pessoa absolutamente incapaz, mesmo tachado de nulo, pode produzir efeitos, enquanto não se lhe estancar a fonte geratriz, mediante a intervenção judicial, em processo que resulte na declaração de nulidade.

Para a postulação de nulidade do ato, certamente deve-se observar um prazo, principalmente porque, qualquer que seja a sua natureza, se impõem a certeza e a segurança jurídicas, fundamentais ao sistema de direito.

Seria, ainda, irracional que os absolutamente incapazes, muito mais frágeis[397], não dispusessem de regra protetora que se oferece aos relativamente incapazes, como aquela que estabelece que a contagem do prazo decadencial de quatro anos somente se inicia no dia em que cessar a incapacidade.

---

395 Nos atos praticados pelos absolutamente incapazes, há nulidade ainda: a) for ilícito, impossível ou indeterminável o seu objeto; b) o motivo determinante, comum a ambas as partes, for ilícito; c) não se revestir a forma prescrita em lei; d) for preterida alguma solenidade que a lei considere essencial para a sua validade; e) tiver por objetivo fraudar lei imperativa; f) a lei taxativamente o declarar nulo, ou proibir-lhe a prática, sem cominar sanção; e g) for simulado.

396 Ressalte-se, pelo aspecto sistêmico, o Código Civil se expõe à censura por ter desperdiçado a oportunidade de melhor organizar a disciplina da nulidade e da anulabilidade dos negócios jurídicos. Deveria o Código Civil haver, se fosse para segregar em capítulos diferentes, embora seguidos, os defeitos do negócio jurídico e a invalidade do negócio jurídico, perfilhado também o modelo organizacional de separação das causas de que decorrem a nulidade e a anulabilidade.
No Capítulo IV (dos defeitos do negócio jurídico), o Código Civil insere causas de anulabilidade do negócio jurídico – a) o erro ou ignorância, o dolo, a coação, o estado de perigo, a lesão e f) a fraude contra credores – como se fossem as únicas cuja presença geraria a anulação do negócio jurídico (ato jurídico). No entanto, no Capítulo V (da invalidade do negócio jurídico), o Código Civil adiciona mais uma causa de anulabilidade[] – por incapacidade relativa do agente – incluindo, pois, disposição que pode gerar a anulação, misturando-a com regras de nulidade do negócio jurídico. Malgrado a nulidade e anulabilidade sejam graus distintos de agravamento da invalidade do negócio jurídico, insiste-se em reafirmar que maltratou o Código Civil a técnica e o didatismo.

397 É certo que contra os absolutamente incapazes (art. 3º, CC) não corre a prescrição, conforme estabelece o art. 198, I, do Código Civil. Sucede que a disposição é insuficiente para definir o lapso temporal dentro do qual o absolutamente incapaz, cessada a incapacidade, deveria exercer a pretensão de nulidade do ato ou negócio jurídico que produzira. Ora, o prazo não haveria de ser indeterminado, sem termo de início ou de final.

O Código Civil professa o ***princípio da primazia da tutela do incapaz***, em reforço ao sistema que, aprioristicamente, reputa fragilizada a manifestação ou a declaração de vontade dos agentes portadores das incapacidades relativa e absoluta, fato que motiva que se suspenda a fluência do prazo de decadência, até que cesse a incapacidade.

Portanto, o prazo para nulidade e anulabilidade do ato ou do negócio jurídico é de quatro anos, contado do dia em que terminar a incapacidade.

Prazo de decadência para pleitear-se a invalidação (nulidade ou anulabilidade), no caso de participação, direta (pessoal ou assistida) ou indireta (representada) do incapaz na produção do ato gerador do negócio – A regra especial de decadência relativa ao pleito de anulação de negócio jurídico celebrado por pessoa incapaz, dispõe que o prazo de decadência é de quatro anos, contado: "*no de atos de incapazes, do dia em que cessar a incapacidade*".

A opção legislativa ancora-se na certeza de que o prazo de quatro anos somente começa a fluir quando findar a incapacidade, período durante o qual o tempo jurídico não se conta[398].

O segundo esclarecimento, depois de feita explicação sobre o alcance da regra decadencial conforme a natureza da incapacidade[399], se conecta à parti-

---

398 Tutela-se o interesse dos incapazes, que, com o fim a incapacidade, se habilita a exercer de fato e de direito sua capacidade.

399 A primeira assertiva é a de que a disposição legal (art. 178, III) se destina a disciplinar as hipóteses de decadência relacionadas aos atos patrocinados pelos relativamente incapazes, porque as situações definidas no art. 178, com o reforço do art. 171 também do Código Civil, são aquelas segundo as quais o negócio jurídico é anulável devido: a) à incapacidade relativa do agente; b) aos vícios resultantes de erro, dolo, coação, estado de perigo, lesão e fraude contra credores. Ademais utilização do vocábulo ***"anulação"***, no corpo do art. 178, induza à ilação de que se trata de casos de anulabilidade, motivo por que a disposição sobre a decadência se restringiria aos atos patrocinados pelos relativamente incapazes, sem alcançar os absolutamente incapazes.
É certo que, quando produzido por pessoa absolutamente incapaz, o negócio jurídico se nulifica, subordinando-o ao regime de nulidade, por explícita prescrição legal. Releva observar que o ato ou negócio jurídico, mesmo construído por pessoa absolutamente incapaz, não tem o seu potencial bloqueado, como fosse impossível que gerasse efeito. Não custa redizer que o negócio jurídico promovido por pessoa absolutamente incapaz, mesmo tachado de nulo, pode produzir efeitos, enquanto não se lhe estancar a fonte geratriz, mediante a intervenção judicial, em processo que resulte na declaração de nulidade. Quando nulo o ato, há um prazo para que se exercite a pretensão de nulidade, porque arrepia o sistema jurídico a inexistência do tempo, em nome da certeza e a segurança jurídicas, caras ao direito. Careceria de justiça se os absolutamente incapazes, muito mais vulneráveis, estivessem sem regra protetora que se oferece aos relativamente incapazes, como aquela que estabelece que a contagem do prazo decadencial de quatro anos somente se inicia no dia em que cessar a incapacidade. Em nome do ***princípio da primazia da tutela do incapaz***, por cuja influência se considera fragilizada a manifestação ou a declaração de vontade dos agentes portadores das incapacidades relativa e absoluta,

cipação, direta (pessoal ou assistida) ou indireta (representada) do incapaz na produção do ato gerador do negócio.

A pessoa relativa ou absolutamente incapaz participa – aqui não se fala em nulidade ou anulabilidade, mas apenas se considera a hipótese em face à realidade – de duas maneiras na geração do ato ou do negócio jurídico: a) direta; ou b) indireta.

Na participação direta, há o concurso pessoal, em que a pessoa, diretamente, sem interposição, produz o ato ou o negócio jurídico, ou há o concurso assistido, em que o agente, pessoalmente, produz o ato ou o negócio jurídico, mas com a assistência dos pais[400] ou do tutor[401].

Na participação indireta, apenas o representante legal atua, diretamente, no ato ou no negócio jurídico, situação em decorrência da qual a manifestação ou declaração de vontade do representado flui na vontade dos pais ou do tutor, conforme o caso.

Ressalte-se que, na participação direta ou na participação indireta, o ato produzido será sempre considerado como manifestação ou declaração de vontade do incapaz.

Para o cômputo do prazo decadencial de que trata o art. 178 do Código Civil é irrelevante, por conseguinte, que o ato, objeto da nulidade ou da anulabilidade, tenha decorrido de participação direta – concurso pessoal ou o concurso assistido – ou indireta do incapaz.

O prazo de decadência somente se conta, pois, do dia em que cessar a incapacidade, motivo pelo qual se deve examinar, para efeito de medição do tempo, apenas o advento da capacidade, situação jurídica que ativa a contagem do tempo de quatro anos.

Incapacidades específicas ou especiais – Tragam-se a lembrança de que, ao lado das incapacidades genéricas – relativa ou absoluta – coexistem as chamadas incapacidades específicas ou especiais, por força das quais o agente, mal-

fato que motiva que se suspenda a fluência do prazo de decadência, até que cesse a incapacidade, se justifica que o prazo para nulidade e anulabilidade do ato ou do negócio jurídico é de quatro anos, contado do dia em que terminar a incapacidade.

400 Art. 1.690 do CC: "*Compete aos pais, e na falta de um deles ao outro, com exclusividade, representar os filhos menores de dezesseis anos, bem como assisti-los até completarem a maioridade ou serem emancipados*".

401 Art. 1.747 do CC: "Compete mais ao tutor: I – representar o menor, até dezesseis anos, nos atos da vida civil, e assisti-lo, após essa idade, nos em que for parte".

grado disponha de plena capacidade de exercício e de direito, sofre impedimento legal à manifestação ou a declaração de vontade em determinado negócio jurídico, haja vista que se lhe sobrecarrega uma qualidade jurídica que lha tolda circunstancialmente[402].

No caso, a lei reputa e declara, taxativamente, nulo o ato jurídico (***lato sensu***), proibindo-lhe a prática, porquanto há impedimento de ordem moral e de natureza ética, segundo os quais se justifica que extraia do agente a capacidade para praticá-lo[403].

Na hipótese de impedimento circunstancial, em se tratando de interesse de incapaz, incide a regência da regra que fixa em quatro anos o prazo de decadência, a contar do cessamento da incapacidade.

> **Art. 179.** ***Quando a lei dispuser que determinado ato é anulável, sem estabelecer prazo para pleitear-se a anulação, será este de dois anos, a contar da data da conclusão do ato.***

Prazo para postulação de anulação do negócio jurídico na hipótese de omissão da lei – O legislador construiu, no Código Civil, a premissa de que o prazo decadencial está conectado à matéria ou à hipótese prevista no artigo.

Assim, geralmente, a definição do prazo se acha vinculada ao artigo específico, em cujo comando se põe a regra decadencial.

Ocorre que nem sempre a lei dispõe sobre o prazo de decadência, nas hipóteses de anulabilidade do ato ou do negócio jurídico.

---

402 A hipótese de impedimento circunstancial pode ser colhida, por exemplo, no caso de **tutor**, que, mesmo com autorização judicial, não pode, sob pena de nulidade: a) adquirir por si, ou por interposta pessoa, mediante contrato particular, bem móveis ou imóveis pertencentes ao menor; b) dispor dos bens do menor a título gratuito; c) constituir-se cessionário de crédito ou de direito, contra o menor (art. 1.749 do Código Civil). Outrossim, a vedação se estende ao curador, por força do art. 1.774 que manda que as disposições concernentes à tutela se lhe apliquem. Adicionem-se, ainda, outros casos de impedimento especial: a) os servidores públicos em geral não podem comprar, ainda que em hasta pública, bens ou direitos da pessoa jurídica a que servirem, ou que estejam sob sua administração direta ou indireta (art. 497, II, do Código Civil); b) os juízes, secretário de tribunais, arbitradores, peritos e outros serventuários ou auxiliares da justiça não podem compram os bens ou direitos sobre que se litigar em tribunal, juízo ou conselho, no lugar onde servirem, ou a que se estenderem a sua autoridade (art. 497, III, do Código Civil). E mais: os tutores, curadores, testamenteiros e administradores, outrossim, não podem comprar bens confiados à sua guarda ou administração, ainda que em hasta pública (art.497, I, do Código Civil).

403 Os exemplos da nota anterior se prestam a simplificar a questão dos impedimentos especiais, que geram a invalidade do ato (art.166, VII).

O Código Civil, no art. 179, estabeleceu a regra geral segundo a qual, se houver omissão ou silêncio legal, o prazo para pleitear-se a anulação é de dois anos, a contar da conclusão do ato ou do negócio jurídico.

O prazo decadencial de dois anos se aplica a toda e qualquer situação em que houver omissão, como regra geral que se projeta além dos limites do próprio Código Civil.

O prazo de dois anos se conta da conclusão do ato ou do negócio jurídico, momento a partir do qual a pretensão de anulabilidade se submete ao regime da decadência.

Entenda-se como conclusão a situação em que o ato ou negócio jurídico passa a existir no mundo jurídico, mesmo com a eficácia reprimida e a validade censurada.

Ocultação dolosa da menoridade – Ostensivamente, o Código Civil se importa em defender a qualidade da produção da vontade do agente, na geração do negócio jurídico (ou ato jurídico), sob o abrigo de disposições legais mediante as quais se reprimem o comportamento e a intenção que se inspiram e governam pelo embuste ou pela malícia, em desafio à ética e à boa-fé.

Sabe-se que o ato jurídico (ou negócio jurídico), longe de representar instrumento a serviço do logro e do benefício desmedido, colhido em cenário infestado pela má-fé, há de representar a conciliação de interesses perseguidos pelos protagonistas, os quais lhes geram vantagens justas[404].

É intolerável, na construção e manifestação da vontade, que o agente seja embaido ou iludido, extraindo-se-lhe a capacidade de cognição por força de infiltração de manobras e ardis no campo em que se hospeda a boa-fé.

O sistema legal, além de exigir a presença da ética e da boa-fé no negócio jurídico (ou ato jurídico), incomoda-se com a tradução incorreta da vontade decorrente de vícios que lhe alteram a qualidade.

O Código Civil, severo e exigente, não poupa nem as pessoas menores, relativamente capazes, ao enquadrá-las na condição de destinatário do princípio da boa-fé, quando partícipes de negócios jurídicos.

404 No corpo do Código Civil, há regra jurídica com profunda importância para o aperfeiçoamento das relações jurídicas e evolução dos valores mais caros ao homem, como por exemplo aquela que dispõe que "*comete ato ilícito o titular de um direito que, ao exercê-lo, excede manifestamente os limites impostos pelo seu fim econômico ou social, pela boa-fé e pelos bons costumes*" (art.187).

Ressalta o Código Civil (art.180) que "*O menor, entre 16 (dezesseis) e 18 (dezoito) anos, não pode, para eximir-se de uma obrigação, invocar a sua idade se dolosamente a ocultou quando inquirido pela outra parte, ou se, no ato de obrigar-se, declarou-se maior*".

Na verdade, o art. 180 do Código Civil descreve uma conduta dolosa[405] do agente – entre 16 e dezoito anos –, positiva ou negativa, que, consciente e maliciosamente, participa da produção do negócio jurídico (ou ato jurídico) com a intenção seduzida pelo espírito enganador, traquinado na ardilosidade, com que persegue e consegue exibir uma qualidade jurídica, capacidade, sem, realmente, ter.

O menor transfigura-se mediante o comportamento: a) omissivo (oculta a idade); ou b) comissivo (revela idade diferente).

Há, pois, duas situações[406], que provocam uma única conseqüência jurídica: **a intangibilidade da obrigação** por cuja satisfação responde o menor entre dezesseis e dezoito anos.

Ao sonegar ou ocultar a idade, tem-se o dolo omissivo, aquele segundo o qual uma das partes, com ânimo de capacitar-se, silencia intencionalmente sobre a sua qualidade jurídica (capacidade) de que a contraparte deveria ter conhecimento, porque, se fosse de sua ciência, o negócio jurídico não se realizaria[407].

O silêncio intencional[408], como omissão dolosa, deliberada na consciência do menor, que sonega a idade, não constitui justificativa para desobrigar-se a cumprir o seu dever, motivo por que carece de fundamento para frustrar o negócio jurídico.

---

405 Realce-se que o dolo, se tem natureza de uma doença que contamina a relação jurídica definida por interesses pessoais de seus protagonistas, o que gera a idéia de que seus efeitos apenas se particularizam, constitui, outrossim, um mal que penetra na esfera do interesse coletivo, à medida que prejudica a sociedade, como um todo, com a deseducação dos valores morais e éticos.

406 O dolo pode ser positivo (comissivo) ou negativo (omissivo), para cuja concreção ocorre, respectivamente, uma ação ou uma omissão mal-intencionadas do agente. No comissivo ou no omissivo, a vítima arrebanha o conhecimento em equívoco ou em erro, por força do ardil confeccionado pelo agente do dolo, que age para deformar ou sonegar a realidade, com o intuito de atrair e granjear a vontade da vítima e, em seqüência, locupletar-se com uma vantagem, em decorrência do negócio jurídico.

407 Art. 147 do Código Civil: "*Nos negócios jurídicos bilaterais, o silêncio intencional de uma das partes a respeito de fato ou qualidade que a outra parte haja ignorado, constitui omissão dolosa, provando-se que sem ela o negócio não se teria celebrado*".

408 No estudo do instituto do dolo, viu-se que há silêncio intencional de uma das partes, caracterizando-se omissão dolosa, sobre: a) um fato, juridicamente relevante à produção da vontade do negócio jurídico a que ele interessava; ou b) uma qualidade relativa: b.1.) ao negócio; b.2.) ao objeto; d) à identidade ou qualidade da pessoa; ou d) o efeito e o alcance de disposição encartada na lei ou no contrato.

Ao declarar ou revelar maior idade, tem-se o dolo comissivo, aquele em que uma das partes, com a intenção de capacitar-se, artificializa a idade, aumentando-a, como já exercitasse os direitos decorrentes da maioridade, o que causa um conhecimento errado na vítima.

Nas duas hipóteses, há a má-fé do menor, comportamento censurado pelo Código Civil, que professa a boa-fé como um de seus mais dos mais caros institutos.

O dolo do menor não o aproveita, razão por que o negócio jurídico subsiste e a contraparte embaida pode, perfeitamente, exigir-lhe o implemento da obrigação por cuja satisfação responde.

Por fim, muito menos se desqualificam a validade e a eficácia do negócio jurídico, se houver, também, o dolo do assistente do menor, seja concorrendo na ocultação da idade, seja na confirmação de idade maior.

> ***Art. 180. O menor, entre dezesseis e dezoito anos, não pode, para eximir-se de uma obrigação, invocar a sua idade se dolosamente a ocultou quando inquirido pela outra parte, ou se, no ato de obrigar-se, declarou-se maior.***

Ocultação dolosa da menoridade – Ostensivamente, o Código Civil se importa em defender a qualidade da produção da vontade do agente, na geração do negócio jurídico (ou ato jurídico), sob o abrigo de disposições legais mediante as quais se reprimem o comportamento e a intenção que se inspiram e governam pelo embuste ou pela malícia, em desafio à ética e à boa-fé.

Sabe-se que o ato jurídico (ou negócio jurídico), longe de representar instrumento a serviço do logro e do benefício desmedido, colhido em cenário infestado pela má-fé, há de representar a conciliação de interesses perseguidos pelos protagonistas, os quais lhes geram vantagens justas[409].

É intolerável, na construção e manifestação da vontade, que o agente seja embaido ou iludido, extraindo-se-lhe a capacidade de cognição por força de infiltração de manobras e ardis no campo em que se hospeda a boa-fé.

---

409 No corpo do Código Civil, há regra jurídica com profunda importância para o aperfeiçoamento das relações jurídicas e evolução dos valores mais caros ao homem, como por exemplo aquela que dispõe que "*comete ato ilícito o titular de um direito que, ao exercê-lo, excede manifestamente os limites impostos pelo seu fim econômico ou social, pela boa-fé e pelos bons costumes*" (art.187).

O sistema legal, além de exigir a presença da ética e da boa-fé no negócio jurídico (ou ato jurídico), incomoda-se com a tradução incorreta da vontade decorrente de vícios que lhe alteram a qualidade.

O Código Civil, severo e exigente, não poupa nem as pessoas menores, relativamente capazes, ao enquadrá-las na condição de destinatário do princípio da boa-fé, quando partícipes de negócios jurídicos.

Ressalta o Código Civil (art.180) que "*O menor, entre 16 (dezesseis) e 18 (dezoito) anos, não pode, para eximir-se de uma obrigação, invocar a sua idade se dolosamente a ocultou quando inquirido pela outra parte, ou se, no ato de obrigar-se, declarou-se maior*".

Na verdade, o art. 180 do Código Civil descreve uma conduta dolosa[410] do agente – entre 16 e dezoito anos –, positiva ou negativa, que, consciente e maliciosamente, participa da produção do negócio jurídico (ou ato jurídico) com a intenção seduzida pelo espírito enganador, traquinado na ardilosidade, com que persegue e consegue exibir uma qualidade jurídica, capacidade, sem, realmente, ter.

O menor transfigura-se mediante o comportamento: a) omissivo (oculta a idade); ou b) comissivo (revela idade diferente).

Há, pois, duas situações[411], que provocam uma única conseqüência jurídica: **a intangibilidade da obrigação** por cuja satisfação responde o menor entre dezesseis e dezoito anos.

Ao sonegar ou ocultar a idade, tem-se o dolo omissivo, aquele segundo o qual uma das partes, com ânimo de capacitar-se, silencia intencionalmente sobre a sua qualidade jurídica (capacidade) de que a contraparte deveria ter conhecimento, porque, se fosse de sua ciência, o negócio jurídico não se realizaria[412].

---

410 Realce-se que o dolo, se tem natureza de uma doença que contamina a relação jurídica definida por interesses pessoais de seus protagonistas, o que gera a idéia de que seus efeitos apenas se particularizam, constitui, outrossim, um mal que penetra na esfera do interesse coletivo, à medida que prejudica a sociedade, como um todo, com a deseducação dos valores morais e éticos.

411 O dolo pode ser positivo (comissivo) ou negativo (omissivo), para cuja concreção ocorre, respectivamente, uma ação ou uma omissão mal-intencionadas do agente. No comissivo ou no omissivo, a vítima arrebanha o conhecimento em equívoco ou em erro, por força do ardil confeccionado pelo agente do dolo, que age para deformar ou sonegar a realidade, com o intuito de atrair e granjear a vontade da vítima e, em seqüência, locupletar-se com uma vantagem, em decorrência do negócio jurídico.

412 Art. 147 do Código Civil: "*Nos negócios jurídicos bilaterais, o silêncio intencional de uma das partes a respeito de fato ou qualidade que a outra parte haja ignorado, constitui omissão dolosa, provando-se que sem ela o negócio não se teria celebrado*".

O silêncio intencional[413], como omissão dolosa, deliberada na consciência do menor, que sonega a idade, não constitui justificativa para desobrigar-se a cumprir o seu dever, motivo por que carece de fundamento para frustrar o negócio jurídico.

Ao declarar ou revelar maior idade, tem-se o dolo comissivo, aquele em que uma das partes, com a intenção de capacitar-se, artificializa a idade, aumentando-a, como já exercitasse os direitos decorrentes da maioridade, o que causa um conhecimento errado na vítima.

Nas duas hipóteses, há a má-fé do menor, comportamento censurado pelo Código Civil, que professa a boa-fé como um de seus mais dos mais caros institutos.

O dolo do menor não o aproveita, razão por que o negócio jurídico subsiste e a contraparte embaida pode, perfeitamente, exigir-lhe o implemento da obrigação por cuja satisfação responde.

Por fim, muito menos se desqualificam a validade e a eficácia do negócio jurídico, se houver, também, o dolo do assistente do menor, seja concorrendo na ocultação da idade, seja na confirmação de idade maior.

Art. 181. Ninguém pode reclamar o que, por uma obrigação anulada, pagou a um incapaz, se não provar que reverteu em proveito dele a importância paga.

Pagamento a incapaz – Na tutela dos interesses dos absolutamente e dos relativamente incapazes, o Código Civil se abastece de regras que substanciam o ***princípio da primazia da tutela do incapaz***.

O art. 181 do Código Civil, na linha de proteção dos incapazes, dispõe que "*ninguém pode reclamar o que, por uma obrigação anulada, pagou a um incapaz, se não provar que reverteu em proveito dele a importância paga*".

Um dos requisitos de validade do negócio jurídico, ao lado do objeto e da forma, é o da capacidade do agente, que, à falta, pode levá-lo à anulabilidade[414],

413 No estudo do instituto do dolo, viu-se que há silêncio intencional de uma das partes, caracterizando-se omissão dolosa, sobre: a) um fato, juridicamente relevante à produção da vontade do negócio jurídico a que ele interessava; ou b) uma qualidade relativa: b.1.) ao negócio; b.2.) ao objeto; d) à identidade ou qualidade da pessoa; ou d) o efeito e o alcance de disposição encartada na lei ou no contrato.

414 Art. 171, I, do Código Civil.

quando for o caso de incapacidade relativa, ou da nulidade[415], quando for a hipótese de incapacidade absoluta.

Não se deve extremar o entendimento de que os incapazes se acham segregados, de tal maneira que estejam interditados a exercer direitos ou a contrair obrigações.

Os incapazes podem, sim, participar de negócios jurídicos, mediante representação, quando a incapacidade for absoluta[416], ou assistência, quando a incapacidade for relativa[417].

E, mesmo nas situações em que porte defectividade, o negócio jurídico de que os incapazes participam pode irradiar efeitos, enquanto não sobrevier prestação jurisdicional que o imponha a anulação.

O art. 181 do Código Civil traz a hipótese que presume a existência de uma relação jurídica entre um incapaz e uma pessoa capaz, na modalidade de negócio jurídico, de que resulta: a) o pagamento de uma obrigação; e b) anulação – nulidade ou anulabilidade – da obrigação (negócio jurídico).

O dispositivo legal rege a situação fática em que o negócio jurídico celebrado com o concurso de um incapaz se torne anulado, exatamente porque há uma incapacidade relativa ou absoluta do agente.

Em primeiro plano, se entremostra que, pela natureza punitiva – perdimento do que se pagou à contraparte –, pretende o dispositivo desestimular a realização de negócio jurídico com incapazes, quando desamparado da assistência ou da representação.

Para a lei (art. 181, do Código Civil)), são irrelevantes a modalidade e a qualidade jurídica da incapacidade.

Assim, estão sujeitos à regra os negócios jurídicos de que participem os relativamente capazes (os maiores de 16 (dezesseis) e menores de 18 (dezoito) anos; os ébrios habituais, os viciados em tóxicos, e os que, por deficiência men-

---

415 Art. 166, II, do Código Civil.

416 Art. 3º do Código Civil: São absolutamente incapazes de exercer pessoalmente os atos da vida civil: I – os menores de 16 (dezesseis) anos; II – os que, por enfermidade ou deficiência mental, não tiverem o necessário discernimento para a prática desses atos; III – os que, mesmo por causa transitória, não puderem exprimir sua vontade.

417 Art. 4º do Código Civil: São incapazes, relativamente a certos atos, ou à maneira de os exercer: I – os maiores de 16 (dezesseis) e menores de 18 (dezoito) anos; II – os ébrios habituais, os viciados em tóxicos, e os que, por deficiência mental, tenham o discernimento reduzido; III – os excepcionais, sem desenvolvimento mental completo; IV – os pródigos. Parágrafo único. A capacidade dos índios será regulada por legislação especial.

tal, tenham o discernimento reduzido; os excepcionais, sem desenvolvimento mental completo; e os pródigos) e os absolutamente incapazes (os menores de 16 (dezesseis) anos; os que, por enfermidade ou deficiência mental, não tiverem o necessário discernimento para a prática desses atos; os que, mesmo por causa transitória, não puderem exprimir sua vontade).

Por conseguinte, sugere a regra que se fortaleça a guarda e se redobre o cuidado na contratação com os incapazes, exatamente porque se corre o risco de colher resultado malfazejo.

Importa realçar que o pagamento de uma obrigação pode resultar de um negócio jurídico válido ou inválido (nulo ou anulável).

Se o negócio jurídico for válido, deduz-se que estão presentes os requisitos que ancoram a validade: a) capacidade do agente; objeto lícito, possível, determinado ou determinável; e c) forma prescrita ou não defesa em lei.

Mas a presença dos requisitos de validade, em si, não afasta a possibilidade de o negócio está contaminado, se construído sob vício resultante de erro, dolo, coação, estado de perigo, lesão ou fraude, situação em decorrência da qual se submete ao regime de anulabilidade, posto que anulável[418].

Nos casos de nulidade ou de anulabilidade, por força de decisão judicial, o sistema se esforça para regressar as partes ao cenário jurídico que existia antes da celebração do negócio jurídico.

Se, contudo, o pagamento de uma obrigação resultar de um negócio jurídico inválido (nulo ou anulável), em decorrência da incapacidade relativa ou absoluta do agente, a lei engendra solução própria e diferente.

Anulado o negócio jurídico de cujo efeito sobrevenha pagamento a incapaz, pela caracterização da nulidade ou anulabilidade, na hipótese de incapacidade absoluta ou relativa do agente, não se reconstitui o estado anterior em que se encontravam as partes[419], razão por que as obrigações recíprocas sofrem tratamentos diferenciados.

Em decorrência, se o negócio jurídico, nessas condições, for anulado, não se restabelece o estado em que as partes se encontravam, haja vista que o pagamento a um incapaz é insuscetível de regresso ao patrimônio da contraparte

418 Art. 171, II, do Código Civil.

419 Art. 182 do Código Civil: "*Anulado o negócio jurídico, restituir-se-ão as partes ao estado em que antes dele se achavam, e, não sendo possível restituí-las, serão indenizadas com o equivalente*".

que o realizou, salvo se provar que a satisfação da obrigação reverteu em benefício da parte que não poderia contratar, sem assistência ou representação.

Para reaver a obrigação, a parte haverá de provar que o incapaz colheu benefício ou proveito, com o adimplemento do pagamento, previsto no negócio jurídico, censurado pela decisão judicial, em face à incapacidade do agente.

Certamente, se no negócio jurídico havia assistência ou representação do incapaz, afasta-se a tese de nulidade ou anulabilidade e, pois, do desfazimento das obrigações reciprocamente assumidas.

Art. 182. Anulado o negócio jurídico, restituir-se-ão as partes ao estado em que antes dele se achavam, e, não sendo possível restituí-las, serão indenizadas com o equivalente.

Efeitos da invalidação do negócio jurídico – Estabelece o art. 182 do Código Civil o princípio da recomposição jurídica do estado das partes que celebram negócio jurídico anulado.

Assim, "*anulado o negócio jurídico, restituir-se-ão as partes ao estado em que antes dele se achavam, e, não sendo possível restituí-las, serão indenizadas com o equivalente*"[420].

A regra e o princípio são idealistas, ao perseguir a restituição das partes ao estado em que antes se achavam, fenômeno jurídico e natural de difícil efetivação, motivo por que o dispositivo deve ser encarado menos por seus ideais e mais pela realidade que lhe dá existência.

Os empecilhos práticos tramam contra a plena reconciliação jurídica pela dinamicidade e efetividade dos negócios jurídicos, cujos efeitos são colhidos no plano da realidade da existência, ainda que urdidos em dissonância com a ordem jurídica.

A restituição das partes ao estado anterior se faz mediante análise e planejamento jurídicos, com base nos elementos que interferem, visceralmente, na decomposição do negócio jurídico, objeto da anulação.

Por conseguinte, o restabelecimento do estado anterior se subordina: a) à viabilidade físico-jurídica (factibilidade); e b) ao princípio da boa-fé.

420 Art. 182, Código Civil.

Se há impossibilidade física que impede a recuperação do objeto do negócio jurídico, o qual se define pela natureza do objeto ou da obrigação assumida pelas partes, a solução, para vencer a defectividade que contaminou o negócio jurídico anulado, é a da indenização.

O processo de recomposição das condições então existentes, antes da celebração do negócio jurídico inquinado de defectividade, haverá de enfrentar a boa-fé, barreira intransponível, como princípio nuclear do Código Civil.

Cada caso haverá de ser tratado segundo as peculiaridades que estiveram presentes no negócio jurídico, no tempo de seu fazimento e no de seu desfazimento, por força de decisão judicial.

Exerce o juiz, ao pronunciar a invalidade – nulidade ou anulabilidade –, papel disciplinador, com base nas circunstâncias que envolveram o negócio jurídico desfeito, na definição dos limites da restituição das partes ao estado anterior ou fixação do valor da indenização.

Nulidade e anulabilidade: indiferença dos efeitos da invalidação do negócio jurídico – A invalidade do ato ou negócio jurídico é gênero, de que são espécies: a) a nulidade; e b) a anulabilidade.

A nulidade[421] e anulabilidade expõem a desqualificação da validade do ato ou negócio jurídico, de cuja declaração decorre o bloqueio do poder gerador de efeitos.

O ato ou o negócio jurídico, ao ser invadido por uma das causas de nulidade (art. 166) ou de anulabilidade (art. 171), definidas na lei, claudica o suficiente para merecer a censura legal, que interfere na irradiação de efeitos nocivos, inibindo o processo de propagação no perímetro demarcado pelo Direito.

No entanto, efeitos rompem o sistema de segurança legal e propagam resultados concretos, mesmo quando se trata de uma das hipóteses de nulidade – situação em que se presumiria a esterilidade para a geração de efeitos – do ato ou negócio jurídico.

É certo dizer que nem o sistema jurídico, ao erguer barreiras de segurança, consegue realizar operação que, à presença de um grave defeito, atue, prévia e

421 O sistema de invalidade do ato ou negócio jurídico, como obra sujeita às circunstâncias histórico-sociais, é assentado na valoração de modelo aberto e flexível, de tal sorte que o legislador poderá introduzir no corpo da lei outras causas de nulidade ou de anulabilidade. Diz-se causa de nulidade a razão pela qual se considera nulo ato ou negócio jurídico, contaminado por um caráter que a lei identifica como nocivo à sua validade, no qual se infiltra intolerável defectividade à luz da ordem jurídica.

efetivamente, no combate ao nascimento dos efeitos jurídicos do ato ou negócio jurídico nulo ou anulável, em todas as situações em que carregue elemento que denuncie a defectividade.

Se existe ou existiu, o ato ou o negócio jurídico tem ou teve poder para produzir efeitos, ainda que porte ou portasse vício da ordem da nulidade ou da anulabilidade.

Se existente, o ato ou o negócio jurídico não nasce inválido, embora abrolhe com um dos vícios mediante o qual se lhe possa reconhecer a nulidade ou a anulabilidade, segundo o grau de letalidade.

Originar-se com defecção não significa, porém, logo se dizer que nasceu naturalmente inválido, como se fosse inexistente e estéril na produção de efeitos jurídicos.

Nem na nulidade, o ato ou negócio jurídico nasce morto, como equivocadamente se possa supor.

Se nasceu, existe e subsistirá até que se lhe ceife a existência, por força de provocação judicial, mediante, pois, o concurso da jurisdição, com o devido processo legal.

Como a invalidade não é um atributo de auto-decomposição do ato ou negócio jurídico que tenha sido contagiado por um dos vírus da nulidade ou da anulabilidade, enquanto não for alcançado por uma decisão judicial, não raro corre-se o risco de difusão de efeitos.

A invalidade não desintegra, automaticamente, o ato ou negócio jurídico.

Portanto, a invalidade, por nulidade ou anulabilidade, depende da invalidação, que somente ocorre mediante a intervenção do juiz[422].

Sob o estado de invalidade, o ato ou negócio jurídico pode, sim, gerar efeito jurídico, capacidade que se esvai com a pronunciação da invalidação, operação que se autua no plano processual.

---

422 Cabe a advertência de que a invalidação do ato ou negócio jurídico de natureza administrativa (o ato administrativo) pode ocorrer mediante a intervenção da própria Administração, em face ao princípio da auto-tutela, em decorrência do qual se revoga, no caso de interesse público, ou de anula, na hipótese de nulidade, operação que se processa sem o concurso do juiz, mas calcada, necessariamente, em fundamentos e motivos. Cabe lembrar que o controle pela via judicial dos atos administrativos se limita ao exame da legalidade, interditando-se, pois, o Poder Judiciário a invadir a esfera de competência da Administração para aferir-lhes a conveniência ou a oportunidade. Sintetizando: a) o Poder Judiciário e a Administração podem anular os atos administrativos ilegais; e b) somente a Administração pode revogar os atos inconvenientes e inoportunos.

Conclui-se que não basta que o ato ou o negócio jurídico tenha sido gerado com um vício da espécie da nulidade ou da anulabilidade, haja vista que a destruição da fonte geradora de efeitos se subordina à invalidação, que se traduz no processo formal de pronunciamento definitivo sobre a esterilidade jurídica.

Com a invalidação, decreta-se, ao reconhecer-se a invalidade, a nulidade do ato ou do negócio jurídico, que passa a ser, formal e materialmente, inválido e, pois, infértil para produzir efeitos jurídicos.

Cessado o processo da invalidação na esfera judicial, trava-se, com segurança jurídica, a fonte pela qual o ato ou o negócio jurídico liberava efeitos.

Assim é que se afirma que não basta que o ato ou negócio jurídico porte uma das situações prevista em lei que se traduza em invalidade para que se opere, instantaneamente, a emersão da nulidade ou da anulabilidade, capaz de travar a geração e a difusão dos efeitos jurídicos.

Conforme já se expôs, o ato ou negócio jurídico pode sobreviver e subsistir ao vírus da defectividade presente no seu organismo, com que fora contagiado, até que, submetido à intervenção do Poder Judiciário, sobrevenha pronúncia de nulidade, situação mediante a qual deixa de existir.

É possível que o ato ou negócio jurídico contaminado por uma dos vírus de invalidade adquira tolerância e, assim, passe a conviver com uma das causas de nulidade – hipótese mais rara de resistência – ou de anulabilidade, agasalhado enquanto e se não sobrevier sentença que o anule.

Enquanto resistir o ato ou o negócio jurídico, certamente efeitos projetar-se-ão no campo das relações jurídico-sociais, o que dificulta sobremaneira o refazimento das condições então existentes, motivo por que a restituição das partes ao estado anterior cede espaço para a indenização.

Retroação dos efeitos da invalidação do negócio jurídico – Fez o Código Civil a opção pelo princípio da restituição das partes ao estado em que se achavam antes da celebração do negócio jurídico anulado.

A pretensão do Código Civil é a de cassar os efeitos resultantes de um negócio jurídico celebrado com uma das causas de nulidade[423] ou de anulabilidade[424].

A nulidade ou a anulabilidade são tipos de invalidade[425], doença que contamina o ato ou negócio jurídico, com o vírus da defectividade, que lhe compromete a valência.

O vírus que contagia o ato ou o negócio jurídico se comporta e atua com o poder de incrementar uma deficiência que inviabiliza a validade jurídica e, por conseguinte, a conservação dos efeitos bosquejados, mas que estão ativados enquanto o Poder Judiciário não se pronunciar.

O caráter de invalidade é insuficiente para combater a disseminação dos efeitos que um negócio jurídico nulo ou anulável irradia no mundo dos fatos.

Como se disse, a cessação dos efeitos depende da pronúncia da invalidade, atributo reservado ao juiz, que atua mediante provocação do interessado ou do Ministério Público[426].

---

423 No grupo da nulidade do ato ou negócio jurídico, estão elencadas as seguintes causas: a) a incapacidade absoluta da pessoa; b) a ilicitude, a impossibilidade ou a indeterminabilidade do objeto; c) a motivação recíproca e ilícita; d) a inadequação à forma prescrita em lei; e) a preterição de solenidade essencial; f) o objetivo de fraudar a lei; g) a reputação de nulidade pela própria lei; e h) a confecção simulada. Assinale-se que, no corpo do ato ou negócio jurídico, o vírus da defectividade tem carga letal, posto que o danifica, se submetido ao crivo do Poder Judiciário, principalmente quando contagiado por uma das causas que produz a nulidade, situação em que a tolerância se dissipa.

424 No grupo da anulabilidade do ato ou negócio jurídico, se inserem as seguintes causas: a) a incapacidade relativa do agente; b) a produção da vontade contaminada, arrancada ou aliciada por erro, dolo, coação, estado de perigo, lesão ou fraude contra credores. Na virose da anulabilidade, subsiste, malgrado exista a doença que sacrifica a validade, esperança mínima à subsistência do ato ou do negócio jurídico, se confirmado pelas partes e desde que não prejudique direito de terceiro.

425 Tenha-se como fato que o vírus que compromete o ato ou negócio jurídico tem natureza artificial, haja vista que criado pelo homem no laboratório do sistema jurídico que o gera, sob a influência de axiologia comportamental, mediante a qual se definem as hipóteses que são vitimadas pela invalidade, na espécie de nulidade ou na de anulabilidade. O homem é que, por artifício do sistema legal, define a validade ou a invalidade do ato ou negócio jurídico, ao desqualificá-lo ou ao qualificá-lo. Na organização do sistema da invalidade, se processa, pois, conceito ideológico de valor, mediante o qual ocorre, conscientemente, a valoração do comportamento humanal, dosado e operado em estruturas normativas que servem de modelo do tolerável (validade) ou intolerável (invalidade), distribuído numa escala de intensidade ou grau de rejeição ao ato ou negócio jurídico, de acordo com a acomodação dicotômica esculpida pelo direito positivo: a) nulidade (grau de rejeição ou intolerância total) ; e b) anulabilidade (grau de rejeição ou intolerância parcial).

426 Ao Ministério Público cabe apenas alegar as causas de nulidade do ato ou do negócio jurídico (art.168, Código Civil). Não tem, pois, legitimidade para perseguir as causas de anulabilidade, haja vista que apenas os interessados a podem alegar, segundo deflui da interpretação do art. 177 do Código Civil. Recorde-se, ainda, que as nulidades podem ser pronunciadas de ofício, independentemente de requerimento ou pedido do interessado ou do Ministério Público; as anulabilidades, não.

Assim é que a invalidade, mesmo quando escancaradas as defecções na estrutura do ato ou negócio jurídico, depende de pronunciação do Poder Judiciário, seja na espécie de nulidade ou na de anulabilidade.

Portanto, somente com a pronunciação ou declaração da invalidade é que se arranca e se obtém a cassação dos efeitos do ato ou negócio jurídico, nulo ou anulável, frustrando-se, pois, a validade do resultado perseguido pelo agente.

Invalidado o negócio jurídico, esvazia-se o poder de emitir sinais jurídicos, o quê o incapacita a produzir efeitos.

A desintegração da validade do negócio jurídico, pronunciada pelo juiz, tem a força de operar o comando em direção ao passado e ao futuro.

A invalidação alcança o negócio jurídico no tempo em que foi constituído, mesmo que pendente de condição.

Há uma retroação jurídica que permite que uma decisão presente volte no tempo para combater o negócio jurídico que nasceu com a doença da nulidade ou da anulabilidade.

A invalidação, também, se consolida na definitividade de seus efeitos, que se perenizam no tempo futuro, de tal sorte que se incapacita a produzir qualquer resultado jurídico válido.

No plano jurídico, o efeito da desconstituição do negócio jurídico é imediato, com eficácia plena e intersubjetiva, motivo por que, com a sentença declaratória e desconstitutiva, perde o poder de produzir efeito.

No plano material, o resultado do desfazimento do negócio jurídico já não goza da mesma eficácia operativa, devido à consolidação de situações concretas resultantes dos efeitos produzidos durante a sua existência[427].

Quando se impõe a invalidade do ato ou negócio jurídico, percorre-se o caminho jurídico retroativo que se interliga aos fatos jurídicos resultantes dos efeitos ocasionados no tempo em que desfrutava de capacidade de gerar conseqüências, à falta de banimento pelo Judiciário.

Cada um dos fatos jurídicos gerados haverá de ser, criteriosa e minuciosamente, visitados e examinados pelo juiz, com o objetivo de investigar a factibilidade de sua desconstituição física.

---

427 Logo que o ato ou negócio jurídico se concretiza ou realiza, existe, em tese, indiferente à validade, porque, para existir, não precisa ser válido.

E, mesmo que coexistam razão e viabilidade no desfazimento físico dos efeitos produzidos, se obriga o juiz a preservar os fatos jurídicos que surgiram abrigados na boa-fé de terceiros.

O princípio da reversão da invalidação do negócio jurídico – O princípio da restituição das partes ao estado em que se achavam antes da celebração do negócio jurídico anulado, conforme já exposto, haverá de ser observado com a implementação plena subordinada à factibilidade, haja vista que a dinâmica das relações jurídicas tem a capacidade de promover mudanças nas estruturas originais, ampliadas ou alteradas irreversivelmente.

Os óbices práticos, no geral, inibem a plena reconciliação jurídica pela dinamicidade e efetividade dos negócios jurídicos, cujos efeitos são colhidos no plano da realidade da existência, ainda que em desarmonia com a ordem jurídica.

Tem-se como inconsistente a decisão judicial que propugne pelo restabelecimento das partes protagonistas do negócio jurídico ao estado anterior sem a conclusão da viabilidade físico-jurídica (factibilidade) e do princípio da boa-fé.

A impossibilidade física que sepulta a recuperação do objeto do negócio jurídico consiste no mais relevante obstáculo ao princípio da reversão das partes, situação por força da qual se consolida a solução que define a indenização, quando o negócio jurídico for apanhado pela nulidade.

Mas, não basta vencer a viabilidade física, porquanto a recomposição das condições então existentes, antes da celebração do negócio jurídico inquinado de defectividade, se constrange ao desautorar o princípio da boa-fé, insuperável se cotejado com outro direito em cujo exercício se torne irrelevante.

É certo que a aplicação do princípio da reversão depende das peculiaridades e propriedades típicas do negócio jurídico e do desenvolvimento dos efeitos, considerados no tempo de seu fazimento e no de seu desfazimento.

Como já se disse, compete ao juiz, ao pronunciar a invalidade – nulidade ou anulabilidade –, o exercício do poder disciplinador, com base nas circunstâncias que envolveram o negócio jurídico desfeito, na definição dos limites da restituição das partes ao estado anterior ou fixação do valor da indenização, sem jamais exorbitar o perímetro além do qual se confranjam os protagonistas e o terceiro, albergados na boa-fé.

Projeção espacial e temporal dos efeitos decorrentes do princípio da reversão – Objetiva o Código Civil cassar o negócio jurídico celebrado com uma das causas de nulidade ou de anulabilidade, para impor-lhe a invalidade, porque nocivo à ordem jurídica e aos interesses de uma sociedade que investe em relações jurídicas saudáveis.

Com a decretação da invalidade, isola-se, no plano jurídico, a fonte de que surtiam os efeitos do negócio jurídico celebrado com defectividade.

Ocorre, contudo, que, a doença que acomete o ato ou o negócio jurídico permanece ativa, enquanto o Poder Judiciário não extirpá-la, ao pronunciar a invalidade.

O simples caráter de invalidade é insuficiente para combater a disseminação dos efeitos que um negócio jurídico nulo ou anulável irradia no mundo dos fatos.

Como se disse, a cessação dos efeitos depende da pronúncia da invalidade, atributo reservado ao juiz, que atua mediante provocação do interessado ou do Ministério Público[428].

Pouco importa o grau de defectividade que entranha no ato ou negócio jurídico, haja vista que, mesmo quando escancaradas as defecções na sua estrutura, o esvaziamento do poder de irradiar efeitos depende de pronunciação do Poder Judiciário, seja na espécie de nulidade ou na de anulabilidade.

Portanto, somente com a pronunciação ou declaração da invalidade é que se arranca e se obtém a cassação dos efeitos do ato ou negócio jurídico, nulo ou anulável, frustrando-se, pois, a validade do resultado perseguido pelo agente.

Invalidado o negócio jurídico, desabastece-se o poder de emitir sinais jurídicos, o que o incapacita a produzir efeitos.

A desintegração da validade do negócio jurídico, pronunciada pelo juiz, tem a força de operar o comando em direção ao passado e ao futuro, projeção

428 Ao Ministério Público cabe apenas alegar as causas de nulidade do ato ou do negócio jurídico (art.168, Código Civil). Não tem, pois, legitimidade para perseguir as causas de anulabilidade, haja vista que apenas os interessados a podem alegar, segundo deflui da interpretação do art. 177 do Código Civil. Recorde-se, ainda, que as nulidades podem ser pronunciadas de ofício, independentemente de requerimento ou pedido do interessado ou do Ministério Público; as anulabilidades, não.

que se processa com a decretação judicial da invalidade, por nulidade ou anulabilidade.

Já foi objeto de consideração a premissa de que, certamente, a invalidação alcança o negócio jurídico no tempo em que foi constituído, mesmo que pendente de condição.

Há uma retroação jurídica que permite que uma decisão presente volte no tempo para combater o negócio jurídico que nasceu com a doença da nulidade ou da anulabilidade.

A invalidação, também, se consolida na definitividade de seus efeitos, que se perenizam no tempo futuro, de tal sorte que se incapacita a produzir qualquer resultado jurídico válido.

Juridicamente, o efeito da desconstituição do negócio jurídico é imediato, com eficácia plena e intersubjetiva, motivo por que, com a sentença declaratória e desconstitutiva, perde o poder de produzir efeito.

Materialmente, o resultado do desfazimento do negócio jurídico já não goza da mesma eficácia operativa, devido à consolidação de situações concretas resultantes dos efeitos produzidos durante a sua existência[429].

Quando se impõe a invalidade do ato ou negócio jurídico, percorre-se o caminho jurídico retroativo que se interliga aos fatos jurídicos resultantes dos efeitos ocasionados no tempo em que desfrutava de capacidade de gerar conseqüências, à falta de banimento pelo Judiciário.

A situação jurídica concreta é que define a qualidade e a extensão da reversão, segundo a exeqüibilidade física e jurídica (boa-fé), motivo por que a desconstrução do ato ou do negócio jurídico, malgrado se imponha, deve se concretizar ancorada num juízo capaz de operar com as adversidades naturais, que surgem da própria dinâmica das relações jurídicas que prosperam em ambientes de reprovação legal.

E, como paradigma imprescindível, urge que o juiz preserve os fatos jurídicos que decorreram da boa-fé de terceiros, mesmo que coexistam razão e viabilidade no desfazimento físico dos efeitos produzidos.

429 Logo que o ato ou negócio jurídico se concretiza ou realiza, existe, em tese, indiferente à validade, porque, para existir, não precisa ser válido.

A reversão do negócio jurídico inválido e a natureza jurídica das obrigações – Já se disse que a factibilidade é um dos requisitos para a restituição das partes ao estado em que se achavam antes da celebração do negócio jurídico anulado.

Celebrado e implementado, o negócio jurídico, ainda que inválido, se submete à dinâmica que, geralmente, modifica as condições existentes no tempo em que foi produzido.

Celebrado e implementado, o negócio jurídico, ainda que inválido, se submete à dinâmica que, geralmente, modifica as condições existentes no tempo em que foi produzido.

Há alterações ou mudanças que, pela sua natureza, são irreversíveis, insuscetíveis, pois, de regresso às condições iniciais, mesmo sob provocação jurídica, posto que a realidade domina a vontade idealista da lei.

Se há empecilho físico a que se promova a reversão do negócio jurídico, a única solução que a ordem jurídica oferece é a da indenização.

Como a impossibilidade física confina a recuperação do objeto do negócio jurídico, o mais relevante obstáculo ao princípio da reversão das partes, a primeira investida para se avaliar a solução que resta deve mirar na natureza da obrigação.

Apenas para relembrar, o vencer a viabilidade física é insuficiente, haja vista que o resgate das condições então existentes, antes da celebração do negócio jurídico inquinado de defectividade, não se expia, caso maltrate o princípio da boa-fé, insuperável se cotejado com outro direito em cujo exercício se torne irrelevante.

É correto afirmar-se que a análise da viabilidade do restabelecimento das partes protagonistas do negócio jurídico ao estado anterior se produz descortinando a natureza jurídica da obrigação ajustada e da classe do bem, sem molestar o princípio da boa-fé.

Assim, examinam-se as modalidades das obrigações e as classes dos bens, que compõem o núcleo do negócio jurídico em relação ao qual o juiz deva pronunciar a invalidade – nulidade ou anulabilidade.

Cada uma dessas obrigações oferece certo grau de dificuldade para a restituição das partes ao estado anterior, em decorrência da pronúncia de nulidade ou de anulabilidade do negócio jurídico.

Não basta apenas o exame da natureza da obrigação (obrigação de dar coisa certa[430] ou incerta[431] e obrigação de fazer[432] ou não fazer[433]), porque é necessário, também, que se verifica a classe do bem (imóvel[434], móvel[435], consumível[436], fungível[437], divisível[438], indivisível[439], singular[440], coletivo[441] etc.) objeto do negócio jurídico reputado inválido.

Ressalte-se que a reversão das partes ao estado anterior somente haverá de ser imposta pelo juiz se as recíprocas obrigações do negócio jurídico que devem ser cumpridas pelas partes comportarem.

---

430 Em relação à obrigação de dar coisa certa, há as seguintes regras: a) obrigação de dar coisa certa abrange, no geral, o acessório (art.233, CC); b) perdida a coisa, antes da tradição e sem culpa do devedor, ou pendente a condição suspensiva, resolve-se a obrigação; c), no entanto, se a perda for do devedor, ele responde pela equivalente e mais perdas e danos (art. 234, CC); d) deteriorada a coisa, sem culpa do devedor, cabe ao credor postular perdas e danos, além de exigir o equivalente ou aceitar a coisa no estado em que se acha (art. 236, CC); e) Os frutos percebidos, até a tradição, pertence ao devedor; ao credor, os pendentes.

431 No que concerne à obrigação de dar coisa certa incerta, destaque-se o seguinte: a) a coisa incerta, necessariamente, será indicada, ao menos, pelo gênero e pela quantidade (art. 243,CC); b) antes da escolha, não poderá o devedor alegar perda ou deterioração da coisa, ainda que por força maior ou caso fortuito (art. 246).

432 Na obrigação de fazer: a) se recusar a prestação personalíssima, o devedor responde por perdas e danos (art.247, CC); b) se a prestação do fato se tornar impossível, sem culpa do devedor, resolve-se a obrigação; se houver culpa, o devedor responde por perdas e danos (art.248, CC); c) exeqüível por terceiro a obrigação, faculta-se ao credor mandar executá-lo à custa do devedor, se houver recusa ou mora, sem prejuízo da indenização cabível (art.249, CC).

433 Na obrigação de não fazer: a)

434 Consideram-se bens imóveis o solo e tudo quanto se lhe incorporar natural ou artificialmente (art.79, CC). Reputam-se bens imóveis apenas para efeitos legais: a) os direitos reais sobre imóveis e as ações que os asseguram; b) o direito à sucessão aberta (art. 80, CC). Não perdem o caráter de imóveis: a) as edificações que, separas do solo, mas conservando a sua unidade, forem removidas para outro local; e b) os materiais provisoriamente separados de um prédio, para nele se reempregarem.

435 São móveis os bens suscetíveis de movimento próprio, ou de remoção por força alheia, sem alteração da substância ou da destinação econômico-social (art.82, CC); Consideram-se móveis para os efeitos legais: a) as energias que tenham valor econômico; b) os direitos reais sobre objetos móveis e as ações correspondentes; c) os direitos pessoais de caráter patrimonial e respectivas ações (art. 83, CC).

436 São consumíveis os bens móveis cujo uso importa destruição imediata da própria substância, sendo também considerados tais os destinados à alienação (art. 86, CC).

437 São fungíveis os móveis que podem substituir-se por outros da mesma espécie, qualidade e quantidade (art.85)

438 Bens divisíveis são os que se podem fracionar sem alteração na sua substância, diminuição considerável de valor, ou prejuízo do uso a que se destinam. (art.87, CC).

439 A contrário senso, bens indivisíveis são aqueles que não podem ser submetidos a fracionamento, sob pena de perder a essência de suas qualidades.

440 São singulares os bens que, embora reunidos, se consideram de per si, independentemente dos demais (art.89, CC).

441 Constitui universalidade de fato a pluralidade de bens singulares que, pertinentes à mesma pessoa, tenham destinação unitária (art.90, CC).

Se uma das obrigações, pela sua natureza e pela classe do objeto, não puder ser, fisicamente, revista, certamente a opção do magistrado será a de encontrar a disciplina que permita a indenização correspondente, sempre justa e suficiente para reabastecer o patrimônio da parte que sofreu a lesão, por força do negócio jurídico defectivo.

A influência do princípio da boa-fé na demarcação dos limites reversão do negócio jurídico invalidado (I) – Se a factibilidade é um dos pressupostos para a restituição das partes ao estado em que se achavam antes da celebração do negócio jurídico anulado, a boa-fé de terceiro constitui-se, também, em outro requisito de indeclinável envergadura ética e legal.

O Código Civil abriu uma fronteira inovadora[442], ao deferir à boa-fé a função de princípio interpretativo e de princípio integrativo dos atos e negócios jurídicos[443].

Na função interpretativa, a boa-fé se impõe como princípio de hermenêutica com o objetivo de descortinar a compreensão da vontade do agente nos atos e negócios jurídicos.

Trata-se de comando normativo[444] que submete, pois, o negócio jurídico – e atos jurídicos, também[445] – ao regime axiológico e interpretativo da boa-fé, que substancializa a qualidade das relações jurídicas, nos campos público ou privado.

442 Reconheça-se que o Código Comercial, na Parte Primeira (Do Comércio em Geral) – revogada pelo Código Civil, conforme art. 2.045 – , cuidou de instituir um conjunto de regras de interpretação, com a valorização da boa-fé e dos usos, no seu art.131: "Sendo necessário interpretar as cláusulas do contrato, a interpretação, além das regras sobreditas, será regulada sobre as seguintes bases: 1. a inteligência simples e adequada, que for mais conforme à boa-fé, e ao verdadeiro espírito e natureza do contrato, deverá sempre prevalecer à rigorosa e restrita significação das palavras; 2. as cláusulas duvidosas serão entendidas pelas que o não forem, e que as partes tiverem admitido; e as antecedentes e subseqüentes, que estiverem em harmonia, explicarão as ambíguas; 3. o fato dos contraentes posterior ao contrato, que tiver relação com o objeto principal, será a melhor explicação da vontade que as partes tiverem no ato da celebração do mesmo contrato; 4. o uso e prática geralmente observada no comércio nos casos da mesma natureza, e especialmente o costume do lugar onde o contrato deva ter execução, prevalecerá a qualquer inteligência em contrário que se pretenda dar às palavras; 5. nos casos duvidosos, que não possam resolver-se segundo as bases estabelecidas, decidir-se-á em favor do devedor"

443 A boa-fé não constitui um instrumento que deva se hospedar apenas nas relações jurídicas privadas, mas, fundamentalmente, nas públicas, quando o Estado opera a máquina institucional no exercício de suas funções de legislar, julgar e administrar.

444 Visite-se o art. 113 do Código Civil, que reza: "*Os negócios jurídicos devem ser interpretados conforme a boa-fé e os usos do lugar de sua celebração*".

445 O art. 185 do Código Civil dispõe que aos atos jurídicos, que na sejam negócios jurídicos, aplicam-se, no que couber, as disposições do Título que trata do negócio jurídico (Título I do Livro III).

Na função integrativa, a boa-fé se promove à condição – ou requisito – de indispensabilidade à validade e eficácia dos negócios e atos jurídicos, concepção ideológica que reforça a atenção que o sistema demonstra com a qualidade das relações jurídicas, com base num comportamento justo e moral, a que se sujeitam as pessoas que protagonizam interesses tutelados pela ordem jurídica.

Não basta que o ato ou o negócio jurídico supere a prova da validade, se for reprovado na avaliação e aferição da boa-fé dos seus protagonistas.

A regra jurídica exige que o titular de um direito o exerça em harmonia com os limites sugeridos pelo seu fim econômico ou social, pela boa-fé ou pelos bons costumes, sob pena reputar-se o ato ilícito[446].

Decerto a nova regra em que se acomoda o princípio de hermenêutica tem a finalidade de reforçar e reafirmar a indispensabilidade boa-fé, além de o espírito de encorajar o intérprete a desarticular a especiosa influência da esperteza, como virtude dos astutos sobre os ingênuos, nas relações jurídico-sociais.

A credulidade do agente que se mostra fiel à verdade e obsequioso à realidade, sob cuja influência lançou a sua vontade, alcança, com a boa-fé, a idéia da reciprocidade.

Interessa sublinhar que o agente incorpora à sua consciência e à sua cognoscibilidade um cenário jurídico-factual que lhe traduz a aparência de que os elementos que compuseram o seu juízo para a emissão de sua volição existiam, fazendo-lhe crer que agia legal e legitimamente.

Por conseguinte, convence-se o agente de que todas as condições que lhe estimularam a emitir a sua vontade existiam ou estavam aptas a existir, produzindo os efeitos que perseguia, conforme a confiança que lhe inspirava a boa-fé.

Como já foi objeto de consideração, individualiza-se a boa-fé na consciência íntima do agente e, em seguida, se projeta na consciência social, com repercussão no sistema jurídico que lhe tutela, segundo o grau de objetividade ou de subjetividade que se envolvia na vontade do agente[447].

---

446 Art. 187 do Código Civil: "*Também comete ato ilícito o titular de um direito que, ao exercê-lo, excede manifestamente os limites impostos pelo seu fim econômico ou social, pela boa-fé ou pelos bons costumes*".

447 Reporta-se aqui a dispositivos do Código Civil em que se sobressai a presença da boa-fé: **Art. 161.** (Legitimação passiva da ação anulatória de negócio jurídico por fraude contra credor); **Art. 164.** (A validade dos negócios ordinários pautados na boa-fé); **Art. 295.** (Responsabilidade do cedente por crédito transferido a título oneroso ou gratuito); **Art. 309.** (Validade do pagamento realizado, de boa-fé, ao credor putativo; **Art. 686.** (Salvaguarda do direito de terceiros de boa-fé que trataram com mandatário sem poderes); **Art. 765.** (Boa-fé e veracidade na formação e conclusão do contrato); **Art. 766.** (Boa-fé na declaração do contrato de seguro) e parágrafo único. (A boa-fé do segurado, no caso

Não basta que a boa-fé se fortifique com o fermento individual, haja vista que se lhe requer o tônico jurídico-social, que lhe identifica na formação do juízo valorativo, conducente, inclusive, a graduar-lhe os efeitos jurídicos.

Faz-se necessário, conseguintemente, que a boa-fé, tecida na intimidade do agente, esteja apta a sobreviver-lhe exteriormente, devidamente recepcionada pela sociedade, sob o apadrinhamento da ordem jurídica.

Se sucumbir no trespasse do interior para o exterior do agente, a suposta boa-fé de transforma em má-fé, sob julgamento nada misericordioso da ordem jurídica, que lhe aponta o caminho da ilicitude, sem olvidar a repulsa da sociedade.

Logo, dispõe a boa-fé de dupla projeção: a) a jurídica; e b) a social, em cujos espaços se fincam a eticidade e a socialidade, como expressão indissociável de sua própria existência.

Por meio da boa-fé, sob o estímulo de seus elementos cognoscitivo e volitivo, carrega-se a crença e porta-se a certeza de que se age em conformidade com os padrões desenhados nos comandos das regras jurídicas e se comporta segundo a legitimidade do direito que se exerce, na perseguição obstativa a que se lesione a outrem e se confranja a lei[448].

São esses aspectos que influenciam, necessariamente, o juiz na construção da sentença que decide sobre os efeitos da invalidação do negócio, por força da boa-fé de pessoas que possam ser atingidas.

A influência do princípio da boa-fé na demarcação dos limites reversão do negócio jurídico invalidado (II) – Na sociedade contemporânea con-

de inexatidão, lhe outorga certas garantias); **Art. 879**. (Desdobramentos da alienação de imóvel com boa e má-fé) e parágrafo único. (Adquirente de má-fé e direito de reivindicação do alienante); **Art. 1201**. (Boa-fé possessória) e parágrafo único (Presunção de boa-fé do possuidor com justo título); **Art. 1214**. (Direitos do possuidor de boa-fé aos frutos) e parágrafo único (Efeitos da cessação da boa-fé); **Art. 1242**. (Boa-fé e justo título para a aquisição, em dez anos, da propriedade imóvel pela usucapião) e parágrafo único (Redução do prazo aquisitivo para cinco anos, se onerosa a aquisição); **Art. 1260**. (Boa-fé e justo título para a aquisição, em três anos, da propriedade móvel pela usucapião); **Art. 1268**. (Efeitos da boa-fé do adquirente na aquisição de propriedade móvel) e §1º (Momento em que se opera a tradição com o adquirente de boa-fé) e §2º (Negócio jurídico nulo não enseja tradição); **Art. 1561**. (Efeitos do casamento de boa-fé), §1º (Efeitos e aproveitamento da boa-fé de um só dos cônjuges) e § 2º (Sem boa-fé de ambos os cônjuges, só a prole aproveita os efeitos civis).

448 Aqui, combinam-se os elementos que identificam, consoante entusiasmo doutrinário, a boa-fé subjetiva – segundo a qual o agente, ao absorver do mundo exterior dados por força dos quais fomenta e elabora um juízo que lhe traduz uma realidade, se convence de que se manifesta ou se declara em harmonia com os preceitos e princípios legais – e a boa-fé objetiva – de acordo com a qual ao agente se impõe o encargo de aparelhar a sua conduta segundo os padrões normativos e sociais, que o tornam parâmetro.

flagrada pela disputa, pela concorrência sem respeito aos valores mais caros que dignificam o homem, a consciência da legitimidade e da eticidade num contexto jurídico sofre processo de aguda asfixia, de tal maneira que se estimula a que as pessoas se refestelem em abusos e se seduzam pelo arrivismo, a opção, por conseguinte, que o legislador fez, ao reforçar a boa-fé como indissociável princípio de interpretação e integração do negócio ou do ato jurídico, ressoa benfazeja.

Sem dúvida, a interpretação de um negócio jurídico com base na boa-fé gera saudável heterodoxia jurídica, agradavelmente profilática e propedêutica.

A boa-fé exerce o papel corretivo na reconstrução das bases genuínas e autênticas em que se assenta o negócio jurídico, sem a qual seria apenas analisado pela severidade que se impõe à supremacia da vontade, ainda que tecida em manifesto desconforto, o que produziria uma intolerância exegética à valorização das circunstâncias ou condições que, ocultas ou desconhecidas, interfeririam, se reveladas, na composição da volição do agente.

Exige-se dos protagonistas das relações jurídicas a boa-fé, comportamento que influencia, agora dogmática e decisivamente, o intérprete na compreensão da vontade e da definição da qualidade do negócio e do ato jurídicos.

Portanto, o recurso à boa-fé, como técnica e princípio de hermenêutica, tem a singularidade de transformar o negócio ou o ato jurídico num meio de realização de necessidades que se legitimam sob o sinete da legalidade.

Também, quer o legislador que, no exercício da interpretação do negócio e do ato jurídicos, se relevem os usos do lugar em que fora produzido.

Respeitam-se os costumes e os usos, bases que identificam a idiossincrasia do agente que participou do ato ou do negócio jurídico, tornando, pois, a interpretação da vontade revelada mais autêntica e verossímil.

Os usos do lugar significam os costumes, a cultura em cujas bases se ceva a pessoa, alimentando-se dos valores que lhe formaram a idiossincrasia, em sintonia com as bases relacionais e coletivas que exprimem as referências da convivência coletiva.

Os usos do lugar permitem, por conseguinte, compreender o modo de proceder das pessoas, revelando-lhes hábitos e costumes.

Pretender exercitar-se a interpretação dos atos e negócios jurídicos, com alheamento aos usos do lugar onde fora confeccionado, confere ao intérprete total alienação, à falta de domínio da cultura, envolvendo hábitos e costumes.

Dominados os usos do lugar – o costume –, o intérprete se aproxima, com uma lupa jurídico-social, da vontade do agente, conforme fora desenhada no espectro de seu espaço pessoal e social, galgando o degrau que melhor lhe credencia a desvendar as particularidades que envolveram o ato ou o negócio jurídico.

Assim é que, pela importância da boa-fé num sistema jurídico e num sistema social, o juiz, instado a resolver a lide, em cujo núcleo repouse a temática da invalidação do negócio jurídico, em razão de uma defectividade na modalidade de nulidade ou de anulabilidade, haverá de tecer, cuidadosa e criteriosamente, a equação do silogismo sentencial em preservação dos elementos que substanciam a boa-fé, como referência necessária à composição do conflito de interesse, ciente de que os efeitos devem ser contidos, sem alcance ao patrimônio de terceiros, estranhos à relação belicosa.

Os direitos exercidos ou hauridos sob a proteção da boa-fé se conservam inexoráveis em cidadelas impenetráveis contra investidas que se façam em retroação, com o objetivo de alcançar as situações consolidadas em ambientes em que eles, legitimamente, foram gerados.

Portanto, ao desconstituir o negócio jurídico, contaminado por uma imperfeição – nulidade ou anulabilidade – cumpre ao juiz salvaguardar as pessoas que foram atingidas, se de boa-fé.

Ao debruçar-se sobre a imperfectibilidade do ato ou do negócio jurídico, tem o juiz o dever de acentuar a relevância da boa-fé, peça nuclear num sistema social e num sistema jurídico, de tal sorte que a afirmação do princípio se concretize, também, fora do plano da retórica.

A boa-fé é imperativo de grandeza maior no sistema jurídico vigente, como seiva que nutre o processo de aperfeiçoamento das relações jurídicas, ancoradas na eticidade e na legitimidade, segundo as normas existentes, resultantes do modelo constitucional que distribui a competência legifererante.

Percebe-se que a boa-fé demarca os limites da reversão do negócio jurídico, operação que o juiz engenha metrificando a recomposição das partes ao estado anterior, sem malferir os direitos conquistados pelas pessoas que se portaram com lealdade e honestidade, na confecção de sua vontade.

Se for para desautorar a boa-fé, sugere-se ao juiz, na desconstituição do negócio jurídico, que prefira a indenização à restituição das partes, mesmo quando factível.

Não se deve punir a lealdade numa situação em que a segurança jurídica se alicerçou na boa-fé, como meio de distribuição do direito haurido na via judicial ou extrajudicial.

A indenização na hipótese de reversão do negócio jurídico inválido – À falta de factibilidade da restituição das partes ao estado em que se achavam antes da celebração do negócio jurídico anulado, determina o Código Civil (art. 182) que se promova a indenização das partes.

Nem sempre se dá a recomposição jurídica do estado das partes que celebram negócio jurídico anulado, pela natureza idealista, fenômeno jurídico e natural, raramente, ocorrente, posto que enfrenta impedimentos reais que conspiram contra a plena reconciliação, pela dinamicidade e efetividade dos efeitos, colhidos no plano da realidade da existência, ainda que maquinados em dissonância com a lei.

Se há impossibilidade física que impede a recuperação do objeto do negócio jurídico ou se existe menoscabo à boa-fé, a solução, para vencer a defectividade que contaminou o negócio jurídico anulado, é a da indenização.

Nem sempre a defectividade – nulidade ou anulabilidade – gera a restituição das partes ao estado anterior em que antes se achavam, malgrado atraia a invalidade do negócio jurídico.

A restituição há de ser factível, capaz de viabilizar a reconstituição das bases existenciais quando confeccionado o negócio jurídico, contaminado pela defectividade, posteriormente diagnosticada.

Como o desfazimento do negócio jurídico e, pois, a restituição das partes ao estado anterior dependem de manifestação judicial, a indenização resulta de processo judicativo, sob a condução de um juiz.

Ao juiz compete resolver a equação jurídica em decorrência da qual se encontre o resultado que traduza a indenização devida, conforme a natureza do objeto do negócio jurídico desconstruído, por força da defectividade.

A indenização a ser arbitrada encontra no negócio jurídico desconstituído as balizas necessárias a que o juiz possa distribuir a sentença com base em critérios justos e equânimes, a fim de que se sepulte a possibilidade de uma das partes enriquecer injustamente.

Na verdade, o juiz enfrenta sempre uma situação complexa, ao examinar e decidir a indenização que tenha qualidade econômica, financeira e jurídica para suprir o desabastecimento patrimonial, quase sempre mútuo que as parte experimentam, devido ao caráter sinalagmático do negócio jurídico, composto de obrigações recíprocas, que, em tese, se equivalem.

A comutatividade do negócio jurídico exige que se sopesem as obrigações recíprocas, com o fito de que a indenização guarde equivalência mínima, na hipótese de decretação de sua invalidade.

Certamente, a justeza na fixação da indenização consiste em operação mais complexa do que a simples aferição do valor das obrigações que compunham o negócio jurídico.

Não se trata, por conseguinte, de uma mera contabilidade de números que exprimam o valor equivalente dos direitos e obrigações permutados no negócio jurídico alcançado pela invalidade, decretada por juiz.

Investe-se o juiz do dever de descortinar as causas que impulsionaram o negócio jurídico para a perda da validade, por conter uma nulidade ou anulabilidade, a fim de que se encontrem os elementos que expliquem a adequação da indenização equivalente.

Coube ao legislador construir as estruturas normativas[449] em que se ancoram as hipóteses de nulidade e anulabilidade, causas que tipificam a invalidade, haja vista que insuportáveis à valência do ato ou negócio jurídico.

E, na estrutura do Código Civil, há, como já foi observado, dois grupos de causas cuja existência gera a invalidade do ato ou negócio jurídico, as quais são acomodadas segundo um grau de rejeição: a) nulidade (grau de rejeição ou intolerância total); e b) anulabilidade (grau de rejeição ou intolerância parcial).

No grupo da nulidade[450] do ato ou negócio jurídico, estão consignadas as seguintes causas: a) a incapacidade absoluta da pessoa; b) a ilicitude, a impossibilidade ou a indeterminabilidade do objeto; c) a motivação recíproca e ilícita; d) a inadequação à forma prescrita em lei; e) a preterição de solenidade essencial; f) o objetivo de fraudar a lei; g) a reputação de nulidade pela própria lei; e h) a confecção simulada.

---

449 Como já se observou, o enquadramento das causas em uma das espécies (grupos) é obra da arte do homem, que discrimina cada situação que, no juízo de valor sócio-jurídico, implica invalidade do ato ou negócio jurídico, conforme o grau de reprovação. Toda graduação de rejeição ou intolerância se encontra entranhada na lei, como resultado da convicção construída pelo legislador, porque, se existe o ato ou o negócio jurídico, não houve, em tese, causa natural que, independentemente da previsão legal, tivesse o condão de sacrificar-lhe o nascimento, mesmo quando impossível o objeto.

450 Art. 166 do Código Civil.

No grupo da anulabilidade[451] do ato ou negócio jurídico, se inserem as seguintes causas: a) a incapacidade relativa do agente; b) a produção da vontade contaminada, arrancada ou aliciada por erro, dolo, coação, estado de perigo, lesão ou fraude contra credores.

O ato ou o negócio jurídico, ao portar uma das causas de nulidade (art. 166) ou de anulabilidade (art. 171), expressas e preditas na lei, claudica o suficiente para merecer a censura legal, que interfere na irradiação de efeitos nocivos, inibindo o processo de propagação no perímetro demarcado pelo Direito, o que enseja o juiz a decidir pela invalidação[452].

O juiz investiga, pois, a causa da invalidação, especialmente o papel que cada parte desempenhou para gerar a defectividade no negócio jurídico, como pressuposto para traçar os alicerces da indenização, caso a hipótese desautorize a reversão dos agentes ao estado antes existente.

Nem sempre a indenização haverá de ser recíproca, posto que a mutuação depende do comportamento das partes protagonistas do negócio jurídico acometido de defectividade.

É preciso que se verifique, ainda, o prejuízo que as partes tiveram que suportar, com a desconstituição do negócio jurídico, e o papel que representaram, na construção do negócio jurídico.

O juiz não deve premiar a parte que se comportou mal, em busca de simples vantagem patrimonial, em manifesto prejuízo da contraparte, principalmente se utilizou meios censuráveis e reprováveis, ética e legalmente, para bosquejar resultado indevido.

Art. 183. ***A invalidade do instrumento não induz a do negócio jurídico sempre que este puder provar-se por outro meio.***

A prova do negócio jurídico celebrado em ambiente de invalidade do instrumento – O Código Civil, no art. 183, abrandou ou relativizou, de uma

451 Art. 171 do Código Civil.

452 No Código Civil, a invalidade do ato ou negócio jurídico se apresenta como gênero, de que são espécies: a) a nulidade; e b) a anulabilidade. A nulidade ou a anulabilidade são tipos de invalidade, patologia que contamina o ato ou negócio jurídico, com o vírus da defectividade, que lhe compromete a valência. O vírus que contagia o ato ou o negócio jurídico se comporta e atua com o poder de incrementar uma deficiência que inviabiliza a validade jurídica e, por conseguinte, a conservação dos efeitos bosquejados.

certa maneira, a regra segundo a qual o ato ou negócio jurídico se submete ao regime da nulidade quando revestido de forma[453] inadequada.

Assim, a invalidade do instrumento jurídico não provoca, necessariamente, a imprestabilidade do negócio jurídico, se houver a possibilidade de provar-se a sua existência.

Aceita o Código Civil, por conseguinte, que o negócio jurídico seja provado por outro meio, quando houver a invalidade do instrumento.

Procura o Código Civil contornar a questão da forma, para que se evite que o negócio jurídico claudique, em prejuízo ao interesse das partes.

Lembre-se que a forma[454] é a maneira ou modo pelo qual flui o ato jurídico (***lato sensu***).

Na forma discricionária ou livre, compete ao agente o desenho legal em conformidade com o qual produz o ato ou o negócio jurídico em que se traduz a manifestação ou declaração de vontade, razão por que se alcançam os resultados sem receio da censura da lei.

Na forma vinculada ou prescrita, cerceia-se a liberdade do agente que, obrigatoriamente, deve observar a modelagem insculpida na lei, sob pena de invalidade do ato ou negócio jurídico.

O certo é que se quer prestigiar a vontade manifestada ou declarada, por força da qual nasceu o ato jurídico ***lato sensu,*** como objetivo de sustentar a verdadeira disposição das partes.

Trafega-se o negócio jurídico para o campo da preservação, numa opção inteligente do legislador, que investe na mitigação da força que a forma exerce no mundo das relações jurídicas, excessivamente solenes.

Mas para salvaguardar-lhe, se impõe que se possa provar a existência do negócio jurídico, veiculado em instrumento inadequado, segundo a ordem jurídica.

---

453 Define-se como forma o meio mediante o qual se produz o ato jurídico (***lato sensu***), hábil a exteriorizar a declaração ou a manifestação de vontade do agente.

454 Divide-se a forma em: a) escrita; e b) verbal. A forma escrita comporta dois instrumentos: a) privado (particular); e b) público. No instrumento público, a produção se dá com a intervenção integrativa do Estado, por si ou por órgão que lhe representa ou lhe faz as vezes; no privado, ao contrário, dispensa-se a intervenção, que não é exigida. Ressalve-se que, no instrumento público, o Estado não insere manifestação ou declaração de vontade no ato ou no negócio jurídico, razão por que participa de sua produção apenas na forma, sem influência no motivo ou na causa.

A comprovação da existência do negócio jurídico, na hipótese de invalidade do instrumento pelo qual fora veiculado anteriormente, haverá de submeter-se ao regime geral da teoria da prova.

Num primeira regra, admitem-se as seguintes modalidades de prova: a) confissão; b) documento; c) testemunha; d) presunção; e e) perícia.

Numa segunda regra, o negócio jurídico pode, por conseguinte, ser provado somente por uma das modalidades de prova, relacionadas, restritivamente, pelo Código Civil, no seu art. 212[455].

Numa terceira regra, o negócio jurídico pode ser provado por uma ou mais modalidades de provas, combinadas.

Numa quarta regra, rejeita-se, em tese, uma modalidade de prova para comprovar o negócio jurídico veiculado em instrumento inadequado, se ao qual se impuser forma especial.

No entanto, a regra segundo a qual se inadmitem a confissão, o documento, a testemunha, a presunção e a perícia, como modalidade de prova de um negócio jurídico que exige forma especial, não tem o caráter absoluto.

Acolha-se a premissa de que a prova do negócio jurídico, estruturado em instrumento inválido, não se produz com condão de ressuscitar-lhe a validade – trata-se de caso de nulidade em face à imprestabilidade da forma (art. 104, III, e art. 166, IV, do Código Civil) –, mas a de possibilitar que os protagonistas possam exercitar direitos e satisfazer obrigações.

Provado o negócio jurídico, ainda que nulo, pela inadequação da forma, subsistem conseqüências jurídicas, que poderão ser abrigadas em tutelas judiciais, sempre com o escopo de salvaguardar as vontades, lícitas e legítimas, expressadas na produção da relação jurídica.

A realidade da existência do negócio jurídico veiculado em instrumento inválido é o que importa para a extração dos direitos e deveres que possam ser opostos pelas partes, como meio de resolução de uma relação jurídica que movimentou patrimônio material ou moral.

Assim é que a prova consiste num recurso necessário que deve ser vista como único meio capaz de explorar a existência do negócio jurídico, sacrificado pela forma recusada pela norma.

---

455 "Art. 212. Salvo o negócio a que se impõe forma especial, o fato jurídico pode ser provado mediante: I – confissão; II – documento; III – testemunha; IV – presunção; V – perícia.

Se possível, deve-se ter um comportamento tolerante e justo, de tal sorte que se franqueie às partes a oportunidade salvaguarda o negócio jurídico, cuja forma seja inválida.

Não seria razoável a adoção de rigor excessivo por força do qual se desautorizasse a adoção de uma determinada modalidade de prova para comprovar um negócio jurídico, a que se impõe forma especial, vertido em instrumento impróprio, quando é manifesta a propagação de efeitos jurídicos sinalagmáticos, suportados pelas partes.

O direito é instrumento de solução de conflitos, sem que, porém, se transforme em mecanismo de fanfarrices sediciosas, mas se torna deselegante o simplismo normativo que venha a ministrar a tese de que a comprovação de um negócio jurídico – veiculado em instrumento inválido – está restrita a uma determinada modalidade de prova, se a solução dogmática for incapaz de vencer o desafio da existência verdadeira do fato jurídico.

Art. 184. ***Respeitada a intenção das partes, a invalidade parcial de um negócio jurídico não o prejudicará na parte válida, se esta for separável; a invalidade da obrigação principal implica a das obrigações acessórias, mas a destas não induz a da obrigação principal.***

A invalidade do instrumento e a conservação do negócio jurídico (I) – Ao construir os alicerces normativos que sustentam e disciplinam a questão da invalidade do negócio jurídico (ou ato jurídico), o Código Civil persegue o princípio da utilidade e da racionalidade.

Prescreve o Código Civil a preservação do negócio jurídico, na hipótese em que houver invalidade do instrumento em que se projeta, sempre que se possa prová-lo por outro meio.

Prefere o Código Civil o conteúdo à forma, quando for viável provar o negócio jurídico mediante o recurso à invocação de outros meios probantes[456].

O excesso de formalidade e solenidade, muitas vezes supérfluas, constitui doença que contamina a cultura jurídica em prejuízo do princípio da racionalidade e do princípio da utilidade.

---

456 De acordo com o art. 212 do Código Civil, "*Salvo o negócio a que se impõe forma especial, o fato jurídico pode ser provado mediante: I – confissão; II – documento; III – testemunha; IV – presunção; V – perícia*".

Certamente, o culto exagerado à formalidade e solenidade, mesmo quando professado em nome da segurança jurídica, obsta a que os direitos transitem com mais desenvoltura e simplicidade na vida dos cidadãos, obrigados a conviver com exigências burocráticas, quase sempre estúpidas e antipedagógicas, além de extremamente onerosas.

O sistema jurídico deveria trabalhar com mais ousadia na construção de princípios ou regras que facilitassem a utilização de formas mais livres no fazimento de negócios jurídicos, especialmente porque numa sociedade em que a informatização já governa as relações jurídicas, franqueando dados e democratizando informações.

Ainda que acanhado o modelo vigente, assenta-se a premissa de que pretende a lei valorizar, por conseguinte, o negócio jurídico, sempre que sua existência for capaz de ser confirmada.

Confirmar não se confunde com o refazimento, porque o negócio jurídico nulo – no caso a nulidade decorreria do defeito no instrumento – não é suscetível de confirmação (art. 169), mas significa a demonstração ou prova de sua existência.

O Código Civil, no inciso IV do art. 166, que a validade do negócio jurídico (ou ato jurídico) requer forma prescrita ou não defesa em lei[457], regra que reafirma a disposição contida no art. 104, III.

No direito brasileiro, a forma ainda conserva o papel de um dos imprescindíveis requisitos de validade do ato ou negócio jurídico, o que, porém, não demonstra a adesão do legislador ao princípio rígido da solenidade e formalidade, como sistemas que exploram a importância dos meios pelos quais se exterioriza a vontade.

No sistema jurídico brasileiro, predomina a forma livre, pela qual se dispõe de liberdade de escolha do meio de articulação do ato ou do negócio jurídico, na omissão da lei.

Inexiste polêmica de fôlego quanto à premissa de que o Código Civil, novamente, se deixou assediar pelo ***princípio da liberdade de forma***, consagrado no direito brasileiro, em conformidade com o qual se produzirá o ato jurídico

457 Art. 104, III, e art. 166, IV, do Código Civil.

ou o negócio jurídico de maneira livre, sem amarras formais – maneira, modo ou conduto –, exceto se a lei as prescrever[458].

Se dúvida houvesse sobre a opção do legislador pelo *princípio da liberdade da forma*, sugere-se a leitura do art. 107 do Código Civil: "*A validade da declaração de vontade não dependerá de forma especial, senão quando a lei expressamente a exigir*"

Mas, o Código Civil se comporta com muito rigor quando o negócio jurídico não se reveste da forma prescrita em lei, ao enquadrá-lo nas hipóteses de nulidade (art.166, IV), em aparente contradição com a disposição segundo a qual a invalidade do instrumento não induz a do negócio jurídico, sempre que este puder provar-se por outro meio (art.183).

O certo é que o Código Civil disponibiliza ao agente as formas – maneira, modo, meio ou conduto: a) discricionária (livre, segundo a vontade do agente); ou b) vinculada (conforme a exigência da lei).

Portanto, é correto afirmar-se que há forma livre (aberta) e há forma não-livre (fechada).

A forma vinculada (não-livre ou fechada) constitui a exceção, enquanto a forma discricionária (livre ou aberta) prevalece como a regra, situação por força da qual há a primazia da liberdade de escolha do agente sobre o conduto por meio do qual emitirá a sua declaração de vontade, salvo quando a lei, expressamente, impuser forma especial à validade do ato jurídico ou negócio jurídico.

Ausente a prescrição da forma imperativa, decorre, por conseguinte, o desimpedimento a que as partes conjuguem as vontades trafegadas sem a censura da lei.

Como se vê, cabe à lei definir a forma[459], em que se deve revestir o ato ou o negócio jurídico, que estará apto a vencer o desafio da validade.

A declaração ou manifestação de vontade compõe o pressuposto elementar do ato ou negócio jurídico, sem a qual se impossibilitam a produção e a captação de efeitos jurídicos.

---

458 O art. 212 do Código Civil, ao dispor sobre a prova do negócio jurídico, diz: "*Salvo o negócio a que se impõe forma especial, o fato jurídico pode ser provado mediante: I – confissão; II – documento; III – testemunha; IV – presunção; V – perícia*".

459 Excepcionalmente, as parte podem definir a forma necessária à validade do negócio jurídico, conforme prescreve o art. 109 do Código Civil: "*No negócio jurídico celebrado com a cláusula de não valer sem instrumento público, este é da substância do ato*".

Por isso é que sempre se repete que, à falta de manifestação ou declaração de vontade[460], negócio jurídico (ou ato jurídico) algum será produzido, seja com ou sem defeito.

Define-se como forma o meio mediante o qual se produz o ato jurídico (***lato sensu***), hábil a exteriorizar a declaração ou a manifestação de vontade do agente.

Portanto, a forma é a maneira, modo, meio ou conduto pelo qual flui o ato jurídico (***lato sensu***).

O novo desenho do modelo da forma do ato ou negócio jurídico tecido pelo Código Civil baseia-se, integralmente, na regra passada[461], que permanece atual, ainda que vista sob a influência do cenário dos tempos de grandes transformações, pelos quais passa a sociedade de infinitos anseios que contagiam e seduzem o homem a desenvolver sofisticadas formas de comunicação e exteriorização de seus desejos, muitos dos quais antes inimagináveis.

Assinale-se que a importância da forma repousa na necessidade de conservação da declaração ou da manifestação de vontade do agente em determinados negócios jurídicos ou atos jurídicos, a qual se deve conservar e perenizar durante considerável lapso de tempo, sob pena do sopitamento de seus efeitos.

Na falta definição da forma, a forma não tem forma, razão por que a ordem jurídica admite todo e qualquer meio capaz de processar e escoar a declaração ou a manifestação de vontade do agente.

Na forma discricionária ou livre (aberta), cabe ao agente a liberdade de escolher o desenho legal em conformidade com o qual produz o ato ou o negócio jurídico em que se traduz a manifestação ou declaração de vontade, razão por que se produzem os efeitos jurídicos sem admoestação da lei.

Na forma vinculada ou prescrita (não-livre ou fechada), tolda-se a liberdade do agente que, obrigatória e necessariamente, deve observar a modelagem insculpida na lei, sob pena de invalidade do ato ou negócio jurídico.

---

460 Cabe ressaltar que o "*silêncio importa anuência, quando as circunstâncias ou os usos o autorizarem, e não for necessária a declaração de vontade expressa*" (art. 111 do Código Civil novo). A regra sobre o silêncio como forma de produção de vontade foi introduzida no Código Civil, sem correspondência do Código Civil de 1916, sendo a doutrina a e jurisprudência já vinham construindo animadores entendimentos sobre a força do silêncio nos negócios jurídicos.

461 O art. 129 do Código Civil de 1916 dispunha que: "A validade das declarações de vontade não dependerá de forma especial, senão quando a lei expressamente a exigir".

No silêncio da lei, acolhe-se a validade da declaração de vontade independentemente da forma ou do meio eleito pela parte para revelá-la, desde que se lhe possa captar o efeito jurídico pretendido pelo agente.

O silêncio, conforme já analisado, tem qualidade jurídica suficiente para, segundo as circunstâncias ou conforme se possa extrair do uso, produzir a vontade do agente, se, contudo, for despicienda a declaração de vontade expressa[462].

A invalidade do instrumento e a conservação do negócio jurídico (II) – O Código Civil poderia ter abrandado a contundência da regra segundo a qual o ato ou negócio jurídico se submete ao regime da nulidade quando revestido de forma inadequada, sem observar, pois, a exigida na lei.

O rigor do Código contrasta com o ***princípio da liberdade de forma***, cultivado no direito brasileiro, segundo o qual se franqueia ao agente a produção do ato jurídico ou do negócio jurídico de maneira livre, sem amarras formais – maneira, modo ou conduto –, salvo nos casos em que a lei as impuser.

O fomento à flexibilização da forma para se conservar o ato ou o negócio jurídico deveria ter sido impulsionado pelo Código Civil para relativizar a defectividade formal, tratando como hipótese de anulabilidade, ao invés de nulidade, em fortalecimento aos princípios da utilidade, efetividade e inofensividade.

A prevalência da liberdade da forma sugere, conseguintemente, que se absorva modelo jurídico conducente ao esvaziamento dos rigores da solenização do ato ou dos negócios jurídicos, em homenagem à simplificação da sua produção, para efeito de validade.

Na análise do art. 183 em confronto com a regra do inciso IV do art. 166 Código Civil, se pode deduzir que se abre um caminho para a conservação do negócio jurídico cujo instrumento seja defectivo, ao invés do seu sacrifício.

Ao salvar o negócio jurídico, o próprio Código desafia a rigidez da regra que lhe imputa a nulidade quando não revestir a forma prescrita em lei.

Prestigia-se o binômio utilidade e efetividade, quando o ato ou negócio jurídico, celebrado em forma diferente da estabelecida em lei, possa alcançar o resultado bosquejado pelas partes, desde que esvaziado de ofensa a interesse de terceiro ou a interesse público justificados.

462 Art.111 do Código Civil.

Justifica-se o tratamento dado ao ato ou negócio jurídico cunhado em forma divergente da lei, relativizando o defeito, prescrevendo-lhe solução de anulabilidade, quando fosse possível identificar interesse meramente privado sem repercussão de grave risco à ordem pública, ao invés de nulidade em todos os casos.

Ademais, o excesso de solenidade da forma tem se demonstrado oneroso às partes, que suportam custos desnecessários, resultantes de cultura jurídica que escraviza o direito a excesso formal, sem racionalidade.

Rediga-se que quanto mais contaminado pelo formalismo dos atos mais o direito empobrece o tráfico e o aperfeiçoamento da boa-fé, como condição essencial e cara ao homem, numa sociedade assaltada pela deseducação dos valores éticos e morais.

Importa esclarecer que há diferença entre forma e solenidade do ato ou negócio jurídico.

Forma, já se disse, significa o meio mediante o qual se produz o ato jurídico (***lato sensu***), hábil a exteriorizar a declaração ou a manifestação de vontade do agente.

Quando se fala em forma, refere-se à maneira, ao modo, ao meio pelo qual flui o ato jurídico (***lato sensu***).

A forma serve de tráfico e de abrigo da vontade manifestada ou declarada para produzir ato ou negócio.

Solenidade constitui cerimônia necessária à validade do ato ou negócio jurídico, posto que exigência integrativa e ritualística, sem a qual se invalida, se essencial.

A solenidade consiste na introdução de elemento cerimonioso no ato ou no negócio jurídico.

Com a exigência da solenidade, ritualiza-se a forma do ato ou do negócio jurídico, como condição de validade.

Por isso, ao exigir determinada solenidade, a lei subordina a validade do ato ou negócio jurídico à presença de um elemento que se integra na forma.

A solenidade sacrifica a simplicidade e, ao lado da forma, passa a exercer papel decisório na sorte do ato ou negócio jurídico, que se contamina de ritualização, a ser observada segundo a determinação da lei.

Por força da solenidade, mais um ingrediente se incorpora, necessária e obrigatoriamente, ao ato ou ao negócio jurídico.

Não basta que o ato ou o negócio jurídico, para se proteger da investida contra a argüição de invalidade, se revista da forma prescrita na lei, se solenidade considerada essencial for preterida.

Assim, a solenidade pode se constituir, também, em mais um requisito do ato ou negócio jurídico, quando a lei a considerar essencial.

Na maioria das vezes, a solenização de cuja implementação depende a validade do ato ou do negócio jurídico, como opção de política legislativa, tem mais adornos do que qualidade intrínseca com nutrientes vitais.

A solenização plagia a ritualização, estadeando o sacramento da ideologia que valoriza os ritos e os procedimentos, muitos dos quais despiciendos ou excessivos.

A solenidade, especialmente quando excessiva ou desnecessária, convulsiona as bases sobre as quais se poderia construir a fonte que simplificaria a produção do ato ou negócio jurídico, privando de exigências inúteis, que, em determinadas situações, sufocam a construção da doutrina da boa-fé, porque se reforça do sentimento que desafia a presunção da eticidade e da moralidade.

A solenidade, ao invés de ser simbólica, como simples homenagem à importância a determinado o ato ou do negócio jurídico tecido, em cujo objeto se concentra interesse que justifica a ritualização, mais se apresenta como sobrecarga ou mesmo um estorvo, quando não verdadeiramente indispensável.

O culto à solenidade atravessa o tempo histórico do direito, com presença em todas as famílias jurídicas, em cujos sistemas é dosado de acordo com as tradições e os costumes.

Quanto mais o direito for protocolar e formalista, o culto desnecessário à solenidade repercute nos atos e nos negócios jurídicos, os quais são invadidos por rituais que bem demonstram a compreensão cultural de um determinado sistema jurídico.

Formal e protocolar o direito, a vida das relações jurídicas sofre a interferência dos elementos que dimensionam o grau de civilidade da sociedade.

Quando necessária e útil, a solenidade tem a finalidade de publicar e conservar o ato ou o negócio jurídico.

Portanto, procede a assertiva de que a finalidade da solenidade é a da publicação e a da conservação do ato ou negócio jurídico.

Conforme a natureza da solenidade, o ato ou o negócio jurídico ganha a necessária publicidade, mediante a qual se permite o seu conhecimento.

Também a solenidade, segundo a sua natureza, possibilita a conservação do ato ou do negócio jurídico, de acordo com a qual se pereniza a verdadeira e autêntica vontade do agente.

Em conseqüência da publicação e da conservação, fortalece-se o sistema de prova do ato ou do negócio jurídico, o qual se ativa em proteção da sua existência, como condição de sua validade.

Ocorre que não é toda solenidade que, se preterida, empurra o ato ou o negócio jurídico para a raia de invalidade, por nulidade.

Fala a regra jurídica que a solenidade que exerce influência sobre o destino do ato ou do negócio jurídico é a que a lei considera essencial para a sua validade.

Preocupa-se a norma com a solenidade essencial, interesse que se justifique pela necessidade e utilidade de um elemento integrativo na configuração do ato ou do negócio jurídico.

Não se deve julgar a solenidade essencial apenas pelo aspecto da obrigatoriedade, como exigência necessária à validade do ato ou do negócio jurídico, posta na própria lei.

Muito menos se deve considerar a solenidade essencial somente pelo ângulo da relevância da simbolização que significa para o ato ou negócio jurídico.

Na mensuração da essencialidade da solenidade que interessa à validade do ato ou do negócio jurídico se invoca o princípio da finalidade substantiva, como requisito imprescindível à publicidade e à conservação.

Diz-se finalidade substantiva aquela cuja presença fecunda resultado material e vitalmente importante à materialização da publicidade e conservação necessárias.

Assim, faz-se necessário que a solenidade a ser ritualizada se mostre substancial à realização de um interesse vital que se confunda com a publicidade e com a conservação do ato ou do negócio jurídico.

A solenidade essencial não faz o ato ou negócio jurídico, mas lhe dar qualidade e gabarito para ingressar no plano da validade, com convite formal e protocolar.

Não é por meio da solenidade que o ato ou o negócio jurídico existe, mas é pela sua presença ritualística que se habilita a ingressar no albergue da tutela jurídica, influência decisiva para a sua validade.

A validade parcial de um negócio jurídico – Ao construir o modelo jurídico que define a invalidade do ato ou negócio jurídico, o Código Civil, acertadamente, primou pela afirmação do princípio da utilidade e da racionalidade, que justificam o princípio da conservação, com o objetivo de preservar a declaração ou manifestação de vontade, quando poupada de vício.

É compreensível o esforço do legislador em salvaguardar, se possível, o ato ou o negócio jurídico, haja vista que se liberam as relações jurídicas de travamentos desnecessários, que impendem a circulação de riquezas, em forma de bens materiais e imateriais.

O aperfeiçoamento do instituto da invalidade do ato ou do negócio jurídico passa, obrigatoriamente, pela superação de defectividades eventualmente existentes, mas sem o poder de irradiação de graves malefícios ao direito.

Deve-se sempre preservar o ato ou negócio jurídico inofensivo aos princípios mais caros ao sistema jurídico.

Somente nos casos em que for, gravemente, infenso ao sistema jurídico é que se impõe o sacrifício do ato ou do negócio jurídico.

Ao redizer o princípio da conservação, como um dos institutos relevantes do sistema jurídico, o Código Civil estabelece a chamada ***validade parcial*** do negócio jurídico.

A validade parcial consiste no seccionamento do negócio jurídico, com o objetivo de segregar, desde que respeitada a intenção das partes, as disposições que o compõem, evitando-se que uma defectividade existente possa contagiá-lo por inteiro, em sacrifício da validade[463] e da eficácia[464].

---

463 Reconhecido no plano da existência, o negócio jurídico (ou ato jurídico ***stricto sensu***) se qualifica para transitar no plano da validade. Lembre-se o que não existe não vale. Para algo valer ou não valer, se impõe que exista. A valência depende da existência. Existência, por conseguinte, consiste no mais importante requisito da validade.Somente se pode dizer que alguma coisa vale ou não vale se, em primeiro plano, se lhe constata a existência, fenômeno que também ocorre com o ato ou negócio jurídico. Assim se o ato ou negócio existe, de imediato se lhe autoriza o ingresso no plano de validade, nasça com ou sem patologia, que o comprometa plena ou parcialmente. No plano de validade, examinar-se-á, porque existe, se o ato ou negócio jurídico vale ou não vale. A existência é a condição de ativação da validade ou da invalidade.Valer ou não valer se traduz numa opção do sistema político-jurídico, sob a influência de valores que incorporam os interesses da sociedade, em dado momento ou circunstância histórica.No plano da validade, há os ingredientes e instrumentos mediante os quais se referencia a qualidade do ato ou negócio jurídico, colhidos no sistema legal, positivado no corpo de regras jurídicas.Nem todo ato ou negócio jurídico que existe tem validade, mas, por existir, pouco importa se com deficiência, se habilita ao acesso ao plano da validade.Validade é um caráter da qualidade do ato ou negócio jurídico, que encontra na invalidade seu opoente, que se parte em nulidade e anulabilidade, conforme a intensidade ou o grau do defeito existente.

464 O acesso ao plano da eficácia, depende de estágio anterior no plano da existência, a que se submete o ato ou o negócio jurídico.
A aferição da eficácia somente ocorre se o ato ou o negócio jurídico existir, independentemente da extração axiológica relativa à validade.A eficácia depende da existência; não da validade.Por quê?

A regra, pois, é a de que a invalidade parcial de um negócio jurídico não o prejudicará na parte válida, se esta for separável, segundo o art. 184.

Em conformidade com o art. 184 do Código Civil, a invalidade da obrigação principal implica a das obrigações acessórias.

É natural que se a obrigação principal sucumbe, a obrigação acessória segue o mesmo destino (***accessorium sequitur principale***).

No entanto, a invalidade das obrigações acessórias não significa a da obrigação principal.

A regra sobre a ***validade parcial*** se destina, consoante se disse, a preservar o negócio jurídico atingido por uma defectividade, mas restrita e secundária, sem o caráter capaz de contagiar, totalmente, a relação jurídica.

No caso, se a defectividade não tem o caráter absoluto que açambarca, plenamente, o negócio jurídico, resulta correta a solução articulada na lei que manda preservar a parte válida.

Para se definir pela preservação de parte do negócio jurídico, faz-se necessária, porém, uma análise do grau de letalidade da defectividade.

Nem sempre a causa de invalidade, contida em uma de suas espécies, a nulidade e anulabilidade, será suficiente para comprometer todo o negócio jurídico.

Se é certo que a nulidade ou a anulabilidade são tipos de invalidade, patologia que contamina o ato ou negócio jurídico com o vírus da defectividade, que lhe compromete a valência, no caso de uma relação jurídica complexa,

---

Porque nem sempre a eficácia se submete à validade do ato ou negócio jurídico. Recolhe-se do campo em que viceja a realidade dos fenômenos jurídicos a assertiva de que há atos ou negócios jurídicos que, nulos ou anuláveis, penetram na órbita jurídica e irradiam efeitos. Por conseguinte, situações há em que atos ou negócios jurídicos, ainda que contaminados por defeito, produzem efeitos, que perfuram o campo do Direito, aparentemente protegido contra o ataque dos vícios que se entranham no corpo da nulidade ou da anulabilidade. Constatação que permite que se extraia a inferência segundo a qual a eficácia é o fator de produtividade de efeitos jurídicos, pouco interessa a qualidade, mesmo quando a fonte de que emanam, ato ou negócio jurídico, venha a ser atingida pela invalidade, por carregar vício de nulidade ou de anulabilidade. Mesmo contaminado, o ato ou o negócio jurídico pode subsistir no corpo jurídico, temporária ou definitivamente indiferente à patologia de que padece, seja da ordem do nulo ou do anulável. Importa ressaltar que, enquanto não alcançado pela pronunciação da ineficácia, na espécie de nulidade ou anulabilidade, o ato ou negócio jurídico, sem amarras de condição ou termo, pode produzir efeitos. No plano da eficácia, se examina a aptidão do ato ou do negócio jurídico para disseminar efeito, seja positivo, quando válido, seja negativo, quando inválido. Enquanto não gerar efeitos, o ato ou negócio jurídico carece de eficácia, mesmo que tenha existência e, em tese, seja válido.Diz-se, pois, eficácia a qualidade da aptidão do ato ou negócio jurídico para liberar efeitos instantâneos, como conseqüência da manifestação ou declaração da vontade.
Eficácia significa efeito de pronto que se projeta no presente, nos casos em que inexiste termo ou condição que integre a vontade.

contudo, se acredita que se possa salvar a parte que esteja indene de contaminação.

Sem dúvida, o vírus da defectividade que contagia o ato ou o negócio jurídico se comporta e atua com o poder de incrementar uma deficiência que inviabiliza a validade jurídica e, por conseguinte, a conservação dos efeitos bosquejados, mas, nas hipóteses em que o todo não foi atingido, conserva-se a parte válida.

Nem sempre, pois, presente no corpo do ato ou negócio jurídico, o vírus da defectividade opera com carga letal, posto que pode apenas danificá-lo parcialmente.

Assim é que somente nas hipóteses em que a letalidade for visceral é que se deve sacrificar, por inteiro, o negócio jurídico, sem, contudo, soterrar o ciclo durante o qual existiu e, pois, liberou efeitos, mesmo que sob o peso da invalidade teórica, eis que a invalidade concreta somente se consuma por força de sentença.

Referências Bibliográficas

ALVARENGA, M. Amália de Figueiredo Pereira. O **casamento inválido no novo Código Civil**: reflexos do Direito Canônico na legislação civil. São Paulo: Lemos & Cruz, 2005.

ALVES, J. C. Moreira. **A parte geral do projeto de Código Civil brasileiro**: subsídios históricos para o novo Código Civil brasileiro. 2. ed. São Paulo: Saraiva, 2004

AMARAL, Francisco. **Direito civil**: introdução. 5. ed. Rio de Janeiro, 2003.

ANDRADE, Manuel A. Domingues de. **Teoria geral da relação jurídica**. Coimbra: Almedina, 2003.

ANDRADE JÚNIOR, A. de Souza. **Comentários ao Código Civil.** Rio de Janeiro: Forense, 2003.

ASSIS, Aranke de. **Dissolução do contrato por inadimplemento.** São Paulo: RT, 2004.

BARBOSA, C. Cezar. **Responsabilidade civil do Estado e das instituições privadas nas relações de ensino.** Rio de Janeiro: Forense Universitária, 2004.

BARROS, A. L. Porto de. **O novo Código Civil**: comentado, doutrina, jurisprudência, direito comparado. Rio de Janeiro: Freitas Bastos, 2002.

_____. M. A. Silva. **A lesão nos contratos e a restrição da capacidade contratual.** Campinas: LZN, 2003.

BESSA, L. Roscoe. **O consumidor e seus direitos**: ao alcance de todos. 2. ed. Brasília : Brasília Jurídica, 2004.

BETTIOL, Giuseppe. **Scritti giuridici**. Padova: CEDAM, 1966.

BRASIL. Código Civil (2002). **Código Civil comentado**. Barueri, SP: Manole, 2007.

_____. **O novo Código Civil**: estudos em homenagem ao Prof$^{\underline{o}}$ Miguel Reale. São Paulo: LTr, 2003.

_____. **Novo Código Civil**: questões controvertidas. São Paulo: Método, 2004.

_____. **Novo Código Civil**: texto comparado. 3. ed. São Paulo: Atlas, 2003.

COSTA, D. José da. **Sistema de Direito Civil à luz do novo código.** Rio de Janeiro: Forense, 2003.

CRETTELLA JÚNIOR, J. **Curso de Direito Administrativo.** Rio de Janeiro: Forense, 2006.

DELGADO, M. Luiz. **Questões controvertidas:** no novo Código Civil. São Paulo: Método, 2004.

DIAS, M. Berenice. **Manual de Direto das famílias**. Porto Alegre: Liv. do Advogado, 2005.

DIDIER JR., Fredie (Org.). **Ações constitucionais**. Salvador: Podium, 2006.

DINIZ, M. Helena. **Curso de direito civil brasileiro**. 2. ed. São Paulo, 2007.

DIREITO civil: atualidades. Belo Horizonte: Del Rey, 2007.

DONNINI, O. **Imprensa livre, dano moral, dano à imagem, e a sua quantificação à luz do novo Código Civil.** São Paulo: Método, 2002.

FACHIN, Luiz Edson. **Teoria crítica do Direito civil**. São Paulo: Renovar, 2000.

FELIPE, J. Franklin Alves.: ALVES, Geraldo M. **O novo Código Civil anotado**. 3. ed. Rio de Janeiro: Forense, 2003.

FIUZA, Cezar. **Direito Civil**: curso completo. 8. ed. Belo Horizonte: Del Rey, 2004.

FIUZA, Cezar (Coord.). **Direito Civil**. Belo Horizonte: Del Rey, 2003.

FORGONI, Paula. **Contrato de distribuição.** São Paulo: RT, 2004.

FRÓES, Oswaldo. **Código civil brasileiro**: estudo comparado. Campinas: Millenium, 2002.

GARCIA, I. Hanna. **Ilegalidade nos contratos bancários**: doutrina, jurisprudência, inclui ação de revisão, de acordo com o novo Código Civil. 2. ed. Rio de Janeiro: Aide, 2002.

GARCIA, M. **Desobediência civil: direito fundamental**. São Paulo: RT, 2004.

GHEZZI, Leandro leal. **A incorporação imobiliária**: à luz do Código de Defesa do Consumidor e do Código Civil. São Paulo: RT, 2007.

GONÇALVES, C. Roberto. **Direito Civil brasileiro**. São Paulo: Saraiva, 2003.

_____. V. Fernandes. **A punição na responsabilidade civil**: a indenização do dano moral e da lesão a interesses difusos. Brasília: Brasília Jurídica, 2005.

GHESTIN, Jacques; GOUBEAUX, Gilles; FABRE-MAGNAN, Muriel. **Traité de Droit Civil**. 4.ed. Paris: L.G.A.J., 1999.

GUERRA, Sylvio. **Colisão de direitos fundamentais**: imagem x imprensa. Rio de Janeiro: BYZ, 2002.

HAURIOU, Maurice. **Droit administratif**: et de Droit Public. Paris: Recueil Sirey, 1911.

HENTZ, L. A. **Direito de imprensa no Código Civil de 2002**: teoria geral do Direito Comercial. São Paulo; Juarez de Oliveira, 2002.

KLEVENHUSEN, R. Braga. **Direitos fundamentais e novos direitos**. Rio de Janeiro: Lúmen & Júris, 2007.

LEITE, E. de Oliveira. **Direito civil aplicado**: direito das sucessões. São Paulo, RT, 2004.

_____. **Direitos fundamentais**: novos direitos. 2. série. Rio de Janeiro: Lumen Juris, 2006.

_____. **Comentários ao novo Código Civil**. Rio de Janeiro: Forense, 2003.

LISBOA, R. Senise. **Manual de Direito Civil**: direito de família e das sucessões. São Paulo: RT, 2004.

_____. **Manual elementar de Direito Civil**. 3. ed. São Paulo: RT, 2005.

LOUREIRO, L. Guilherme. **Teoria geral dos contratos no novo Código Civil**. São Paulo: Método, 2002.

LOTUFO, Renan. **Curso avançado de Direito Civil.** 2.ed. São Paulo, RT, 2003.

MACIEL, A. Ferreira. **Dimensões de Direito Público.** Belo Horizonte: Del Rey, 2000.

MALUF, C. A. Dabus. **O condomínio edilício no novo Código Civil**. São Paulo: Saraiva, 2004.

MARQUES, C. Lima; CAVALLAZZI, R. L. **Direitos do consumidor endividado**: superendividamento e crédito. São Paulo: RT, 2006.

MARTINS, J. M. Brito. **Direito de seguro**: responsabilidade civil das seguradoras: doutrina, legislação, jurisprudência. Rio de Janeiro: Forense Universitária, 2002.

MEIRELLES, H. Lopes. **Direito Administrativo brasileiro.** 29. ed. São Paulo: Malheiros, 2004.

MELLO, Celso A. Bandeira de. **Curso de Direito Administrativo**. 18. ed. São Paulo: Malheiros, 2004.

_____. **A. Direito internacional público.** 6. ed. Rio de Janeiro: Freitas Bastos, 1997.

MIRANDA, Pontes de. **Tratado de Direito Privado.** Campinas: Bookseller, 2006.

_____. **Tratado de Direito Privado**: parte especial. Campinas: Bookseller, 2007.

MOREIRA NETO, D. de Figueiredo. **Curso de Direito Administrativo**: parte introdutória: parte geral, parte especial. 12. ed. Rio de Janeiro: Forense, 2002.

MONTEIRO, W. de Barros. **Curso de Direito Civil.** São Paulo: Saraiva, 2003.

MORAES, Alexandre de. **Direito Constitucional**. 15. ed. São Paulo: Atlas, 2004.

NADER, Paulo. **Curso de Direito Civil**. Rio de Janeiro: Forense, 2005.

NASCIMENTO, C. V. DO (Org.). **Coisa julgada inconstitucional**. Belo Horizonte: Fórum, 2006.

NEGRÃO, Theotonio. **Código Civil e legislação em vigor.** 22. ed., São Paulo: Saraiva, 2003.

NERY JUNIOR, N.; NERY, R. M. de Andrade. **Código civil comentado e legislação extravagante**. 3. ed. São Paulo: RT, 2005.

OLIVEIRA J. M. Leoni Lopes de. **Direito Civil**: introdução ao Direito civil. 2. ed. Rio de Janeiro: Lúmen & Júris, 2001.

_____. **Novo Código Civil anotado**. Rio de Janeiro: Lumen Juris, 2002.

PEREIRA, Caio Mário da Silva. **Instituições de Direito de Civil.** 15. ed. Rio de Janeiro: Forense, 2004.

PAREIRA, R. da Cunha. **Concubinato e união estável**: de acordo com o novo Código Civil. 6. ed. Belo Horizonte: Del Rey, 2002.

PERIN JUNIOR, Ecio. **Curso de direito falimentar**: atualizado de acordo com o novo Código Civil: Lei 10.406/2002. São Paulo: Método, 2002.

PINHO, R. Rebello.; NASCIMENTO, A. Mascaro. **Instituições de Direito Público e Privado**: introdução ao estudo do Direito e noções de ética profissional. 2. ed. São Paulo: Atlas, 2004.

PINTO, C. A. da Mota. **Teoria geral do Direito Civil.** 3.ed. Coimbra: Coimbra Editora, 1986.

PIRES, Maria C. Simões. **Direito adquirido e ordem pública**: segurança jurídica e transformação democrática. Belo Horizonte: Del Rey, 2005.

QUEIROGA, A. Elias de. **Curso de Direito Civil**: direito das sucessões. Rio de Janeiro: Renovar, 2005.

_____. **Curso de Direito de Civil**: direito de família. Rio de Janeiro: Renovar, 2004.

QUEIROZ, O. N. Carneiro. **Prisão civil e os direitos humanos.** São Paulo: RT, 2004.

REIS, Clayton. **Inovações no novo Código Civil.** Rio de Janeiro: Forense, 2002.

RIVERO, Jean. **Droit Administratif**. Paris: Dalloz, 1960.

RIZZARDO, A. **Direito das coisas**. 2. ed. Rio de Janeiro: Forense, 2006.

_____. **Direito das obrigações**: Lei nº 10.406, de 10.01.2002. 2. ed. Rio de Janeiro: Forense, 2006.

_____. **Direito das sucessões**: Lei nº 10.406, de 10.01.2002. Rio de Janeiro: Forense, 2006.

_____. **Direito de família.** 4. ed. São Paulo: Forense, 2006.

_____. **Parte geral do Código civil:** Lei nº 10.406, de 10.01.2002. 4. ed. Rio de Janeiro: Forense, 2006.

_____. **Responsabilidade civil**: Lei nº 10.406, de 10.01.2002. 2. ed. Rio de Janeiro: Forense, 2006.

ROCHA, Silvio Luís Ferreira da. **Curso avançado de Direito Civil**. São Paulo: RT, 2002

RODRIGUES, Sílvio. **Direito Civil**. 28. ed. São Paulo: Saraiva, 2002.

_____. **Direito Civil**: parte geral. São Paulo: Saraiva, 2002.

RUGGIERO, Roberto de. **Instituições de Direito Civil**. Campinas: Bookseller, 1999.

SARLET, I. W. (Coord.). **O novo Código Civil e a Constituição**. Porto Alegre: Liv. Do Advogado, 2003.

SILVA, J. Afonso da. **Curso de Direito Constitucional Positivo.** 27. ed. São Paulo: Malheiros, 2006.

STOCO, Rui. **Tratado de responsabilidade civil.** São Paulo: RT, 2004.

TÁCITO, Caio. **Temas de Direito Público**: estudos e pareceres. Rio de Janeiro: Renovar, 1997.

TEPEDINO, Gustavo (Coord.). **A parte geral do novo Código Civil**: estudos na perspectiva civil-constitucional. São Paulo: Renovar, 2007.

_____. **Temas de Direito Civil**. São Paulo: Renovar, 2006.

_____. **Problemas de Direito Civil-Constitucional.** São Paulo: Renovar, 2000.

TEIXEIRA, S. de Figueiredo. **Comentários ao novo Código Civil**. Rio de Janeiro: Forense, 2005.

TEMAS atuais de Direito e processo de família. Rio de Janeiro: Lumen Juris, 2004.

THEODORO JÚNIOR, Humberto. **Comentários ao novo Código civil.** Rio de Janeiro: Forense, 2003.

TZIRULNIK, Ernesto. **O contrato de seguro**: de acordo com o novo Código Civil brasileiro. 2. ed. São Paulo: RT, 2003.

VENOSA, Sílvio de Salvo. **Direito Civil**: parte geral. São Paulo: Atlas, 2001.

_____. **Direito Civil**: responsabilidade civil. 2. ed. São Paulo: Atlas, 2002;

_____. **Novo Código Civil**: texto comparado: Código Civil de 2002 e Código Civil 1916. São Paulo: Atlas, 2003.

VINHA, Pedro. **Responsabilidade civil pelo fato da imprensa**. Curitiba: Juruá, 2002.

WALD, Arnoldo. **Direito Civil**: introdução e parte geral. 9. ed. São Paulo: Saraiva, 2002.

Índice Remissivo

A

B

C

D

E

F

G

H

I

J

L

M

N

O

P

R

S

T

U

V

Impresso nas oficinas da
SERMOGRAF - ARTES GRÁFICAS E EDITORA LTDA.
Rua São Sebastião, 199 - Petrópolis - RJ
Tel.: (24)2237-3769